万众创新背景下大学生创新创业教育研究

赵 斐 著

吉林科学技术出版社

图书在版编目（CIP）数据

万众创新背景下大学生创新创业教育研究 / 赵斐
著 . -- 长春：吉林科学技术出版社，2019.10
ISBN 978-7-5578-6182-7

Ⅰ . ①万… Ⅱ . ①赵… Ⅲ . ①大学生－创业－研究 Ⅳ .
① G647.38

中国版本图书馆 CIP 数据核字（2019）第 233001 号

万众创新背景下大学生创新创业教育研究 WANZHONG CHUANGXIN BEIJINGXIA DAXUESHENG CHUANGXIN CHUANGYE JIAOYU YANJIU

著　　者	赵　斐	
出 版 人	李　梁	
责任编辑	朱　萌	
封面设计	刘　华	
制　　版	王　朋	
开　　本	185mm×260mm	
字　　数	450 千字	
印　　张	20	
版　　次	2019 年 10 月第 1 版	
印　　次	2019 年 10 月第 1 次印刷	
出　　版	吉林科学技术出版社	
发　　行	吉林科学技术出版社	
地　　址	长春市福祉大路 5788 号出版集团 A 座	
邮　　编	130118	
发行部电话 / 传真	0431—81629529　　　81629530　　　81629531	
	81629532　　　81629533　　　81629534	
储运部电话	0431—86059116	
编辑部电话	0431—81629517	
网　　址	www.jlstp.net	
印　　刷	北京宝莲鸿图科技有限公司	
书　　号	ISBN 978-7-5578-6182-7	
定　　价	80.00 元	

目　录

第一章 中国发展与社会创新

第一节 社会创新与"大众创业、万众创新"

当人类文明从工业社会向知识和服务社会转型时，社会文化、组织结构以及人的行为方式都会随之发生重大变化。新旧更替随处可见，创新领域也不例外。种种迹象表明，创新范式正在发生变化，这种变化是根本的，是"创新的创新"（innovation in innovation）————种被称为"后熊彼特创新机制"（post-Schumpeterian innovation regime）的创新范式正在悄然兴起，那就是"社会创新"。

社会创新本质上就是众人参与的创新。创新不再是政府、科研院所和企业研发中心的专属，越来越多的社会人士也能参与其中。社会创新同时也是对人的世界观进行的一场认知革命。

一、社会创新与"大众创业、万众创新"

（一）对"大众创业、万众创新"的思考

鼓励社会成员广泛参与创业与创新，为他们创造良好的社会价值导向，是值得肯定和提倡的。如果要进一步认识和理解"大众创业、万众创新"，则需要更深入的逻辑分析。

首先，在充分就业的情况下，大众创业会减少劳动力供给，发动大众进行创业，就会给就业市场带来负面影响，从经济发展的角度看，需要衡量就业和创业哪一个对经济影响更大。同时，还需要厘清创新和创业之间的关系，创业不一定有创新支持，创新成果也不一定会促成创业。没有创新支撑的创业，对社会就业有带动效应，对国家发展有活跃经济的作用，但对经济增长的作用有待考证。尤其在充分就业的情况下，创业与就业哪个对经济影响更大？关键看创业是否有创新依托。一般情况下，大公司在创新方面活跃度不高，所以包括美国在内的发达国家十分鼓励发展中小企业，从某种意义上来说也是鼓励创新。也就是说，除非创业是有创新基础的，否则很难断言创业优于就业；如果创业是有创新支撑的，创新创业就会促进经济增长。

其次，如果社会就业不充分，提倡创业是有空间的，但此时失业者或对就业不满意者会自发性地创业。在这种状况下，政府除了倡导大众创业之外，更为重要的是降低创业的成本，放松城市管制，清除创业创新的人为壁垒，为有意愿、有能力的创新创业者提供一个自由、公平的竞争环境。在不充分就业情况下，创业与创新之间没有必然的联系。因为人们在意的是工作机会，这个工作机会可能是他人给予的，也可能是自己创造的。

（二）"大众创业、万众创新"与社会创新之间的关系

二者的相似之处在于，它们都是一种创新创业的社会行为，都提倡让创新和创业走出大学和科研机构。

首先，社会创新是有科技需求、有平台、有组织的创新模式，平台和组织能够发挥聚集创新要素的作用。随着社会创新模式逐步兴起，一些专门从事开放创新服务的平台或网络也随之快速成长，其中比较知名的平台有 InnoCentive、Xprize、TopCoder、"哈佛催化剂"等。这些平台虽然服务领域各有侧重，但其基本运作方式是相同的，即为有解决具体科技问题需求的部门（科技需求方），和愿意为这些问题提供解决方案的人（科技供给方）搭建一个平台和空间，提供专业的组织和中介服务。社会创新有别于"大众创业、万众创新"的重要一点是社会创新是有平台、有组织、有较完善的评估系统。目前，国内的众创空间更多的是为具有共同兴趣爱好的人提供一个可以共享的物理空间，并没有具体的创新需求，也没有专业的平台和组织者，更没有为解决具体的科技挑战而将供需双方组织在一起。

其次，社会创新模式下政府是创新的需求方，而不是供给方。比如，在社会创新模式下，美国的政府机构部门都会通过社会创新的方式向公众"发包"科技难题，鼓励社会人士参与"科技挑战赛"，大赛的奖励和规则公开、明确，通过挑战赛来推动科技进步。比如，美国国家航空航天局（NASA）的开放式创新工程是寻求开发一些研究和技术问题的创新性解决方案，这些问题往往是在短期或是长期内持续影响载人航天领域中人的健康和工作的挑战。NASA 会将这些挑战通过第三方开放创新平台（如 InnoCentive、Yet2.com 和 TopCoder）发布给国内外的参与者。这些试点项目已经证明，社会创新模式能够有效解决 NASA 所面临的研究和技术问题。再如，具有浓郁军方背景的政府机构美国国防部高级研究计划局（DARPA），其无人驾驶汽车项目和机器人项目都采用了社会创新的方式向全球发起"超级挑战赛"。目前，在"大众创业、万众创新"的大潮中，政府的角色更多的是鼓励大众投入其中，推动创新创业的供给，而没有与之对应的需求。如果供给多于需求或者相对盲目地供给，都有可能引发泡沫或是过剩的风险。

再次，社会创新需要社会信任做支撑，如果没有社会信任，社会创新不会持久发展。开放性是社会创新模式的显著特点，在开放的氛围中如何保证参与者的智力和技术成果不被盗用和窃取？参与者的利益保障和参与过程的公正透明除了需要专业平台具有很高的组织能力之外，更需要社会信任的支撑。社会创新模式之所以在美国能够成功，一个很重要的因素是其建立在社会信任基础之上。

第二节　社会创新模式在不同领域中的应用

社会创新作为一种开放式创新模式，在社会各个部门都有运用，无论是在政府及其附属机构部门、高校及专业的科研机构、非营利性组织和社团，还是在企业等商业组织，

甚至在一些家庭中都越来越受欢迎。更有趣的是，社会创新活动会将更加开放的文化和精神带到这些原本相对封闭的部门，这将有利于激发这些部门之间的合作和创新，从而进一步推广社会创新模式（见图 1-1）。

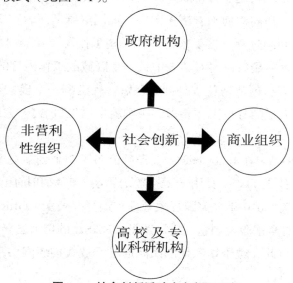

图 1-1　社会创新活动在多部门兴起

一、政府机构：DARPA 超级挑战赛和 NASA 的开放式创新

（一）NASA 的开放式创新项目

NASA 的开放式创新项目试图寻求一些研究和技术问题的创新性解决方案，这些问题往往是一些在载人航天领域面临的关于人的健康和工作的挑战。

NASA 会将这些挑战通过第三方开放式创新平台，如 InnoCentive、Yet2.com 和 TopCoder，发布给国内外的潜在参与者。这些试点项目已经证明，开放式创新模式能够有效地解决 NASA 所面临的研究和技术问题。

（二）NASA 的开放式创新动机

2005 年，NASA 对如何支持雄心勃勃的太空探索计划——星座计划（Constellation Program）做出了决定。所谓星座计划，就是一次将多人送到月球，并在月球工作生活数月，其最终目标是将人类送往火星，然后在那里展开至少为期两年的探索和研究。因此，这项宏伟计划需要以一种意想不到的方法来准备和计划，以便人类更好地在生活空间和基本生存上取得平衡。

星座计划需要巨额投资，但在计划的启动和运行过程中，研发经费却被削减了 45%。NASA 的太空生命科学理事会（Space Life Sciences Directorate，SLSD）主管杰夫·戴维斯（Jeff Davis）博士说："我们已经知道这些资金是不会再补给了，并且我们认为无法把剩下的 45% 的工作扔下不管，因此，我们需要以一种全新的方式完成整个计划。"于是，戴维斯和他的团队开始寻求新的工作方式和资金来源，甚至尝试进行自我创新。

2006 年年初，戴维斯及其团队对星座计划进行了一次愿景分析，发现了该计划可能出现的 4 种愿景，最后，他们选择了其中一种愿景——形成外部联盟来撬动星座计划的内部工作。2007 年，他们实施了外部联盟计划，通过外部创新平台来协同实施星座计划。但在具体实施过程中，却同样面临着诸多问题。如同戴维斯所言："清楚地界定星座计划的所有工作是一个彻底的过程，接下来是评估哪些工作需要我们内部完成而不能泄露出去，然后绘制工作图表，最后还要对图表中每一个区域的工作内容的创新模式进行甄选，如创新商城、创新社区、创新精英或是创新联盟，确定哪一个模式最为适合。在上述过程中要十分小心，有大量的分析工作要做，否则就会错失机会。"完成上述过程他们用了 4 年的时间。

2009 年 12 月，NASA 在 InnoCentive 上先后公布了 3 个创新竞赛："在太空中使用的食物保鲜包装材料（技术）""一套用于太空舱的紧凑、有氧和抗阻力运动装置"和"通过数据预测太阳活动"。2010 年，美国行政管理和预算办公室（Office of Management and Budget）公布了使用奖金来激发创新的指导意见，NASA 的努力已经作为一种联邦政府层面的战略得到认可。自此，戴维斯和他的团队通过开放式创新网络平台 InnoCentive 开始了开放式创新的试点项目。

（三）NASA 的开放式创新项目

如上所述，2007 年，NASA 太空生命科学局编制了一套创新联盟战略，以期寻求外部的力量共同解决相关研发和科技难题。该战略非常明确地指出，通过开放式创新的参与者提供的方案来解决 NASA 所面临的外部挑战。加州大学伯克利分校开放式创新中心的亨利·切萨布鲁夫（Henry Chesbrough）教授认为，开放式创新实质上就是一个范式，当企业需要技术创新和升级时，也应该利用外部思想，并协同内部思想一起迈向市场。开放式创新战略要求 NASA 能够将其面临的研发和技术问题分解并转化成不同的挑战，然后通过第三方开放式创新平台设立挑战奖项，鼓励更多不同背景和领域的人参与其中。

与传统的内部创新模式相比，开放式创新能够给 NASA 带来更多更具创新意义的技术、研究、服务和软件代码等。为此，他们还在开放式创新平台 InnoCentive 上专门创建了"NASA 创新馆"（NASA Innovation Pavilion），通过该平台，NASA 已经解决了十多项挑战。2010 年年底，NASA 已经完成了开放式创新的试点项目，并对开放式创新在未来解决 NASA 面临的研发和技术问题上进行了评估和推荐。推荐会上评估和对比了外部获取解决方案与内部获取解决方案两种模式的成本，包括实际的服务成本、员工投入的时间和培训时间等，不管使用哪种商业模型进行测算和对比，开放式创新的成本都要低于传统的内部创新模式。除此之外，开放式创新带来的另一个巨大价值是节约时间，与需要花费数年时间来完成一项具体的挑战相比，通过开放式创新这一模式，就可以在短短的几个月，甚至几周的时间内完成从界定问题、发布、方案提供、评估等整个过程。

节约成本和时间是开放式创新模式显而易见的价值，除此之外，它还有一个更大的潜在价值，那就是多样化。为了使用开放式创新模式，NASA 需要将其面临的具体的专业性问题转换和翻译成通用的语言来进行表述，这样便可以让来自世界各地各领域的人参与其中。通过 NASA 的试点项目可以看出，这些参与者或在一项挑战中进行合作，或与 NASA 结成了合作伙伴关系。与传统创新模式相比，开放式创新给 NASA 带来了更加丰富和多样化的合作者以及更多的机遇。

既然开放式创新有诸多好处，NASA 在试点项目结束后便制定了更加明确的步骤和目标，以尽可能有效地利用和适应开放式创新模式，进而加快政务开放的步伐。

（四）NASA 开放式创新平台的合作——以 InnoCentive 为例

从前文可知，NASA 的开放式创新是通过与第三方开放式创新平台的合作来推行的。截至目前，共有 3 个开放式创新平台参与其中，包括最早合作的平台 InnoCentive 以及后来的两个平台 Yet2.com 和 TopCoder。现在以 InnoCentive 为例说明 NASA 在该平台上实施的项目。NASA 与 InnoCentive 一起在 InnoCentive 平台上专门设立了 "NASA 创新馆"，通过该平台，NASA 已经向公众发布了 11 项挑战项目，其中 9 项已经完成，还有 2 项正在进行中。

当然，NASA 除了与 InnoCentive 合作之外，与其他的开放式创新平台也展开了合作，如 Yet2.com 和 TopCoder。2014 年 8 月，NASA 就将一项巨额奖金竞赛放在了 TopCoder 平台上——平流层飞艇设计竞赛。NASA 计划投资 400 万美元用于平流层飞艇设计竞赛，要求该飞艇具备人造卫星的基本功能，但成本要比火箭和卫星低很多。平流层飞艇是一种可以长期悬浮于平流层的高空浮空器，用于对地球表面进行军事与民用侦察。竞赛于 2015 年举行，要求飞艇能够漂浮在 2 万米高空超过 20 个小时，有效负荷达到 20 千克，并能携带监控设备和太空望远镜。

（五）DARPA 超级挑战赛

美国国防部高级研究计划局（DARPA）是美国国防部重大科技攻关项目的组织、协调、管理机构和军用高级技术预研究工作的技术管理部门，主要负责高新技术的研究、开发和应用，所承担的科研项目多为风险大、潜在军用价值大的项目，一般也是投资大、远期、跨军种的项目。自成立以来，DARPA 的发明创新影响深远，其中包括互联网、全球卫星定位系统（GPS）、医用机器人、智能假肢、即时翻译设备、无人驾驶汽车、高超音速飞机、隐形战斗机……DARPA 已经为美国成功研发了大量先进武器，为美国积累了雄厚的科技资源储备，同时引领着世界军民高科技研发的潮流。

现在，DARPA 将目光转向无人驾驶汽车和机器人领域。我们可能不会质疑 DARPA 所投资的研究项目，但其所采用的研究方式却是我们意想不到的：无人驾驶汽车项目和机器人项目采用了开放式创新模式——众包。为此，DARPA 向全球发起了超级挑战赛。更令人难以相信的是，DARPA 的所有挑战类项目都是公开进行的。

（六）DARPA 超级挑战赛的历史背景

无人驾驶汽车曾经是很多国家多年追求的目标。比如，日本在 1977 年便开始了这方面的探索、德国的恩斯特·迪克曼斯（Ernst Dickmanns）教授开发的无人驾驶汽车 VaMP、意大利的 ARGO 项目、欧盟的 EUREKA 普罗米修斯项目等，另外还有包括美国在内的其他国家也在探索着。

DARPA 的超级挑战赛是世界上第一次无人驾驶汽车的长距离竞赛，这也是该领域的首次开放式创新尝试。国际上其他科研机构在无人驾驶汽车领域仍然采用传统的商业模式和学术方法。超级挑战赛由美国国会授权 DARPA 组织开展无人驾驶汽车大赛，奖金额度为 100 万美元，以激励机器人开发。美国国会的最终目标是想在 2015 年之前用机器人取代 1/3 的地面军力。大赛是开放性的，欢迎世界各地的团队和组织参加，只要团队中至少有一名美国公民即可，参与的团队成员来源广泛，高中、大学、企业和其他组织的都有。2004 年，也是大赛的第一年，便吸引了超过 100 个团队前来注册，他们为本次大赛提供了更加多样化的技术背景。大赛的第二年，也就是 2005 年，已经有来自美国 36 个州和其他 4 个国家的 195 个团队进入比赛。

（七）2014 年网络挑战赛

据 DARPA 介绍，网络挑战赛（Cyber Grand Challenge，CGC）是一项全自动网络防御系统比赛，有人称它是世界上首个全自动网络防御系统比赛。在比赛中，参赛团队需要创建自动化系统，在实时评估软件、漏洞测试、生成安全补丁、将安全补丁应用于网络上的受保护计算机等方面展开比拼。网络挑战赛旨在针对日渐升级的网络威胁，大幅提升 IT 安全系统的速度和有效性。决赛的胜出团队将获得 200 万美元奖金，第二名和第三名则将分别获得 100 万美元和 75 万美元。DARPA 宣布，它已经达成了一项协议，与 DEFCON 黑客大会一起举办 2016 年"网络挑战赛决赛"，DEFCON 是世界上最大的计算机安全会议。预计，两年的超级挑战赛以及与 DEFCON 同步的事件，最终不仅将加速发展有能力的、自动化的国防系统，还将鼓励多个团体在计算机和网络安全问题上协同工作，使得公共和私营部门以一种新的方式展开合作。如果信息安全参与者想要领先于试图利用网络漏洞的对手，那么这种动力是至关重要的。

我们相信，作为美国国防科技最核心部门的 DARPA，仍然会继续其前沿科技领域的"超级挑战"。公开挑战赛的创新方式不仅给 DARPA 带来了远超预期的结果，而且也以惊人的速度推动着前沿科技火速前进，这些成果的取得主要源于开放式创新对社会创新资源的充分激发和使用。在美国，公开挑战赛的方式在政府部门、科研机构、商业机构等各类组织中越来越受欢迎。

二、企业组织：IBM 的新商机

社会创新作为企业创新的新范式，其特点主要表现为：

综合性。企业社会创新包含的范围比较广泛，不局限于某项具体的技术创新、产品创新、管理创新、营销创新等，企业社会创新更加倾向于上述创新的组合或是综合。

开放性。企业社会创新需要跨越企业的边界，综合利用企业内部和外部资源，有意识地利用信息和知识的流入及流出来加速企业创新，同时利用外部创新来扩张市场和扩大影响力。

多方参与。员工、顾客、供应商、环保主义者、非政府组织、政府等多方利益相关者是企业社会创新的重要驱动因素、参与者和实现者，只有让更多的利益相关者更加深入地参与其中，企业社会创新才能获得源源不断的动力和成果。

超社会责任。企业社会创新已经远远超越了现有企业社会责任的要求，企业社会责任向企业社会创新的转化建立在创新（innovation）、影响（impact）和投资（investment）的基础上，包括寻找更新、更好的解决方案以提供更多的价值；考虑多重底线的影响而非单一利润导向；长期投资而非简单慈善。

下面以 IBM 的案例对企业的社会创新加以诠释。

（一）IBM "创新 Jam"

IBM 研究院在全球的 6 个国家中拥有 8 个研发中心和共计 3200 名研究人员，是世界上最大的企业研究组织。IBM 前任董事会主席兼 CEO 彭明盛（Sam Palmisano）每年都会访问位于美国纽约的约克镇高地的研发总部，以视察进展状况。

2006 年年初，当彭明盛再次视察研发总部时，热情洋溢的科学家向其展示了研发的最新进展情况。其中一个科技是精准预测天气变化，甚至可以告诉一个学校之后会下多深的雪，学校就可以据此决定是否停课。另一个技术是"网络建筑"，购物者可以访问 3D 商店，并可以看到真实产品的 3D 展示。另外，还有一个新的软件技术能够实现实时翻译，比如将中国中央电视台的中文解说实时翻译成英文字幕，或将中东的阿尔几内亚的语言翻译成英文并转化成字幕。

之后，彭明盛约见了 IBM 首席科学家保罗·何恩（Paul Horn）。何恩说，"很明显，他非常满意"，但是彭明盛已经开始考虑下一个挑战了——如何将这些创新成果成功地商业化。IBM 在这方面的表现不是特别有效。彭明盛说："让我们以一种全新的方式将这些创新更快地推向市场吧，或许我们可以跳出箱子想一想。"他认为，有 IBM 全球 346 000 名优秀员工的支持，一定能够找到更快的方法将依托新技术的产品推向市场。

执行人员考虑用"Jam"一词来推进这些创新的商业化。"Jam"是 IBM 专有词汇，特指在线"大规模平行会议"（massively parallel conference），2001 年首次被 IBM 开发。随着越来越多的员工选择在家工作，或是在客户端办公，而很少选择来 IBM 的办公室，"Jam"也由此诞生——由一系列相关链接的公告板、相互衔接的 IBM 内网网页，再加上一个集中控制系统，回复 3 天左右的时间内员工提出的重要问题，这样可以给员工一种参与和被倾听的感觉，同时还会产生很多有价值的思想和创意。刚开始，Jam 可以同时容纳成千上万的人同时在线。2001 年，Jam 上已有 52 000 份帖子，问题涉及的范围很广，比如"在一个日益变化的组织中如何工作""我们如何能够在 IBM 的指导下成长为 C 型雇员（C-suite）"。后来，Jam 激发了一些改善 IBM 运营的创意，这个精心设计的系统可以浏览和评论大量帖子，成为激发公司产生行动的大课堂。

IBM 决定使用新的 Jam 系统，但不同的是更新过的系统将能容纳更多人——"创新 Jam"诞生。先后共有 150 000 名 IBM 的员工、家庭成员、商业伙伴、客户、高校研究者参与了"创新 Jam"，这是一个由来自 104 个国家和地区的参与者参与的 24 小时在线讨论系统，被"创新 Jam"选出来的项目将会获得 1 亿美元的资金支持。这是一种发现 IBM 技术潜在价值的全新方式，它包括发现目标、进行分类和讨论、创建网站等 8 个过程，具体如下：

1. 确定目标。通过头脑风暴找到更快、更好的商业化 IBM 新技术。

2. 确定分类和科目，以供讨论。通过提供足够的技术创新信息，以引发讨论和激发新思想。

3. 建设网站。网站是提供技术信息数据和供参与者讨论的地方。所有专供 Jam 使用的网站都由 IBM 内部非常专业的人员开发，网站设计得非常友好，参与者可以比较方便地发布自己全新的思想。

"创新 Jam"是两步 Jam 中的第一阶段，主要集中在 2006 年的 7 月，IBM 此时在"创新 Jam"网站上公布关键技术信息，并在此论新技术的应用。9 月，Jam 进入第二阶段，参与者可以再次完善他们最初的提议和想法，根据提议和想法的不同，他们被分成几个小组，每个小组都配置了专门的 Jam 网站，他们可以在专门的网站上共同努力把重要的想法转化成商业计划。

4.Jam 阶段一。阶段一持续了 72 个小时，通过头脑风暴，人们在网站上为 IBM 的 25 个技术集的创新提供了大量的商业化想法，但是，事情并不像当初料想的那样，很多参与者登录之后仅仅只是看看而已。但参与者仍然提供了超过 46 000 个提议，他们热情洋溢地表述了很多潜在的赚钱提议。其中一位来自印度的参与者这样写道："我们经常用数码相机拍摄照片和视频，但是电脑的储存空间有限，所以应该有一个网站能够供人们上传照片和视频，另外还应该有一个植入数码相机的装置，可以通过它将照片和视频传输和储存到远程服务上。"

一则评论这样描述"创新 Jam"："迄今为止，世界上最大的网上头脑风暴会议。"即使超过了 150 000 位参与者，Jam 依旧能够实现有效管理，并挖掘出头脑风暴带来的成果。人们可以自由地表达他们的想法，Jam 是本着每一个想法都有价值的主张进行管理的。当然，Jam 也同时面临着很多大型头脑风暴活动所面临的困难。

5.Jam 阶段一后期。IBM 50 位高级经理和专业人士在 IBM 的研发总部——约克镇高地会集评论集聚的帖子、被志愿者强调的帖子、原始的帖子。他们一共被分成 9 个小组，其中每组 5~8 个人，每个小组负责一个相关议题。这些小组共同完成了"大创意"的雏形（见表 1-1）。

表 1-1　"创新 Jam"的"大创意"

平步青云	保持健康
数字娱乐供应链	紧急状况的实时传输
数字储存保护	健康记录库
先进交通感知	智能医院
智能生物识别护照	智能医疗支付系统
高端安全汽车	远程医疗链接
21世纪的铁路旅行	零售医疗方案
公共交通集成信息系统	新兴经济体的可持续医疗
更好的星球	金融和贸易
用于过滤水的纳米管	无网点大众银行服务
"大绿色"创新（Big Green Innovation）	小企业建筑模块
先进能源模式与发现	移动钱包
智能电网	智能眼镜，智能洞悉
水管理预测	为全球化的中小企业提供字节服务
实用的太阳能发电系统	商务宝盒
酷蓝数据中心	商务票据

当然，头脑风暴中会产生很多不切实际，甚至与 IBM 业务毫无关系的想法。一位小组的组长说："在网络上引导讨论要远远难于引导现实中的头脑风暴，很难让每一个人都按照既定轨道行驶，当你睡了 8 个小时之后，会发现很多论点都不知道是从哪里冒出来的。"

6.Jam 阶段二。参与者在 Jam 上修改阶段一产生的创意。让众多参与者集中在"大创意"上进行讨论是非常困难的，很多人在头脑风暴过程中只关注自己的想法和提议。

虽然在阶段二中要求参与者对阶段一中的提议进行完善，而且小组的管理者和专业人员已经非常细心地将对阶段一形成的"大创意"进行引导，但是结果发现，很少有建议是真正基于以前的提议的。

另外，经理们发现在 Jam 上产生的这些"大创意"很少有绝对原创的，那些提出"大创意"的人过去几乎都已向 IBM 的管理者们提出过。那么，Jam 的价值似乎是在更大的范围内将已有的思想和创意集合在一起。也就是说，Jam 帮助 IBM 倾听了之前已经被提到过的"大创意"（但目前尚无人知道怎么做），同时也倾听那些组成"大创意"的小提议，另外也可能有助于经理们思考如何将已有的创新成果成功推向市场。

7. 阶段二回顾。类似于阶段一的回顾，同时使用了软件自动聚类（e-clustering）和人工回顾的方法，最终识别出了适合 IBM 业务组合和需求的真正创意。

早在 20 世纪 90 年代末，IBM 就首次开发了一款文本挖掘（text mining）软件，用来发现和运用复杂文本中最有价值的评论和思想。文本挖掘软件的原理是检查正常语句的单词，然后再将单词聚类。当软件开始检测 Jam 上的帖子内容时，发现很多句子中都含有"医疗"一词,或是同义词"健康",同时还包括"账单""收据"或是"支付",软件会据此创建一个 Jam 类别,叫作"医疗支付",相关的帖子就会被自动归类。如果经理们对医疗金融感兴趣,他可以立即回看该类别的所有帖子。

但是,软件同时也自动生成了很多虚假类别。比如,软件发现很多帖子中都有"会议"一词,并据此自动创立了"会议"类别。但实际上,"会议"只是参与者的随口一说,而不是真正的意指。由于软件的错误,专业人员还必须重新回顾和判别帖子的内容。据此,在 Jam 阶段一和阶段二过程中,专工和软件共同合作,有效地将帖子进行了归类。在阶段一中,50 位高级经理和专业人员用了一周的时间回顾帖子,并将其归为几十个"大创意"。在阶段二中,同样 50 个人对修正过的帖子进行了回顾,考虑哪些创意具有真正的商业价值,并且能够在 IBM 实现。

8. 提出新业务。彭明盛宣布,1 亿美元将会投向 10 个新的业务领域。经过阶段二,高级经理们已经准备对 IBM 应该进入的潜在业务领域进行提议。其中一些业务领域之前就曾被 IBM 的专业人士提议过,比如 3D 网络。另外一些在 Jam 过程中产生的新业务已经开始快速推行,如"大绿色"创新项目,旨在通过技术管理水资源,从而创建一个环境导向的新业务。2006 年 12 月,彭明盛宣布了能够获得 1 亿美元支持的 10 项新业务。

智能医疗支付系统(Smart Health Care Payment Systems)。通过小型个人装置,如智能卡,来覆盖整个理疗支付和管理系统,智能卡将自动追踪金融交易,处理保险理赔和更新个人健康电子记录。该项业务已经被成功孵化,一些产品现在已经成为 IBM 医疗业务方案的一部分。

简化式业务引擎(Simplified Business Engines)。开发一个直观的、易用的、预先打包好的 Web2.0,将其投放市场,专为中小型企业提供定制服务,它们可以根据自身的需求,利用 IBM 为其定制应用程序。该项业务已经成功渡过孵化阶段,现在作为一个业务平台服务于 IBM 的软件和系统业务单元。

实时翻译服务(Real-Time Translation Services)。在主要的语言之间提供先进的实时翻译服务,该项服务在很多产业和环境下具有广泛的应用前景,如医疗、政府、旅行和运输。该项目现已获得资金支持,以探寻各种商业模式和潜在客户。

智能公共网络(Intelligent Utility Networks)。通过植入智能的实时检测、控制、分析、模拟和优化系统,增加世界电网的可靠性和可管理性,该试点项目已经开发,并开始应用于公共事业。目前,该技术已经成为 IBM 公共事业部的核心产品。

3D 网络(3D Internet)。与合作者携手,把最好的虚拟世界和游戏环境建设成一个无缝的、基于标准的 3D 网络。3D 网络将是全球商业和日常业务运作的下一个平台,该项业务目前正在致力于工具开发,该工具可以由他人使用,实现自我开发界面友好的 3D 网络系统。

"数字化我"(Digital Me)。提供安全、友好的用户服务,该服务能够简化储存、管理和长期获取大幅增加的个人信息,包括数码照片、视频、音乐、健康和财务记录、个人身份证明文件等等。现在该业务已经被分为两个项目：一个是分析多媒体内容的管理服务，另一个是以用户为中心的个人信息管理服务。两个项目都被转移至 IBM 的研究部门，以做进一步的探索和开发。

无网点大众银行服务（Branchless Banking for the Masses）。该业务能够支持现有的和新的金融机构为一些新兴市场的人们提供远程的基本金融服务，比如支票、储蓄、支付和小额贷款等。该业务继续在新兴市场与各大银行合作，建立可行的小额信贷枢纽。

公共交通集成信息系统（Integrated Mass Transit Information System）。创建一个需求导向的综合管理和实时数据传播系统，该系统包括了所有城市和地区的交通体系，从而实现公交、铁路、高速公路、水运和航空的优化配置。该项新业务已经收到了来自英国、新加坡、迪拜和澳大利亚等国家和城市的订单，并更名为"智能交通系统"（Intelligent Transportation System）。

电子健康医疗记录系统（Electronic Health Record System）。创建一个标准的系统，能够支持自动更新，获取个人健康医疗记录，并与全球支付者、供应商交易系统一起集成病人数据信息。IBM 已经决定放弃这个项目，因为其高管认为，关键决策者不准备投资于电子健康医疗记录系统。

"大绿色"创新（"Big Green" Innovation）。组建一个 IBM 的全新业务单元，集中将公司先进的专业知识和技术用于解决环境问题，如先进的水处理模型，通过先进的纳米技术和高效的太阳能发电系统实现水过滤。该业务已经被成功出售，并进行了初步的项目试点。

IBM "创新 Jam" 的成功之处在于帮助 IBM 实现创新。当然，这并不是管理大众在线讨论的唯一方式，也不是每一个大企业集团都能用于实现创新的最好方式。但是，不论哪个大型组织或网络想获得创新，对"创新 Jam"有一个全面的了解是非常必要的，它向我们展示了一个极其复杂的大规模在线讨论过程，并揭示了可以成功处理这些复杂问题的方式和方法。

任何事物都有两面性，任何试图利用大规模在线讨论方式的组织都要权衡利弊。对于 IBM 和其他一些公司来说，一个广泛参与的、耗费时间和精力的 Jam 是非常好的方式。保罗·何恩现在已经从 IBM 退休，成为纽约大学的一位科学家，他在回忆"创新 Jam"时总结说："Jam 是头脑风暴的一种方式，并且在头脑风暴中首先需要了解的是：考虑所有的提议，甚至包括那些看似不靠谱的提议。这意味着，你可能会获得大量垃圾信息，但是该方式却迫使你独立于企业之外进行思考。此时，你会被无穷的思想和提议充斥着，此时你已经信息饱和，所以你必须想办法抽身，并对这些提议进行筛选。"

"创新 Jam" 的方式被 IBM 成功运用，同样也得以在其他组织中应用：2007 年，IBM 推出了一项服务，就是为其他组织推行 Jam，第一个应用领域是汽车供应商，这个 Jam 是在设备供应商协会的主持下，通过聚集汽车零部件制造商和他们的客户（汽车制造商）共同完成的。

三、学术研究：众包的力量

（一）哈佛医学院的社会创新——"哈佛催化剂"

与企业研发相比，学术研究更加具有社会性，公开透明是其重要特征。科学家们通过领域内的专家审查在一流期刊上发表文章来获得声誉和晋升。是否能够获得更多的研究经费也是基于先前的研究成果、研究人员在该领域的信誉以及研究计划的潜在影响力和可行性，所以，竞争非常激烈，只有不到 10% 的论文会被一流的学术期刊接受，只有 10%~20% 的研究计划会获得资助。

内行专家评审制度造成的问题显而易见。首先，扼杀了交叉创新的可能。评审都是在专业领域内进行的，没有交叉创新的机会，而很多真正的创新往往是通过交叉来实现的。其次，不代表正确的研究方向。由于领域内的带头人决定着该领域的创新方向，这个方向的选择往往是依据带头人个人的已有研究和专长领域确定的，但该方向不一定是未来真正的发展方向，但在少数人决策的制度下，其他研究者没有表达专业意见的机会，更没有参与决策的机会。最后，造成了资源垄断。每个领域的带头人只有少数几个，他们之间往往在学术和个人方面都有交往，结果是国家分拨的资源只在不同领域中的少数几个人中流转和分配。

为了打破学术领域中科研创新的封闭和集中，哈佛大学医学院进行了大胆的探索和尝试，将社会创新模式引用到学术研究领域。哈佛大学医学院拥有超过 2 万人的教研人员和研究生队伍，其医学研究处于世界最高水平，每年从美国国家卫生研究院获得研究经费近 14 亿美元。这样看来，哈佛大学医学院属于传统学术创新模式的既得利益者，为什么还要打破传统模式呢？这就是一所世界顶级大学的不同之处，他们更多地会从根本上考虑解决问题的方式，而不是思考如何能够守住当前的利益。也只有这样，才能保持其世界领先地位。

（二）"哈佛催化剂"的成立

为了实现从研究到临床的对接，2008 年哈佛大学医学院成立了临床与转化科学研究中心，并将其称之为"哈佛催化剂"。"哈佛催化剂"明确提出，新的机遇与挑战要求法学院、商学院、政治学院、工程与应用科学学院以及教育学院的同行与医学院及其卫生保健机构的研究人员相互影响、相互作用，合作开发新的疾病预防、诊断或治疗方法。

其实，"哈佛催化剂"的组织形式远远超出了哈佛内部的院系，除了涵盖哈佛大学的 10 个学院之外，还有 18 个医疗保健中心、波士顿大学护理学院、麻省理工学院、剑桥大学健康联盟、哈佛大学清教徒医疗保健中心和众多的社区合作伙伴。因此，"哈佛催化剂"采用的是跨学科、跨机构的运作模式，是一个致力于改善人类健康的"泛哈佛大学"（Pan-Harvard University）机构。

"哈佛催化剂"是哈佛大学将开放的社会创新模式运用到传统学术研究领域的一次大胆尝试。正如任何革新都会引来非议一样，许多内部人士都对该尝试持有异议：这样的实验可能会疏离学科带头人，而他们可能是最知道问题所在的人；此外，这样的实验也无法保证公开征集的研究计划能有突破性进展。虽然有这样的顾虑，但哈佛大学的领导人则认为将开放的社会创新模式引入传统学术创新领域仍然不失为一种有效途径。

"哈佛催化剂"的实验不仅是为了找到解决疑难问题的新方法，还是为了探索科研过程的所有步骤和方式，从而做到更大范围的开放和竞争。从形成研究问题到评估研究计划，再到鼓励开展科学实验来为解决顽固难题带来新的思路和方法，其中的难点在于，做这些的同时还要与传统科研过程相结合。

（三）开放式地选择科学研究方向

在科学研究领域，问题的提出可能比提供答案更加重要，正如爱因斯坦所言，一个问题的形成常常远比其解决方案更为重要，问题的解答可能仅仅与数学或是实验技能相关，而提出新的问题、新的可能性以及从新的角度看待老问题则需要充满创造力的想象，这才真正标志着科学的进步。为了打破传统的少数人决定创新问题和方向这种模式，"哈佛催化剂"引入社会创新模式，首先开放"问题"端，让更多来自不同背景的人士参与其中，从更大范围内征集科学研究的选题。"公开竞赛"同样成为"哈佛催化剂"面向公众征集研究问题的方式，从而决定了学术研究的方向和领域。这种方式能够克服传统创新模式的缺点，从而产生出一些全新的研究视角、研究思路和研究领域。

"哈佛催化剂"与专业的网络公开竞赛平台——InnoCentive 合作，开展了对研究选题的征集。2010 年，这项"治愈 I 型糖尿病，有什么是我们不知道"的竞赛广告在哈佛大学、InnoCentive 和《自然》杂志上得到了广泛宣传，参赛者有 6 周的时间准备自己的问题。参赛者无须给出问题的解决方案，也不必拥有研究资源，只要提出清晰界定的问题和（或）假设，以全新的、有前景的方向推动 I 型糖尿病的研究即可。也就是说，参与者只要清楚地定义需要进一步探索和研究的问题或领域即可，这些选题可以是 I 型糖尿病的任何领域：分子成因、检测和诊断、新疗法、优化治疗方案、病患照料看护等。参与者可以组队参与，也可以单独参与，InnoCentive 将为他们提供网络沟通和提交平台。

另外，竞赛组织者还声明参与者无须把知识产权转给"哈佛催化剂"，这等于说在参与者提交问题时，给予了"哈佛催化剂"使用其创意的免版税、永久、非独家的许可以及提出经费申请以开展实验的权利。作为补偿，"哈佛催化剂"提供了 3 万美元的奖金，用于奖励获奖的参与者。

这一项目先后共有来自 17 个国家的 779 人参与。他们背景各异，很多参与者与糖尿病研究并没有直接关系，仅有 11% 的参与者具有 I 型糖尿病的专业研究背景，47% 的参与者对糖尿病有一些了解，而 42% 的人对该领域完全不了解。最终有 163 人共提交了 195 个问题，删除重复和不完整的问题后，有 150 个问题被认定可以接受评估。这些问题覆盖的治疗领域广泛：免疫学、营养学、干细胞、组织工程学、生物机制、防御和病人自我管理等。经研究发现，这 150 个问题的关注点与现有文献以及 I 型糖尿病研究者正在探索的问题有显著不同。从而证明了将开放的社会创新模式引入学术研究中能够提供全新的研究方向、视角和领域，有效降低了传统模式中选错研究方向的风险。

（四）开放式地评估研究方向

传统的业内专家评审制度难免带有个人的主观色彩，并且少数专家评估全新的、重要的研究领域的能力要明显低于集体的智慧。"哈佛催化剂"的研究计划评估过程遵循了社会创新模式的开放性原则，邀请了多位专业领域大相径庭的专家们共同评估研究方向。为评估这 150 个问题，"哈佛催化剂"邀请了众多评估者，每一个问题都要经过多次评估。先后有 6 批哈佛大学的教职员工被邀请作为问题的评估人，共有 142 人参与了这 150 个问题的评估，在一个完全双向匿名的审查过程中产生了 2 130 份评估报告，在评估过程中，参赛者的身份、所属单位或资历都不为评估者所知。从评估结果来看，6 批评估者对最佳选题的选择颇有差异，最终的评估结果是以所有评估小组的平均分数作为依据的。

与传统的业内专家评审制度相比：由资助机构选择 3 名本行业的专家来评估方案，开放式的评估模式更加客观、结果更可信。通过开放式的评估，来自多个领域、不同级别的哈佛大学教职员工对 150 个问题进行独立评分，最终选出了 12 个最具影响力和可行性的问题。而这些被选出的问题，如果以传统评估模式来看，肯定会被抛弃，看看获胜者的专业背景你就明白这句话的意思了：12 个问题的获胜者包括一名患有 Ⅰ 型糖尿病的人力资源专家、一名大学四年级的学生、一名生物统计学副教授、一名家人患有糖尿病的退休牙医、一名生物医学教研人员以及一名内分泌学专家。

（五）交叉式地组建跨学科团队

有趣的是，12 个问题的获胜者能够获得选题奖金，但并不意味着他们可以成为这个问题的真正研究成员。与传统的谁申请谁负责研究的形式不同，"哈佛催化剂"在科研团队的组建上进行了重新选择，选择的方式更加开放，团队成员之间的学科背景更加多样化。他们最终将这 12 个问题分成 5 个类别，其目的是进一步吸引更多具有专业背景的研究者。为了让更多的人知道，"哈佛催化剂"除了使用传统的广告方式进行宣传之外，还启用了哈佛大学医学院的一个数据库来寻找这些领域的研究者，因为这个数据库的记录可以显示哪些人可能适合这些问题的研究。寻找潜在研究者要通过一个比较复杂的算法，将 5 个领域的 12 个问题与数据库中论文的关键词做匹配，而不是与研究主题匹配，这样可以突破现有的糖尿病研究领域范围，找到那些曾经做过和现有问题相关的，但不一定是糖尿病研究的研究者。通过匹配找到了 1 000 多位可能拥有研究能力的科学家，他们中的一些人已经是糖尿病研究领域的佼佼者，还有很多人的研究领域和专长与糖尿病并没有直接关系。名单选出之后，"哈佛催化剂"分别给他们发送了邮件，邀请他们参与研究。

该算法除了进行关键词匹配之外，还有另外一个功能，即将潜在研究者的专业背景进行交叉性匹配，以便组建互补性的研究团队。所以，被选出的 1 000 多人中，有半数通过随机选择的潜在研究者除了收到邀请之外，还会同时收到其他科学家的名字，并会建议其组成 3 人或 4 人的团队，建议的团队人选是经由算法认定的具有互补性知识技能的人，如果这些人联合起来组建团队，可能会产生突破性的研究成果。这样的团队组建方式是传统学术研究中不曾使用的，完全突破了学术领域的惯常做法。通过该方式，最终有 31 个研究团队产生，31 名实验室主任中的 23 人都是通过这个算法找到的，而其中的 14 人之前并不是糖尿病领域的研究者，这是开放式创新的价值体现。随后，"哈佛催化剂"通过独立第三方对这 31 个团队进行了选评，最终有 7 个团队获得了资助，而这 7 个团队中有 5 个团队是由那些非专业的 I 型糖尿病研究者领导的。

虽然 I 型糖尿病的开放创新模式只是"哈佛催化剂"采用社会创新模式的一次尝试和探索，但它带来的影响却是巨大的。这种尝试证明了即使在外界看来最具学术权威的研究机构，同样适用社会创新模式。之前集中、封闭的"专家评审制"的所有阶段——确定选题、进行评估和组建团队，都可以被分解和开放。将开放的社会创新模式引入传统的学术研究领域，不但可以突破"专家评审制"的诸多弊端，还能把真正全新的视角、选题、研究团队带入一个已有的研究领域中。通过分阶段向背景更多元的参与者开放，"哈佛催化剂"达到了预期的目标。

值得注意的是，"哈佛催化剂"在引入开放的社会创新模式时，并没有完全否定传统的研究方式，而是将二者有机结合。具体做法就是，将之前由少数业内专家决定的科研过程进行多阶段分解，即选题、评估、团队组建和评审分离，并在每一个分离的阶段添加一个开放的维度——让更多拥有不同知识背景的人参与其中。这样一来，已处于该领域内的专业研究者并不会感到被系统性地排除在外，同时也给了领域之外的具有不同专业背景的人一个参与的机会。所以，这种将社会创新模式引入传统学术研究领域的做法，是让开放式创新成为一种被广为接受的创新方式，而不是对过去做法的全盘否定。

目前，"哈佛催化剂"已经把这种开放的社会创新模式融入现有的研究过程中，不断从哈佛大学的其他院系寻求方案。受其启发，美国国家卫生研究所、克里夫兰诊所（Cleveland Clinic）和青少年糖尿病研究基金会（Juvenile Diabetes Research Foundation）等其他学术研究机构也开始逐渐探索如何将开放的社会创新模式引用到自身的研究中。"哈佛催化剂"的尝试告诉我们，开放的社会创新模式不局限于技术人员和创业者，那些成就卓著、经验丰富的由创新驱动的科学研究机构也可以从这种开放的创新模式中获益。

四、私人科学：激活人类基础研究

创新社会化、科研资助私人化，两者都是对创新的创新。社会创新是一种自然的、自发的行为。近一二十年来，由于政府公共资金的短缺，以"公私合作"方式来资助基础研究的做法已经广泛盛行于各个发达国家，甚至在美国还出现了私人资本直接投资基础科学研究——私人科学。

2013 年 4 月，奥巴马召集了美国最知名的科学家聚集白宫。他再次强调了技术创新在促进经济增长中发挥的作用，同时公布将投入 1 亿美元到"下一个伟大美国工程——揭开人类大脑的奥秘"中去。另外，奥巴马还强调了政府在从将人送上月球到创造因特网的科学探索历程中所担任的主导角色。根据奥巴马的描述，"大脑计划"将是这一伟大传统的延续，也是对科研经费支出严重削减的有力反驳。奥巴马说："错失机遇而让其他国家迎头赶上的损失是我们输不起的……我们必须抓住机遇，我不希望下一个创造工作岗位的发现出现在中国、印度或德国，我希望能够发生在这里。"

不难发现，美国科学研究领域中的资金来源和科研实践正在发生着显著变化。10 年前，微软联合创始人保罗·艾伦（Paul Allen）捐献了 5 亿美元，在西雅图创立了一个大脑科学研究所。另外一个名为弗雷德·卡夫利（Fred Kavli）的科技和房地产亿万富翁，在耶鲁大学、哥伦比亚大学和加利福尼亚大学创建了大脑研究所。此次政府在人类大脑研究上的投入将激励和丰富个人在该方面的研究，同时，对科学研究的慈善资助也坚定了奥巴马政府的计划。

随着政府大幅削减科研经费支出和私有部门及个人越来越多地参与其中，原有的政府主导科研的格局可能会被打破。科学技术长期以来都是美国国力和自豪感的源泉，现在却变得越来越像一个民营企业。在华盛顿，经费削减使得越来越多的实验室关门，科学家们也面临着被裁员的危机。一些计划中的研究项目也已经被搁置，尤其是那些风险大、自由度高的基础研究项目。然而与此形成鲜明对比的是，从硅谷到华尔街，科学慈善事业正变得越来越火热。就像美国最富有的人试图重塑自己一样，他们试图通过科学研究推动社会进步。

这种变化的出现让科学界既心存感激，又充满忧虑。目前，无论是从研究的深度还是广度上看，公共财政仍然在美国研究领域中占据支配地位。但是，私有科学会以何种速度兴起，会对原有的科研体系造成何种影响，都是未知数。为此，美国国家科学基金会最近专门对此进行了研究。

（一）私人科学研究兴起

生物化学家马丁·阿普尔（Martin Apple）曾经一度对私有科学研究持怀疑态度，但经过调查，他已经改变了自己的这一观念，并认为总体上，私有科学研究将有助于加快科学发展的步伐。到底是什么改变了他的观念？据他说，是他看到了一种持之以恒、年复一年追求宏伟目标的精神和信念。"他们把小儿麻痹症作为目标，持续研究直至问题最终得到解决——以前没有任何人能够做到这样，"马丁接着说，"事实上，他们（私人科学）拥有市场和政府都不具备的力量"。

如果美国联邦的财政战争和个人财富增长持续进行下去，那么这种影响将会继续增大。事实的确如此，一份《纽约时报》的分析显示，大约有 40 位美国最富有的科学捐赠者已经签署了一份承诺，将他们的绝大部分财富捐赠于科学研究，这些财富加起来已经超过了 2 500 亿美元，这已经成为美国科学研究的一种新趋势。

（二）埃里森医学基金会——私人科学研究的新模板

当甲骨文公司创始人 CEO 拉里·埃里森（Larry Ellison）在斯坦福大学听到一位获得过诺贝尔奖的生物学家关于人工智能的专题报告时，他被深深地吸引了。那是 20 世纪 90

年代初，运用计算机破解基因之谜还是件新鲜事，埃里森说："我还从来没有经历过这样的事情。"之后，埃里森多次邀请美国洛克菲勒大学的生物学家约书亚·莱德伯格（Joshua Lederberg）教授到家中做客，他们谈论过很多话题，从埃里森早期对分子生物学的兴趣到巨大的财富可以有巨大的作为，等等。

基于他们之间的友谊，1997年，埃里森医学基金会成立。迄今为止，已经有数百位生物学家从中获得了研究经费，其中就有3位生物学家获得了诺贝尔奖！埃里森在美国《福布斯》杂志评选的世界最富有的人中排在第5位，他已经先后在科学领域捐赠了约5亿美元。当然，埃里森在科学慈善家中并不是捐赠最多的，也不是最有影响力的（比尔·盖茨可能最有名，他为全球公共健康医疗领域捐赠了大约100亿美元），但他却为私人科学领域塑造了一个新模板。

在传统的政府资助科学研究的模式中，受资助的研究领域和研究问题、受资助的研究者和团队、受资助的额度和期限都是由美国科学代理机构的专家决定的，如美国国家科学基金会和美国国家卫生研究院中的专家通过权衡学术价值和社会价值，从众多的申请中决定哪些申请可以获得资助。有时，一些专家以推动全领域发展为名，可能会建议实验室耗资数十亿美元购买大型仪器设备，这可能会滋生学术官僚和学术腐败。相比之下，私人科学属于个人行为，所以更加鼓舞人心。

（三）施密特海洋研究所

温迪·施密特（Wendy Schmidt）捐赠科学研究的灵感来源于一次潜水活动。2009年，她来到加勒比地区的石榴岛屿观看珊瑚礁，这是她第一次潜水，当她潜到水下后睁开眼睛时，她被海底世界的景象惊呆了。回来之后，她与丈夫进行了沟通，丈夫埃里克·施密特（Eric Schmidt）是谷歌前任CEO，他们认为目前国家在海洋领域的科学研究投入不足，在2000年政府投资最多时只有28艘船供研究者使用，而现在已经减掉了1/3，将来还有进一步减少的可能。因此，他们决定投入超过1亿美元的资金，在加利福尼亚州的帕洛阿尔托设立施密特海洋研究所（Schmidt Ocean Institute），研究所的正中央是一艘足球场大的船，与其他研究用船不同的是，该艘船上还设有桑拿浴和停机坪。施密特在接受采访时说："我们希望能够迅速推进科学研究的步伐。"

这些来自各行各业的科学慈善家捐赠的科学项目遍及多个领域。被誉为石油和天然气开采之父的乔治·米切尔先后向粒子物理学、可持续发展和天文学领域共捐赠了3.6亿美元，其中包括著名的价值3 500万美元的巨型麦哲伦望远镜（the Giant Magellan Telescope）。在米切尔先生去世之前接受采访时，他说："宇宙太大了，可现在还没有一张像样的地图。"

私人科学的故事仍在持续着。艾利·布罗德（Eli Broad）在房产和保险领域中获得了巨额财富，他捐赠了7亿美元用于支持哈佛大学和麻省理工学院研究基因疾病。戈登·摩尔捐赠了8.5亿美元用于物理学、生物学、环境和天文学方面的研究。罗纳德·佩雷尔曼（Ronald O.Perelman）捐赠了3 000万美元专门用于女性疾病的研究，在其投资的支持下，研发了治疗某些乳腺癌的突破性药物——赫塞汀（Herceptin）。另外，微软前技术总监纳森·梅尔沃德投入巨资发掘了霸王龙遗骸的化石。类似这样的例子还在不断上演着，与此形成反差的是联邦财政支持科学研究的拨款日渐削减。

（四）政府支持性科研前景黯淡

2012 年 12 月，白宫公布了来自奥巴马科学和技术顾问团的研究，该研究警告美国的科学研究水平在下滑，并强调了其他国家的科学竞争对手正在崛起，最后呼吁政府政策的大力支持。专家们在信中这样写道："如果没有足够的资金支持科学研究，美国将失去在创新和发明方面的领导地位。"2009 年，美国联邦财政在基础科学领域的经费预算是 400 亿美元，2013 年预算骤减 1/4，只剩 300 亿美元，这也是历史上科研经费降幅最大的一年。

削减科研经费的负面效应还造成了裁员：由社会科学家组成的小组最近调研了 3 700 位科学家和技术管理者，调研结果显示 55% 的被访者说他们的同事已经失业或者即将面临失业。美国国家卫生研究院主任弗朗西斯·柯林斯（Francis S.Collins）博士在接受采访时说，2013 年是他在职期间最为黑暗的一年，获得资助的科研项目减少，同时还伴随着裁员和项目削减。在过去的数十年中，获得联邦财政支持的研究中，有超过 100 个人获得了诺贝尔奖。这样的削减真让人"无比沮丧"。

对于私人科学的兴起，白宫的报告中并没有过多的陈述，只用"不予评判"一笔带过。然而，这些大笔捐赠科学研究的慈善家们也有忧虑，他们的普遍担忧是，如果他们在基础科学领域捐赠的多，联邦政府就会减少在该方面的支出。Kavli 基金会主席罗伯特·康恩说："这一直是我们最大的忧虑。"该基金会近期已经承诺将捐赠 2.5 亿美元支持基础科学研究。"慈善是不能替代政府资助的，所以，做慈善也不能大肆宣扬。"康恩接着说。在美国，确实有很多在科学领域的捐赠都是匿名的，或是悄悄进行的。

2013 年，一次流星爆炸造成俄罗斯 1 200 人受伤。之后，美国科学、太空和技术委员会（Committee on Science，Space and Technology）主席拉马尔·史密斯（Lamar Smith）宣布将在太空安装新的传感器，因为这"对我们的未来非常重要"。接着，他举行了听证会，会上展示了一个星载望远镜，该望远镜能够扫描到太阳系中可能威胁地球安全的那些加速运动的岩石。该项工程的研究资金来自 eBay、谷歌和 Facebook 等企业领导人的捐赠，同时也来自很多匿名捐款。史密斯说："我们必须更好地认识到哪些是私营部门可以做到的，以便更好地帮助我们保护这个世界。"

在过去的数十年中，该项工程应该隶属于美国航空航天局。该项目负责人爱德华·卢曾经是宇航员和谷歌执行官。在听证会上，他大概测算了飞船的费用，约 4.5 亿美元，大概只占政府预算的一半。也就是说，如果由政府资助和主导该项工程，成本可能是 9 亿美元，而由私人部门主导的该项科学研究的成本费用只要一半就够了。可见，私人科学不仅为基础科学研究投入了大量资金，还能够更加有效地利用科研经费，从而提高科研的投入产出比。委员会的成员还积极呼吁，私人科学的努力为削减联邦政府的无效开支指明了方向。

柯林斯博士在最近的一次采访中承认，慈善家在填补政府资金缺口和抓住新机遇上是"异常重要"的，并强调科学"还从来没有迎来过如此兴奋的时刻"。尽管如此，他和其他专家后来很快补充道：私人投入太少了，不足以替代公共支出。美国国家卫生研究院每年的单独预算约为 300 亿美元，其中有一半用于基础领域研究。美国先进科学促进协会主席威廉·普莱斯（William Press）博士说，至少到目前为止，私人捐赠"仍属于杯水车薪"。

（五）"未知数"的私人科学

到底有多少私人捐赠流向了哪些科学研究领域？这些钱是如何被支配的？总体上，政府对上述问题知之甚少。科学人士分析指出，了解上述状况非常重要，因为若不了解的话，政府就无法对国内的科学研究有全面的认识，进而会影响到整个国家的科学规划。国家在做科学研究预算支配时，既要考虑学术问题，又要考虑社会问题。所以，在他们做出重大的科学决策时，政府需要确保这些钱不能只流向优秀的科研机构，还要考虑性别、种族和收入等各种因素。

约翰·扬科夫斯基是美国国家科学基金会的高级分析师，他不仅资助科学研究，还追踪科学预算。他说："我们应该调研此事，但由于经费紧张，我们并没有做。"很明显，这项任务是艰巨的，政府的科学预算是集中的，而私人的捐赠则是分散的，很难统计。美国国家科学院多次敦促政府加紧监控这些"未知数资金"，扬科夫斯基博士说，最近，国家科学基金会开始了试点调查，可能需要一年的时间来完成。如果预算允许，可能会对此展开全面调查。

正如私人科学领域在自下而上地进行着，对私人科学领域的调研也在自下而上地开展着。与等待国家科学基金会的集中调研相比，来自麻省理工学院的菲奥娜·穆雷展开的民间调研更加简单和快捷。穆雷是麻省理工学院创业学教授，她采用不同的角度进行调研，她调研的对象不是敏感的捐助者，而是受资助者，尤其是那些国家研究型大学的受资助个人或团体。为了简化工作，她选取了研究经费支出最多的 50 所大学，其中包括哥伦比亚大学、斯坦福大学、杜克大学、哈佛大学、密歇根大学和约翰·霍普金斯大学等。

穆雷博士的研究发现，私人捐赠约占高校研究经费来源的 30%，她由此指出，私人捐赠在科学领域的兴起可能使"富有的领域、大学和个人变得更加富有"。新的赞助人层出不穷，这已经成为校园中最引人注目的趋势之一，私人资助科研的兴起，成为科学慈善的新殿堂。在马萨诸塞州的坎布里奇市——麻省理工学院和哈佛大学的所在地，每年吸纳着数百亿美元的私人捐赠。比如，拉贡研究所（Ragon Institute）获得 1 亿美元私人捐赠，用于免疫学方面的研究；科赫研究所（Koch Institute）获得 1.5 亿美元，用于癌症研究；斯坦利中心（Stanley Center）获得 1.65 亿美元，用于精神病学研究；威斯研究所（Wyss Institute）获得 2.5 亿美元，用于生物工程研究；麦戈文研究所（McGovem Institute）获得 3.5 亿美元，用于大脑研究；怀特海德研究所（Whitehead Institute）获得 4.5 亿美元，用于生物医学研究；博德研究所（Broad Institute）获得 7 亿美元，用于基因组研究。

（六）私人科学的未来

20 世纪 80 年代初，加州理工学院的生物学教授勒罗伊·胡德（Leroy Hood）向美国国家卫生研究院提议进行首次 DNA 测序，以此快速识别人体每个细胞中的数十亿遗传单位。然而，他的这个伟大提议被美国国家卫生研究院拒绝了，于是他不得不另寻出路。后来，他获得了私人部门的资助，来完成这项重大的生物工程，支持者是一家名叫 SolPrice 的仓储连锁巨头，该公司后来与美国零售巨头好市多（Costco）合并。

胡德博士在 DNA 测序上取得了突破性进展，联邦政府看到了希望，于是投资了 38 亿美元，成立"人类基因组计划"（Human Genome Project），来识别人体细胞中所有遗传单位。最近，个人基因组学（personal genomics）已经成为一个新兴的热门研究领域。根据胡德博士所言，科学慈善已经"成为前沿的推动者"。

多年来，私人资金潮涌般投向科学领域，这使得传统的、以政府资助为主的科学研究模式发生了转变。之前，由政府或其代理机构拟定科学研究方向和领域，并资助其进行研究，随后会有私人部门的研究跟进；现在，私人科学的兴起可能会成为政府支持科学研究领域的参照物。比如，在资助基因测序、转化医学、奥巴马政府的"人脑计划"等方面，政府不再设置日程表，而是开始跟随私人科学的步伐行事。

10 年前，得克萨斯州的一位工程师阿努什·安萨里（Anousheh Ansari）在电信领域积累了大量财富，她捐资 1000 万美元，设立了第一个私人飞行器奖项，该飞行器要能将 3 个人带上太空。安萨里的成功促进了私人设置科学奖项的繁荣。随后，很多私人捐助者都通过这种方式设置了几十种科学奖项。这一潮流也同样影响着政府，政府也随之设立了上百种科学奖项，以更加公开和公平的方式促进和激发科学研究。根据白宫的一项研究，美国联邦政府的科学奖项设置主要源自"慈善机构和私人部门设置科学奖项的成功"。

有时，私人捐赠者也会去帮助政府，尤其当政府科学预算减少时。2006 年，由于政府预算削减，位于长岛的一个巨大的粒子加速器有可能被关停。此时，家住长岛的知名对冲基金投资人詹姆斯·西蒙斯（James Simons）博士筹集了 1300 万美元进行救援。得益于西蒙斯博士的捐助，研究小组能够继续探索导致宇宙诞生的亚原子层爆炸。

如果富有的捐赠者是可以依赖的，那么私人资助科学研究的规模和范围都将大大提升。相信他们可以依赖的一个重要原因是他们做出了庄严的承诺。2010 年，盖茨夫妇和沃伦·巴菲特联合宣布了一项活动，截至目前，美国 500 名亿万富翁中已经有约 1/5 的人签署了该活动，承诺将自己的大部分财富捐赠出去。一篇刊登在《时代周刊》上的文章公布了他们签署的承诺书，承诺书显示将有超过 40% 的富翁计划将财富捐献在科学、健康和环境领域。签署人的财富总和已经超过 2500 亿美元，他们承诺的最低捐献额已经超过 1250 亿美元。有多少捐献最终会投向科学领域，目前尚不明确，但有些人已经公布了几个非凡的科学目标。比如，来自北达科他州的石油大鳄哈罗德·哈姆（Harold Hamm）和妻子苏·安（Sue Ann）写道："我们希望在有生之年根除糖尿病。"来自犹他州的亿万富翁洪博培（Jon M.Hunsman）说，他的慈善目标是"一定要攻克癌症"。

巨型麦哲伦望远镜的捐赠者乔治·米切尔在去世之前表达了他对美国科学的担忧：美国的科学已经失去了原有的竞争优势。他以"希格斯玻色子"（Higgs boson）为例，表示正是因为美国科研经费的削减，关闭了芝加哥附近的关键观测设备，使英国成为该领域的领跑者。米切尔先生说："我们没有任何借口失去领先地位，我们需要解决这个问题。"私人科学的捐赠者以及他们的追随者表示，随着十多年来捐赠数额的激增，有可能激发美国经济的增长，并帮助美国抵御全球的挑战者。他们强调说，"在华盛顿持续削减经费的情况下，私人捐赠就显得越发重要了。"

靠科技致富的人可以直接投资基础科学，其他人也可以通过创新方式投入其中。麻省理工学院斯隆管理学院金融学教授、具有华人第一金融学家之称的罗闻全（Andrew Lo）成立了一个投资于针对癌症药物的初期阶段研究的众筹基金，该基金计划募集300亿美元，可以同时支持150项研究。虽然，只有少数的治疗方案被证明是有效的，但罗闻全预测该基金还是可以盈利的，年化收益在7%~10%。只有大规模投资的情况下，才能有效降低早期阶段的研究风险。罗闻全的研究结果改变了人们普遍认为基础研究不盈利的观点。基础研究可以盈利，不仅富人可以投资，一般人也可以投资，通过规模化的投资，有效降低基础研究的高风险。传统创新模式的局限性在于其过于保守、审核漫长，从而无法起到鼓励创新的作用。私人资助科研，不但选题开放、鼓励创新、更大范围内的风险容忍度，同时还能够兼顾盈利目标，这些是传统创新模式无法比拟的。

第三节　小岗村、中关村与人人创客

美国大多数科学家和企业家都有着"科学执迷情结"，这使得美国的致富在很大程度上归功于"科技致富"。中国政府有很强的号召力和组织能力，但鉴于社会创新的特点，其鼓励社会创新的方法亦有所不同。降低创新创业者的政治风险、政府减少人为设置的障碍、为创新创业者创造一个自由宽松的环境，可能比直接号召、组织和"搞运动"式的做法更加有效和持久。

一、小岗村、中关村与人人创客

对于绝大多数中国人来说，"社会创新"一词还是比较陌生，并且社会创新的倡议和研究在中国也刚刚开始。但实际上，如果我们把社会创新去广义地理解为一种自下而上、开放式的创新模式，其实社会创新不但已经在中国发生，而且在中国的改革开放历程中起到了具有历史性意义的作用。无论在体制创新领域还是在技术创新领域，我们都可以找到有代表性的社会创新案例。比如，在体制创新方面，发生在安徽省凤阳县小岗村18位农民签下的"生死状"，开创了中国家庭联产承包责任制的先河，孕育和散播了中国改革开放的种子，成功解决了中国人的温饱问题。在高新科技领域，自发形成的北京中关村电子产品交易市场也已经成为中国的"硅谷"。与思科、通用电气等跨国公司类似，社会创新模式在中国企业中的关注度越来越高，个别领先企业已经开始探索，海尔公司的"人人创客"就是典型案例。但总体上，社会创新模式在中国的发展还比较迟缓，并且存在一些认知和实践上的问题。

（一）由 18 位农民改变的中国历史——家庭联产承包责任制

20 世纪 70 年代，中国国内社会动荡，生产力始终没有得到恢复。人民公社制度设想社会主义的"集中生产"和"按需分配"。诚然，土地已经被集中到集体所有，农民不再拥有土地，农民在集体的土地上集体劳作。虽然"按需分配"是人民公社的制度，但在没有经营自主权和剩余索取权的情况下，农民缺乏生产积极性，严重影响了产量，农民的口粮得不到保障。

1978 年 11 月 24 日晚上，在安徽省凤阳县凤梨公社小岗村严立华家低矮破陋的茅草屋中，有 18 位村民在召开一次关乎全村人命运的会议，他们最终签署了一份不足百字的《包干保证书》。《包干保证书》有三条核心内容：一是分田到户；二是不再伸手向国家要钱要粮；三是如果干部坐牢，其他社员要保证把他们的孩子养活到 18 岁。

1979 年 10 月的金秋时节，小岗村当年的粮食总产量达到 66 吨，相当于全队 1966—1970 年 5 年粮食产量的总和。"包产到户"是集权向分权的转变。农民不但有了经营自主权，还有了剩余索取权，生产积极性得到了极大的释放。但是，社会舆论对"包产到户"形式的批评不绝于耳。1980 年 5 月 31 日，邓小平在一次重要谈话中首次公开肯定了小岗村的开创性做法，并认为农村的改革已经是势在必行。1982 年 1 月 1 日，中共出台了历史上第一个"农村工作一号文件"，将"包产到户、包干到户"作为社会主义集体经济的生产负责制。

以上就是家庭联产承包责任制诞生的历程，由于农民有了自主经营权和剩余索取权，他们可以充分发挥自身的专业生产技能，发展多种经营。家庭联产承包责任制实际上是打破了人民公社体制下土地集体所有和集体经营的集中农业耕作模式，实现了土地集体所有权与经营权的分离，实现了以农户为单位的承包经营新模式。经过短短的十多年时间，中国广大农村地区便迅速甩掉了贫穷落后的帽子，解决了温饱问题，逐步走上了富裕之路。

18 位农民冒着生命危险签订的《包干保证书》，属于自下而上的农村生产经营体制创新，是中国现代历史上最为典型的社会创新行为。后经邓小平的肯定以及中央的推广和制度化，成就了一项改变中国历史的体制创新。18 位农民在危机时刻自发性的创新改变了中国人民受饥挨饿的历史，创造了以世界 7% 的土地养活世界 22% 人口的旷世奇迹。

小岗村的案例可以说明一个事实，即在中国进行社会创新还需要冒风险，有时候甚至是很大的政治风险。因此，鼓励创新的方式可以是"事后肯定"，但我们更需要的是"事前"降低创新者的政治风险，消除他们的顾虑。

（二）中美创新集群对比——中关村能否超过硅谷

几乎与凤阳县小岗村 18 位农民冲破固有体制的同一时期，科技领域也在酝酿和上演着一场创新，地点就在代表中国创新创业高地、具有中国"硅谷"之美誉的北京中关村。

与发生在农业领域的农村家庭联产承包责任制相似，中关村的诞生也是自发的、自下而上打破固有体制束缚的社会创新过程。但不同的是，本次创新的主角不是农民，而是科研人员。

1980 年 10 月，中国科学院研究员陈春先在中关村率先创办了第一个民办科技机构——北京等离子体学会先进发展技术服务部。1978—1981 年间，陈春先 3 次访问美国，重点考察美国硅谷，中美之间的重大差异刺激了他。归国后，他提出在中关村建立"中国硅谷"的主张，探索加快科技成果转化的新路。新路的核心就是国家的科技创新从严格的计划体制向市场体制转变，技术人员走出科研院所，在遵循科技转化和市场经济规律的前提下，依法自筹资金、自负盈亏、自主经营和自主决策。

陈春先是在进行一场体制外的"实验"，其运作方式和分配方式与传统科研体制格格不入，由此引发的社会舆论可以用"一石激起千层浪"来形容。有人公开批评陈春先和他的"服务部"，说他们"搞乱了科技人员的思想，搞乱了科研秩序"。在社会舆论的重压之下，服务部被封门查账，业务骨干备受打击，服务部面临着解体的命运。可是，陈春先不甘心接受这样的命运，于是他尝试通过新华社撰写内参的方式来引起中央领导人的重视。最后，胡耀邦、胡启立、方毅等国家领导人做出批示，认为"陈春先同志的做法是完全对头的，应予鼓励"。

1982 年 10 月，党中央、国务院确定了"经济建设要依靠科学技术，科学技术工作必须面向经济建设"的基本方向，这意味着从理论上解决了中关村的争议。截至 1986 年年底，中关村各类开发性公司已近 100 家，各类开发经营电子产品的民营科技企业集群初步显现，被称为"中关村电子一条街"，中关村也被认定为我国第一个国家自主创新示范区。

经过 30 多年的发展，中关村已经发展成为国内第一的创新集群，承载区域从"一条街"扩展到"一区十六园"，产业从电子发展到包括电子信息、生物医药、新能源、新材料、先进制造、节能环保等多个高新科技产业。截至目前，在全国 88 个国家级高新科技园区中，中关村的园区总收入、入驻企业数量、从业人员数量、工业总产值和净利润等多项指标均稳居榜首。与国际上知名的创新集群相比，中关村增长力强劲，甚至有些指标在表面上已经超过了世界一流创新集群。

清华大学经济管理学院的陈劲教授对比了美国硅谷和马萨诸塞州创新集群，位于美国东部马萨诸塞州波士顿的 128 号公路和美国西部加利福尼亚州的硅谷可谓美国经济增长和科技进步的两大发动机。通过创新集群等重要指标的对比发现，中关村在某些指标上已经发展成为具有超强实力和巨大发展潜力的创新集群。根据这些指标，有些学者预测"中关村将成为未来全球第一的创新集群"。

中关村的确在以惊人的速度发展着，21 世纪初，中关村与硅谷仍然存在巨大差距，当时硅谷已经具有完整和成熟的创新创业生态体系，包括一整套研发系统和风险投资体系，而中关村还是一个信息产品集散地、贸易中心、销售中心和市场中心。如今，从一些统计指标来看，中关村与硅谷的差距似乎已经不大，甚至中关村的某些指标已经超过硅谷。关于中关村能否成为或是超过硅谷的问题早在 2000 年就被讨论过，当时《科学新闻周刊》记者陶海清以《中关村能成为下一个硅谷吗》为题采访了李开复。总结李开复的一席谈话，得出三个核心观点：中关村可以成为下一个硅谷，但中关村不必处处模仿硅谷；硅谷是市场经济的自发性产物，而中关村还是一个政府主导的产业集群；硅谷是一个奇迹，只有深入理解奇迹是如何发生的，才能把中关村建设成为一个有中国特色的"硅谷"。

硅谷是世界优秀人才"创新与创业精神的栖息地"，大多数创新创业者是基于"改变世界""改变生活"的想法。而中关村的创新创业者是在模仿"硅谷"模式，可以将中关村模式更加形象地比喻为"将硅谷的创新创业中国化"。总体上看，硅谷的创新创业是开拓性的，而中关村仍然是模仿性的。硅谷是为世界存在的，而中关村是为中国存在的——如果我们忘记了硅谷和中关村这一本质上的区别而简单地相信一些漂亮的静态指标，我们会犯下致命的分析错误。

笔者非常赞同李开复的第二个核心观点，虽然与硅谷一样，中关村模式的诞生也是自下而上的市场经济产物，但是在 20 世纪 80 年代之后，中关村的发展得到了更多的政策扶植和政府的直接投入支持，这使得中关村与硅谷相比，"还是一个政府主导的产业集群"。在政府主导模式中，创新者、创业者、企业之间的竞争不充分，创新和产品都很难经受国际市场的考验。李开复的第三个观点最为关键，即我们需要深入理解硅谷奇迹是如何发生的。

硅谷模式是社会创新的范例，其包含了三个基本结构性要素。一是企业内部，建立的是一种横向协作的社会创新，通过跨职能部门的工作小组、更加流动性的人力资源、决策过程下放、使用工作站、重新设计和策划商业模式等活动进行；二是企业之间打破传统的行业限制，社会创新表现为构建更低纵向集成水平的网络化系统，包括丰富的信息交流和交易关系，形成网络内相互联结的系统化局面；三是更大层面的社会创新网络，包括高校、社群以及涉及更广泛区域的合作性创新网络。

二、中国企业对社会创新模式的探索——海尔"人人创客"

一些领先的跨国公司已经开始在多个方面运用社会创新，比较典型的是开放式创新，利用多种方式鼓励和吸引社会中的个人、社群、团体等多元化主体广泛参与，比如宝洁、道氏化学、IBM 和霍尼韦尔等，已经从实施的开放式创新战略中获得丰厚的利益。中国企业的一些先行者也进行了不同程度的尝试，但主要还是停留在客户参与创新的阶段。目前，有一家曾经引领中国企业改革创新的企业，已经开始了对一种全新创新模式的尝试，而这种模式正是国际领先企业正在推行的社会创新模式的一种，这就是海尔开启的"人人创客"时代。

（一）"人人创客"的由来

20世纪80年代初，海尔还是一个濒临倒闭的集体制小厂，经过30多年的创新、开拓与发展，现如今已经成长为全球白色家电第一品牌。虽然海尔在中国城市化和现代化过程中取得了巨大的成就，但它在互联网时代却面临着巨大挑战。海尔应该如何应对挑战？经过研究，海尔集团董事局主席、首席执行官张瑞敏得到的答案是——只有创业没有守业！成功企业的再创业，最为艰难的是如何突破已有的经验和思维定式，也就是做到"自我否定"，或称之为"自以为非"。张瑞敏认为，在互联网时代，海尔每一个人都是自己的CEO，每一个人都应该成为创业家。

（二）为什么要实施"人人创客"战略

首先，顺应时代潮流。企业若要做到基业长青，必须能够跟得上时代的步伐。人类社会的每一个时代都有其主旋律和主导产业。企业长青的唯一出路是通过业务组合和组织结构的不断调整和变革，引领或顺应时代的潮流。但是能够做到这一点的企业少之又少，因为否定自我、否定成功比击败竞争对手和承认失败要难得多。很多曾经非常优秀的企业由于缺乏否定自我的勇气和魄力，纷纷倒在了时代前进的路途中。比如，在手机行业，摩托罗拉被诺基亚取代，诺基亚被苹果和三星取代，本质上都是因为被替代者没有跟上时代的发展：摩托罗拉代表的是模拟时代的技术，诺基亚代表的是数码时代的技术，而苹果代表的是互联网时代的技术，跟不上时代的结果只有一个——死亡。所以，在海尔只有一句话，"没有成功的企业，只有时代的企业。"做企业不能只想着成功，所谓的成功只不过是踏准了时代的节拍。对于时代，张瑞敏有自己的认识和体验。互联网时代的变化和挑战就是三条：第一，零距离，信息零距离；第二，去中心化，互联网上所有的人都是中心，每个人都是发布者、评论者，符合用户要求、需求的就可以购买；第三，分布式，资源都是分布的。互联网思维已经把我们带进一个充满生机与挑战的"人人创客"时代。

其次，面临着如何安置智能化背景下释放的大量劳动力的巨大挑战。虽然"无人工厂"的概念在中国已经提及十多年，但是真正实施的企业却不多。因为无人工厂不仅涉及技术和成本问题，还涉及释放出来的大量劳动力如何安置的问题。但是，随着工业4.0时代的到来，无人工厂已经开始在中国普及。作为全球最大的劳动密集型生产制造大国，随着汽车和电子工厂自动化的大力推广，预计到2017年，中国工厂使用的机器人数量将超过其他所有国家。国内不少大制造企业已经开始加速该进程，海尔也不例外，海尔的工厂已经开始了自动化和机器人化的历程。原来的洗衣机生产线需要45个产业工人，智能化后仅需要5人，而现在只要2个人做就足够了；海尔在佛山的自动化工厂曾经有930人，现在只剩下31个人，而释放出来的人员如何安置成为一个问题。目前，海尔在全球拥有8.6万名员工，2014年年底减少至7万人，减员比率为18%，2015年将再减掉1万人。

"人人创客"战略是海尔正在搭建的生态系统，希望给更多人提供就业机会，公司鼓励更多的员工跳出传统的企业组织，转变为创业者。未来，海尔公司的员工会越来越少，而在线的资源会越来越多，同时培育员工由操作型员工向知识型员工转型，但这面临很大的挑战。

最后，十多年转型之路未果累积的压力。21 世纪伊始，海尔便开始了探寻未来的转型之路，十多年的时间过去了，尽管海尔在新业务开拓、国际化、战略联盟等方面进行了多项实践，但从目前的状态看，仍然没有找到一条明晰的转型之路。其实，海尔真正面对的问题是对试错的承受力。试错过程的这几年时间这么长，就是因为需要掂量和斟酌。但是，容忍程度太高可能会出现以后的局面难以控制，太低级的转型又转不动。

怎么拿捏这个程度很难，这就像凯文·凯利（Kevin Kelly）在《失控》（Out of Control）中所说的"进化的代价就是失控"，想发展就必须进化，但进化的过程就很难控制。为了成为一个时代的企业，海尔需要将自己从一个"航空母舰"演变成为"联合舰队"。张瑞敏的想法是将海尔拆分成众多小微企业。海尔在传统经济时代中已经达到了一定的高度，现在需要进化到一个新阶段，但不是去爬另一座新的高峰，而是把它完全转变为一个生态系统。这个生态系统就像一片森林，其中的树木可能每天都有生死，但生态系统却可以生生不息。

三、"人人创客"的核心内容：自下而上、机会均等的海尔"三化"

海尔"三化"是指"企业平台化""员工创客化""用户个性化"。这"三化"其实是海尔"人人创客"战略转型过程的三个层面，其中成败的关键是员工能不能转变为真正的"创客"。规模化、机械化生产阶段的丰田模式成为全球制造企业争相效仿的对象，可是管理大师德鲁克始终没有发表过赞扬丰田的文章，后来，他在《已经发生的未来》（Landmarks of Tomorrow）一书中表述了他的观点：丰田模式没有体现出目标管理和自我控制的精髓。首先，丰田模式没有体现出个人的尊严，丰田员工下班也在做技术创新、技术改进，现场也做得很好，但都是接受领导指令的行为，不是自发的行为，也没有体现员工的自我价值。个人自发，其实就是让自己得到别人的尊重。其次，没有体现出机会公平，这些员工不接触用户，企业组织等级森严，没有机会获得公平。

颠覆性的组织变革。海尔没有层级，只有三种人——平台主、小微主、创客。传统的分工明确、等级森严的"金字塔"组织结构荡然无存！企业员工不再"唯领导是从"，现在所有的人都要"以用户为中心"。过去的员工现在必须变成为用户创造价值的创业者、创客，由创客组成小微创业企业，创客和小微主共同创造用户和市场。小微主不是由企业领导任命的，而是由创客选举产生的，如果一段时间之后发现小微主不称职，还可以撤职。实际上，在海尔小微主被撤职的情况时有发生。经过这样的组织变革，之前的各种层级，现在变成了一个个创业团队。海尔作为平台主，其与创客之间的关系由之前的上下级关系转变成为投资人与创业者之间的合作关系。另外，平台主需要负责战略方向和驱动创客在正确的道路上前进。

开放性平台。组织变革之后的海尔已经从一个具有明确界限的公司组织演变为一个更加开放性的平台。这个创新创业平台不局限于内部员工，公司鼓励引进外部资源。公司内部的小微主加上社会的优质资源，使海尔已经由一个集中化的组织变成开放性的平台，平台内外的资源和人才共同去创造个性化的市场。变革后，"世界就是你的研发部"，同时，"世界还是你的人力资源部"，"要么协作，要么消失"。研发资源可能来自美国硅谷，主要的核心零部件来自美国得州仪器，生产在武汉光谷。只有将平台开放，才能找到更具竞争力的资源，海尔在保持原有制造优势的基础上，通过开放性平台可以充分利用互联网思维不断放大这一优势。

实现这一转型，意义重大，如张瑞敏所言："海尔向社会开放供应链资源，每一个供应商和用户都可以参与到海尔全流程用户体验的价值创造。"原来企业从研发、制造、营销到服务的"串联流程"，在开放平台中都要"并联"运作，每一个环节都直接面对包括用户在内的社会多方。海尔这个开放性平台可以实现协同共享的经济，将所有参与者的利益最大化，从而推动发展。

"用户付薪"薪酬体系。之前，海尔的薪酬体系与国际大公司一样，是按照岗位和职位付薪，这导致了员工只盯着职级，不在意用户。"人人创客"战略下的薪酬体系是以用户为中心的考核薪酬体系，让员工有足够的创新激情。海尔对员工的考核方式由之前的单一指标变成了"二维点阵"，由两个坐标轴组成：横坐标是传统指标销量，纵坐标是用户流量的价值。用户的流量反映了用户的关注度，当一个产品有了用户流量，实现销售便水到渠成。

如果只有销量，没有与用户交互，就认为这个"小微"不能够给市场和用户创造出新的价值。海尔内部 360 度考评也被用户参与考评取代。"小微"的薪酬会从客户预约到有一定市场地位，乃至能够吸引到投资，即在不同阶段获得不断攀升的利益分享。既然是创客，就会面临风险。尽管截至目前海尔还没有宣告失败的项目，但是已经开展的小微项目中有一些项目的推进速度比较缓慢。例如，有些"小微"在推进工作时，企业价值超额不少，但是没有用户价值，因而不能得到真正的薪酬，这时就得由小微主掏钱支付员工工资，这是无法持续的，最终"小微"就得解散。当下，海尔内部还存在很多"不开放"的利益共同体，他们没有建立生态圈，下一步可能会面临被淘汰的命运。

创客大赛。截至目前，海尔集团共有 200 多个小微。2015 年 1 月，海尔集团以"人人创客，创用户最佳生活体验"为主题，举办了"海尔创客大赛 2014 年度总决赛"。大赛吸引了智能物联网大健康交互平台项目、"雷台"和汽车保险代理 7 大创客项目。"自以为非"和"创新创业"两大精神是海尔集团创办创客大赛的驱动力，给创客们提供创业资源与创业项目的对接平台是创客大赛的目标。因此，创业项目评审团也分为创业资源方和天使投资人两类。此外，为了体现海尔创客平台的开放性，本次大赛还吸引了 4 个来自海尔外部的创客团队。

对此，海云数据创客团队负责人表示："海尔平台的最大特点就是开放，这是当前搭建创业生态的关键所在。如果没有这个平台，我们很难快速地获取资源，而现在，我们不但能够整合全球一流的资源，还能通过双方协作开拓更为广阔的市场。"通过创客项目路演活动，充分展示了海尔创新平台的开放性与包容性。一方面，海尔员工正在创客大赛氛围下加速向创业者转变，响应"人人创客"的号召；另一方面，创客平台能够吸引全球的优质资源凝聚和扩散，不断完善创业生态圈。

的确，任何创新和变革都要面临风险，创新的颠覆性越强，面临的风险也就越大。张瑞敏在这次企业组织变革之前曾向企业家和专家请教，IBM 的前 CEO 郭士纳说之前他也想在 IBM 改变传统组织结构，但因风险太大而没有尝试；《长尾理论》（The Long Tail）的作者克里斯·安德森（Chris Anderson）表示，即便是互联网公司，其组织架构也有很多中间层，所以建议海尔最好不要去掉中间层，因为风险太大了。

郭士纳和安德森的担心也是有根据的，企业作为社会的经济组织，最根本的存在意义在于资源配置效率的提升，当企业资源配置效率与市场配置效率等同，这便意味着企业没有存在的意义。企业之所以能够比市场配置资源的效率更高，主要源于其组织资源的方式更加合理，规模化和专业化是企业配置资源效率高的两大核心要素，这也是传统的金字形企业组织结构的存在基石。在互联网时代，企业纷纷"瘦身"，逐渐压缩层级，使企业对市场反应更为迅速，效率也得以提升，但尚无企业直接消除中间层。如果说郭士纳能够"让大象善于跳舞"，那么张瑞敏则是想要将海尔这头"大象"演变为"蚂蚁军团"。我们对张瑞敏破釜沉舟的颠覆式创新拭目以待。

海尔"人人创客"战略是企业组织的颠覆式创新，其开放性、竞争性、分权性、机会均等的特征无一不体现出社会创新的特点。截至目前，可以毫不夸张地说海尔的"人人创客"战略是海内外大公司中对社会创新最为深刻和彻底的尝试，如果能够成功实现，则表明社会创新模式不仅可以在企业技术创新方面、用户参与方面发挥作用，还能够改变传统的企业组织结构和企业边界。因此，"人人创客"是海尔非常勇敢和富有想象力的创新和尝试。

第四节　激发中国社会创新活力的策略

一、激发中国社会创新活力的六大策略

经过 30 多年的改革开放，国民经济、国家实力均得到大幅提升。但是中国工业现代化的历程主要是依靠外来的资金、技术和对资源的掠夺性开发来实现的，国民参与这场史无前例的改革是出于对财富和现代生活方式的渴望。未来，中国的发展原则是自主创新，自主创新不仅是科学家和技术专家的创新，而且需要众人、多部门、多领域共同参与，需要整个国家投入和付出的一场社会创新，国民参与创新的动力已经不再单纯地表现为对财富的追求，此外还有更加多样化的目标，比如环境友好、主人翁精神和实现人生价值等。要成为一个真正的创新型国家，就必须为创新营造一个良好的环境，使创新成为一种社会风尚。只有在一个创新型社会中，众人的创造力才能被激发出来，科学技术、

思想文化才能有望在世界舞台上大放异彩。

（一）适当开放创新网络资源，提升社会创新的可能性和有效性

建立网络分享经验是社会创新得以实现的基本途径之一。社会创新的点燃、推广和传播都需要一个社会网络，这个网络不仅包括实体的组织网络，也包括虚拟的网络平台。创新网络能够促进信息自由流动，激发创新可能，传播创新经验。中国政府首先应该给一些社会创新类组织网络一定的生存和发展空间。严格的社会组织团体控制可能有助于政府"维稳"，但如果没有社会创新类组织的生存和发展空间，最终可能会错失重大发展机遇。除了给予社会创新组织一定的空间之外，还需要给予这些组织一定的资金、技术和公信力支持，如果政府能够参与设计一个健全的网络以实现创新经验的共享和传播，将会极大地激发社会创新的可能性和提高创新传播的有效性。

政府不仅要为社会创新网络的创建提供空间和支持，还要为国人提供获取创新信息的便利，放开必要的网站资源。很多具有国际影响力的网站，尤其是有利于人们获取知识和创新信息的网站都应该畅通无阻。比如，谷歌的专业知识板块 Scholar（学术），一些免费的一流教育资源网站——edX、MOOC 以及一些科技领域的趣味网站等。放开对这类网站的限制，将极大地促进有意愿创新的人通过知识的获取、学习和交流，激发更多的社会创新，缩小我们国家与世界领先国家在多个领域的差距。人人创新的社会不但需要赋予有意愿创新的人以机会，更重要的是赋予他们创新的渠道和技能。

没有自由，就谈不上创新；没有创新，就谈不上创业。信息时代，网络资源是信息获取的主要渠道，网络封闭是新时代"闭关锁国"的表现，是中国在创新创业方面设置的人为障碍。比如，麻省理工学院是全球首个将所有课程资源免费向全球开放的高校，后来有哈佛大学等知名高校陆续加入其中，最终推动了整个教育界的"MOOC 革命"。如果哪个国家的年轻人无法观看 MOOC 类视频，那他们就失去了坐在家里接触到世界最先进知识的机会，而这就是自由和知识的关系。没有知识，何谈创新？没有创新，何谈创业？自由是基础。

（二）鼓励创办多元主体的创新中介，为社会创新提供专业平台

创新资源能否有机整合，影响着社会创新的前景，而创新中介和媒体是资源整合的有效工具。目前，我国的创新平台比较单一，政府在创新平台中的角色占据绝对主导地位。"2011 计划"（全称"高等学校创新能力提升计划"）是继"985 工程""211 工程"之后，中国高等教育系统又一项体现国家意志的重大战略举措。

有业内人士认为，"'2011 计划'是做事计划，不是分钱计划"。"2011 计划"以协同创新中心建设为载体，协同创新中心分为面向科学前沿、面向文化传承创新、面向行业产业和面向区域发展 4 种类型。"2011 计划"是中国政府又一项"集中力量办大事"的战略举措，与之前工程不同的是，它强调不同部门之间的协同，这些协同中心主要是在科研院所和高校的研究中心、产学研中心的基础上建立的。能够获得"2011 计划"认定的协同创新中心将获得巨大资助，而选评的核心和基本要求是要"以国家急需为根本出发点"，这也是标准和条件。所以，"2011 计划"仍然是政府主导的科研工程，只不过是更加强调了"国家急需"和"多单位协同"。截至目前，经过国家认定的"2011 协同创新中心"已经有 38 个，为了竞争申请"2011 协同创新中心"，各个高校自主设立的已经挂牌运行的协同创新中心已有 113 个。

然而，与政府主导创建科研平台的大手笔相比，来自市场和社会的创新平台却显得尤为弱小。2006 年 10 月，社会创新与建设创新型国家研讨会，这可谓是中国第一个"半官方"的以社会创新为主题的国际研讨平台。2010 年，中央编译局比较政治与经济研究中心联合北京大学中国政府创新研究中心、北京华夏经济社会发展研究中心共同发起设立了每两年一届的"中国社会创新奖"。但根据两届的参赛项目统计，参与社会创新的主体力量比较弱小，以合法登记注册的社会团体、民办非企业和基金会为主。可见，中国社会创新的平台仍然是政府主导的创新平台，市场上形成的专业创新中介以及非营利组织的社会创新中介比较弱小。中国目前还没有在市场上形成像美国 InnoCentive 公司那样的专业创新中介。另外，我国非营利性的社会团体、非政府组织和基金会也与欧美国家此类组织的活跃程度相差甚远。而像国际上在社会创新领域比较活跃的"第四部门"更是少见。因此，鼓励社会创新就需要改变我国政府主导社会创新平台一枝独秀的局面，应允许、鼓励和构建更多样化的社会创新中介或是平台，并不断促进他们之间的合作，为社会创新在中国生根发芽和枝繁叶茂提供更好的环境。

二、倡导多渠道资金支持社会创新，构建社会创新多元融资体系

目前，我国创新资金的来源渠道仍然比较单一，政府几乎是重大科技创新的唯一资金来源，基金会是具有公益类性质社会创新项目的主要资金来源。随着国家经济实力的增强，我国对科技创新的投入也在逐渐增加，但这些投入是以"集中力量办大事"为导向的。国家科研经费的配置权也集中在国家层面，一般科研人员的工资收入较低，如果需要增加收入就必须向国家申请科研项目，只有申请到科研项目，才能有配套的科研经费。同时，科研项目也成为科研人员晋升的必备指标。在这样的体制环境中，中国最优质的科研人员只能将全部的精力和"聪明"投入进去。为了中标，"寻租"在科研界也常有发生；为了完成科研项目考核指标，"学术造假"屡禁不止；创新资源高度集中，一些学术带头人演变成了"学霸"……科研经费高度集中和渠道单一的状况在和平发展时期不一定高效，因为很多科研人员是为了完成既定指标从事科研，而不是根据个人的专长和兴趣来从事科研，最终的结果就是大量的科研成果没有办法转化为现实的生产力，创新资源被浪费，这里所说的资源不仅包括国家投入的科研经费，还包括无数位科研人员的时间和精力。

因此，改变现行过于集中的科研经费分配方式，同时还应该促使社会创新经费来源多样化。首先，建议以多种方式分配科研经费，如设立国家科技大赛平台，将一部分科研经费以开放的方式奖励大赛挑战成功者。开放性质的创新挑战赛，一方面能够调动社会成员的积极性，另一方面，"结果"导向的评判指标能够提高科研经费的使用效率。

其次，增加科研人员的工资收入或者增加自选科研项目的经费，这样有助于他们更加专注于自己擅长或有兴趣研究的领域，分散国家集中科研经费的风险，促使中国的创新能够在多个领域取得成就。中国大陆科研人员的工资收入与欧洲、美国有很大的差距，与中国台湾地区、香港地区和澳门地区的差距也非常明显，同级别科研人员的平均工资不足他们同行的 1/5。在人才自由流动的今天，这种状况很难留住顶尖科技人才，流失的科技人才中，大多是由国内培养出来的。长此以往，中国的科技创新能力将始终无法进入第一梯队，这与中国的经济实力不匹配。

笔者建议引导和鼓励政府之外的资金，尤其是个人资金以多种方式进入基础科学领域，与政府一起共同推进我国科技创新。如前文所述，美国在联邦政府不断削减科研经费的背景下，私人科学悄然兴起并进入到基础科学研究领域。这些人大多是"有钱人"，他们有的直接资助科研人员做他们感兴趣的研究，有的直接组织科学家进行一些专项研究。目前，中国可能是"造富"最多的国家之一，"富豪榜"不断刷新纪录，他们当中也不乏希望将财富用之于民的企业家，个别企业家还经常"高调慈善"，还有多个企业家向国际知名学府捐助巨款。基础科学与企业的研发有很大不同，基础科学的研究投入更大、周期更长、风险更高，但一旦有创新突破，对社会的影响也将更大。所以，如果有人或团队愿意投入资金在基础科学研究上，对中国来讲将是件非常有意义的事。

因此，建议政府放开限制，鼓励和引导社会资本以多种方式进入基础科学研究领域，比如直接资助科研人员、直接资助科研项目、直接组建团队做科学研究，或者也可以委托相关组织进行上述活动。允许私人科学的存在，不但能够减轻政府巨额科研经费支出的压力，提高科研人员和科研项目的受资助额度，还能丰富创新成果，推动社会创新。

三、调整国家现行的科技创新体系，向体制外的社会创新者倾斜

自上而下"集中力量办大事"的政府主导创新模式是中国现阶段创新体系的鲜明特点。该创新体制在冷战时期集中力量进行科技突破是被证明十分有效的创新模式。但是，这种创新体制在和平发展时期和信息时代是否仍然有效？这是中国创新战略的顶层设计需要考虑的重大问题。

首先，新的时代背景下，出现的问题是多方面和多领域的，问题的突发性和不确定性越来越明显，政府主导的创新体系很难面面俱到，解决问题的能力和方式也是有限的。其次，多数颠覆式创新的成果基本上都是诞生在体制之外的，如果政府仍然将主要力量集中在体制内的创新领域，没有给体制外"自下而上"的"草根"留有创新的空间和资源，则可能扼杀了引领中国创新的可能性。

调整现有的政府主导科研体系，可以从多方面着手。比如，为体制外的社会成员设立一个国家科技创新挑战大赛的平台，国家提供资金和资源支持，本着开放的精神，鼓励和吸引全球有意向迎接该项挑战的人士积极参与。有别于传统科研模式，挑战赛的模式是开放的，考核科研成果也不再是发表了多少篇论文、申请了多少个专利，而是直接

转向创新的最终"成果",这些成果可以被直接运用,能够产生价值。相比之下,这种自下而上、开放性的创新体系对创新资源的运用更加有效和直接。另外,在创新的内容上,除了服务国家战略需要的重大科学技术创新之外,同时还应该注重改善民生领域的创新,或者将军事战略领域的技术成果向民生领域转化,这样不仅能够调动社会上更多人的积极性,还能够让广大民众切实感受到创新成果带来的好处。

四、政府通过放权提升公民意识,疏通上下融合的社会创新路径

社会创新是建立在个人独立、自由权利得以确立和保障的基础之上,并且是随着缩小政府活动范围、限制政府权力和规范政府行为方式而进行的。这里的"政府"包括中央和地方的全部立法、行政和司法机关的广义政府。虽然受市场化经济体制改革的影响,目前政府的规范和法制化意识在逐渐提升,但是仍然具有比较明显的"全能政府"特征和体制残余。正如家庭联产承包责任制和中关村案例中所表明的那样,没有国家领导人的认可以及政府的引导、推广和规范,社会创新是不可能实现的。但同时我们也意识到,没有政府自身的改革和创新,社会创新就没有产生和扩散的空间。政府鼓励全民创新、万众创业最好的办法就是先对自己创新,然后通过自身创新来推动社会创新,政府放权于社会将提高公民意识和民众参与水平,提高政府的规范性和自律性。社会创新意味着对既定社会系统的改造和转换,政府也会成为被改革与被创新的主要对象之一,这将会导致权力和利益的再分配,然而这必然会遇到巨大的阻力。另外,如果政府不改一贯的"强势"和主导方式,社会创新成果诞生的可能性和推广的有效性就会达不到预期效果。因此,从这个角度来看,就更需要有自下而上的创新形成社会基础来支持和推动自上而下的政府创新。社会创新呼吁政府创新,政府创新拓宽社会创新。一旦政府和社会形成这种良性循环,中国就会迎来创新的黄金时代。

上文是从整个社会的角度阐述的,但各类主体在社会创新中承担的职能仍然是各有侧重的,现针对几个重要参与主体分别提出建议。

首先,政府部门在社会创新培育中发挥着倡导者、促进者、资助者和监管者4个角色的作用。作为倡导者,政府应该允许和鼓励企业、公司和各类经济组织、非营利性组织、"第四部门"和个人进入社会创新领域,使它们在社会创新中各放异彩。政府不必亲力亲为,政府的"全能"对其他社会主体的社会创新具有"挤出效应";另外,政府应当通过不断的自我开放和民主创新,积极参与到社会创新大潮之中。作为促进者,政府应该引导创新主体在一些社会问题方面发挥重要作用。作为资助者,政府应该对社会创新参与主体开放,让他们拥有同样的机会参与政府资助的社会创新项目,同时给予公民、社会组织和"第三部门"的资助应该具有稳定性、非歧视性特征。作为监管者,政府要首先做到自律,其次是减少监管对其他社会创新主体带来的不必要的麻烦和误导。

杰夫·摩根(Geoff Mulgan)等曾经提出了培育社会创新的公共政策框架。

①以结果为导向的资助模式,为各类主体引入更高水平的竞争和竞赛,包括;

②权力和资金的分散化，以便允许社会拥有更多的自由和资源提出和实施创新方案；

③在市场环境方面，打破垄断，为国有企业之外的所有制经济类型提供平等的进入机会，创建公平的竞争环境，通过充分竞争激发创新；

④在公共服务提供方面，政府需要更加开放和透明，最大限度地增加社会公众的知情权和参与权，将一部分政务外包；

⑤为社会创新活动提供"虚拟"和现实空间，为公共、私人和非营利性组织突破界限的交叉创新和信息交流提供空间；

⑥建立各种实验室，对创新进行测试，让用户参与创新过程并对创新进行评价。

除此以外，为了培育社会创新，政府还应当在社会创新的法律制定、人才培养、舆论宣传、税收政策和监管环境等方面鼓励社会创新。

其次，私人经济部门（以企业为代表的商业组织）在培育社会创新中发挥着主导作用，社会创新模式也将成为企业创新的一个新范式。在市场经济国家里，私人经济部门主导着社会的分配法则。正如"社会创新"一词来源于企业管理领域一样，企业社会创新将是经济社会中创新的主导者。社会创新模式作为企业创新的新模式有四个显著的特征：首先是综合性，企业社会创新不再强调某项具体的技术创新、产品创新、管理创新或是营销创新，而是更加强调创新的组合或是综合。其次是开放性，企业社会创新是一种打破企业原有边界的开放式创新，更加注重吸纳企业外部资源，协同内部资源共同创新；再次是多方参与性，企业社会创新更加强调客户、供应商、非政府组织等外部利益相关者的参与；最后是超社会责任，企业社会创新已经远远超出企业社会责任应当担负的法定责任和简单的慈善，而是更加考虑多重底线、协同多方利益、提供更多价值的创新解决方案，是企业的一种长期的战略性投资。

因此，企业社会创新的作为可以是多个方面的：

①打破传统创新模式，主动策划和实施企业的社会创新战略，比如IBM的"创新Jam"；

②打破企业边界，灵活采用开放式创新、众包、挑战赛、客户参与、供应商参与等多种方式鼓励和利用社会资源进行创新，比如思科的"I-Prize"；

③鼓励员工创新，为企业社会创新搭建内部平台和创新氛围，如海尔的"人人创客"；

④企业联合其他社会创新主体开拓社会创新的新途径，比如改善全球供应链和加大生活机会，利用大数据、物联网、社交平台、创新平台等推进社会创新；

⑤多方式参与投资社会创新活动，可以通过社会风险资本和小额贷款等投资于创新性的金融机制。

企业还应该以更加积极的姿态参与到其他团体组织的社会创新活动中去，以便多渠道获得信息、知识和经验。

再次，"第三部门"和"第四部门"在培育社会创新中发挥着杠杆作用。在政府部门和私人经济部门之外的"第三部门"往往以社会问题来驱动和运作，带有明显的公益特色，比较典型的是公益性的基金会和专业社会组织。基金会除了直接为社会创新项目提供资助之外，还可以连同专业社会组织和专家搭建社会创新交流、学习和提升的平台，比如国际知名的英国社会创新基金会——杨氏基金会便属于该类型。创新活动的动员、召集、能力提升、系统和平台支持是基金会在培养社会创新方面发挥作用的地方。

近年来公益风险投资基金在欧美逐渐盛行，通过风险投资而非慈善捐助的方式投资于富有潜力的社会创新项目，已经逐渐成为基金会支持社会创新活动的新型模式。专业从事社会创新活动的组织也逐渐兴盛起来，较知名的有斯坦福商学院的社会创新研究中心、国际社会创新交流中心（International Social Innovation Exchange）等，这些专业化组织将汇集社会创新活动的设计、技术、商业、公共政策、社会活动和社区发展等内容，汇集全球社会创新的发起者、研究者和实践者，交流创新知识、信息和经验，有力地推动着社会创新活动的发生和发展。

随着社会中各类组织的深度交叉，组织的性质和边界变得比较模糊，比如前文中所描述的"第四部门"，其中，社会企业是社会创新领域中异军突起的"第四部门"代表。社会企业是为了社会目标而进行的商业活动，具有三个特征：一是企业倾向，直接为市场提供产品和服务；二是社会目标，成立时具有明确的社会或是环境目标，利润主要用来再投资，实现既定的社会目标；三是社会所有权，社会企业是一个自主性组织，其治理结构和所有权结构通常建立在利益相关者群体参与之上，并就其行为的社会影响向利益相关各方负责。近年来，社会企业在欧美的发展较快，中国的非营利领域也经常出现社会企业的身影。社会企业既是社会创新的表现形式之一，又是主要的参与主体，已经成为推动社会创新和促进社会公平的一支重要力量。

最后，我们回到"人人参与创新"的社会创新本质：个人如何在社会创新中发挥作用？个人在社会创新大潮中分别担任着发起者、支持者和参与者的角色。第一，分散在各行业的社会精英人士往往是社会创新的发起者，他们的行为很可能点燃某个领域社会创新的火种，比如经度之战中的钟表匠哈里森、投入私人科学的商业精英、改变中国历史的18位农民、中关村之父陈春先等。他们善于采用全新的运作方式发现更加高效和富有价值的问题解决方式，他们富有创造力、使命感和行动力，更有勇气和魄力突破传统和束缚，他们是社会创新的先锋，对现状的不满和创造未来的希望是他们发起和推动社会创新的主要动力。

第二，有远见的政治家、企业家、基金会领导人和大型社会组织领导人是社会创新的关键支持者。社会创新是一场推动社会变革的接力赛，社会精英人士发起社会创新活动之后，需要得到社会创新关键支持者的支持和推广，有远见的政治家可以将社会创新成果上升到社会政策、法规和体制加以巩固和推广。企业家可以积极推动那些有良好应用前景的社会创新成果发挥更大的效用，同时也促进社会创新活动能够可持续发展。基金会领导人及主流媒体、大型社会组织的领导人认同社会创新活动的目标和价值，从多个层面宣传、支持和推广社会创新活动。

第三，普通公民作为社会创新的参与者，他们在社会创新活动中发挥着基础作用。

第二章　创业的内涵解读

第一节　创业的内涵概述

一、创业的实践本质

"创业"是开展创业研究的核心范畴，也是从哲学角度分析创业相关问题的逻辑起点。然而，究竟如何理解和界定"创业"，人们的看法至今仍不一致。从哲学角度来说，这既是必然的又是正常的，不同类型的创业所展示的是创业的某一侧面或某一层次，它们总是从特定的视角去观察创业，自然很难取得统一的认识。但是对于从哲学角度研究创业来说，这种认识上的不一致便成为首先要解决的问题，否则它就不可能"多中见一"，在众说纷纭、歧见迭出的各种"创业"概念中科学地抽象概括出"创业"的一般概念，以确立自己的逻辑起点；更不能从世界观的高度去审视复杂多变的创业现象，进而揭示机理的深层本质，洞见创业世界的奥秘。

（一）"创业"是一个历史演变着的多义范畴

创业作为人类的一种自主活动，是随着社会进步和人的发展而变化的。反映到语言中，"创业"一词不仅有着上述广义与狭义之分，同时还经历了从古义到今义的演化。在古代，由于自然经济的分工和社会协作比较简单，创业一词有时甚至不用于经济活动而用于政治活动。诸葛亮在《前出师表》中所讲"先帝创业未半，而中道崩殂"，指的是创帝王之业，这种观点后世也有沿用。比如我们可以说，毛泽东领导中国人民进行新民主主义革命，建立了中华人民共和国，是在创立无产阶级大业。

"创业"一词被人们主要作为甚至专门当作经济管理领域的概念来使用，是从近代开始的。在近代，随着资本主义商品生产的出现和发展，社会分工日趋细密，人类在经济领域的活动越来越被重视；特别是现代，企业与企业、地区与地区、国家与国家之间的竞争主要不取决于资源、人力的多寡，而取决于科技、经济发展水平的高低，在人们的认识领域中，"创业"一词的外延和内涵逐渐发生了历史性转变，最终演化为我们今天看到的多种创业概念。

"创业"一词由"创"和"业"组成，所谓"创"就是创造，即创建、创立、创新之意，《辞海》的解释是"创立基业"。《孟子·梁惠王》有："君子创业垂统，可继也。"这里所谓的"创业"是广义上的创业，是指"事业的基础、根基"，既可以是古代的"帝王之业""霸王之业"，也可以是百姓家业、家产和个人事业。关于"业"字，其含义也有很多，《现代汉语成语辞典》对"业"有如下解释：学业；业务、工作；专业、就业、转业、事业；财产、家业、企业等。可见"业"的内涵极为丰富。同样,"创业"的内涵也极其丰富,有性质、类别、范围和过程、阶段等方面的区别与差异。

从"创业"这个概念在汉语使用中所表达的意思进行分析,创业一般强调三层含义:①强调创业开端的艰辛和困难;②突出创业过程的开拓和创新意义;③侧重于在前人的基础上有新的成就和贡献。而对"业"的范围没有什么限制,主要体现一个新的结果。因此,创业是一个过程,创业是一个主体通过主观努力而取得的新的结果。

在现代社会中,"创业"被普遍用于描述开创某种事业的活动,与保持前人已有成就和业绩的"守业"是相对的。改革开放以来,创业也就指一切个人或团队创立自己的产业的活动,如开店、办厂、创办公司、投资生意等生产经营活动。在高等教育中表述的"创业"主要是指:以所学知识为基础,以技术、工艺、产品、服务的创新成果为支柱,以风险投资基金为依托,开创性地提供有广阔前景的新技术、新工艺、新产品、新服务,直至孵化出新的高新技术企业甚至新产业部门的一系列活动。

理论研究对"创业"有很多表述,国内外具有代表性的主要有以下几种。

(1)国务院发展研究中心企业研究所的李志能等认为:"创业是一个发现和捕捉机会并由此创造出新颖的产品或服务和实现其潜在价值的过程。"

(2)台湾中山大学企业管理学系教授刘常勇认为,创业是一种无中生有的历程,是创业者依自己的想法及努力工作来开创一个新企业,包括新公司的创立、组织中新单位的成立,以及提供新产品或者新服务,以实现创业者的理想。

(3)首都经济贸易大学教授宋克勤认为,创业是创业者通过发现和识别商业机会,组织各种资源提供产品和服务,以创造价值的过程。创业包括创业者、商业机会和资源等要素。

(4)清华大学经管学院教授雷家骕等认为,创业的目的就是为了实现商业利润。创业是"发现、创造和利用商业机会,组合生产要素,创立自己的事业,以获得商业成功的过程或活动"。

(5)北京大学教授刘健钧认为,创业是"一种创建企业的过程,或者说是创建企业的活动",创业需要一个创业的实体,这个实体通常就是企业。他强调了创新与创业的区别,指出创业活动必然涉及创新,但创新并不必然是创业活动。

(6)罗天虎主编的《创业学教程》将创业定义为"社会上的个人或群体为了改变现状、造福后人,依靠自己的力量创造财富的艰苦奋斗过程"。创业就是一个创造和积累财富的过程,创业活动具有开拓性、自主性和功利性等基本特征。

(7)由美国巴布森学院(Babson College)和英国伦敦商学院(London Business School)联合发起,加拿大、法国、德国、意大利、日本、丹麦、芬兰、以色列等十个国家的研究者应邀参加的"全球创业监测"项目,把创业定义为"依靠个人、团队或一个现有企业来建立一个新企业的过程,如自我创业、一个新业务组织的成立或一个现有企业的扩张"。

（8）杰弗里·A. 蒂蒙斯（Jethy A. Timmons）认为："创业是一种思考、推理和行为方式，这种行为方式是机会驱动、注重方法和与领导平衡。创业导致价值的产生、增加、实现和更新，不只是为所有者，也是为所有的参与者和利益相关者。"

（9）霍华德·H. 斯蒂文森（Howard H.Stevenson）认为"创业是一个人——不管是独立的还是在一个组织内部——追踪和捕获机会的过程，这一过程与其当时控制的资源无关"，并进一步指出有三个方面对于创业是特别重要的，即察觉机会、追逐机会的愿望及获得成功的信心和可能性。

这些定义都描述了创业的一个或几个侧面，如强调了识别机会的能力，正确地预测下一个不完全市场和不均衡现象在何处发生的套利行为与能力。西方有影响和有代表性的创业定义主要立足于四个方面，即创业家个性与心理特质、识别机会的能力、获取机会、创建新组织与开展新业务的活动，其中的两个方面涉及创业机会。

创业是人类基本的生存方式，是一切财富的源泉，是促进国家昌盛、社会繁荣、人民富有的必然手段。人类的历史就是创业的历史，社会文明与物质文明无不是创业者劳动和智慧的结晶。

从范围上讲，创业有广义、狭义之分。广义上的创业，泛指人类一切带有开拓意义的社会变革活动。因此，从广义上说，一切有益于国家、社会、人民利益的活动，都可以称之为创业。广义创业涉及的领域非常广阔，无论政治、经济、军事、文化艺术事业，只要人们从事的是前无古人的事业，都可称之为创业。前文提到的刘备创帝业和毛泽东领导中国革命胜利，热心公益事业的人建立公益性组织、扶贫组织和志愿者组织，创立扶贫公益事业，都可属于广义的创业。而从狭义上讲，创业就是社会上的个人或群体自己开展的以创造财富为目标的社会活动，开创属于自己的经济组织，获得经济上的收益。这种活动对于整个人类来讲，也许是有许多前人的经验的，但对创业者本身来说，则是从未经历过的、从头开始的事业。在当今改革开放的背景下，一系列白手起家开拓出新局面的企业领导者所做的工作都是狭义上的创业活动。根据上述分析，我们可以给创业下一个明确的定义：创业是指社会上的个人或群体，为了改变现状、造福后人，依靠自己的力量创造财富或开拓新局面的艰苦奋斗过程。

（二）创业是人类一种特殊的实践活动

与当下社会对创业认识上存在的巨大分歧不同，从哲学角度对创业所做的定义比较统一，都认为创业是人类社会特有的某种"活动"。至于究竟是什么性质的活动，创业这类活动同人类其他活动有何区别及联系，人们的看法又不一致。大概可以归纳为如下三类：一是将创业看成一种可观察、可量化的组织商业活动，认为创业就是组织调配资源、指挥控制作业人员的感性活动。这种观点将决策等思维活动排除在创业活动之外，认为创业虽离不开决策、政策、计划等思维形式，但它们本身不属于创业。二是认为创业既包括创业的感性活动，又包括指导创业实践的理性思维活动，主张创业是一种"社会活动"。三是认为创业是一种特殊的社会实践，而且是社会实践的一种基本形式。

对于创业的这三种看法，第一种显然是片面的，因为创业既不是无思想的纯感性活动，也不是无行动的纯理性活动，而应当是感性和理性、行为和思想的统一。任何一个完整的创业过程，都必须经历由预测、决策、计划到组织、指挥、调控这样两个大的阶段，缺一便不能完成创业。

既然第一种看法有其明显的片面性，是否意味着第二种观点可以成立？的确，第二种观点很全面，认为创业既包括创业者的一系列主观认识活动，又包括组织、指挥、调控创业活动对象的现实活动或实践活动。不过这种观点却回避了一个重要的内容，即创业这种"社会活动"中的两类活动究竟有无主从之分；或者说，究竟是创业的实践活动决定创业的理性活动还是相反。因此，第二种观点虽全面但欠深刻，没有明确揭示创业的本质。而回避创业本质的"全面"只能是肤浅的"全面"，它无助于人们从哲学高度去认识创业。

笔者赞同上述第三种看法，认为创业在本质上是一种特殊的社会实践活动。至于为什么要把创业的本质归结为一种特殊的社会实践，可从以下四个方面加以阐述。

第一，创业是人类的一种目的性活动，它不同于动物的本能活动和人类的无意识活动。众所周知，动物也在活动，但动物的活动主要是由遗传获得的本能活动，缺乏以明确自觉的意识为指导。某些高等哺乳动物虽开始具有人类意识的萌芽，其行为也有某种高于其他动物的目的指向性，但这终究是一种本能行为，它始终无法意识到其行为的意义。人类既有同动物相似相通的本能活动，又有与之完全不同的目的性活动。人作为一个有生命的自然存在物，先天地具有求生存、求安全的生物本能，这类活动是由先天遗传获得的无意识行为。而人之为人，人高出于一切动物的地方，却在于人还有另一类活动：由各类意识支配着的目的性活动，创业便是其中之一。在人类早期的创业活动中，就包含创业者明确的目的性和计划性。随着创业活动的发展，创业的目的越来越复杂、计划越来越周密，以致发展到今天，创业决策和计划已成为创业过程中一项重要工作，成为创业活动成败的关键环节。可见，创业活动是人类的一种目的性活动，目的性是它的第一重本质属性。

第二，创业是一种自觉的自组织活动，它按照自觉的目的和复杂的方式将参与创业者高度组织起来。根据系统论的观点，任何系统都是自组织。系统各要素之所以能按照一定的结构方式组成有序的系统组织，都有它内在的组合机制。从简单的原子到复杂的生命，各类自然物无不自成系统，也无不具有自身特有的组织功能和组织机制，否则，自然界便将处在永无秩序的混沌离散状态。人类社会作为由众多的人和不同的物组成的最复杂的特殊物质体系，同样是一个自组织体系；不过，它同自然物质系统存在着明显的区别。自然系统是由物理的、化学的、生物的各种组织机制来发挥其组织功能的，其组织过程是一个自然过程。人类社会领域中很多经济和社会活动都不可能自然地组织起来，而必须借助于自身特有的组织机制，这其中重要的形式之一就是创业。马克思主义哲学认为，从猿到人经历了十分漫长的历史进程，劳动最终将人从动物中提升出来。而严格意义上的劳动不是原始个体分散的觅食活动，而是将个体有序组织起来的社会组织活动。可见，创业活动不仅以其明确自觉的目的性与动物的本能活动区别开来，还以其自觉的组织性与自然系统自发的组织性区别开来。

第三，创业是人类实现目的的对象化活动，是主观见之于客观的实践活动。人类有目的的活动可以划分为两类：一类是客观见之于主观的认识活动，另一类是主观见之于客观的实践活动。前者即主体对客体的反映，其进程由外到内、由客观到主观，目的在于认识客观世界；后者即主体对客体的能动改造，其进程刚好相反，表现为从内到外、由我及物，目的在于将主体自身的需要、意志、追求加以实现。显然，人类这两类活动都有明确的目的计划，但二者的目的指向却刚好相反。黑格尔将后一类活动看成绝对理念的对象化（或物化、或异化、或外化）过程，马克思则将其看成人类实现自由自觉本质的实践活动。毫无疑问，创业作为有明确目的的指向的人类自组织活动，离不开诸如预测、目标、决策、计划等思维形式，而且在整个创业过程中，无论是组织（企业和社会组织）的创建，还是组织在具体活动中的控制、协调、激励、引导诸环节，无不渗透着创业者的意向、偏好和创业组织成员的情绪、追求。

第四，创业是一种特殊的实践活动。在通常意义上，实践被定义为人类改造客观世界的现实活动，其基本特征是"改造"或"对象化"，即按人的目的需要去变革、改变已有的对象和秩序，创建能满足人的需要的新对象和新秩序。创业则有所不同，它是一种特殊的实践活动，与通常所说的实践活动存在着两点区别：其一，两类实践的对象性客体不同。一般实践是以外部客观世界为其作用对象，实践者直接面对的是自然和社会环境；创业作为计划、组织、控制各类实践活动的特殊实践，创业者直接面对的不仅是外部自然界和创业组织以外的社会环境，而且包括参与各类实践活动的人和组织，是以各类实践活动为其作用对象。其二，两类实践的主体不同。一般实践的主体是指直接参与改造自然和变革社会的多数人，包括从事生产实践的工人、农民、工程技术人员，从事科学实践的科研人员和从事各类具体社会实践的人（如普通士兵、警察、政府各级各类事务员等），以及直接配合这些实践活动的辅助人员（如物资储运人员、信息传输人员、资金保管人员等等）；而创业实践的主体则指规划指导各类实践活动和组织指挥各类实践主体的少数人，即创业者。当然，这两类不同实践主体的划分只具有相对的意义，因为在现实生活中有的人兼有双重身份。但是二者之间的区别又是明显的，在任何时候和任何地方，创业实践的主体总是指直接从事各类创业活动的少数人，而不是直接参与其他实践的多数人。如果看不到二者的这种区别，就抹杀了社会分工，无法理解创业何以是一种特殊的实践活动。

综上所述，我们不难看出，创业不是人类无目的的本能活动，而是有目的、有计划的自觉活动；本质上不是有目的的人类认识活动，而是根据已有认识实现目的的实践活动；不是直接改造客观世界的一般实践活动，而是计划、组织、指导、控制一般实践活动去实现创业目标的特殊实践活动；不是局限于一时一地的实践活动，而是人类社会无时不有、无处不在的基本实践活动。因此，如果用以上内容来概括创业，我们可以说，创业就是创业者为达到一定目标而对某类实践活动进行的组织行为过程或特殊实践活动。

（三）创业的基本特征

创业既然在本质上不能归结为某种思想而只能归结为实践，说明它具有实践的一般特征；既然它是一种以其他各类实践为对象的特殊实践，又蕴含着一系列区别于其他实践的具体特性。

首先，创业作为一种实践，无疑具有各类实践共有的客观性。这是因为：第一，无论何种创业，都是由创业主体有目的地作用于创业客体的活动。无论是创业主体——人，或是创业客体——人、财、物、时间、空间、信息，都是不以个人意志为转移的客观存在。这说明创业的两大基本要素是客观的。第二，创业活动虽然是人们有目的的、受创业者思想控制的活动，但本质上不能归结为思维活动，而应归结为实践活动。创业过程主要不是从客观到主观的内化认识过程，而主要是从主观到客观的物化实践过程。任何创业及其环节虽然体现了创业者的目的、意志、思想、情感，但科学有效的创业结果总是受客观规律的制约和创业实践的决定。因此，创业过程从根本上看不是创业者主观随意的纯思维过程，而是创业者通过种种创业中介实现主观的行为发生过程。第三，任何创业活动最终都会形成某种结果，产生一定的创业效应。这种创业效应可能与人们期望、预料的相符或不符，不同的人对此必将做出不尽相同或者完全相反的评价，这说明创业效果具有主观差异的一面。但是，人们对效果的评价是一回事，效果的实然存在状态是另一回事，它不会以人们的好恶为转移，这说明创业活动的结果也是一种客观存在。由此可见，无论是创业的基本要素还是它的现实过程，是创业的效果还是人们运用创业的艺术，都体现了创业的客观性。

其次，创业作为人类一种自觉的社会实践，还具有明确的目的性和周密的计划性。这里所谓的目的，是指创业活动所要达到的目标；所谓计划，是根据预定目标的要求和实际提供的多种可能进行决策和制定计划。如前所述，创业活动区别于生物本能活动和人类下意识活动的地方，首先在于创业活动在进行以前，一般都预先设定了目标和计划，这说明创业活动具有目的性和计划性。但是，一般社会实践活动也有目的和计划，这就必须对二者的目的、计划进行比较。按照人们通常的理解，一般的实践在于改造客观世界或探索客观规律。而创业者对创业目的则看法不一，有所谓盈利说（认为创业目的在于赚钱盈利）、效率说（通过创业提高生产效率或工作效率）、功能放大说（通过创业谋求组织系统的最大功能或最佳效益）和社会效益或社会责任说。说一般实践的目的在于改造客观世界，固然不错，但却过于笼统，因为实践是具体的、多样的，不同的实践各有其特殊的目的内容。而认为创业的目的在于盈利或在于提高组织工作效率等，既不完全符合创业的真正目的，也割断了创业目的同实践目的的统一关系。其实，创业的目的同实践活动的目的是一致的，这种一致性从两个方面表现出来：一方面，实践的需要产生了相应的创业项目，实践的目的从根本上决定和制约着创业的目的，没有离开一定实践目的的创业目的。脱离实践的目的而另设创业的目的，这种目的要么是不真实的，要么必然因背离它的对象的目的注定不能实现。另一方面，创业作为经济和社会领域的特殊实践，首要的任务就是给实践定方向，赋予实践活动明确的目的性；其次是通过各种手段，统一创业组织成员的行为目的和控制整个实践过程沿着既定的目的运行，创业的目的又集中表现了实践的目的。脱离了创业的目的，参与实践活动的各个人的目的就不可能统一起来，整个实践活动就会因此而丧失自己的目的。可见，一般社会实践同创业这一特殊实践都有目的，都具有目的性，二者的目的是一致的。

最后，创业作为人类社会的特有形式，具有诸如内聚性、协调性和有序性等特征。这里所说的内聚性包括两层含义：其一，创业是具体的，具体的创业有它特殊的实践对象和作用范围。如果创业的对象错位或创业范围无限扩大，势必造成创业活动的混乱和创业失控。这就意味着，创业是针对一定对象和在一定范围内的活动，创业的内聚性首先是指创业给它作用的实践活动确定对象和划定范围，以使实践系统同环境的内外界限一目了然。其二，创业的内聚性还指创业对实践系统内组织成员的凝聚功能。各类实践活动是由一个个实践者共同参与的群体活动，如果没有创业通过各种方式将他们联系、凝聚在一起，就不可能有社会的"合力"，自然也谈不上实践。所谓协调性，是指要实现创业目标，就要对实践活动进行协调，这既包括组织成员行为的协同一致，也包括对组织系统各成员之间关系的调整处理；既包括对实践过程中人和物、物和物多种因素的合理配置与适时调整，也包括正确处理组织与环境的复杂关系、维护二者的动态平衡。这就是说，协调是各类创业活动实现自身预期目的的手段，以保证它所创业的实践沿着既定的方向正常进行。所谓有序性，是相对于无序、混沌、离散而言，它是对事物一种存在状态的描述。在社会生活中，经济繁荣、政治稳定、思想统一、秩序井然表现了社会系统的有序性；而经济失调、政局动荡、思想混乱和旧的秩序被破坏，则意味着社会的无序。各类社会实践的作用在于破坏已过时的有序状态而追求更新的有序状态，因而它必然伴随着对旧秩序的种种破坏，引起各种各样的失衡、震荡、分化、混乱等无序现象。而要克服这种无序达到新的有序，创业者应当尽量减少实践过程的盲动性和混乱性，以使各类改造客观世界的活动有序地进行，并最后建立起新的秩序。

（四）创业的二重性

研究经济领域的活动不难发现，一切经济创业也有二重性：不仅以建立企业为目的的创业有二重性，社会创业也有二重性。包括生产企业创业在内的所有企业创业的二重性，是指创业既同生产力又同生产关系相联系，既反映生产力的需要又受生产关系的制约，既包含如何合理有效地组织生产、进行分配和交换的技术性，又包含实现创业者的生产目的，维护某种生产关系的社会性。以实现公益目的而开展的社会创业的二重性，是指社会创业的手段性和目的性。前者包括如何设置最佳的组织模型，有效地控制社会创业活动组织和人员的行为方式，提高工作效率；后者体现为社会组织的价值取向。

可见，任何创业都有二重性，即创业的自然性（技术性）和创业的社会性。自然性（技术性）包括创业的科学决策程序、计划的制定方法、合理的组织原则、有效的指挥艺术和严密的调控机制等；社会性指创业的各类社会属性，包括创业者的社会地位或所属阶级的阶级性，创业者的价值观念和价值取向、创业关系的社会性质以及创业所产生的社会意义。这就意味着，创业作为一种特殊的社会实践活动，尽管它具备前文提到的多种属性，但归根到底可归结为这两类基本属性。其中，创业的技术性遵循效率原则，反映了创业活动的客观规律，表现了创业的科学性和通用性，属于创业的自然本质；创业的社会性则不同，它所遵循的是价值原则，反映了创业者的主观意图和价值取向，代表着某种特殊的社会关系，属于创业的社会本质。

创业二重性理论的提出，对于我们深入理解创业和正确对待创业具有重要的意义。

首先，创业二重性表明，创业既不是无目的、无计划的纯感性活动，又不是纯理性的认识活动和思维活动，而是目的观念的对象化活动，是主观和客观、目的和手段、观念和技术相统一的特殊实践活动。这就告诉人们，任何创业都是由两重基本属性共同规定的，缺一便不称其为创业。如果只看到创业某一方面的属性，就会对创业的本质做出错误的判断。

其次，创业的自然性表明，创业虽是人类一种有目的、有计划地组织、调控某类实践活动的能动活动，但人们的目的、计划必须合乎创业的实际，不得违背创业活动的运行规律。任何一项有效的创业活动，都是创业者正确认识创业实际和遵循创业规律办事的结果。如果以为创业既然是创业者的活动，创业者就可以随心所欲、任意妄行，这样便抹杀了创业的客观自然性，其结果是无法进行科学有效的创业活动。

最后，创业的社会性表明，创业作为由其他实践所决定并反映一定社会关系的特殊实践，还具有时代性、民族性、阶级性、社团性等特殊性，不同的创业之间存在着严格的界限，不容混淆和机械照搬。

二、创业的社会方位

创业是实现创业目标的特殊实践，因此，创业的存在必然有着它无可估量的多种社会价值。不过，要寻求它所存在的社会方位和认识其社会价值绝非易事，这需要将它置于社会系统的大背景之下，分别考察它与经济、政治和文化的复杂关系。

（一）创业和经营管理

在经济领域创业活动中，"经营"和"管理"是使用频率最高的两个词汇。但是对于"经营"和"管理"的关系人们很少注意，从而使我们在概念上发生某种程度的混乱。

之所以发生"经营"和"管理"混用的情况，首先同汉语的习惯有关。在古汉语中，"经"含有通盘谋划或从长计议之意；"营"含有营造和操办之意。"经营"合用，是指通过深思熟虑去参与某项事业，其意与我们现在所说的"管理"大致相当。所以，在日常用语中，很难对"经营"和"管理"做出明确的界定,"经营""管理"常常连用或相互代用也就不足为奇了。

在西方学术界,"经营"和"管理"则是两个相关但含义不同的经济学范畴。法约尔认为,人们常常将"经营"和"管理"等同看待是很有害的,应当对二者进行区分。在《工业管理与一般管理》一书中他指出:"所谓经营,就是努力确保六种固有职能的顺利运转,以便把事业拥有的资源变成最大的成果,从而导致事业实现它的目的。"他所说的管理,只是经营的六大职能(技术职能、营业职能、财务职能、保养职能、会计职能、管理职能)之一。很明显,法约尔所理解的"经营",指的是企业(特别是大企业)的整个经济活动;而他所理解的"管理",只是作为经营的一个环节或一个方面,其职能包括对经济的计划、组织、指挥、调节和控制。

不过西方还有另一类理解,其代表有霍金森和西蒙。霍金森在其《领导哲学》中认为管理就是政策的制定,它包括"哲学""计划""政治"三个环节;经营则是政策的实施,它包括对人员的组织动员,对问题和效果的检查。也就是说,管理同经营相比较,前者更为根本,因为只有按照某种哲学制定政策和编制某一经营计划的行为才称得上管理,而经营不过是执行既定政策计划的行为。西蒙同霍金森的观点大致相同,认为管理就是决策。按照他们的意见,管理同经营并非属种关系,经营不能包含管理,而是思想和行为、计划和执行的关系,二者很难划出一条决然分明的界线。

笔者认为,仅仅把管理理解为政策计划的制定等决策活动是极不全面的,因为管理绝不限于这类活动,还包括诸如组织、指挥、调整、控制等活动。同时,不应将经营和管理当作种属概念关系,不能笼统地说经营包含管理,而应将二者看成相互交叉的逻辑关系,具体分析它们之间的相互作用。首先应当明确规定,所谓经营,是专指现代企业的经济活动,而超出企业经济活动的范围,不得使用"经营"一词(如古代那样泛用)。在这种场合,即在企业经济活动的领域,企业管理便属于企业经营的一个环节,或者说经营包含管理。但是还必须看到,管理又不是企业所独有的,而是一种普遍的社会实践活动。因此,如果超出企业经济活动的范围,或者将企业置于社会大系统之中来观察,我们便会发现两类现象:其一,单独企业的经营活动需要管理即企业管理,企业之外的其他任何实践活动也需要管理,管理有其广泛的社会性;其二,企业的经营活动既需要企业内部的企业管理,还必须接受行业组织和国家的宏观管理。这两类现象说明,管理具有比经营更宽泛的适用范围,管理又包含经营。

管理和经营的上述复杂关系告诉人们,在创业活动中,既不可能没有经营,也不可能缺少管理。在企业内部,创业者的企业管理必须纳入其经营的轨道,为整个企业的经营活动服务。管理和经营的关系处理得当,企业和组织的创业活动便会正常进行,整个社会的综合实力也会同时增强。

(二)创业管理和生产力

生产力即人类征服自然、改造自然的能力,它是由劳动者、劳动对象和劳动资料三种基本要素按一定方式构成的动态物质系统。唯物史观认为，物质资料的生产是人类社会赖以存在和发展的基本实践，生产力则是推动社会历史进步的最根本的动力。在整个社会大系统当中，生产力居于决定一切的基础地位。判断一种事物是否具有合理性，归根到底是看它对生产力有无积极的推动作用。

那么，创业同生产力之间究竟是何关系？或者说，创业对生产力起着哪些作用？显然，回答这些问题既涉及如何全面理解生产力概念，也关系到对创业的社会价值的认识。首先，应当肯定，经济领域创业作为以实现企业经济效益为目标的特殊实践，是社会生产力的一个内在要素，对生产力起着多种积极作用。通观古今各种形式的生产力，可以看到这样一些现象：其一，生产什么和怎样生产，这是生产力得以形成的先决条件。但是生产什么（生产目的）和怎样生产（生产计划）不可能由生产力的其他要素决定，而必须由生产的决策者来考虑。其二，现实的生产力不可能自发形成，劳动者、劳动资料和劳动对象如何按一定的比例结合并组织成现实的生产力，也必须借助于企业经营者（创业者）来实现。创业者只有发挥组织功能，生产力的各类基本要素才可能构成能动的生产力系统，而缺乏组织或组织不善就谈不上现实的生产力或形不成有效的生产力。其三，生产力所要解决的是人和自然的矛盾，生产力的活动过程不可避免地要出现这样那样的矛盾，这些矛盾显然也不可能自然地得以解决。要解决这些矛盾，便需要创业者通过生产管理对之进行调整和控制。以上事实说明，创业者所进行的生产运作管理工作虽然不是生产力的实体要素，但从来都是它的重要要素。当创业者为生产力确定生产目标和制订生产计划时，使生产运作管理工作成为生产力的决策计划要素；当创业者围绕计划目标而对生产力的各类要素进行最佳配置时，使之成为生产力的组合要素；当创业者对生产力的现实运动进行调整时，使生产运作管理工作成为生产力的指导要素。因此可以说，创业者的一系列管理、决策工作也是生产力或是生产力的组成部分。

其次，在创业管理和生产力之间，不仅创业管理的许多作为生产力的要素对生产力起着多重作用，同时生产力又从根本上决定和制约着创业管理，生产力对创业管理也具有多重作用。在古代自然经济条件下，人们凭借手工工具进行生产，生产力的社会化程度低，这决定了当时的生产多采用家长式的经验管理形式，管理主要凭习俗、经验、强制指挥来进行。而从近代开始，随着商品经济的高度发展和生产的社会化，生产管理的地位不仅日益突出，创业者管理的内容和方式也逐渐发生变化。在资本主义手工工场中，虽然同样使用手工工具，但也出现了初步的工序分工，生产便只能由工场主来行使统一指挥和管理，手工业工人开始丧失了家庭手工业和行会手工业时期的独立性。随着机器代替手工，出现了资本主义早期的工厂，分工更细，协作性更强。与此同时，一方面工人被降低到简单操作某一机器的附属地位，另一方面又产生了最早的专职生产管理阶层，管理开始具有过程性和专业性。再后，随着生产力社会化程度的进一步提高，一方面机器的专业化程度愈来愈高，生产进程需要创业管理的环节越来越多；另一方面，随着劳资关系日益紧张，对生产者的创业管理问题日益突出。为解决这两个方面的问题，仅靠原有的创业管理经验和对雇佣劳动者的简单命令被证明是行不通的，这就刺激了近代资本主义创业管理理论的产生。到现代特别是当代，传统的工业在发达的资本主义国家相继被更先进的现代企业所取代，生产具有国际性，出现了各式各样的管理方式。可见，并非创业者管理单方面对生产力起着促进作用，由于创业者的管理工作也受制于生产力，生产力对创业者管理也起着促进作用。在考察创业者管理工作和生产力之间的关系时，人们较多注意到的是前者，往往认为创业企业的生产力落后是创业者管理水平落后所至。事实上，初创企业管理的落后有它更深层的根源，即企业的生产力在总体上的落后。

　　再次，让我们来具体分析一下创业管理的社会价值。如前所说，创业管理作为生产力的内在要素之一，起着计划、组织、指导生产等多种作用。因此，从抽象的意义上讲，创业管理具有无可估量的社会价值。尤其在当代，生产率的提高已经主要不取决于劳力、工时和资源的投入，而主要取决于创业者管理方式的改善。但是深入思考后我们又会发现，并非所有的创业管理活动都对生产力起推进作用，如果管理不善或不当，生产力会遭受摧残。这就意味着，创业者管理工作不是无条件地构成推进生产力的积极要素，有时它会转化为阻碍、破坏生产力的消极因素。究竟创业者的管理工作是有益的还是有害的、是发挥正面的社会价值抑或产生负面的否定价值，关键不在于创业管理本身，而在于创业管理者如何进行创业管理。

　　一般而言，创业者的管理工作对生产力沿着什么方向起作用可以通过以下几点来鉴别：第一，创业管理所确定的生产目标是否正确。这里的生产目标是指创业者为生产确定的生产方向，它包括企业的产品类型或服务项目，一定时期内企业应完成的产品数额或服务总量。所谓目标正确是指创业者确定的目标有实现的可能性，能激发、调动本企业职工的最大工作热情，能以最低的投入换取最大产出的营利性。显然，创业者在选择生产目标时符合以上条件，才可以被肯定是有效的；反之，如果选择的目标过高、缺乏现实的可能性，或者目标过低、缺乏挑战性和营利性，一开始就会将生产引入歧途，这对生产力不仅无益，反而有害。第二，创业管理对生产力诸要素的匹配组合是否合理。生产经营管理的一项重要使命是按照生产目的的要求合理配置资源即组织人力，而配置组合是否合理，直接关系到生产效率的高低。如何配置资源和组织人力是一门深奥的学问，其基本要求是人尽其才，物尽其用，以有限的人力、物力和财力，形成最佳的生产格局和组织网络。系统论认为，系统的总体功能不等于各要素功能的代数和，而是大于或小于其代数和，创业者如果能合理配置资源和组织人力，便能发挥生产力的最大效应，使其生产总量大于各人单干时的总和。相反，如果创业者随心所欲地配置资源和组织人员，造成物资和人力的浪费，其结果不仅不能发挥生产系统的最大效益，反而大大低于单干时的生产总和；给企业生产带来的只能是负效应。第三，创业者管理工作对生产过程的调控是否恰当。创业者对生产过程的调控包括创业管理人员对作业人员行为的指挥引导、对生产情况的了解和督促、对生产过程诸矛盾的处理、对组织成员之间关系的调整和对他们工作热情的激励等。所谓创业者对生产过程的调控适当，即指创业者对员工指挥有方、引导有效，对生产情况了然于胸，对各种矛盾能及时处理，能激励组织成员为企业多做贡献，善于解决员工之间的利益矛盾以形成和增强团体意识，等等。相反，如果创业者滥用权力、指挥无方、形象不佳、无力引导员工为企业自觉工作，或者创业者对生产不懂行或不了解，或者出现矛盾"绕道而行"，其结果只能是给生产带来混乱。

通过以上分析，我们可以对创业管理和生产力的关系做出如下归纳：第一，创业管理和生产力是两个内涵不同的概念。生产力是人类征服自然、改造自然的能力，创业管理则是创业者管理企业的特殊实践。如果不加限制地说创业管理是生产力或生产力的组成要素，就将二者看成了一个包含另一个的种属关系，这显然是对创业管理的狭隘理解。第二，创业管理同生产力又有着密切的交互关系，主要表现为，任何一种形式的创业管理归根到底都是由一定的生产力水平所决定、所制约的。在此意义上可以认为，生产力决定创业管理水平，创业管理形式的选择必须符合生产力的要求、适合生产力的发展状况。第三，创业管理既可以促进生产力的发展，也可阻碍、延缓以至破坏生产力的发展。如果创业者工作得当，创业管理形式适合生产力的发展水平，它就会促进生产力的发展，从而具有积极肯定的社会价值。如果创业者工作失误或不当，创业管理形式不适合生产力的发展水平，那它就损害生产力，产生负面社会价值。创业管理这两种不同性质的社会价值，反映了创业管理对生产的两种反作用。对此，创业者应有清醒全面的认识。

（三）创业和政治

在当今创业教育领域，由于大多数人常常将创业当成纯经济学范畴来使用，因此较多注意到创业同经营管理、创业同生产力之间的关系，而极少注意到创业同政治的关系。

创业是人类基本的生存方式，是一切财富的源泉，是促进国家昌盛、社会繁荣、人民富有的必然手段。人类的历史就是创业的历史，社会文明与物质文明，无不是创业者劳动和智慧的结晶。其实，政治同创业的关系非常密切。

回顾当代中国的经济发展史，不难发现改革开放以来，中国的发展就是一部"创业史"。客观地说，当代中国人民的创业史是从改革开放开始的。1978年党的十一届三中全会的召开，使党中央果断地摒弃了"以阶级斗争为纲"的错误指导思想，把党和国家的工作重心转移到经济建设上来，使中国人民迈进了创业的新时代。

从1979年年初至1988年的十年中，中国的创业活动经历了从原始积累到正式起步两个阶段。特别是1984年党的十二届三中全会全面通过的《关于经济体制改革的决定》中明确指出：社会主义经济是公有制基础上的有计划的商品经济，商品经济的充分发展是社会经济发展不可逾越的阶段。经济体制从计划经济转向商品经济使人们了解了社会发展的趋势。一些早期的万元户、先进的知识分子掀起了中国创业的第一次大潮，创业者从事的主要是第三产业和科技产业。四通集团、联想集团、北大方正、王码集团都是这一时期开始创业的，段永基、柳传志、王选、王永民也都成为一代创业的传奇人物。

1988年以后"左"的思想回潮和外国经济的制裁一度使国家经济发展陷入低谷，也使创业活动受到影响，然而有识之士痴心不改，特别是"国家允许私营经济在法律规定的范围内存在和发展"的内容直接纳入宪法，坚定了有志创业者的决心和信念。段永平、史玉柱等都是这一时期出现的创业精英。

1992年春，改革开放的总设计师邓小平同志发表了"南方谈话"，提出了"三个有利于"的判断是非的标准。特别是针对一些人对抽象的姓"社"姓"资"问题的纠缠，明确指出"不争论"，大胆地试，大胆地闯，"特区"姓"社"不姓"资"。

邓小平同志在"南方谈话"中提出"发展才是硬道理"的命题，当时很多人只简单地理解为邓小平同志强调发展经济的重要性。事实上，"发展才是硬道理"这个命题一直贯穿在邓小平理论之中。我们可以从以下四个角度去理解邓小平同志的论述。

第一，"中国发展得越强大，世界和平越靠得住。"邓小平站在时代的高度，对时代特征进行了科学的分析，提出了"和平与发展是当代世界的主题"。在和平与发展问题上，邓小平认为和平是发展的条件，发展是实现和平的出路，"越发展和平的力量越大"，因此，发展问题是核心。中国是发展中国家中人口最多的国家，中国越发展，在国际事务中的作用就会越大，对世界的和平和稳定的贡献就越大。"发展是硬道理"是一个带有时代性和国际性的命题。

第二，只有发展了，人们才能拥护社会主义。经济发展，人民生活水平提高，社会主义才会赢得与资本主义相比较的优势，人民才能从内心里拥护社会主义，才能更好地坚持社会主义。

第三，只有发展，才能解决中国所面临的所有问题。中国要解决的问题千头万绪，对外要反对霸权主义，维护世界和平，对内要尽快提高人民的生活水平，还要实现国家统一。这些问题的解决都依赖于中国的发展。

第四，中国要善于把握时机，加快发展。中国过去丧失了发展的机会，一直没有改变经济落后的状态，现在要加快发展。中国经济发展要力争隔几年上一个台阶。

"南方谈话"有如春风驱散了笼罩在人们心头的阴霾，又一次掀起创业大潮，比之以往，创业规模增大，创业范围也由最初的第三产业、科技产业向房地产、金融业、教育产业等方向拓宽。1992年党的十四大提出，我国经济体制改革的目标是建立社会主义市场经济体制，市场逐渐规范化，创业活动也走向规范，走向正轨，朝着健康的方向发展。

党的十五大报告中指出：非公有制经济是我国社会主义经济的重要组成部分，对个体、私营等非公有制经济继续鼓励、引导，使之健康发展。第九届全国人大第十一次会议通过的《中华人民共和国个人独资企业法》为民间创办企业提供了可靠的法律依据，取消注册资本金的限制条件（一元钱也可以注册企业），降低了企业经济者做老板的门槛，鼓励一切有能力的人投资创业，再一次掀起创业的浪潮。

党的十六大报告指出，必须毫不动摇地鼓励、支持和引导非公有制经济的发展，要鼓励人们自谋职业和自主创业。党章中也明确私营企业主和个体户等六种新的社会阶层作为党的社会基础。政治与政策的保证促使人们可以用自己的智慧与劳动追求自我发展，开辟美好的未来。十六大以后，中国的创业活动更加规范、有序、健康地发展。广大创业者意气风发、开拓进取，同全国人民一道在建设小康社会的康庄大道上一展宏图。

2015 年李克强总理提出"推动大众创业、万众创新"，在中关村与创业者一起喝咖啡。2015 年 5 月 13 日，国务院办公厅发布了《国务院办公厅关于深化高等学校创新、创业教育改革的实施意见》（国办发〔2015〕36 号）。我们在看到国家关注创业的同时，也更应感受到创业与国家政治稳定的联系。创业活动的蓬勃开展必然带动经济发展，经济发展才能使人民安居乐业，这就是每一个普通人的"中国梦"，这也是中国最大的政治命题。

（四）创业和文化

同上述忽视或看轻政治对创业作用的倾向有所区别，最近几年，我国创业界对"文化"问题表现出兴趣，"企业文化"受到学者和企业家的关注。但是问题也接踵而至：究竟什么是文化？文化同创业企业到底是什么关系？

笔者认为，文化有广义和狭义之分。不同的是，文化同创业之间不具有直接的同一性，而是相互交叉的两个概念，彼此间的关系非常复杂。按照马克思的观点或对文化做广义理解，"文化"就是"人化"，即人的本质的对象化。马克思认为人之所以高出于动物，在于他们不是坐等自然的恩赐，而是能通过实践向自然索取。换言之，人之所以为人的秘密，不是像动物那样消极地适应环境，而是按照自身的需要通过实践去能动地改造自然、改造社会和自身，不断地创造一个适合人的生存和发展的人文环境。这个人文环境即是人的自由自觉本质的对象化，创造人文环境的活动过程也就是自然的"人化"过程或创造文化的过程。因此，凡是由人所创造或被打上人类意志印记的一切，包括各类器物、组织、制度和意识形态，都属于文化范畴。创业作为人类特有的自觉的自组织活动，无疑是人类自由自觉本质的一种体现。

文化除去上述的广义解释，还有两种狭义理解。一种是相对于社会经济、政治而言的文化，即毛泽东所说的观念形态的文化。观念形态的文化是指反映一定经济和政治的精神产品或社会意识，它既包括构成上层建筑的各种社会意识形态如宗教、道德、艺术、政治、法律、思想、哲学等，又包括各种科学技术。另一种专指文学艺术。此外，体育、杂技、卫生也应列入文化范围。很明显，作为一种观念系统或作为某种精神现象的狭义文化同作为一种特殊实践的创业是两个不同的概念。当我们在狭义上使用文化一词时，就不能再说创业是一种文化。

弄清了文化的两种含义，我们便有可能阐明创业和文化的关系。

一方面，创业作为广义文化中的一种，对其他文化具有渗透性和能动性。这里所说的渗透性，是指凡是由创业者创造的文化成果，都渗透着创业者的理念。这里所说的能动性，是指创业者对企业和其他形式的创业组织所开展的活动所发挥的功能。创业之于广义文化，绝非可有可无。相反，凡涉及人们共同创造的文化成果，很多都是依靠创业者的努力而产生和实现的。进一步说，即使是由个人创造的文化产品，也并非同创业无关。同样的道理，我国今天的创业企业文化建设是以创业者个人为主体的创造性活动，别人或社会必须充分尊重他们的劳动并尽量提供必要的条件；同时，创业企业文化建设又必须以"四项基本原则"和国家法律法规为依据，自觉接受社会主义文化体系的协调。

另一方面，文化对创业也起作用，创业也离不开文化。文化对创业的作用具体表现为以下几种类型。

第一，器物文化是创业不可或缺的物质条件。器物文化即人类精神的物化，包括各类物质产品。很明显，任何创业者都必须借助一定的物质手段。特别是现代化的创业活动，各种先进复杂的创业工具如计算机、现代通信设备等更不可少。

第二，制度文化决定着创业的根本性质。所谓制度文化，是人们在改造社会的过程中形成的各种制度的总称，主要有经济制度、政治制度和法律制度。诚然，创业活动有时也可以表现为建立一种组织制度，在此意义上创业也属制度文化之一种。但是制度文化要比创业制度更宽泛、更根本，一个社会或一个企业的制度，是由它当时的生产关系的性质所决定的，并受到政治法律制度更具体、更严密的多重制约，也就是说，创业企业内部制度的确立，从根本上取决于当时生产关系（根本经济制度）的性质和要求；而创业活动的进行，又必然受其政治法律制度的保护或影响。

第三，意识形态文化在创业过程中对企业或组织具有组织控摄作用。意识形态作为一种观念形态的文化，具有多种社会作用，对企业或组织主要表现为组织和控摄两个方面。如前所述，创业的实质是建立一个目标一致的创业组织去实现创业者的目标。而人与人之间，其追求、爱好、理想、目的等价值观念存在着差别以至于对立。怎样才能将不同价值观念的人组织在一起而进行协调有序的工作呢？其中一个重要的手段，即运用一种意识形态去同化别的意识形态，以形成团体的凝聚力。如果做不到这一点，组织或将解体，或者虽未解体，但却因思想分歧、内乱不已而名存实亡。这里所谓得控摄，是指各类意识形态对创业根本目的的定向控制，具体到创业活动而言，就是团体内部所形成的共同价值观念对组织行为的定向控制，通过对组织成员的思想控制达到行为的一致，其目的是保证组织目标的实现。

第四，传统文化对创业组织的影响和制约。传统文化是观念文化的一种，它通常被理解为历史文化的延续、传承或存留。传统文化因民族、地域而异，其性质有优劣之分；形式也多种多样，主要表现为风尚、习俗、思维定式、民族精神和传统的生活方式。从理论上说，既然文化对创业活动具有多种作用，那么沉淀于现实文化体系中的传统文化也必然对创业起作用。从现实来分析，传统文化对创业活动的影响主要有以下几点：首先，传统文化中的民族精神是一个民族在长期文化演变中保留、继承下来的精神财富，它具有巨大而持久的向心力和凝聚力。创业者如若注意发扬民族精神，就可以强化团体观念和激励组织成员的工作热情。日本企业创业成功的秘诀之一，即在于企业家们历来重视培育日本传统的"家族精神"和"危机意识"，拒斥美国的"个人本位"。相反，如果以为民族精神与创业无缘，在创业组织遇到困难时，就可能引发混乱。其次，传统文化之所以历久不衰，是因为它包含一种巨大而隐秘的心理惯性。这种心理惯性以不同的方式不自觉地支配着人们的精神生活，形成某类固定的思维方式。创业者经常面对的直接对象既然是活生生和思维着的人，那么创业者就必然要面对某类思维方式并可能与之发生冲突。因此，高明的创业者就应当了解、利用乃至想方设法改变组织成员的思维定式，这样才谈得上知人善任。如果无视组织成员的思维方式，或者企图以权力强制人们按创业者的方式去思考，就会造成上下级之间的心理冲突，阻断信息的传输和反馈，导致创业活动进展不畅。最后，传统文化作为历史文化在现实中的积淀还表现为某一地区或某一国家人们共同的习俗、风尚和生活方式。了解和面对这些习俗和生活方式对创业者也很重要，比如企业在预测市场需求、确定生产目标的时候，除去要考虑原料、技术、成本、利润等情况，还必须了解消费者的生活习惯和生活方式。如果不了解他们生活的需求，那么创业者的计划就有盲目性，经营就会冒很大的风险。又如在创业时，还必须了解组织成员的习俗信仰和风尚，以便因势利导。如果对他们的生活方式和风俗习惯不了解，将很可能造成创业者和员工之间的冲突。

总之，文化同创业之间是既对立又统一的辩证关系。一方面，文化离不开创业，创业渗透于各类文化之中并影响、制约着文化。创业组织的性质、形式和水平从一个特定的侧面折射着文化的性质和水平的高低，反映了人类社会的文明程度；另一方面，创业又离不开文化，各类文化也渗透于创业活动之中，并影响、制约着创业组织的发展。文化同创业的关系既然如此密切，这就要求创业者勿忘组织文化建设。

三、创业的基本类型

现代社会是一个分工精细又高度协作的有机系统。历史发展到今天，因社会分工日趋细密和各分工系统之间相互协调的要求日益迫切，使创业活动呈现出空前的繁复性和多样性，也使创业活动的系统性和综合性问题更加突出。因此，要深刻认识创业的本质和规律，就必须对现代创业的基本类型及其相互关系有所了解。为此，本章节将现代创业划分为经济创业和社会创业两大系统，并简要说明两者之间的关系。

（一）现代创业类型的多维划分标准

现代社会既然是一个复杂的有机系统，其创业也就具有多种多样的形式。而当人们从不同视角区分创业时，很自然地便产生了纷然杂陈的各种创业类型。

现代社会是一个结构复杂的开放社会。在这个社会中，如果按创业范围的广狭做社会学划分，可以将创业区分为家庭创业、企业创业。现代社会是科技进步、生产力向纵深发展的社会，在这个社会中，除传统的创业领域——农业领域之外，还有其他众多的领域，诸如工业领域创业、商业领域创业等。

上述多种创业分类，各从不同侧面或不同层次向人们描绘了创业在现代社会的繁复性和多样性，自有其分类的根据和特定的意义。但是必须指出，这些分类，其着眼点或是管理学的或是经济学的，而且相互交叉重叠，缺乏必要的哲学概括和系统分析，不利于我们从整体上把握现代创业的复杂结构。从哲学观点看来，创业是创业主体——社会的人和创业客体——人和物的互动过程。因此，要对现代创业进行更高层次的分类，首先应以创业主体的性质为依据，即所谓的主位划分法；其次应以创业客体的性质为依据，即所谓的客位划分法。主位划分法是分析创业主体的创业意识和创业方式，侧重回答"谁来创业"和"按什么思维方式去创业"；客位划分法是分析创业客体的性质、结构和状态，侧重回答"干什么"。

在现代，要区别复杂的创业类型，客位划分法显得更为重要。根据创业客体对象的不同性质，我们可以将现代社会创业区分为商业创业和社会创业两类基本形式。

（二）商业创业

所谓商业创业，是以社会经济活动为对象的创业形式。它既包括对物质生产经营活动中人力人才、物质资金、能源信息、交通运输的创业，也包括对生产、分配、交换、消费活动的控制；既包括协调人类生产、生活同生态环境的动态平衡，还包括对人类自身生产的合理控制以及对人才的正确使用。在古代自然经济条件下，家庭是社会物质生产和人口生产的基本单位，因而经济活动主要是在家庭内部以极其简单的形式进行的，创业空间较小。到商品经济高度发展的现代，家庭作为人口生产的基本单位仍被保留下来，而作为物质生产的基本单位则被破坏，日益被企业所代替。自近代企业产生以后，经济发展主要包括三个层次：一是企业，二是部门经济，三是国民经济。此外，同社会物质生产关系密切、直接影响社会经济活动的环境、人口、人才也应列入经济发展因素的范围。

商业创业的主要载体——企业，是专门从事商品生产、商品交换或提供服务并进行自主经营、独立核算的经济单位，它产生于手工工场时期，而在现代成为普遍的经济形式。企业按其所从事的生产经营活动，可分为工业企业、农业企业、商业企业、交通运输企业、金融企业、建筑企业、旅游和服务性企业等。

企业作为现代社会的经济支柱，具有商品性、营利性、经营独立性等特征。所谓商品性，是指企业所从事的是以交换劳动产品（或服务）为目的的经济活动，这与自给自足的自然经济大不相同。所谓营利性，是指企业必须盈利，进行以盈利为目的的商业性活动，以实现自我扩张、自我发展。如果不盈利或不打算盈利，不能称其为企业。企业必须具有独立的或相对独立的自主经营、独立核算的权力，否则便不可能保证达到自己的目的，而变为非企业的其他组织。

商业创业作为人类的社会行为，有以下几个基本特征。

第一，社会性。创业是人类最基本的生存方式，是一切财富的源泉。由于人类的持续创业活动，才有社会的繁荣、国家的昌盛以及现实生活中享受到的物质文明和精神文明。创业活动源于社会需求，也适应于社会需求，因此一切创业活动必须按社会的准则与规律行事。

第二，开拓性。从历史与社会角度来看，创业活动是持续的、永恒的；而对于创业者来说，所创之业则是从未经历过的、从头开始的事业。就目前而言，一种创业是人类空前未知的事业，在事业自身发展过程中，必须通过创业活动来取得成果。而其他运营的过程还是有其他行业可以借鉴的。另一类事业是人类已经有过尝试和体验，甚至有比较普遍的尝试，但对创业者来说仍是一件空前未知的事业，虽然可以借鉴、模仿、学习前人（乃至国外）的经验和方法，但是必须从头做起，只有创造与创新，才有突破与成功，才能开拓新的事业。

第三，自主性。创业从来就是一种独立自主的行为。创业者一般有身处逆境者、不满足现状者、锐意进取者和志向远大欲求成功者。未来的事业是自己选定的意愿，从创业伊始到整个创业过程，都需要独立自主、自力更生，靠自己的能力去完成创业目标，实现当家做主的理想。

第四，功利性。创业是一项充满功利性的事业，是创造财富、积累财富的过程。创业的过程是一个艰苦奋斗、耗费心血和体力并承担风险的过程。无论创业者采取什么手段和方式创业，积累财富是创业的目标，财富的多少也是衡量创业业绩的重要标志。即使要完成其他的公益事业，在市场经济条件下也必须通过财富来达到目的。

商业创业是带有普遍意义的人类行为，尤其是在经济领域，不同的时代，不同的领域，不同的个人和团体，都存在着创业活动，这就使创业活动表现为多种多样的类型。商业创业的基本类型主要有以下几种。

从创业的时代背景看，创业可分为传统创业、现代创业两种类型。这两种类型的创业活动由于社会条件不同，在创业的水平、特点、手段上表现出极大的差异。

从创业的宏观环境看，创业有国内创业和国外创业两种类型。这两种创业类型反映了创业活动的广度。由于创业空间的反差，也就决定了它们在创业形式、内容及风格上的不同。

从创业的微观环境看，创业又有内部创业和外部创业两种类型。这两种创业类型反映了创业活动的深度。内部创业特指一个组织内部的一些集体的创业活动，外部创业特指一个独立的社会组织的创业活动。

从创业的模式看，创业则表现为独自创业、合伙创业、家族创业、集团创业等四种类型。这些类型反映了创业活动的本质、规模和利益关系。

从创业的发展阶段划分，创业又有初次创业、再创业、持续创业三种类型。初次创业是指事业的草创时期的活动；再创业是在初次创业结束后，为达到原定目标而继续的创业活动；持续创业是在创业成功后，为巩固和扩大创业成果而不间断地进行的创业活动。

从创业的动机看，创业有自发创业、自主创业、自觉创业三种类型。自发创业通常是为环境所迫、争取生存的创业活动，具有很强的被动性；自主创业是为适应环境需要、争取发展的创业活动，具有更多的主动性；自觉创业往往是为改造环境、造福社会的创业活动，是人对客观世界能动性的反映。

（三）社会创业

既然可以有以营利为目的的商业创业，那么是否有不以营利为目的的非营利性创业呢？随着时代的进步，社会创业、公益创业的概念越来越为国人所熟知。

社会创业（Social Entrepreneurship，SE），有时也被称为公益创业，是近年来在全球范围内逐步被认可的一种全新创业理念，它是一种旨在追求社会价值和商业价值并重的创业活动。社会创业在涵盖非营利性机构的创业活动和营利性机构践行社会责任的活动的同时，还强调个人和组织必须运用商业知识来为社会创造更多的价值。

J. 格利高里·迪斯（J.Gregory Doees）从四个方面界定社会创业：选定一项使命来创造和体现社会价值（而不仅仅是私有价值）；发现和不断寻找新的机会来实现这项使命；不断创新、调整学习过程；不受当前资源稀缺限制的大胆行动。

浙江大学的陈劲、王皓白对社会创业者定义如下：社会创业者是那些具有正确价值观，能够将伟大而具有前瞻性的愿景与现实问题相结合的创业者，他们对目标群体负有高度的责任感，并在社会、经济和政治等环境下持续通过社会创业来创造社会价值。他们在物质资源和制度资源稀缺的情况下，为了实现自己的社会目标，不断发掘新机会，不断进行适应、学习和创新。

从创业的角度看，社会创业者和企业创业者既有很多相似点，也有很多差异。南开大学国际商学院王仕鑫、廖云贵就对社会创业者与企业创业者之间的差异进行了分析，指出社会创业者与企业创业者具有许多共同特质，但社会创业者的活动及社会价值创造过程都和社会使命密切相关，因此具有区别于企业创业者的特征，主要表现为以下几个方面。

1. 社会价值驱动

社会创业者肩负社会责任，以创造社会价值为使命。在从事社会活动的过程中，社会创业者不存在任何个人财富动机，具有高尚的道德情操和自我约束能力，他们自我实现的途径不是创造个人价值而是创造社会价值。社会创业者希望通过长期努力最终解决社会问题并创造社会福利，他们在实现愿景过程中能够获得极大的成就感和满足感。在不存在任何利益驱动的情况下，高效创造社会价值是社会创业者自我驱动的重要来源。

2. 建立愿景能力

愿景是社会创业者自我激励的重要来源，建立适当的愿景是社会创业者实现自身使命的重要条件。由于社会问题具有长期性和复杂性，社会创业者在寻求解决社会问题的途径过程中，需要不断尝试，甚至不断经历失败。在此过程中，社会创业者只有建立适当愿景并围绕愿景不懈努力，才能克服来自社会和个人的种种诱惑，实现自我激励。愿景也是社会型组织吸引大量志愿者的重要保障，由于社会型组织不存在利润驱动因素，同时社会价值具有难以识别和归因的特性。因此明晰的愿景可以使志愿者通过社会创业清晰地认识到自身活动可能创造的社会价值以及最终解决社会问题的可能性，从而使志愿者和社会创业者为实现共同目标而不断努力。

3. 具有良好的信用网络

社会创业者在吸引和激励他人实现共同愿景的过程中，必须具备良好的个人信用和组织网络，以获取所需的各种资源。首先，社会创业者在其服务领域应具有良好的道德情操、地位和声誉。这有助于组织愿景被他人认同和接受，同时有利于产生扩散效应，使行之有效的解决方式为其他人所模仿，从而有利于社会问题的最终解决。其次，社会创业者应与政府、商界组织以及个体建立广泛联系，这对于社会型组织以低成本从网络中获取各种资源十分重要。

4. 联盟合作能力

由于社会问题的产生和解决涉及诸多领域并耗费资源，因此社会创业者单凭个体和组织的自身资源很难实现愿景，而建立联盟是解决问题的一种重要途径。社会创业者需要同政府机构建立合作关系以获取政府津贴和宣传支持，需要同企业建立联盟以获取财务方面的支持，需要同与自身愿景相关性强的社会型组织建立联盟以集中力量共同解决复杂问题，同时需要与媒体建立合作关系以提高公众对于社会问题的关注度并获得广泛支持。

虽然社会创业还没有一个学术界认可统一的定义，但是，从社会创业的产生动因、内涵与特征、类别、影响因素、作用形式与机理等角度入手开展的社会创业研究却已经有许多成果。

约翰逊（Johnson.S）认为社会创业是一种混合模式，从社会创业承担组织的性质来说，这种模式既包括营利组织的活动也包括非营利组织的活动以及与政府跨部门的合作。上述描述表明：社会创业有着多种承担主体和多种形式，既包括非营利企业实现可持续发展、完成社会使命、进行商业运作等活动，也包括营利企业和非营利性组织开展社会福利性质的商务活动，还可以包括营利企业基于提高企业形象、承担社会责任而开展的社会活动。格利高里·迪斯提出将社会创业和投资的经济回报分开来研究，他认为社会创业包含两个概念，一是利用变革的新方法解决社会问题并且为全社会创造效益，二是引用商业经营模式产生经济效益。斯坦福大学商学院创业研究中心认为：社会创业主要是采用创新方法解决社会焦点问题，采用传统的商业手段来创造社会价值（而不是个人价值），它既包括营利组织为充分利用资源解决社会问题而开展的创业活动，也包括非营利组织支持个体创立自己的小企业。加拿大社会创业研究中心提出，社会创业主要体现在两个方面：首先，其营利部门的活动强调社会参与的重要性，并且奖励表现良好的成员；其次，社会创业家还鼓励企业参与非营利性的活动，以便提高组织效率，并且树立长期的可持续发展战略。中国公益创业研究中心提出：社会创业指个人、社会组织或者网络等在社会使命的激发下，追求创新、效率和社会效果，是面向社会需要、建立新的组织、向公众提供产品或服务的社会活动。

虽然社会创业概念还没有统一，但是社会创业的活动已经在国内外蓬勃开展。与此同时，与社会创业概念相关、工作内容相近的公益创业也成为人们关注的话题。公益创业指个人或者社会组织在社会使命的激发下，追求创新、效率和社会效果，是一种面向社会需要、建立新的组织并向公众提供产品或服务的社会活动，是一项新兴的事业，它主要强调创建非营利性组织、兼顾社会效益的企业和志愿公益活动三个方面的内容。

社会创业的兴起与发展主要有以下三方面的原因。

第一，20世纪80年代起，以发达国家为代表的国家采取新自由主义经济政策，导致政府对非营利组织的直接资助经费不断减少，政府对福利事业的资助大幅削减，"市场失灵"导致人们对非营利组织提供的社会服务的需求有增无减，引发非营利性组织迅速发展。非营利组织可以提供的满足社会需求的资源十分有限，要提高运作效率和实现可持续发展，实现更好地提供公益服务的目标，就必须引入商业化操作和市场化运作手段提高自身效率。因此，"企业家"和"创业"概念开始被引入公益领域，社会创业理论和实践正是在这种背景下应运而生的。

第二，经济的市场化和全球化导致社会财富不断向私营组织集中，社会问题进一步加剧，社会迫切需要企业承担更多的社会责任和更主动地解决复杂的社会问题。在发展中国家，政府等公共机构所能提供的公共资源难以充分满足社会需求，促使更多的私营企业与非营利组织结成联盟，进行社会创业活动，以实现投资的商业价值与社会价值的双重回报。

第三，商业和公益事业之间的界限正在消失。公益事业部门和商业部门结盟合作以实现整个社会的创新和福利增长正成为一种解决问题的模式。不同类型的部门具有各自的资源和优势，合作可以整合利用各自的资源和优势，增强为社会服务和创造社会价值的能力。

社会创业主要包含两方面的含义：一方面，企业组织需要强化社会责任，即社会创业的社会维度；另一方面，非政府组织、公共服务部门和"第三社会部门"等非商业组织要采用商业运作的方式来实现社会目标，即社会创业的创业维度。社会性和创业性正是社会创业的关键特征所在。

社会创业的社会性特征体现在以下四个方面。

第一，目的和产出的社会性。社会创业的目的是为了解决社会问题，而不是营利。社会创业的目标是促进健康福利事业，提高人们的生活水平。

第二，社会创业的核心资本应是社会资本。社会关系、网络、信任和合作这些社会资本能为创业带来实体资本和财务资本。

第三，组织的社会性。社会创业组织是新型的公民社会组织，并不归股东所有，也不把追求利润作为主要目标。

第四，社区性。社会创业往往具有一定的服务区域性，大多致力于改善作为社会创业基地的街区和社区的某项或某些事业。

社会创业的创业性特征主要体现在以下四个方面。

第一，机会识别能力。社会创业者善于发现人们没有得到满足的需求，并利用那些未被充分利用的资源来满足这些需求。

第二，紧迫感、决心、雄心和领导天赋。社会创业者的创业动力不是利润或股票价值，而是使命感。

第三，创新精神。社会创业者一定要进行创新和变革，开发新的服务项目，组建新的组织，才能更大限度地满足社会需求。

第四，有经营活动。社会创业不同于传统非营利组织的主要区别就在于资金来源，传统非营利组织主要依靠募捐来维持，独立生存能力相对较弱，而社会创业能够自给自足，其经营收入是主要资金来源，但也不排除募捐。社会创业正日益超越民间非营利部门的范畴，大型私营企业也通过与非营利组织合作来进入教育和社会保险等市场，成为一种将社会需求和个体需求有机结合起来的社会性企业。

第二节 创业的动机与动力

无论是商业创业还是社会创业、公益创业，创业者的动机和动力是一个值得关注的话题。本节将分析创业动机、创业的原始和直接动力。

一、创业动机

在人类历史上，创业动机的差异是巨大的。心理学研究表明：需要产生动机，动机导致行为。人们的创业冲动是在各种需要的刺激下产生的，需要是产生创业的直接原因。因此要分析创业的动因，就要首先探讨人类的需求。

1. 人类的需要特征分析

需要是人的行为的动力基础和源泉，是人脑对生理和社会需求的反映（人们对社会生活中各类事物所提出的要求在大脑中的反映）。心理学家也把促成人们各种行为动机的欲望称为需要。

人类在社会生活中，早期因维持生存和延续后代而形成了最初的需要。人为了生存，就要满足自己的生理需要，例如，饿了就需要食物；冷了就需要衣服；累了就需要休息；为了传宗接代就需要恋爱、婚姻。人为了生存和发展，还必然产生社会需求，例如，通过劳动，创造财富，改善生存条件；通过人际交往，沟通信息，交流感情，相互协作。人的这些生理需求和社会需求反映在个体的头脑中，就形成了他的需要。随着人类社会生活的日益进步，为了提高物质文化水平，逐步形成了高级的物质需要和精神需要。人有生理需求和社会需求，即需要，就必然去追求、去争取、去努力。因此，正如一些心理学家所说："需要是积极性的源泉。""需要——这是被人感受到的一定的生活和发展条件的必要性。……需要激发人的积极性。""需要是人的思想活动的基本动力。"

人类的需要有下列表现形式：

（1）任何需要都有明确的对象。或者表现为追求某一种东西的意念，或者表现为避开某一事物、停止某一活动的意念。

（2）一般的需要有周期性，周而复始。比较复杂的需要虽然没有周期性，但在条件适合时，也可多次重复出现。

（3）需要随社会历史的进步而不断发展。一般由低级到高级、简单到复杂、物质到精神、单一到多样。

人的需要又表现为以下特征：

第一，目的性。人的需要不是空洞的，而是有目的、有对象的，而且随着满足需要的对象的扩大而发展。人的需要的对象既包括物质的东西，如衣、食、住、行，也包括精神的东西，如信仰、文化、艺术、体育；既包括个人生活和活动，例如，个人日常的物质和精神方面的活动，也包括参与社会生活和活动以及这些活动的结果。例如，通过相互协作带来物质成果，通过人际交往、沟通感情带来愉悦和充实；既包括想要追求某一事物或开始某一活动的意念，也表现想要避开某一事物或停止某一活动的意念，这些意念的产生都是根据个人需要及其变化决定的。各种需要彼此之间的区别就在于需要对象的不同。但无论是物质需要还是精神需要，都必须有一定的外部物质条件才能满足。例如，居住需要房子，出门要有交通工具，娱乐要有场所，等等。

第二，阶段性。人的需要是随着年龄、时期的变化而发展变化的。也就是说个体在发展的不同时期，需要的特点也不同。婴幼儿主要是生理需要，即需要吃、喝、睡；少年时代开始发展到对知识、安全的需要；到青年时期发展到对恋爱、婚姻的需要；到成年时，又发展到对名誉、地位、尊重的需要等。

第三，社会制约性。人不仅有先天的生理需要，而且在社会实践中，在接受文化教育的过程中，发展出许多社会性需要。这些社会需要受时代、历史的影响，又受阶级性的影响。在经济落后、生活水平低下时期，人们需要的是温饱；在经济发展、生活水平提高的时期，人们除了需要丰裕的物质生活，还需要高雅的精神生活。具有不同阶级属性的人，其需要也不一样。资产阶级需要的是不劳而获、坐享其成；工人阶级需要的是自由、民主、温饱和消灭剥削。由此可见，人的需要又具有社会性和历史与阶级的制约性。

第四，独特性。人与人之间的需要既有共同性，又有独特性。由于生理、遗传因素、环境因素、条件因素不同，每个人的需要都有自己的独特性。年龄不同的人、身体条件不同的人、社会地位不同的人、经济条件不同的人，都会在物质和精神方面有不同的需要。

需要在人的个性发展中起着重要作用，它是人的心理活动与行为的基本动力。

马克思主义认为，个体的需要是个体行为积极性和动力的源泉和基础。人有了物质方面和精神方面的需要，才会产生行动的积极性；正是个体这种和那种的需要，才促使、推动人们去从事这项或那项的活动，去完成这项或那项的任务。正如马克思在《德意志意识形态》一书中所说：人们"第一个历史活动就是生产这些需要的资料，即生产物质生活本身"。正是人的各种需要，去促使人们追求各种目标，并进行积极的活动，去实现这些目标，以满足需要。人对某一方面事物的需要越强烈，他的积极性就越高，动力就越大。因此，需要总是带有动力性、积极性，而且需要的水平也总是在不断提高。需要的不断更新、不断增加，又推动着人们去不断地努力、不断地奋斗。

需要在人的个性心理中也起着重要作用。需要是人类认识过程的内部动力。为了满足需要，个人必须通过认识过程解决一定的问题，完成一定的任务。需要在人的个性心理活动中往往又以情绪表现出来。凡是能满足人的需要的事物，则产生肯定的情绪；凡是不能够满足人需要的事物,则产生否定的情绪。情绪是反映了人的需要是否满足的标志,与人的需要毫无关系的事物则不会引起人们的情绪和注意。需要对人的意志的形成和发展也起着积极的推动作用。个人物质和精神方面的需要、社会的需要,会促使人们为了满足和适应这种需要坚持不懈地努力,并在这一过程中形成自己的意志和决心。

2. 从马斯洛五层次理论分析创业者创业动机

美国著名的社会心理学家、人格理论家和比较心理学家马斯洛提出了需要层次理论,该理论的五个层次刚好是人类创业的五种基本动因。

马斯洛认为,人类的需要是分层次的,由低到高。它们是生理的需要、安全的需要、社交的需要、尊重的需要、自我实现的需要。

生理的需要是人们最原始、最基本的需要,如吃饭、穿衣、住宅、医疗等等。若不满足,则有生命危险。这就是说,它是最强烈的、不可避免的最底层需要,也是推动人们行动的强大动力。显然,这种生理需要具有自我和种族保护的意义,是人类个体为了生存而必不可少的需要。当一个人存在多种需要时,例如同时缺乏食物、安全和爱情,缺乏食物的饥饿需要总是占有最大的优势,这说明当一个人为生理需要所控制时,那么其他一切需要都被推到幕后。

安全的需要要求劳动安全、职业安全、生活稳定、希望免于灾难、希望未来有保障等,具体表现在:①物质上的,如操作安全、劳动保护和保健待遇等;②经济上的,如失业、意外事故、养老等;③心理上希望解除严酷监督的威胁、希望免受不公正待遇、希望对工作有应付的能力和信心。安全需要比生理需要较高一级,当生理需要得到满足以后就要保障这种需要。每一个在现实中生活的人,都会产生安全感的欲望、自由的欲望、防御实力的欲望。

社交的需要也叫归属与爱的需要,是指个人渴望得到家庭、团体、朋友、同事的关怀爱护、理解,是对友情、信任、温暖、爱情的需要。社交的需要比生理和安全的需要更细微、更难捉摸。它包括:①社交欲。希望和同事保持友谊与忠诚的伙伴关系,希望得到互爱等。②归属感。希望有所归属,成为团体的一员,在个人有困难时能互相帮助,希望有熟识的友人能倾吐心里话、说说意见,甚至发发牢骚。爱不单是指两性间的爱,而是广义的,体现在互相信任、深深理解和相互给予上,包括给予和接受爱。社交的需要与个人性格、经历、生活区域、民族、生活习惯、宗教信仰等都有关系,这种需要是难以察悟、无法度量的。

尊重的需要可分为自尊、他尊和权力欲三类,包括自我尊重、自我评价以及尊重别人。与自尊有关的需要,包括自尊心、自信心,对独立、知识、成就、能力的需要等。尊重的需要也可以如此划分:①渴望实力、成就、适应性和面向世界的自信心以及渴望独立与自由;②渴望名誉与声望。声望是来自别人的尊重、受人赏识、注意或欣赏。满足自我尊重的需要导致自信、价值与能力体验、力量及适应性增强等多方面的感觉,而阻挠这些需要将产生自卑感、虚弱感和无能感。基于这种需要,人们愿意把工作做得更好,希望受到别人重视，借以自我炫耀，指望有成长的机会、有出头的可能。显然，尊重的需要很少能够得到完全的满足，但基本上的满足就可产生推动力。这种需要一旦成为推动力，就将会令人具有持久的干劲。

自我实现的需要是最高等级的需要。满足这种需要就要求完成与自己能力相称的工作，最充分地发挥自己的潜在能力，成为所期望的人物。这是一种创造的需要。有自我实现需要的人，似乎在竭尽所能，使自己趋于完美。自我实现意味着充分地、活跃地、忘我地、全神贯注地体验生活。成就感与成长欲不同，成就感追求一定的理想，往往废寝忘食地工作，把工作当作一种创作活动，希望为人们解决重大课题，从而完全实现自己的抱负。

在马斯洛看来，人类价值体系存在两类不同的需要。一类是沿生物谱系上升方向逐渐变弱的本能或冲动，称为低级需要和生理需要。一类是随生物进化而逐渐显现的潜能或需要，称为高级需要。人都潜藏着这五种不同层次的需要，但在不同的时期表现出来的各种需要的迫切程度是不同的。人的最迫切的需要才是激励人行动的主要原因和动力。人的需要是从外部得来的满足逐渐向内在得到的满足转化。

在高层次的需要充分出现之前，低层次的需要必须得到适当的满足。低层次的需要基本得到满足以后，它的激励作用就会降低，其优势地位将不再保持下去，高层次的需要会取代它成为推动行为的主要原因。有的需要一经满足，便不能成为激发人们行为的起因，于是被其他需要取而代之。

这五种需要不可能完全满足，愈到上层，满足的百分比愈少。任何一种需要并不因为下一个高层次需要的发展而消失，各层次的需要相互依赖与重叠，高层次的需要发展后，低层次的需要仍然存在，只是对行为影响的比重减轻而已。高层次的需要比低层次的需要具有更大的价值。热情是由高层次的需要激发的。人的最高需要即自我实现就是以最有效和最完整的方式表现自己的潜力，只有这样，才能使人得到高峰体验。

人的五种基本需要在一般人身上往往是无意识的。对于个体来说，无意识的动机比有意识的动机更重要。对于有丰富经验的人，通过适当的技巧，可以把无意识的需要转变为有意识的需要。马斯洛还认为：在人自我实现的创造性过程中，产生出一种所谓的"高峰体验"的情感，这个时候是人处于最激荡人心的时刻，是人存在的最高、最完美、最和谐的状态，这时的人具有一种欣喜若狂、如醉如痴、销魂的感觉。

根据马斯洛的需要五层次理论，创业者的创业动机可以概括为争取生存的需要、谋求发展的需要、获得独立的需要、赢得尊重的需要、实现自我价值的需要。

二、创业的原始动力：需求

历史唯物主义告诉我们，社会的基本矛盾是生产力和生产关系、经济基础和上层建筑的矛盾，它是推动社会发展的根本动力。在创业的动力问题上，我们也坚持这一点。但是人们往往忽视的是马克思提到的根本动力背后的动力。人们为什么要生产？人们为什么要交往？人们为什么还要创造精神产品呢？因为人有需要和新的需要，需要是人类各种实践活动和社会基本矛盾背后的原始动力。

需要在这里指的是人的需要。人的需要和动物的需要有本质区别。"通过实践创造对象世界，改造无机界，人证明自己是有意识的类存在物，就是说人是这样一种存在物，它把类看作自己的本质，或者说把自身看作类存在物。诚然动物也生产。……但是动物只生产它自己或它的幼仔所直接需要的东西；动物的生产是片面的，而人的生产是全面的；动物只是在直接的肉体需要的支配下生产，而人甚至不受肉体需要的影响也进行生产，并且只有不受这种需要的影响才进行真正的生产；动物只生产自身，而人在生产整个自然界；动物的产品直接属于肉体，而人则自由地面对自己的产品；动物只是按照它所属的那个种的尺度和需要来构造，而人懂得按照任何一个种的尺度来进行生产，并且懂得处处都把内在的尺度运用于对象。因此，人也按照美的规律来构造。"这说明，人的需要不是动物式的直接需要、片面需要和肉体需要，人的需要是多层次、全面的、立体化的需要体系。除了直接需要，还有间接需要；除了肉体的需要，还有其他的物质需要、交往需要和精神需要；除了必要需要，还有奢侈需要。这些需要的满足依赖于自然界，但是很少直接来源于自然界。人类需要的特点决定了人类超越性的存在方式，决定了人们必须进行物质生产、交往和精神生产，才能满足自己的需要，解决匮乏的问题，实现超越。需要是人们发挥能动性的源泉，是人们创造活动的根据。正是在这个意义上，我们说需要是创业活动的原始动力。

在研究创业活动动力的过程中，我们必须坚持历史唯物主义的原则。马克思关于历史唯物主义的第一个规定就是："我们首先应当确定一切人类生存的第一个前提，也就是一切历史的第一个前提，这个前提是：人们为了能够'创造历史'，必须能够生活。但是为了生活，首先就需要吃喝住穿以及其他一些东西。因此第一个历史活动就是生产满足这些需要的资料，即生产物质生活本身。"人类的需要正是在这个基本需要的基础上发展起来的，包括创业活动在内的各种实践活动也是在满足人类第一个需要的生产实践的基础上丰富起来的。

需要作为创业活动的原始动力主要表现在两个方面：一方面，人的需要是最贴近主观能动的客观现实，它在起点触发了人的整个创造性的活动过程。需要是人的内部客观存在的一种缺乏和不平衡状态。它既体现了人的存在和发展对于客观世界的依赖，又表达了人的超越性的生存方式。需要和人的主观世界关系密切，一旦产生就会激发人的欲望。"欲望以需要为基础，是需要在观念上、心理上的反映。例如，与人的物质需要相对应的是物欲，与性生活需要相对应的是性欲，与精神需要相对应的是求知欲、美欲，与交往需要相对应的是爱欲、情欲。既然欲望是需要在观念上、心理上的反映，所以只能是需要引起欲望，而不是反过来欲望引起需要。同时，又应看到，欲望对需要不是消极被动的，它对需要具有反作用。需要一旦被观念、心理所反映，形成欲望，就会使需要变得更加自觉、更加明显、更加强烈，从而使需要主体采取积极有效的行动去满足这种需要。因此，需要与欲望的关系不仅是需要引起欲望，而且欲望也会反过来强化需要。"这说明需要是客观存在的，但是它最贴近人的意识世界，充满了主观能动的色彩。需要作为客观现实，一旦产生，就会在第一时间转化为主体的欲望。欲望是主体能动性的催化剂，它在主体意识世界的萌动，会调动一切理性和非理性的精神因素，使需要变成主体自觉的价值目标。这个价值目标作为对现实的超越又必然地和客观世界产生矛盾，即客观世界不能直接满足人的需要。为了解决这个矛盾，使客体满足主体的需要，就需要发挥人的主观能动性，认识和利用客观规律，变纯粹的客观世界为人化的客观世界。这个过程的实现在现代社会很多情况下是依靠创业活动来完成的。创业活动为人类提供新的物质工具和生产方法，使原来人们利用过的资源能够更好地满足人们的需要，使原来人们无法利用的资源成为人们可以控制的物质产品；创业活动通过协调组织内部人与人之间的关系，提高人们的生产效率，为人类提供更多的产品。

另一方面，人的需要和人的本质的一致，决定了需要是人类创业活动内在的必然的推动力量。马克思在《詹姆斯·穆勒＜政治经济学原理＞一书摘要》中曾说："人的本质是人的真正的社会联系，所以人在积极实现自己本质的过程中创造、生产人的社会联系、社会本质，而社会本质不是一种同单个人相对立的抽象的一般的力量，而是每一个单个人的本质，是他自己的活动，他自己的生活，他自己的享受，他自己的财富。因此，……真正的社会联系并不是由反思产生的，它是由于有了个人的需要和利己主义才出现的，也就是个人积极实现其存在时的直接产物。""这些个人是怎样的，这种社会联系本身就是怎样的。"这说明，人的本质，如马克思在《关于费尔巴哈的提纲》中提到的，在其现实性上是一切社会关系的总和，人们之间的社会关系又是人们在生产、交往、精神生产等各种现实的实践活动中形成的，而人的各种实践活动不过是为了满足人的需要，它们是每个人需要的展开、交融和结合。因此，人的需要和人的本质具有一致性，人们在实践中满足自己需要的过程，就是人的本质实现的过程。人的本质的生成、人的新的需要的满足和创业活动是同一个过程，需要作为人类创业活动的动力具有内在必然性。

需要作为创业活动的原始动力，它的特点决定了创业活动的基本面貌。首先，需要鲜明的主观能动性决定了创业活动浓重的主观色彩。创业活动是人类实现超越的方式，它是现实的，也是观念的，观念的超越先于现实的超越。人的意识不是对客观世界的镜面反映，尽管它的信息来源于客观世界，但是它在被需要激发开始自身活动的时候起，就已经开始在头脑中利用一切精神因素，构建一个超越的蓝图。人们随后对这张蓝图的运用，就是人的本质力量的实现，处处体现主观能动性的作用。技术和制度资源的选择、调整、建设等，都是在需要和需要所激发的主观能动性的引导下完成的。

其次，需要的无限超越性决定了人类创业活动的无限发展，需要的社会性推动了一般制度创业活动和制度革命。马克思在《论犹太人》一文中说："把人和社会联结起来的唯一纽带是天然必然性，是需要和私人利益，是对他们财产和利己主义个人的保护。"人为了满足自己的需要就要生产，而无论是物质生产还是精神生产，都不是孤立的个人的生产，而是社会性的生产。也就是说，一切生产都是一定生产关系中的生产，需要也不是抽象的需要，而是一定社会关系中的需要，它联结着人与人、人与社会。

人的需要是一个历史范畴，需要总是一定历史阶段、一定社会关系中的需要。需要具有无限超越的性质，当人的最初的需要得到实现之后，就会产生一个新的需要。新的需要不会在自然中得到直接的满足，又呼唤再次实现，然后又产生新的需要、新的活动。可以说，整个人类历史，就是人们不断地实践、不断地满足需要、不断地通过创业等一系列实践活动满足人的新的需要的过程。在工业社会，资本追求剩余价值的本性促使资本家在创业活动中不断开发人的需要潜力，被激发的新的需要又促使人类开始新一轮的实践活动。马克思说："以资本为基础的生产，……创造出一个普遍利用自然属性和人的属性的体系，创造出一个普遍有用性的体系，甚至科学也同人的一切物质的和精神的属性一样，表现为这个普遍有用性体系的体现者，而且再也没有什么东西在这个社会生产和交换的范围之外表现为自在的更高的东西，表现为自为的合理的东西。"人类在物的控制下，为了满足自身的需要，创业者利用可以利用的一切，不仅包括以机器为核心的技术，而且包括分工和协作；不仅包括微观的企业制度，而且包括国家体制；不仅包括制度前提，而且包括科学和一切精神产品。即将到来的知识经济社会，是人类的当代需要在更高的层次上与客观世界的碰撞。原有的工业生产方式对自然资源的掠夺已经造成常规资源的短缺，人类的生存环境受到威胁，不但无法满足人类发展的需要，而且与人类已有的需要背道而驰。人类创业活动的方式必须发生改变。在这个时代问题面前，人类的回答是，只有依靠知识的强大创造力，才能解决这个矛盾，满足人类新的需要。我国当前处于社会主义初级阶段，具有多元经济的特点，即不仅包括农业经济、工业经济，而且融合了知识经济的特点，但是总的来说其主要矛盾是人们日益增长的物质文化需要和落后的社会生产之间的矛盾，根据我国社会的特点，解决这一矛盾的方式最主要的是要依靠知识的力量，实现万众创新、大众创业。

最后，需要的全面性决定创业活动的全面展开和人的全面发展的价值目标的确立。人类的需要不仅是无限发展的，而且是全面的，这包含两层意思：一是指需要涉及的领域是全面的，不仅有物质需要，而且有精神需要和交往需要；二是指需要在各个领域内的展开也是全面的。需要的不断全面化，必然要求实现需要的手段的不断全面化。它推动着创业活动在物质生产领域、交往领域和精神生产领域的全面展开。

需要的全面性也催发了人的全面发展的价值目标的确立。马克思在《1844年经济学哲学手稿》中曾说：全面发展的人"同时就是需要有完整的人的生命表现的人，在这样的人的身上，他自己的实现表现为内在的必然性、表现为需要"。这说明，人的自由而全面的发展不是外在给予的，而是人自身发展的必然性，这一内在的必然性表现为需要。需要是人发展的标志，需要内容的不断丰富、水平的不断提高，标志着人越来越接近全面而自由的发展目标。只有在人的全面的需要得到确立和满足的时候，人的全面发展的价值目标才能实现。

需要是人的本质的体现，是人的内部的一种不平衡状态，也是人对外部环境的依靠和追求，它总是处于主观欲望和客观现实的矛盾之中。矛盾在未得到解决之前，表现为匮乏；在解决之后，表现为超越。需要就是在匮乏和超越之间的一种不平衡状态。人的一切创业活动都以需要作为原因和根据，需要是创业活动的原始动力。

三、创业的直接动力：利益

需要和利益是经常同时出现的两个概念，具有密切的关系。它们都体现了主体与客观世界的对立统一关系，具有相似的结构，都是人类创造活动的原因。但二者之间存在差别。"需要和利益的差别主要表现为两个方面……第一个方面，需要反映人对客观需求对象的直接欲求，利益则体现了人对客观需求对象更高层次地从理性上的关心、兴趣和认识。第二个方面，需要反映的是人对客观需要对象的直接依赖关系，而利益则反映的是人与人之间的社会关系即人与人之间对需求对象的一种分配关系。"也就是说，在人与客观世界的对立统一关系中，需要和利益都是客观存在的，具有对应关系，但是需要是一个起点，它表现为人对客观需求对象的直接欲求和依赖关系，表现为一种间接可能性；而利益是一个结果，它是建立在人的实践理性和实践活动及其成果基础上的需要的满足，表现为人们对于物质生活条件和精神财富的分配关系，具有直接的现实性。因此我们说需要是创业活动的原始动力，利益是创业活动的直接动力。

诚然，人们会因为理想和爱好而从事创业活动，但是由于创业活动的艰辛性和风险性，大多数的创业活动是在利益的驱使下完成的，利益是"人民生活中最敏感的神经"，追求利益是人类一切社会活动的直接动因。那么什么是利益呢？北京大学教授赵家祥把利益的构成归结为三个方面：需要是形成利益的自然前提；社会关系是构成利益的社会基础；社会实践活动及其成果是构成利益的手段和资源。并在此基础上，归纳了利益的实质。"利益的实质是需要主体以一定的社会关系为中介，以社会实践为手段，占有和消费需要对象，从而使需要主体和需要对象的矛盾状态得到克服，即需要的满足。这时，需要主体就转化为利益主体，即利益的承受者。从利益的抽象意义看，它的实质就是需要的满足。但从利益的现实性和具体实现来看，其实质必然是一定的社会关系的体现。"中国社会科学院院长王伟光也认为："所谓利益，就是一定的客观需要对象在满足主体需要时，在需要主体之间进行分配时所形成的一定性质的社会关系的形式。"这说明，所谓利益，是指需要的满足和需要的社会化，它既以客观现实为依托，具有现实性，又随着人类社会的发展而变化发展，具有历史性，它是现实性和历史性的统一。作为一个现实范畴，利益的基本含义很广，包括生产力和物质生活条件、交往和交往关系、精神生产和精神财富；作为一个历史范畴，利益总是在一定水平的生产力之上，一定性质的社会关系之中的利益，所有利益的现实性都归结于一定历史阶段的现实性。利益对于创业活动的推动作用就体现在现实性与历史性的统一之中，这是一个辩证发展的过程，不同历史阶段的利益内容、格局和特点直接决定了创业活动的面貌和特点。

在资本主义社会，随着机器生产力的发展，人们追求利益的方式发生了转变，人们在基于物的平等关系下，通过财富最大化的方式，展开了对经济利益的直接追求。马克思对此描述说："利益被提升为人的统治者。利益霸占了新创造出来的各种工业力量并利用它们来为自己服务；由于私有制作祟，这些本应属于全人类的力量便为少数富有的资本家所独占，成为他们奴役群众的工具。商业吞并了工业，因而变得无所不能，变成了人类的纽带；人与人之间的一切关系（个人的或国家的），都被归结为商业关系，或者换句话说，财产、物成了世界的统治者。""正如古代国家的自然基础是奴隶制一样，现代国家的自然基础是市民社会以及市民社会中的人，即仅仅通过私人意义和无意识的自然的必要性这一纽带同别人发生关系的独立的人，即自己营业的奴隶，自己以及别人的私欲的奴隶。""实际需要、利己主义就是市民社会的原则；只要政治国家从市民社会内部彻底产生出来，这个原则就赤裸裸地显现出来。实际需要和自私自利的神就是钱。"资本主义已经扯下古代社会温情脉脉的面纱，在自己的宪法中清晰地写下了"私有财产神圣不可侵犯"。物与物的关系掩盖了人与人之间的关系，人们的一切行为都是在私欲和利益的驱使下的活动，人们成了自己利益的奴隶。资本的饕餮本性不断要求剩余价值的最大化。创业活动成为资本扩张的力量。

马克思在《资本论》及其手稿中有很多关于资本逻辑的论述。他指出，资本利用所有手段的目的，也是唯一的目的，就是为了满足资本的本性，为了创造剩余价值。"如果说以资本为基础的生产，一方面创造出一个普通的劳动体系，即剩余劳动，创造价值的劳动，那么，另一方面又创造出一个普遍利用自然属性和人的属性的体系，创造出了一个普遍有用性的体系，甚至科学也同人的一切物质的和精神的属性一样，表现为这个普遍有用性体系的体现者，而且再也没有什么东西在这个社会生产和交换的范围之外表现为自在的更高的东西，表现为自为的合理的东西。"也就是说，资本为了自身利益的需要利用一切东西，同样，资本为了生产剩余价值的需要也利用科学，利用新知识、新技术和新制度。资本主义对于利益的直接追求和无限扩张的特点，客观上成为创业活动的直接动力。

我国正处于社会主义初级阶段，虽然可以通过国家制度实现全体公民在法律面前人人平等，但是，资本等要素参与社会分配还将在相当长的历史时期存在，利益作为创业活动的直接动力也是客观规律。即便在公益创业活动中，创业者不追求私利，但其所追求的公共利益仍然是利益的表现形式。

不仅各种利益本身，而且利益矛盾和利益冲突也是推动创业活动的直接原因。利益分为个人利益和共同利益。个人利益是每个主体特殊的利益，它在人类历史上不断丰富和发展；共同利益是个体利益重合的部分，它大致可以分为两个层次：一是整个社会的共同利益，二是社会中某一团体的共同利益。另外在全球化的今天，还存在人类的共同利益。共同利益在历史上由于其实质内容的不同，还可以分为真实的共同利益和虚假的共同利益。个人利益在生产力的一定发展阶段，由于自然需要和个人在社会经济、政治关系中的地位、分工的不同，而存在差异。在生产力不够发达和资源短缺的情况下，存在差异的个人利益之间必然存在矛盾甚至冲突，这一点在阶级社会表现得尤为明显。不同团体、不同国家的利益也是独立的，它们之间也存在利益矛盾和冲突。利益的矛盾和冲突必然表现为人与人之间关系的对立、恶化和危机，在阶级社会会出现阶级斗争和战争。在解决利益矛盾和冲突、推动社会发展方面，创业活动是强有力的杠杆。

综上所述，利益建立在一定的生产力和物质生活条件、一定的交往和社会关系、一定的精神生产和精神产品之上，利益是创业活动的直接动力。利益在不同的历史阶段具有不同特点，利益的这些特点决定了不同时期创业活动的特点。利益的分化、丰富和发展必然推动创业活动在知识、技术和制度领域的全面发展。同时，现实社会的人存在利益矛盾和冲突。在解决矛盾和冲突、维护和促进社会稳定和发展的过程中，创业活动也扮演着其应有的角色。

第三节　创业的主客体关系研究

一、创业活动主体

创业活动是创业活动主体能动作用于创业活动客体的对象性活动，是创业者按照自己选择的目标和行动方案通过创业实践去付诸实施的过程。无论是创业活动目标的确定，还是行动方案的选择，创业活动主体始终是起主导作用的决定性因素。在一定意义上，可以将创业活动看成是创业活动主体的一系列复杂的活动，看成是由创业者的理性思维、情感意志、实践行为组成的主体性活动。

（一）主体和创业活动主体

主体和客体是哲学中两个极其重要的范畴。所谓主体，是指按照一定目的去认识和改造客观对象的人。所谓客体，是指被认识和被改造的客观对象。主体和客体不同于主观和客观。主观是指人的精神世界，客观是指个体意识之外的客观世界或客观存在。主体无疑是人，但又不能认为凡人皆为主体。缺少自我意识，居于被动地位的人不是主体。只有具有明确自我意识、居于主动支配地位的人才是主体。创业活动系统是由人和物组成的，其中物的因素不可能成为主体，多数处于参与具体活动地位的人也不是主体，只有处于支配地位的人才是主体。概而言之，创业活动主体就是创业过程中从事创业核心活动的创业者。

创业活动主体作为主体的一种，有不同于其他主体的特殊规定和特定要求，主要表现为以下几个方面。

首先，创业活动主体一般应当具有进行创业活动的专门知识。知识是人们对客观对象的浅层感知和深层认识的总称，按照它所反映的客观对象，知识可以分为自然知识、社会知识、人的知识等各种类型。知识作为人类认识世界的成果和改造世界的武器，是一种无形的财富和巨大的力量。不过，因为知识的浩瀚无边，人的一生不可能、也没必要掌握其全部，而只能学习、掌握尽可能多的有关知识。工农业生产者主要掌握关于制造和种、养殖的自然知识，工程技术人主要掌握有关的自然科学知识和技术知识，科学家主要掌握某一领域的科学知识，医生主要掌握人体的生理病理知识，等等。创业者无疑也要有知识，而且似乎要掌握更多的知识。这主要包括：第一，有关所创业活动领域的科学知识和专门技术。比如金融家应通晓货币的一般理论和货币融通的基本程序；电机厂厂长应对电学理论有一般了解并熟悉电机制造的工艺流程；学校校长应懂教育学理论并熟悉教学每个环节的操作原则。总之，创业者虽不一定是某行的专家，但起码应是内行而不是外行。第二，尽可能通晓有关的社会科学知识。创业活动作为一种社会实践活动，自始至终是在社会大系统中进行的。创业活动主体要实现自己的意图，有效地实现创业目标，除了需要通晓有关专业技术知识之外，免不了还要同整个社会打交道，因而还必须掌握尽可能多的社会科学知识。比如一个创业企业领导要办好企业，除了要懂得该企业的生产经营知识之外，还应掌握与企业经营有关的政治、法律、历史、经济、国际关系、国内形势等多种社会科学知识。如果缺乏这些知识，就不能在复杂多变的社会环境中审时度势、选择时机，也不可能做到科学决策、应付各种变化，也不能在竞争中纵横自如、立于不败之地。一般来说，创业活动主体的决策权越大，越应掌握更多的社会科学知识；愈是高层的创业活动人员，愈应具有政治、法律、历史等知识。第三，要特别熟悉关于人的知识。创业活动的对象既包括物，也面对人，创业活动的重要工作之一就是做人的工作。因此，作为一个创业活动主体，应当熟悉自己的下属或团队成员，懂得人的生理、心理、需要、追求、信仰、期待和他们的行为规律，掌握有关的生理学知识、心理学知识、社会学知识、行为科学知识等人学知识。如果不懂得人，将活人看作死物，或者对人知道得很少，片面地将人看作"经济人""工具人"，就无法搞好创业活动。相反，只有掌握有关的人学知识，了解人的心理活动和思想变化，才可能沟通主客体的关系，将创业者的意图化为创业组织成员的行动。第四，作为创业活动主体，特别是创业活动主体中的决策人物，还必须学习运用哲学。哲学是各门科学知识的最高概括，具有观照世界和改造世界的多种特殊功能，它为创业者提供综观全局、预测未来、揭示因果、防微应变的方法论，也为创业者如何正确决策确定价值坐标，是按照唯物主义观点或唯心主义观点来决策，是以系统辩证的方法或以形而上学的方法来处理创业活动中的有关问题，直接关系到创业活动的成败。所以，不懂哲学的人往往很难成为一个成功的创业者，现代社会的创业者应当学好哲学。

其次，创业活动主体还应具备丰富的创业活动经验和实践能力。知识作为创业活动主体的一种潜能，只是创业活动的一个前提条件，它只意味着具备搞好创业活动的可能。要使可能变为现实，创业者还应将各种知识转化为相应的创业活动能力，不断地在创业活动实践中学会如何具体应用这些知识。这就是说，创业活动的知识固然很重要，没有足够的相关知识自然谈不上能力的培养，因为能力不是凭空产生而是由知识转化而来的，那种将知识同能力、理论同实践对立起来,片面强调实际创业活动能力的观点是不正确的。但同时应该看到,知识并不等于能力,有知识而无能力只能是空谈家而不可能成为创业者,在此意义上,能力比知识更为重要。当年恩格斯对少数奢望党的领导地位的年轻干部曾经这样说过:"他们那种本来还需要加以深刻的批判性自我检查的'学院式教育',并没有给予他们一种军官官衔和在党内取得相应地位的权利;在我们党内,每个人都应该从当兵做起;要在党内担任负责的职务,仅仅有写作才能或者理论才能,甚至二者全都具备,都是不够的;要担任领导职务,还需要熟悉党的斗争条件,掌握这种斗争方式,具备久经考验的耿耿忠心和坚强性格,最后还必须自愿地把自己列入战士的行列中。"我国古代法家在选拔高级官员时也提出:"宰相必起于州郡,将帅必起于卒伍。"这都说明知识不等于能力,能力是在创业活动实践中从知识逐步转化而来的。

创业活动主体的创业能力有多方面表现,比较重要的包括观察判断能力、专业技术能力、人事组织能力和分析综合能力。观察是指对形势的观察、预测而及时提出战略性目标;判断是指在多种计划方案中果断准确地选择某一最佳方案。所谓观察判断能力就是创业者根据自身的有关知识在特定情势下进行科学决策的能力。在这里,没有相应的知识是无法对形势进行深刻分析和对方案做出理智果断的选择的,否则只能是武断决策或盲目拍板。如果仅有相关知识而缺乏敏锐的洞察能力和沉着大胆的决断作风,只能瞻前顾后、犹豫不决,结果必然失去稍纵即逝的机会。所以,观察判断能力是创业活动主体特别是创业组织核心决策层所应具备的基本能力。所谓人事组织能力即领导能力,其核心是如何看待人、怎样处理组织内外的人际关系。作为一个创业者,必须要有识才的慧眼、爱才的热情、用才的技巧、护才的胆略和驭才的谋略,才能将不同专长、气质、性格、职责的人才合理组织起来。相反,无识才之眼、容才之量、用才之能、护才之胆、驭才之谋的人,只能是孤家寡人。这种人事组织能力固然依赖于"人学"知识,但主要是通过人事组织工作的实践逐步积累的。所谓专业技术能力,是指创业者对创业项目的特殊活动的了解熟悉程度,包括专业知识的运用能力和技巧,对专业工作环节的了解和操作。这种能力是指导创业组织内下属开展工作过程不可缺少的基本功,不具备这种能力就无法进入指挥别人工作的创业者角色。当然这并不是要求创业者门门通、样样精,而只是要求对该专业的各个环节、各个方面要有基本的、全面的了解,绝非外行。如果一个创业企业厂长对该厂所生产的基本知识和工艺流程茫然无知,或者只懂技术,不懂财务,不懂销售,那么他就只是一个名义上的厂长,绝非一个事实上的创业企业领导者。所谓综合分析能力是指创业者的思想技能,是指创业者分析综合创业活动系统各个方面、各种情况而对系统各活动要素进行有效控制的理性思维能力。从创业活动决策确定目标开始,到目标的最终实现,创业者自始至终围绕着如何达到优化的创业目标而不断调控创业系统组织各部门、各环节的活动方式。而要做到这一点,没有固定不变的模式可循,必须随时分析现状、综合情况。这种分析综合也是无法直接从书本上学到的,只能在创业活动实践中逐渐摸索。

再次，创业者常常同一定权力相联系。所谓权力，是按照预定方式引起别人心理或行为变化的权威和能力，它是通过约定俗成或通过法律程序所赋予的一部分人对另一部分人的影响力和支配权。权力作为一种欲望，人皆有之。但权力欲并不可能无条件地转化为现实的权力，拥有权力的人只能是少数。一般情况下，创业者正是创业组织内部权力的拥有者。所谓创业活动主体，一定要有相应的影响、支配别人的权力。至于这种权力是通过习惯由一些人传递给另一些人，还是通过某种法律、制度赋予一些人，都是创业活动主体在创业活动进程中不断拥有的质的规定性。只有获得现实的创业活动决定权力的主体才能成为真正的创业活动主体，否则就不能区别创业活动主体和创业活动客体，创业者就无权决策，无法对创业组织成员行使指挥、调度、奖惩、控制，创业活动就可能会成为一句空话。中外传统文化中有一种观点认为，权力欲是人性中邪恶的一面，权力无论其性质如何统统是有害的。在这种观点看来，人生来是平等的，不能有支配别人的想法和行为，它们主张社会不应由权力而应由"仁义""礼让"或理性道德来治理。现代无政府主义更是反对一切权力，主张打倒权力的象征——国家和政府。其实，权力欲并非都是邪恶的，权力也不都是有害的。相反，在有分工、有协作的社会生产和生活中，权力欲的产生和权力的运用不仅是必然的，而且总的说来是合理的。罗素认为权力是社会科学中的基本概念，是社会组织赖以维持和社会活动得以开展的关键。自有人类社会以来，只有通过权力，才能促进生产的发展和社会的繁荣。恩格斯在《论权威》中更明确地指出："联合活动，互相依赖的工作进程的复杂化，正在取代各个人的独立活动。但是联合活动就是组织起来，而没有权威能够组织起来吗？"可见，权力是社会活动的产物，也是创业活动主体质的规定。如果失去权力或有权力不敢运用，创业活动主体就不复存在，因此，世界上绝没有无权的创业领导者。

最后，创业活动主体还同威信联系在一起，创业者个人或领导层的威望和信誉是创业活动主体的又一质的规定性。所谓威望，是指创业者良好的品德和超常的能力在创业组织成员当中造成的特殊影响力。所谓信用，则是创业者和创业组织成员通过长期交往、相互沟通所形成的后者对前者的尊重和信任。与权力不一样，威信不是由习惯和法律自外赋予创业活动主体的，而是创业组织成员对创业活动主体的一种认同，是创业者自身造就并通过创业组织成员所赋予的。在一部分人影响另一部分人的心理行为的意义上，创业活动主体的威信也是一种权力，因为凭借威信同样可以达到支配别人的目的。所不同的是，权力是一种强制影响力，威信是一种自然影响力，前者是由地位决定的，后者是自发产生的。所以，权力同威望并不一样，不能认为有权必威、有权必信，威信同权力是构成创业活动主体的两个并列的内在规定性。

有一种观点认为，创业活动既然可以是一部分人支配另一部分人的行为活动过程，因而权力之中就包含着威信，威信是从权力地位中自然产生的。根据这种看法，有权必威，有权必信，权力即权威。事实完全不是这样，权力和威信并不具有必然的联系。有权是否同时具有威信，这要看创业者如何看待权力和运用权力，看他是否正确地对待创业组织成员。一般说来，只有不迷信滥用权力的当权者才有可能恰当地运用权力，由此才能逐渐树立威望并取信于民。相反，认为权力是万能的，以为有了权就有了一切，就可以颐指气使、以权压人，企图采用简单的行政命令手段去进行创业活动，必然引起创业组织成员的反感和抵制，创业活动主体就会因失去创业组织成员的信任而成为虚设的主体。可见，要搞好创业活动，除了要掌握一定的权力，还要辅之以创业者的威信，使创业者不是从形式上而是从实质上接受创业活动指令。

知识、能力、权力、威信，这四者就是创业活动主体必备的四重规定性，缺一则不可能成为真正成功的创业活动主体。

（二）创业活动主体的系统结构

创业活动是一种复杂特殊的社会实践活动，不可能通过一人来单独进行，而必须协同一部分人来共同完成。随着社会分工的发展和社会生活的日趋复杂，现代社会的创业活动主体系统也日趋复杂，参与创业活动的人各有其不同的职责。现代社会创业活动主体系统结构的变动性日益明显，结构的优劣对创业活动的效率起着十分巨大的作用。

在复杂的系统中，居于创业活动主体系统最高层的是决策人员，他们是具有决策权和对整个创业活动系统负有最终责任的领导者，其任务是确定创业活动目标，选择决定实现目标的某种方案。为使创业活动决策科学化而避免主观武断，各级决策机关还设有规模不同的智囊团或思想库。在现代，大型企业中凡进行计划、统计、预测、咨询、研究的专家或团体，均属一定决策层次的不同类型的智囊团体。智囊团是决策层的思想库，是专门为决策进行调查研究的智囊。它的职责不在"断"而在"谋"，专为决策层提供最优化的理论、策略和方法。决策人员和智囊人员的关系即"断"和"谋"的关系：谋是断的基础，断是谋的结果，二者既不等同、彼此区别，又相互依赖、彼此促进。创业活动主体系统越发展，断和谋的职能越清楚、越完善，彼此配合协调也越自觉。

复杂创业活动主体系统的第三层次是执行人员。执行人员是创业活动主体系统中的基干部分，其任务是根据决策者的决策方案制订具体计划、组织和指导操作人员、贯彻执行方案。一个创业企业，董事会的决策是通过诸如项目经理、车间主任等各级执行人员贯彻实施的。创业活动中的执行并非机械照搬、简单执行，具体部门岗位因有不同情况，上级决策不可能详尽规定各个方面的内容，这就要求各级执行机关必须根据实际，将上级决策具体化，对上级决策包括不到的部分再决策。所以执行过程同时也是决策过程，执行人员不但执行，也有进行中观决策的任务。一般来说，执行某一决策的中间环节越多，或者说执行链越长，其执行人员就负有越重的中观决策的任务。只有在一个层次少、执行链短的部门，决策人员和执行人员的职责才是分明的。这就是说，在理论上，我们可以而且必须将决策层和执行层相对分开来加以研究。但在事实上，尤其在体系庞大的创业活动人员系统内，最高层的决策人员和智囊人员是确定的，而中层的执行人员同时负有不同程度的决策任务，执行人员同中层决策人员常常是混而为一、不能截然分开的。

为保证决策的贯穿实施，随时了解决策是否符合实际以及执行部门是否按照决策执行，创业活动主体系统还可以设置专职的监督人员，其任务是跟踪捕捉执行过程中的偏差信息，并将它及时反馈到决策层。如果属于决策同实际的偏差，便由决策层修改原有决策；如果属执行中的偏差，则由核心层要求执行人员纠正偏差。在决策的执行过程中，设想原决策的绝对完美、绝对理想和设想执行中绝对准确、绝对一致是不现实的。由于多种原因，决策的执行必然是一个矛盾的过程，监督人员的任务就在于及时发现执行过程中的矛盾。只有借助于监督控制，才能保证执行人员步步逼近决策目标。在工厂中产品质量检验人员就是监督人员。

国家的监察部门（监察部、检察院）、社会舆论团体、财务审计机关等则是专职的监督人员。一般来说，创业活动主体所创业活动的对象越复杂，监督人员越多、越职能化，其作用、地位越突出，创业活动主体的发展也越完善。而当创业活动主体系统发展不足或所管对象比较简单的部门，监督人员常常是由决策人员兼任的。但是不管在哪种情况下，监督人员都不得缺少，更不应由执行人员兼任。否则就等于取消了监督，"监""守"合一，就会给各种形式的"监守自盗"提供可能，从而使创业活动失控而流于混乱。另外，监督工作是一项十分复杂、极为严肃的工作，监督人员不仅要有相关的专业知识以便能敏锐、及时地发现问题，更要求有对事业的忠诚和对事不对人的高度责任心，敢于向上反映问题并督促纠正偏差。改革开放之初一些传统创业活动不重视监督人员的地位和作用，是导致传统创业活动落后低效的重要原因。

总之，创业活动主体系统是由上述四个子系统有机组合而成的，决策人员、智囊人员、执行人员和监督人员共同构成了统一的创业活动主体。其中，决策人员是整个系统的"大脑"和"灵魂"，决策是否恰当和及时，直接关系着创业活动的成败；智囊人员作为决策人员的助手，是整个系统的"外脑"或"思想库"，帮助少数决策者"运筹帷幄、决胜千里"；执行人员则是创业活动的"躯干"或"主体"，决策只有通过他们的创业活动才会变成现实；而监督人员相当于创业活动系统的"眼睛"和指示仪，对创业活动起着监控、调整、跟踪和定向等多重作用。在创业活动中，上述四类子系统必须各司其职、协同配合，如果其中任何一类人员不司其职、不尽其能，创业活动主体的创业活动功能就得不到正常发挥；如果互相掣肘、扯皮内讧，创业活动主体系统便会因内耗而解体。

（三）创业活动主体的行为方式

创业活动主体要想有效地开展创业活动，除了要优化创业活动主体系统之外，正确的行为方式同样非常重要。如果创业活动主体的行为方式不正确，即使是一个人员素质高、系统结构优良的创业活动系统，也很难实现良好的创业活动效果。

创业活动主体的行为方式即创业活动主体的活动方式或工作方式，是在特定的文化环境和组织环境中长期形成的思维定式和行为模式。文化环境和组织环境不同，创业者认识和处理问题的方式也不同，从而形成形形色色的创业活动行为方式或类型，主要有以下几种。

第一种类型，独断型。这是官僚主义创业活动方式的一种，其表现为武断自信，听不进别人意见，凡事无论大小皆由一人独断，要求别人绝对服从、唯命是遵。独断型是专制主义的基本创业活动方式，资本主义初期的企业主习惯于这种工作方式，工厂的一切大小事务悉由企业主一人独断。独断型是民主型的对立面，它将创业活动中的指挥决策职能片面放大，排斥民主决策和民主监督。在现代，这种创业管理形式显然已不合时宜。

第二种类型，放任型。这是与独断型刚好相反的另一种创业者工作方式，其表现为创业者不愿或不敢行使自身应有的权力，该管的不管，放任下属"自由"行事。放任型创业活动方式的产生有其复杂的历史文化原因，在现实中也存在各种各样的具体表现。中国道家"无为而治"的思想，资产阶级人道主义抽象的自由平等观，以及蔑视权力的无政府主义思潮，都可以诱发和导致放任型的创业管理方式。在现实中我们常常可以看到，有的创业者抱着"无为而无不为"的宗旨，认为少揽权才能发挥下属的积极性，结果适得其反；有人错误地将权力和民主对立起来，认为权力必然破坏人们的自觉性，结果这个集体因缺乏约束机制而各行其是，成了一盘散沙；有的领导视权力为祸水，害怕行使权力会触怒雇员而使自己孤立无助，因而对周围许多违纪甚至犯法行为装聋作哑、听之任之，等等。

第三种类型，事务型。这种创业者活动方式既不同于独断，独断型是指大小事个人独揽专断，具有排他性；也不同于放任，放任型是完全或基本放弃创业活动，任由他人擅行其是。所谓事务型的创业者活动方式，是指创业者分不清自己该管哪些事，常常忘记自己的职责而纠缠于不该管的事务，从早到晚、成年累月陷入数不清的日常事务当中。之所以出现事务型的创业者活动方式，主要原因是创业者缺乏现代经济活动的主体观念，忘记了自己在创业活动系统中的职责。

第四种类型，以事为中心。这是相对于以人为中心而言的一种较普遍的创业者活动方式。所谓以事为中心，是指创业者仅以工作为中心，而将人当作实现其工作目的的手段。具体说来，它可以区分为以盈利为目的的财务活动、以工作效率（生产效率或行政效率）为目的的经营活动和以产品质量为目的的质量控制活动三类创业行为方式。创业活动作为一种能动的特殊实践活动，有其明确具体的组织目的或行为目标，无论何种创业活动，都应提高工作效率并保证产品质量或服务质量；对于以企业创业活动为基础的创业活动，做好财务工作以保证其盈利，确实也是创业活动的重要目的之一。从这个意义上说，对以事为中心不能加以简单的责难，它作为创业活动主体行为的一种方式，应予以适当肯定。但是必须看到，这种方式并非理想的创业活动方式，而且可以说是一种失去根本目的、中心错位的创业活动方式。这是因为，任何一种创业活动都是通过人并为了人的群体活动，人既是手段，更是目的。产品质量、工作效率以及财务增收只是创业活动的短近目的而非根本目的。另外，为了提高工作效率、保证产品质量和使企业盈利增收，必须依靠组织成员的共同努力。可见，这种行为方式是建立在对人性错误估计基础上的创业活动方式，是轻视人的机械创业活动方式。如果说这种方式在一定时期或某些领域曾经并正在发生作用，那也仅证明当时的人或那里的人自主意识太低或太受压制。随着社会的进步、人的觉醒、创业活动对象的复杂化和现代化，这种方式显然已暴露出它的弱点和缺陷，迫使创业者转向以人为中心的现代创业活动方式。

第五种类型，以人为中心的民主创业者活动方式。这是现代社会普遍公认的最好的创业者活动方式，但又是创业活动主体难以准确把握的行为方式。这种创业活动方式首先要确认人是创业活动的根本目的，一切创业活动行为和创业活动工作最终都是为了满足人的需要。其次要确认人是创业活动的中心，一切创业活动工作、创业活动行为都应通过人来开展。这里的人不仅指创业者，也指创业组织成员。而要做到这一层，就不能将作为创业组织成员（一般说是指雇员）的人当作单方面接受创业者指挥的纯粹受动者，而应看成有追求、有需要、有权利、能创造的能动者。既然如此，传统的独断专制和习惯采用的以事为中心的创业活动方式就应被排斥在创业者的行为方式之外，创业活动就不再只是少数创业者的事情。要实现这一目标，创业活动主体需要做好如下几方面的工作：首先，充分尊重和信任广大员工，注意广泛吸取员工的意见，做到择善而从，并形成习惯和制度；其次，充分调动广大员工的积极性，培养他们的能动性和创造性，善于依靠人而不是仅仅依靠制度和命令去开展各项创业活动；最后，增加创业活动决策的透明度，使员工拥有必要的知情权。以上三点如果付诸实行，并成为创业主体自觉的行为方式，创业活动主体同雇员就能融为一体，进而使创业活动高效率地持续进行下去。

二、创业活动客体

客体是相对于主体而言的对象，创业活动客体是创业活动主体所作用的对象。创业活动既然是创业活动主体作用于创业活动客体的特殊实践活动，因而在研究创业活动主体的规定、结构、创业活动体制和主体的活动方式之后，还必须进一步考察创业活动对象的规定、特点、组织结构和活动方式。

（一）创业活动客体及其构成要素

客体在一般意义上，是主体有目的、有计划相作用的对象。其中，凡被人们有目的、有计划地认识和考察的对象，就是认识客体；凡被人们有目的、有计划地加以控制和改造的对象，就是实践客体。因此，客体范畴是一个包容甚广的哲学范畴，凡人类思想所及和活动相加的一切对象，无一不可以客体相称。

什么是创业活动客体呢？统而言之，即是人们常说的创业活动的对象。不过这种说法太概念化，为了使客体有其具体规定，明确创业者应当面对什么是一个十分关键的问题。一般可以认为，创业活动的对象是人、财、物三种基本要素；也有人认为时间和信息在创业活动过程中的作用很重要，要再加上时间和信息。

创业活动作为一种特殊的社会实践活动，是创业活动主体按照某种预定目的进行创业活动的特殊实践。因此，从事计划决策、组织指挥、控制调整的人是创业活动主体，而被计划、组织、指挥、控制的实践活动则是其创业活动的客体。这种客体不是通常意义上消极被动的静态客体，而是特殊意义上积极能动的动态客体；这种客体既包括实体性因素——人、财、物，也包括非实体性的功能因素和结构因素，如人的思想状态、人的活动方式、人员组织结构、人与人的信息沟通以及被人控制的时空等等。创业活动客体之所以称其为创业活动主体有效作用的对象性客体，正是由于上述诸要素进入了被控制的实践活动领域。如果创业活动客体不是某一正在进行的实践活动，诸要素没有进入现实的实践活动领域，那么无论是人还是物，也无论是时间还是信息，都不可能成为创业活动的对象。

因此，应当把创业活动客体确定为人的实践活动系统，即凡是构成实践活动的一切因素，都看成创业活动客体的构成因素。还应当指出，实践的类型是多种多样的，因而构成每种创业活动客体的具体要素也多少不一、性质各异，不能用经济管理的客体要素套用一切创业活动的客体要素。不过，从创业活动哲学的角度来看，无论何种创业活动客体，都是由从事某种实践活动的人和实践赖以进行的物两类要素所构成。其中，人的要素又包括人的思想（价值观念、意志情绪、认识能力）、人的行为（行为方式、行为趋向、行为方法）、人员结构（组织结构）和人际关系；物的要素则包括物资、资财、环境、时间、信息等。下面是对上述因素的具体分析。

第一，人的思想。说人是创业活动客体要素，自然应包括人的思想，因为人是有思想的理性动物，而不是无思想的机器或动物。但是思想作为一种无形的精神现象，能成为人所影响的客观对象吗？如果可以的话，又该如何理解客体的客观性？答案应是肯定的。这是因为：人的思想虽然无形但并非不可捉摸；人的思想对于个人来说诚然是一种反映客观的主观，但当它作为被他人认识和影响的对象时，又是一种被反映被掌握的客观。列宁当年在考察革命的客观形势的时候，就曾将被剥削者的情绪、希望、决心等精神状态列入客观条件之一，这说明创业组织成员的思想虽然是一种无形的精神，但对于创业者则同样具有可知性和客观对象性。创业活动既然是一部分人与另一部分人一起实现的某一实践活动，那么创业活动主体自始至终必先了解创业组织成员的意愿、控制他们的情绪、激励他们的热情、培育他们的才智、同化他们的观念，从而使创业组织成员的思想成为可预测、可感知、可跟踪控制的对象。

第二，人的行为。人的行为即人的现实活动。同人的思想比较，它具有明显的客观物质性和目的方向性。当人未进入创业企业的时候，其活动是由自己支配的自主活动，个人既是主体又是客体。而一旦进入创业企业，同创业者发生关系，其活动就不再是完全自主的，而必须受制于人，成为受创业活动主体支配的对象性客体。创业活动之所以可能，正在于一部分人的行为方式、行为趋向以至活动方法不能任由自己支配，而需接受别人的引导、规定及至指挥。创业组织成员干什么、怎样干、为什么而干，都要由创业者来决定。在有的创业活动领域，创业组织成员的行为方法也成为被规范的对象，如在生产类的创业活动中，就可能依据泰勒的理念将工人的操作动作做出省时、省力、省料的一系列规定。当然，这不是说雇员的一切行为都必须接受创业者的严密控制，如果这样，人就成为毫无自立性和创造性的机器。

第三，人员结构。作为创业活动客体要素的人不是以个体的方式而是以群体的方式而存在。群体究竟以何种结构方式进行活动，对创业活动的成效影响极大。因此，创业活动客体要素不仅包括被创业活动的人的思想、人的活动，还包括人与人的组合方式或组织状态。创业者只有根据不同的创业活动目的来建立创业活动组织系统，并根据情况的变化随时调整组织结构，才能使创业活动卓有成效。

第四，人际关系。人际关系是指组织内人与人之间发生的关系，它既包括创业活动主体之间的关系，也包括创业活动主体同雇员以及雇员之间的关系。正是由于组织内人与人的关系常常不和谐，需要调整，人际关系才成为创业者关注的对象。无论在什么样的人群系统中，人与人之间总会产生各种各样的矛盾，这是任何组织设计者预先不可能防止的，是不以创业者的主观意愿为转移的。设想建立一个无矛盾的组织系统，或对组织中人际关系中的不和谐感到不可理解甚至不知所措，显然是一种幻想和无知。

第五，物资。在哲学中，物质是相对于精神而言的客观实在，它包括很广，不仅财是物质，人也是物质。而物资则不是一个哲学概念而是一个经济学概念，它是指人类物质生产和生活不可缺少的自然资源、生产资料和生活资料。物资作为人们进行生产实践和生活消费的对象是显然的，但成为创业活动的要素则需要加以说明。当自然物资未进入生产和生活领域的时候，是以资源形式存在的，资源的种类主要有土地、森林、矿藏和水域等。自然资源进入生产领域之后，便被生产实践改造为材料、能源、工具、设备等生产资料，直接同生产资料打交道进行物资保管、设备维护及保卫的人员（如仓库保管人员和资财保卫人员）是创业企业基层人员；而从事产品供销计划制订、库存控制、物资调拨、设备引进或更新等工作的则属创业企业高层人员。生产过程完结，自然资源转变为消费品之后，还将经过分配和交换环节，最后进入社会消费领域，这其中每个环节仍离不开企业经济活动。物资是人类经济活动的对象，正是以各种不同形式的物资为客体，才形成五光十色的创业活动之网。

第六，资财。资财是资金和物资的价值表现。所谓资金，即用于某种活动的实有货币；所谓物资的价值表现，是以货币为价值尺度对物质财产数额（金额）所做的计算。人类自进入文明社会以来，无论从事哪类实践活动（特别是经济活动），都离不开对物质资料价值的正确认识和合理使用。而要正确认识和合理使用物质资料的价值，又必须合理地聚财、生财、用财。在商品生产高度发展的现代社会，要使创业活动更科学、更有效，资财无疑起着越来越重要的作用，也具有更加繁复的形式和内容。

第七，环境。环境又称组织环境，是存在于创业活动系统之外、影响创业活动系统的一系列因素的总和，包括生态自然环境、社会经济环境（如投资环境、市场环境）、政治法律环境、科技文化环境等。环境对于创业活动有两重性。其一，环境作为创业活动系统的存在条件，是既定的、外在的"编外因素"。一般来说，是环境决定创业活动系统；凡是适应特定环境的组织才能存在，与环境不适应者便会灭亡。在这个意义上，环境不是创业活动主体可以驾驭改变的客体。其二，创业活动主体既然是人，而人又有主观能动性，创业活动系统就不可能被环境左右，在一定范围内和一定条件下，它可以并且应当按自身的需要去选择环境、改造环境，与环境建立起互通物质、能量和信息的和谐平衡关系。在这个意义上，环境就成为创业活动主体的客体因素。当代中国创业者在确立某一战略目标、进行计划决策或是制定某一组织原则、开展创业活动的时候，总脱不开中国国情这个大环境，都必须从中国的资源、人口、社会主义制度和人口的科学文化素质乃至道德民俗等条件出发。无视国情，盲目套用西方的创业活动形式和方法，必然导致创业活动的失败。有作为的创业者，都会在坚持四项基本原则的前提下，想方设法改造现有的环境，或者开发利用不利环境中的有利因素。可见，环境决定创业活动，创业活动又改造环境，这合乎马克思"环境创造人，人又创造环境"的辩证思想。如果看不到前者，会犯唯心主义错误；而抹杀了后者，就是机械唯物主义。

第八，时间。在哲学上，时间被看成是物质存在的基本方式之一。物质处在绝对的运动中，运动着的物质所固有的过程性、延续性和先后承续性，即是时间。创业活动客体诸要素，无论是人的要素还是物的要素，无一不同时间有关，或者说都在时间中运动、转换、匹配。因此，创业活动的客体要素不仅包括上述的人、财、物、环境，也包括时间。时间本身是不会被人所改变的，要充分认识时间的价值和提高时间的使用效率，就要求创业者对创业组织成员进行时限控制、时机选择和时效教育。创业组织成员是在一定的时间中活动的，因而创业者不仅要规范雇员的思想和行为，还必须对其活动的时间期限做出规定，否则就谈不上科学的创业管理活动。即使对于物（如库存物资）和信息，也应有时限控制，因为超过规定时限的物资可能变质，信息可能失效。时机选择是引导或指示创业组织成员恰当选择和准确把握某种机遇，充分发挥时间的效率价值，达到在正常情况下所达不到的目的。时效是指相同时限内的不同工作效率。时效教育就是向创业组织成员灌输"时间就是金钱、时间就是生命、时间就是效率"的观念，引导创业组织成员抓紧时间工作，在短时间内发挥出最大的效益。总之，虽然时间对每个人都是无私公正的，时间本身具有不以人的意志为转移的客观性，但是人对时间价值的认识和利用时间的方式又大有差别。在现代社会，随着生活节奏的加快，时间作为创业活动客体系统的标量因素应当受到广大创业者的普遍重视。

第九，信息。信息是物质属性和关系的表征。无论是无机界、有机界还是生物和人类，都是通过它们各自的信息来显现其固有特征和相互关系。在自然界中，虽然客观存在着多种多样的信息，而且这些信息客观地经历着传递、接收、处理和反馈的过程，但这一切只是"自然"地进行着的，不存在信息控制活动。信息控制与管理活动是人类为了解、沟通外界客观对象以提高其组织性而开展的自觉活动。美国贝尔公司的申农博士认为，信息是消除随机不定性的东西。其通信功能就是消除不定性，信息就是用被消除的不确定性之大小来衡量。控制论的创始人维纳也认为，信息和熵刚好是两个相反性质的概念，前者标志系统的组织程度，后者表示组织解体的量度，信息可以提高系统的组织性。由此可见，信息普遍存在于或者依附于物质和活动之中，并对任何一种系统的组织和运行状态发生自觉或不自觉的影响。因此，在创业活动中，任何一种客体系统如果要防止内部混乱而加强其组织性，就必须收集大量信息，分析整理有关信息，利用信息来进行科学的预测和决策，调整控制其创业活动客体，从而使组织系统内部保持和谐，建立与环境的稳态平衡。相反，如果以为信息看不见、摸不着，不对信息加以关注和处理，那么这样的创业活动就可能会陷入"盲人骑瞎马，夜半临深池"的境地，完全是主观蛮干，毫无科学性可言。当代社会被称为信息时代，信息在现代创业活动中发挥着极其重要的作用。

综上所述，我们可以看到，实践活动作为创业活动的客体，包含着诸如人、财、物、时间、信息、环境等多种要素，是一个结构复杂的多元动态系统。离开系统论和创业实践活动孤立地分析创业活动客体要素显然是不可取的。

（二）创业活动客体的基本特点

创业活动客体既然是实践活动系统，那么它就具有实践的客观实在性、主观能动性和社会历史性等一般特征。既然它是作为创业活动主体所作用的对象性客体而存在，那么它同时具有可控性、系统组织性等具体特征。

创业活动客体的客观性，是指创业活动客体不以创业活动主体的意识为转移。无论是客体中物的要素，还是客体中人的要素，它们的存在都是客观的。其中，物、财、信息、环境、时间等要素，其客观性是不言而喻的，它们各有其自身的内在属性和运行规律。作为创业活动客体的人虽然是有目的、有意识的，但人的存在及其活动同样是客观的，同样服从于一定的客观规律，创业者不能随心所欲地对其施加影响。创业活动客体的客观性说明并要求，创业活动主体的一切活动首先必须从客体的现状出发，遵循唯物主义的实事求是原则。如果不从创业活动客体的现实存在而仅仅从创业活动主体的愿望出发，就会将创业活动引向错误的深渊。

创业活动客体的主观能动性，是专指创业活动客体中人的能动性或主动性。一方面，创业活动客体中的人具有受动性；另一方面，人这种创业活动客体又不同于物这类客体，而是进行实践活动的主体，有其支配、改造客观事物的主动创造性。也就是说，人既是创业活动中被动的对象性客体，又是实践活动中能动的创造性主体。没有人的这种主动创造性，就不可能有真正成功的创业活动。另外，即使在创业活动中，作为创业活动客体的人也并非只具有客体的性质，很多场合他们也同时参与部分决策和部分监督的工作，这种参与也体现着他们的主动创造性。如果创业活动客体的人不主动发挥作为人的主动创造性，或者创业者不把创业活动客体中的人当人看而当物看，创业活动客体就失去了它的活力因素，其结果也就谈不上真正有效的创业活动。

创业活动客体的社会历史性包括两层含义：一方面是说，创业活动客体系统及诸要素是在社会大环境中形成的，不可能脱离一定的社会环境孤立存在。或者说，创业活动客体不是绝对封闭的系统，而是作为社会大系统的一个子系统与其环境进行物质、能量、信息的交换。如果脱离人类社会，人既不能作为客体身份进入某一创业活动系统，物也不能成为创业活动的对象或客体要素，同时更不能耦合为完整有序的创业活动客体系统。另一方面是说，创业活动客体及要素既然存在于社会大系统之中，那它将随社会历史的变化而不断变化，以保持它与社会环境的动态平衡。因此，无论是历史上还是现实中，没有一成不变的、抽象的创业活动客体，只有变动的、具体的创业活动客体。设想有普遍适用、千古不易的客体模式，是一种不切实际的形而上学观点。

（三）创业活动主体和创业活动客体的辩证关系

创业活动主体和创业活动客体作为创业活动大系统的两极，其性质、结构和功能如上所述，是完全不同、截然对立的。无论何种创业活动，总是由特定的创业活动主体和与之对立的创业活动客体构成的。

但是，创业活动主体和创业活动客体之间除去上述对立的一面，还存在相互联系、相互制约和相互转化的辩证关系。研究二者的辩证关系，可以从动态上把握创业活动的实质。

首先，创业活动主体和创业活动客体作为创业活动实体系统的两极，是以对方为其自身存在的条件，一方离开另一方，二者将不复存在。创业活动主体之所以居于主体地位，是因为存在着可供他们支配的客体；创业活动客体之所以成为被支配的客体，是因为必须追随、服从创业活动主体。如果没有创业活动主体，创业活动客体就无从谈起。没有创业活动客体，也无从形成创业活动主体。可见，创业活动主体和创业活动客体之间是一种相互依赖的关系，二者的性质和地位是相互规定的。

其次，创业活动主体和创业活动客体之间又是相互作用、相互制约的。创业活动主体作用于创业活动客体，或者说创业活动客体受创业活动主体的制约，这是很显然的现象，因此人们常常将创业管理活动单方面理解为创业者对创业组织成员主动施加的种种影响。其实，创业管理活动绝非创业活动主体作用于创业活动客体的单向活动，而是二者相互作用、相互制约的双向活动，在创业活动过程中，创业活动主体也受到创业活动客体的作用和制约，这表现为：第一，所有创业计划必须根据创业活动客体的现状做出，创业活动主体不能离开创业组织的现实情况来做计划；第二，创业计划的实施有赖于创业活动客体与创业活动主体之间的协调，特别有赖于作为客体的人与创业者的合作。如果创业活动客体不予合作，创业活动便无法开展；第三，创业者的行为不能是任意的，如果任性妄为，一意孤行，就会出现各种形式的（公开的和隐蔽的）不合作行为。可见，创业活动绝不是创业活动主体单方面作用于创业活动客体的单向活动，而是创业活动主体和创业活动客体相互制约、相互作用的双向活动。创业活动不应仅仅理解为创业者的能动活动，而应理解为创业者和创业组织成员的互助合作活动。

最后，创业活动主客体的统一是具体的、历史的统一。创业活动作为重要的社会实践活动，是与人类历史相始终的。社会的人划分为创业活动主体和创业活动客体，也是绝对的、不可能改变的。

三、创业活动主体和客体的矛盾运动

世界是充满矛盾的，矛盾存在于一切领域。创业实践活动系统也是一个矛盾世界，创业活动过程即是解决各种矛盾的过程。如在决策过程中，存在着主观目的和实现可能的矛盾，组织目标和社会利益的矛盾，智囊人员同决策人员的"谋""断"矛盾；在具体实践过程中，存在着上下级之间的矛盾，职能部门之间的矛盾，同级人员之间的矛盾；在调整控制过程中，存在着计划与执行的矛盾，环境和组织的矛盾，离散和协调的矛盾；等等。

在各种各样的创业活动矛盾中，究竟有无一种贯穿创业活动过程始终、决定创业活动基本性质的矛盾呢？笔者认为，这对矛盾就是创业活动主体和创业活动客体之间的矛盾。由于这对矛盾决定着创业活动的基本形式和基本性质、引发了其他矛盾的产生并制约着其他矛盾的解决，因此，研究这一矛盾便成为研究创业实践活动的一个有意义的命题。

在一般意义上，创业活动主客体的矛盾是指充当主体的人同作为客体的人和物之间的对立统一关系。但是，人与物的矛盾又可归结为创业活动过程中人与人的对立统一关系，它分别表现为利益和责任、指挥和服从、纪律和自由、控制和反控四类典型矛盾现象。

（一）利益和责任的矛盾运动

利益是满足人们物质需要和精神文化需要的范畴，人们有多少种需要，就有多少种利益；不同时代和不同国家的人有不同的需要，判断利益也就有不同的社会历史标准。责任作为与利益相对的概念，是指人们在社会中所承担的义务和应负的职责。人们要从社会或组织那里获得利益的满足，就必须担负相应的社会义务和尽到一定的责任。如果不负责任，就无权得到相应的利益；反之，不满足一定的利益，人们也就无责任可言。

创业活动的发生和开展，首先依赖于组织成员合理分担一定的责任和获得相应的利益。这是因为，创业活动组织系统的形成，是组织成员为了各自的利益走到一起来的，如果无利可图，人们绝不会结合为组织。同样的道理，既然人们为了自身的利益结合起来协同活动，就会有组织分工，必须承担不同的责任。不承担一定责任，就不可能进行有效的创业活动，自然也无法满足自身的利益。因此，创业活动要得以正常开展，必须明确每一组织成员的责任和满足其应得到的利益。其中，创业者有其工作责任和与之相应的利益，雇员也有其工作责任和与之相应的利益，只有当二者各尽其责、各得其利的时候，主客双方才能耦合为一个动态组织系统，创业活动才得以持续有效地进行下去。

但是在创业活动中，利益和责任又常常是不统一的。这是因为，利益作为满足人们需要的表现形式，具有一种由外到内、由人到己的收敛性和排他性。如果缺乏有效的组织约束机制，无论是个人还是组织都会本能地唯利是图。相反，责任意味着为他人和组织做贡献，它具有由内到外、推己及人的社会发散性和自觉性，只有通过有效的组织约束和道德教化，它才能使组织成员树立责任感，对自己的行为负起社会责任。恩格斯认为，人从动物发展进化而来这一事实，决定了人性之中包含着兽性，社会进步不可能完全消灭人类趋利避害的动物本性，而只能逐渐减少它并增添其社会性。可以说，趋利是人的本能，责任是人的后天获得和社会再造，利益和责任的相互排斥实际是由人的生物性和人的社会性之间的对立决定的。创业活动过程之所以无法避免这一矛盾，也正是因为这一原因。创业活动之所以必要，也在于要使二者统一起来，避免出现唯利是图和逃避责任的情况。

（二）指挥和服从的矛盾运动

"指挥"是一个组织学概念，其意是说创业者运用权力对下属雇员行使指导、施加影响的行为过程。

"服从"则相反，它是指在创业活动中下级接受上级的指令、按照上级的意图而运作的过程。创业活动的重要原则就是指挥统一、令行禁止。如果放弃指挥或者拒不服从，创业活动就不可能进行；指挥无方或服从勉强，创业活动也难以收到最佳效果。

在创业活动实践中，指挥和服从不是自然达到统一的，而是在经常的矛盾运动中求得一致的。之所以会经常出现矛盾，大致有以下一些主要原因。

第一，利益分配不公，雇员因感到无利可图而拒不服从指挥。如果在分配上处理不当，就会引起消极对抗创业者指令的种种行为。

第二，价值观念不统一，创业者和雇员缺乏一致的价值观念。创业活动不仅是少数创业主导者的事，也是组织所有成员共同的事业，它需要大家对组织目标取得共识，上下要有共同的价值观念。但是在实际生活中，人和人的社会地位、主观需要是不完全相同的，基于不同的社会地位和主观需要，各人的价值观念也不可能自然地取得一致。尤其是创业者和雇员，由于他们处在不同的地位，价值观念存在着明显的区别，二者经常发生观念冲突，这就使创业者发出的指令受到雇员的抵制或曲解。

第三，创业活动主导者有权无威，滥用职权。创业活动的指挥权虽是必要的，但指挥是否得到相应的服从则取决于掌握权力的创业者有无威信，指挥是否得当。只有既具有权威、又指挥得当的创业者，才能不仅从信息上而且从情感理智上与雇员沟通，从而得到他们的信任、理解和拥戴。而有权无威的创业者，其指挥要么是强迫命令、滥用职权，要么朝令夕改、意气用事，其结果或者遭到雇员的抵制，或者使雇员被迫屈从或盲目服从。雇员的抵制显然会导致指挥的落空，屈从或盲从只是表面上的服从而非自觉地服从，同样会使指挥失去真实的对象而成为虚假的指挥。

可见，在有分工、有协作的组织系统中，以指挥为一方的创业者和以服从为一方的雇员处在经常的矛盾状态中。创业者越是使用强制命令，雇员越是被迫屈从或盲目服从而丧失主动积极性和创造性；而雇员的屈从和盲从一旦成为一种习惯或通病，创业者又愈益习惯颐指气使、滥发指令。如此恶性循环，就会影响创业目标的实现。

要避免这种情况，应当做好如下几方面的工作：第一，指挥不应采取简单的强制命令，而应伴之以说服、指导和激励，使雇员心服口服、自觉服从。第二，指挥应以上下共识为基础，服从则以真理为前提。反对不管下情的瞎指挥，提倡服从真理，尊重权威。第三，力求指挥的正确和服从正确的指挥，为创业者和雇员的关系创造一种良性循环的格局。创业者越是充分考虑雇员的利益，雇员越会自觉服从其指挥；同时，雇员越是服从创业者的指挥，支持创业者的工作，创业者的指挥就越有效，积极性就越高，就越能体现集体的智慧，使全体组织成员利益最大化。

（三）纪律和自由的矛盾运动

要行使创业者的指挥权，组织必须制定纪律；而要变盲从、屈从为自觉地服从，以发挥广大雇员的主动创造性，又需要自由。

纪律和自由是创业活动中的又一对矛盾，二者也常常通过创业者和雇员的关系表现出来。所谓纪律，是为实现组织目标、保证创业活动有序地进行而制定的各种行为规范，它主要是由创业者来监督执行。自由有多重含义，在创业活动中主要是针对组织纪律而言，主要指雇员在纪律允许的范围内行动的自主性和行为的自觉性、自律性。创业活动之所以能够进行，既要有统一的组织纪律来规范人们的行为，统一大家的行动；又要有一定的自由，以使个人能独立地开展本职工作。没有纪律，就无法约束人们的行为而使组织形成合力，自然也就谈不上实现创业目标。没有自由，组织成员的一言一行都得按创业者的指令行动，活人就会因丧失自主性和自觉性而成为完全由人操作的机器，同样谈不上实现创业目标。由此可见，纪律和自由作为矛盾的两个侧面，是相互依存、彼此作用的。创业活动在一定的意义上，就是创业者代表的组织纪律和雇员代表的个人自由这二者之间的对立统一过程。但是，纪律和自由的对立统一运动不是自发完成的，它作为社会规律之一，必须通过人们的正确认识和具体的创业实践活动才能实现。

在创业活动中，要防止以下两种错误倾向。

第一种是只强调纪律而排斥自由的倾向。这种倾向将创业活动片面地理解为对组织成员的纪律约束和行为强制，试图将人们的一切言行都统统纳入可控的范围。在这种倾向的影响下，纪律就是一切，人们的一言一行无不受到组织的限制和创业者的监督。自由在这里没有合法的地位，人们的主动创造性被看作不安本分而受到鄙视甚至遭到惩戒。持这种观点的人无法理解纪律和自由的辩证关系，始终意识不到没有自由便没有人们对纪律的自觉遵从。久而久之，一方面，雇员因被剥夺了自由，必然会产生对抗情绪或变得麻木呆滞，纪律无法起到真实的效用；另一方面，也助长了创业者的专擅任性，使之我行我素、唯我独尊，成为纪律的破坏者。这样一来，本来人人都应享有的自由和人人都须遵守的纪律就发生两极分化：一极是雇员，他们只能遵守纪律而无权享有自由；另一极是创业者，他们享有自由而无须遵守纪律。显然，这种创业活动模式既践踏了自由又破坏了纪律，它充满压迫、强制、屈从、愚昧和逢迎气息，是一种极其脆弱又极为霸道的方式，很容易引发社会问题。

与只讲纪律、不讲自由的倾向相反的另一种极端，是只讲自由、不讲纪律的自由主义倾向。自由主义者肯定人的自我力量、尊重人的自由创造、批判专制主义蔑视人的种种观点，无疑具有部分的真理性。但是自由主义者对自由的理解是片面的，他们认为纪律是自由的敌人，任何纪律对自由都只能是一种有害的束缚，自由是绝对不受他人约束。自由主义有其深厚的社会根源，分散的小生产经济是它们滋生的温床。列宁曾说，小生产习惯于散漫，自觉地不遵守纪律。事实正是如此。

纪律和自由的辩证统一为创业实践的健康发展提供了根本的保证，为了维护组织利益和个人的尊严，既不允许任何人破坏纪律，也同时保护个人的自由。因此，要求创业者在创业实践活动中既要警惕无视自由、只讲纪律的专制创业活动方式，注意尊重雇员的首创精神，维护人们的自由权利；又要反对破坏纪律的极端自由主义，严格组织纪律，培养遵守纪律的良好习惯。

（四）控制和反控的矛盾运动

控制是一个多义范畴，其基本含义有三：一是普通控制论的含义，一是管理学的含义，一是哲学上的含义。普通控制论的控制，是指在一个闭环系统中通过信息的传递和反馈过程，控制系统对被控系统所施加的目的性活动，以使被控系统在规定的限度内活动。普通控制论运用到创业管理中，控制的含义是指创业者追踪计划执行情况，捕捉偏差信息，调适计划和执行的关系，保证人流、物流、信息流按组织目的定向流动的职能活动。从哲学的角度看控制，控制可以理解为主体能动作用于对象性客体的实践活动，凡是人类的实践活动，无不包括主体人对它作用的对象活动的定向控制。因此，既然将创业活动看成一种特殊的实践活动，控制就可解释为创业活动主体对作为雇员的人的行为的干涉、强制和引导。

因为创业活动中的控制主要是人对人的关系行为，所以在控制别人的同时必然会出现别人的反控。如果没有反控，将被控制看成一方对另一方的绝对服从，人就成为机器，就无所谓对人的控制。

在各种创业实践活动中，控制和反控是作为一对矛盾而存在的，它们从另一侧面反映了创业活动主客体的对立统一关系。

首先，控制是创业活动主体贯彻组织目标、实现创业目标的活动过程。在实施控制的过程中，创业活动必须通过多种方式向雇员传递信息、解释目的，使广大雇员理解并接受他们的意图，这可以说是思想控制。但处在客体地位的人并不都能完全理解和接受主体的意图，由于思维方式、文化素质、价值观念的差异，他们常常有选择地接收信息，按自己的思维方式来领会创业者意图，有时还会敌视创业者的指令，形成逆反心理，这就会出现反控情绪。因此，控制过程并非我们想象的那般顺当，指令信息的传递和接收经常不畅。一旦创业者的指令遭到雇员或公开或隐蔽的自觉抵制时，创业者和雇员就会从两个不同方向想问题，形成思想控制和反思想控制的矛盾。

其次，控制不只是创业者发出指令信息，为保证创业者指令的贯彻，还必须对雇员的行为进行监督和纠正，这就是行为控制。但处在被监督地位的既然是人不是物，而人在本能上是不喜欢别人对自己的行为进行监督的，甚至只喜欢听好话，不喜欢听坏话，这也必然形成反控行为。现代心理学认为，人往往有自我辩解的习惯，心理上常常存在一种防御机制，尽量排除那些令人不快的消极感受。尤其是现代人，自尊感和独立感与日俱增，特别不习惯别人对自己发号施令、说长道短，哪怕错了也不愿公开承认。因此，当创业者以指挥、监督的身份对雇员的错误行为公开指责、批评乃至当众处罚时，不仅受指责、受处罚的人可能会当场冲撞，在场或不在场的其他人也往往会同情受指责的一方。如果创业者习惯于这种控制方式，久而久之就会将自身置于公众之敌的不利地位，使反控行为蔓延，形成对控制的一种条件反射。

再次，控制是对计划的执行情况进行追踪分析，将捕捉到的偏差信息反馈到决策系统再进行调整。这里有两类偏差：一是计划大致正确但执行不力所发生的偏差；二是计划部分不正确甚至基本不正确所造成的偏差。当要求雇员执行部分不正确或基本不正确的计划时，最初因为矛盾暴露不充分，人们尚能按计划行事，但随着矛盾暴露，人们越来越感到计划的荒谬或不切实际，执行计划的雇员就会中断原计划的执行，或者按自己的意图行动。这也是一种反控，而且是经常的、大量的反控现象。因此，在错误计划被反馈到创业者，并在做出修正之前，创业者和雇员之间便形成一种"博弈"格局，一切都是对着干。人们常说的"上有政策，下有对策""你说你的，我干我的"，或者"阳奉阴违"，多是由决策错误、计划不周所引起的反控行为。既然计划不可能一开始就是绝对符合实际的，这种反控行为的出现也就不足为怪、自然而然了。

由此可见，控制和反控作为创业活动中的一对矛盾，是客观普遍存在的。要使二者得到统一，必须正确处理以下几种关系。

第一，要正确处理创业者和雇员的利益关系，统一两者的价值观念。反控现象出现的深层根源，在于创业者未能公正处理同雇员的利益关系，导致价值观念和物质利益的冲突。要避免或缓冲这种冲突所引起的反控行为，在可能的条件下应尽量做到公正，以使全体组织成员意识到组织目标也是他们自身所追求的功利价值目标。

第二，要正确处理主观和客观、需要和可能、目的和手段的辩证关系，尽量使计划比较科学、大致可行。反控行为产生的另一重大原因是计划不符合实际。要避免或妥善解决因计划失误引起的反控，就应当坚持实事求是的认识路线，反对主观主义，使计划大致符合组织系统的实际，而不能从可能出发。另外，当计划在执行中出现偏差、证明了原计划的不妥之处时，创业者应及时修正甚至完全变更原有计划，而不能自以为是，将问题归结到执行人员身上去。为此，尊重科学、尊重雇员就成为控制者的座右铭。而想当然、瞎指挥则会诱发催化反控行为，是创业者的大忌之一。

第三，要正确处理创业者和雇员的行为关系，雇主和雇员之间要做到彼此了解、沟通情感。反控现象产生的一个原因是上下隔膜、情感不通，其主要表现在创业者在执行计划时对待雇员的方式简单、行为粗暴。因此，要避免这一原因造成的反控行为，创业者和雇员在平时要多接触、多了解，增进友谊，交流感情。当雇员行为越轨出错的时候，创业者要冷静沉着地处理问题，启发雇员自己认错，自己改正，最好不要当众教训，更不能以惩罚相威胁。

第三章 我国高校大学生创新创业教育发展分析

第一节 我国高校创新创业教育的形成及发展现状

一、高校创业教育的兴起

创新创业教育，也可称为"创业精神教育"或"企业家精神教育"，最早始于美国。1991 年在东京召开的创业教育国际会议上，对创业教育做了科学的解释，就是培养人的冒险精神、创新精神，发扬人的个性，充分把人的潜力挖掘出来的一种新型教育形式。

随后，高等学校创业教育活动拉开帷幕，创新创业教育的启动也对高等教育传统的教学模式提出了新的要求，包括课程的设置，教学计划和教学内容的更改。对原有的教学理念提出了新的挑战，教学目标和任务发生了很大的变化。教学目标就是要培养大学生创业意识和创业品质，培养学生坚强的性格，最主要的是一种创业的精神。通过创业教育，让大学生重新认识自己，充分了解社会，了解就业形势，转变就业观念，充分发挥自己的优势，树立自强自主的创业精神。所以，各高校按照创业教育的要求积极做准备，包括对师生的宣传、师生的理念转变。高校创业教育的启动，标志着高校创业教育逐步形成。

1989 年 11 月"面向 21 世纪教育国际研讨会"在北京召开，会议上提出的"提高青少年创业能力的教育联合革新项目"（Joint Innovative Projection Education for Promoting the Enterprise Competencies of Children and Youth），作为创业教育的一个改革和研究项目，受到与会者的普遍关注。1990 年下半年，中国作为项目国家，由国家教育委员会基础司牵头，以北京、江苏、湖北、四川、河北、辽宁等省市为项目单位，成立了该项目的国家协调组，进行创业教育的调查和研究。

从 1990 年下半年到 1991 年底，各项目单位精心准备，认真研究和探讨，成果显著，创新性强。本阶段研究工作从成人教育领域入手，把实证研究与理论研究密切结合，取得了意想不到的成果。接着，课题组成员集中团队智慧，产出不少成果并发表在《教育研究》等刊物上，由毛家瑞等人撰写的《创业教育的目标、课程及评价》论文，标志着我国创业教育开始起步。另外，由陈敬朴、彭钢撰写的《继续教育领域实施创业教育项目研究报告》在《上海教育科研》刊登，意味着创业教育要在成人教育中试行。随后，《创业教育系列丛书》的出版为我国高等学校开展创业教育提出了宝贵经验，意义非常深刻。以上的实践和研究为我国高等创业教育的启动奠定了良好的理论与实践基础，并有力地推动了我国创业教育的开展。

二、高校创新创业教育的发展

20 世纪 90 年代，我国高等教育在实施素质教育时，把创业教育渗透到其教育之中，紧跟世界高等教育思想变革的发展趋势。但是，很多高校对开展创业教育课程的现实意义缺乏正确认识，认为创业教育是处于"正规教育"之外的可有可无的"业余教育"；另一方面，高校所开展的创业教育课程没有形成体系，课程设置缺乏系统性。并有人认为，把创业教育纳入教学环节，不能靠开设几门课来解决问题，它将涉及教学的系统改革，学校教学的各个环节都需做出相应的配套、调整和支持。

1998 年 12 月 24 日，由国务院向教育部批转的《面向 21 世纪教育振兴行动计划》文件中，要求各高等学校一定要在大学生中实施创业教育，鼓励大学生自主创业。随后在全国教育工作会议上，对创业教育又做了加强，高校中一定要把培养创新精神和创新人才作为发展的目标，要求高校一定要转变观念，转变教育模式。一些国家领导人相继对加强创业教育做了相关指示，并要求政府部门在落实创业教育过程中对大学生的创业给予大力支持。通过政府设立小额贷款扶持、鼓励、帮助大学生的创业，认真践行创业政策。

教育部 2000 年 1 月 11 日在全国高校技术创新大会上，对大学生创业做了重新规定，如大学生、硕士生、博士生，可以采取休学保留学籍的方式来创办企业。参加此次会议的多所大学校长表示非常赞同大学生创业，只需在规定的时间内（原则上为两年）完成学业。接着，许多高校相继出台了一些帮助和鼓励大学生创业的政策和举措。在国家政策对创业教育的引领下，高校大学生的创业教育有了实质性的发展。

据李时椿、常建坤等人关于创业教育方面的研究，在我国高等学校中可以分两个阶段开展创业教育和创业活动。

第一阶段号召各高校根据自己的办学特色自主探索创业教育阶段（1997 年年初—2002 年 4 月）。在这一阶段，一些层次比较高的学校及时制定了创业教育计划实施方案。"清华大学大学生创业计划大赛"作为首届创业活动，在全国高校中影响特别大。接着由团中央和全国学联发起号召，在全国举办"挑战杯"创业大赛，据此全国创业大赛，创业活动拉开帷幕。一些高校也把创业课程安排到教学计划当中去。如"科技创业""创业教育"等课程作为高校必修课程，在此基础上，一些科技园相继建立，为大学生创业提供了便利并给予政策支持等。同时还为大学生创业给予经费支持，缓解大学生筹资难的问题。随着创业教育的开展，人们对创业越来越认可，社会的支持和高校的重视程度越来越大，给大学生创业也带来了越来越多的便利。

第二阶段是由政府给予政策支持等多元化发展的阶段（2002 年 4 月—至今）。为了能使创业活动有特色、有代表性，教育部确定 9 所高校作为创业教育试点院校，如清华大学把科技论坛、大学生科协、专家报告会、创业学术沙龙等作为创业教育的亮点；中国人民大学在课程管理和设置上规范科学，针对大学生创业特点，开设"企业家精神"，针对创业中的管理方法，开设"创业管理"，同时还开设一些选修课；背景航空航天大学为大学生搭建创业平台,除开设一些课程外,还注重实践,尤其是创业园的建立,让大学生在实践中提升创业能力,真正把创业教育理念渗透到大学生的课程和学习生活中。

三、我国高校创新创业教育取得的成绩

1. 我国高校创新创业教育模式初步形成

在 2002 年教育部选择 9 所高校作为开展创新创业教育的试点后,我国高校创新创业教育取得了较大进步。目前主要形成了三种创业教育模式:

第一种是"一二课堂结合模式"。这种模式的实践以中国人民大学为代表,在开展创业教育中将第一课堂与第二课堂结合起来。这种模式除培养学生创业所需的基本知识、理论与技能外,还注重培养学生创业意识。第一课堂:侧重学生创业理论培训。主要开设了创业管理等相关课程。通过这些课程的学习,培养学生创新思维,拓宽学生自主选择与促进个性发展的空间。第二课堂:侧重学生创业实践培训。通过开展创业教育讲座、创新创业竞赛等,鼓励学生将第一堂课所学的创业知识运用于社会实践活动中,从而形成了以专业为依托,以项目和社团为组织形式的"创业教育"实践群体。

第二种是"健全教学机构模式"。这种模式的实践以黑龙江大学为代表,通过组建职能全面的创业教育教学机构来推进创业教育。黑龙江大学成立了 6 个校级创业教育试点单位,全面推进创业教育。这六个单位分别是创业教育领导小组、创业教育学院、创业教育中心、创业教育协调委员会、创业教育专家组等。学校通过教学改革,充分发挥教育试点单位功能,在专业教学领域和创业实践领域分别推进创业教育。首先,在创业知识教授领域,开设多门课程,为学生提供多选择的创业教学资源。其次,在创业社会实践领域,通过资金资助和奖励等办法,鼓励学生参与到创业实践中。此外,还可通过创业宣传,引导广大学生参与创业教育的学习和实践,全面提升学生的就业竞争力和创业素质,实现学生灵活就业和自主创业。

第三种是"创新为核心的三教育模式"。这种模式的实践以上海交通大学为代表,在创业教育中以素质教育为基础、终身教育为理念、创新教育为核心。除向学生讲授创业知识以外,还向创业者提供必要的资金和技术咨询等。该模式特别注重对学生创业实践的培训,并建立创新活动评价体系,最终实现专才向通才、教学向教育、传授向学习三转变。

2. 大学生创新创业教育政策正式出台

在我国,各级政府及相关部门已经逐渐意识到创业和创业教育的重要性,并出台了相应政策和措施支持高校创业教育。

2005 年共青团中央、全国青联与国际劳工组织合作,引进和实施 KAB、SIYB 创业教育项目。2007 年党的十七大明确提出了"以创业带动就业"的方略,为创业教育的开展提供了纲领性文件。在 2008 年 1 月 1 日正式实施的《中华人民共和国就业促进法》中提出了国家实行有利于促进就业的税收政策,鼓励劳动者自主创业,扶持失业人员再就业。

2008 年 10 月 29 日，人力资源和社会保障部等 11 个部门出台《关于促进以创业带动就业工作的指导意见》，该"意见"对高校毕业生创业进行指导，并给予一定程度的税收、贷款等优惠。2009 年 1 月，国务院会议出台了促进大学生就业的 7 项措施。2010 年，教育部出台《关于大力推进高等学校创新创业教育和大学生自主创业工作的意见》。2012 年，教育部出台《关于做好"本科教学工程"国家级大学生创新创业训练计划实施工作的通知》。2013 年 5 月，党中央陆续出台关于创新创业的文件。2015 年 3 月，国务院出台《国务院办公厅关于发展众创空间推进大众创新创业的指导意见》。2015 年 6 月，国务院正式公布《国务院关于大力推进大众创业万众创新若干政策措施的意见》，这些措施极大地鼓励和支持大学生自主创业。

第二节　我国高校创新创业教育模式案例

一、磁石模式

1. 清华大学创新创业教育

教育目的：清华大学主要以培养学生的创新精神为主，增强大学生以自主创新为核心的创业理念。

课程设置：在全校范围内采用第一课堂和第二课堂相结合的形式，并在第二课堂的基础上，开展清华创业大赛，营造创业精神氛围，清华科技园与清华大学的行政部门和院系合作构建了相对完善的大学生创新创业教育体系，形成了"创新启蒙——创业辅导——创业大赛——创业实践"的教育模式。面向全校学生开设一系列的创新创业课程，坚定学生自主创新创业的信念，通过案例教学，将教学从教室搬到了孵化企业，将理论与实践紧密结合，让学生体会创新给创业带来的巨大机会和价值，激发大学生以创新为核心的创业信念和热情，如创业机会识别与商业计划、未来企业家之路等，用创新的课程安排反映创业的特点和创新的价值，提升学生的综合素质和创新创业能力，截至目前，已连续 4 年开设创业课程，有 40 余位导师和 800 多名本科生和研究生参与，此外，在经济管理学院成立了创业研究中心，为创业教育提供课程、创业理论，并在管理学院招收创业管理方面的博士研究生。

2. 天津工业大学创新创业教育

天津工业大学 2004 年开始探索创业教育，在部分学院开设"创业专题实训"课程。2006 年成为首批 KAB 创业教育基地，引入"大学生 KAB 创业基础课"，并纳入学校教学计划，2008 年在借鉴国内外创业教育理论与实践的研究成果的基础上，结合学校创业教育实践经验，制订并实施"大学生创业教育"培养方案，在全校范围内开展创业教育，并构建全校性多层次模块化创业教育课程体系。

组织管理：天津工业大学创业教育的实施主要由创业教育中心和管理学院两个单位

负责。创业教育中心成立于 2007 年，主要是以培养具有创新能力和企业家思维的复合型经济管理人才为目标，它的任务是进行创业教育师资队伍建设、课程设置、理论研究、创业咨询、大学生创业园的管理、开展大学生创业活动等，并开展面向在校学生和社会各界人士的创业教育培训。此外，在管理学院成立创业教育中心教学科研部办公室和创业教育部。如图 3-1 所示。

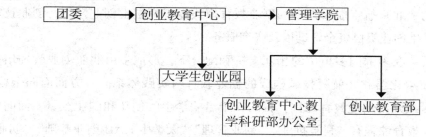

图 3-1　天津工业大学创业教育组织管理体系

课程设置：天津工业大学在一些学院开展创业教育试点工作，增加创业教育必修课试点课程，逐步形成了面向全校学生实施模块式创业教育的课程体系。该课程体系可以分为三个层次、三种课程模块。第一层次是创业教育通识课程模块。在全校范围内以选修课的形式开设，以"创业概论"和"大学生 KAB 创业教育基础"为主干课程，以"企业与个人信用管理""职业生涯设计""团队管理"等为辅助课程的课程模块，培养大学生的创业意识和创业品质，加深学生对企业家素质的理解。第二层次是创业教育技能课程模块。包括主干课程"大学生创业专题实训"，辅助课程"市场营销""公共关系""人力资源管理"等 10 余门课程，满足学生创业技巧和能力提高的个性化要求。第三层次是创业教育实践课程模块，充分开发利用校内外资源，打造多种形式多方位创业教育实践平台，开展创业实践教学。通过开展实验室理财、网络营销等仿真模拟体验；开展包括创业大讲堂、创业俱乐部、社团活动、创业竞赛等第二课堂活动，在实践中培养创业兴趣和志向；制定一系列激励措施，鼓励学生参加社会实践活动，如到实践基地挂职锻炼、在大学生创业园创办公司等，为学生未来创业提供历练。

天津工业大学进一步深入创业教育的实施，以必修课和选修课的形式，把创业教育课程与专业课程相结合。主要通过两种途径来进行，一是培养学生创业意识，使学生了解创业的基本知识。通过必修课与限选课形式在教学计划中嵌入创业教育通识课程模块，与专业基础课同时开设，采取课内讲授与课外专题讲座相结合的形式。二是以提高专业技能创业的实践能力为目的。通过选修课形式在教学计划中嵌入创业教育技能课程模块与实践课程模块，开课时间安排在专业主干课之后或同时进行，理论授课结合专业案例教学与学生实践。

实践平台：天津工业大学实践平台主要包括校内实践和校外实践两个部分。在校内成立创业协会、创新思维实验室、KAB 俱乐部、U 字形创业教育专用实验室，举办校级年度创新创业计划书大赛等多种形式的实践。在校外设立创业实习基地和大学生创业园。天津工业大学与河东区科技园等多家企业建立合作关系，为在校学生提供创业培训及模拟实训。同时，设立创业中心，与天津市人力社会保障局、天津市教委等有关部门合作，对毕业生进行就业创业培训。

二、辐射模式

1.北京航空航天大学创新创业教育

教育目的：北京航空航天大学的创业教育模式以提高学生创业知识、创业技能为侧重点，并为学生创业提供资金资助以及咨询服务。

课程设置：在多部门多单位的相互支持和配合下，形成了由北航创业管理培训学院北航天汇科技孵化器和北航科技园构成的创业教育与实践体系。一方面面向全校学生，以选修课的形式开设创业教育课程，目的在于启蒙学生的创新和创业意识。面向全校学生开设的创业教育课程有"科技创业""创业管理""大学生KAB创业基础""创业概论"等课程。为了进一步使学生了解创业，走进创业者，增强创新精神与创业意识，北航创业管理培训学院面向全校学生开设了创业新讲堂，北航科技园开办了"创业星期六"，让学生近距离地与创业企业家进行对话，对于具有强烈创业意向和可行创业计划的学生，北航还专门聘请了创业导师进行创业辅导和孵化。

北航依托大学生创业计划大赛的形式，在全校范围内形成了一种创业氛围。至此，形成了具有很强实践性的创业教育模式。

北航创业教育可以分为四个阶段（如图3-2）：一是创业意识与创业精神培养阶段；二是创业辅导阶段；三是企业孵化阶段；四是企业入住科技园进一步发展阶段。这四个阶段层层递进，培养出一批批学生创业者。针对这四个阶段，北航也形成了各司其职、相互支持的多单位负责的管理体系。

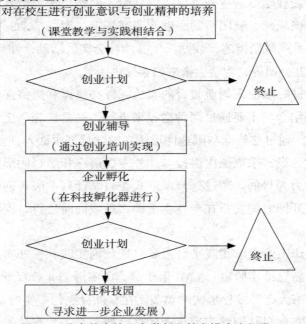

图3-2　北京航空航天大学创业教育模式流程图

2. 黑龙江大学创新创业教育

黑龙江大学自 1998 年实施"创新工程"以来，开始探求以培养学生创新意识为目的的创业教育，并将其视为深化教育教学内容改革、探索适应时代需求的本科人才培养新模式的重要尝试。2002 年又被教育部定位为创业教育试点高校，2008 年教育部批准黑龙江大学为创业教育人才培养模式创新实验区，2009 年黑龙江大学创业教育成果荣获第六届高等教育国家级教学成果二等奖。黑龙江大学确立了"以创新意识培养为目的，面向全体、基于专业、分类教学、强化实践"的创业教育工作方针，并逐渐形成了"辐射式"的创业教育模式。黑龙江大学"辐射式"创业教育模式的构建，始终坚持"实施创业教育，深化专业教育教学改革，提高人才培养质量"宗旨，立足"一是面向全体学生开展普遍性创业教育，提高学生创新意识、创业精神与实践能力；二是面向有创业愿望的学生开展特殊性创业教育，提升学生创业实战技能"的两个基点。

组织管理：黑龙江大学成立负责创业教育的领导小组、创业教育学院、创业教育协调委员会、创业教育专家组、大学生创业顾问团等专门机构。各个机构和部分各司其职，全面开展创业教育，创业教育学院作为一个独立设置的机构，负责全校创业教育的教学管理。

课程设置：黑龙江大学基于创业教育的理念，针对全校学生开展了"三创"（创造、创新、创业）课程体系，同时根据科学特色把创业教育融入专业课程中去，"三创"课程群由创业教育模块、就业教育模块和证书教育模块组成，旨在培养学生的创新精神和创业意识，提升人才培养质量，促进学生就业。创业教育模块课程以选修课、辅修专业和创业培训课程（如 SYB，START YOUR BUSINESS 的简称）的形式开展。

黑龙江大学创新创业教育的课程设置从显性课程和隐性课程的角度组织了不同的课程（见图 3-3）。显性课程主要体现在三个层面上，一是创业教育通识类课程，二是专业核心课程，三是复合型创新人才培养项目。隐性课程的设置主要以实践课程为主，通过三大平台实施：一是创新创业研究平台，二是基地实践平台，三是竞赛实训平台。

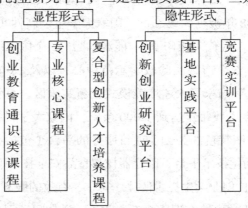

图 3-3　黑龙江大学创业教育课程设置途径

实践平台：黑龙江大学通过"辐射式"创业教育模式，把创业教育与专业教学紧密结合，让学生在三个实践教学平台上受到创业精神、创新意识的熏陶。此外，针对一部分具有创业意愿和创业条件的学生，也提供了更加深入的实践方式。黑龙江现有包括"大学生科技文化创业园"在内的校内外创新创业基地 200 多个，学生创新实验室 13 个。

在专业教学相结合的基础上，黑龙江大学把创业教育与学生就业结合起来，探索的"创业实验班——初级孵化器——高级孵化器"三个基点联动，成为更有针对性的创业教育实践体系。

3. 上海理工大学创新创业教育

上海理工大学创业教育开始于 2002 年，作为上海市首批创业教育试点院校之一和上海市推进创业教育体系建设的两所试点高校之一，经过多年的探索，上海理工大学根据"创业教育与素质教育相结合、创业教育与专业人才培养相结合、创业教育与卓越工程教育相结合、创业教育与国际化教育相结合"的理念，逐渐形成了以培养学生创业素养为目标的"课堂教学——创新实验——项目训练——企业孵化"的创新创业教育体系。

组织管理：上海理工大学创业教育采取辐射形式，学校统一协调，把创业教育与各个学院的专业特点相结合。

课程设置：上海理工大学根据创业教育目标，构建"基于专业大平台的个性化培养"课程体系，设计了三个层次的创业教育课程，把创新创业教育的全程化和有自主创业意向学生的全课程模块化选择有机地结合起来。三个层次的课程计划包括：创业教育通识教育、创业辅修专业和创业专业教育。2009 年上海理工大学设立了创业学专业，并依托工商管理开设了创业班。创业班着力培养具有创新能力的创业企业家和职业经理人，在选拔学生时通过体能测试、毅力测试、开业能力测试、面试四轮选拔机制，保障了创业班学员良好的创业素质。在课程体系上，设置包括理论模块、实务模块、实训模块、实践模块四大模块，培养包括创业精神、创业知识、创业能力、创业心理品质和创业生理条件在内的创业综合素质。

实践平台：上海理工大学校长许晓鸣认为"实践是创新之根"，上海理工大学 2007 年获批国家级创新创业人才培养模式创新实验区，同年被列为上海首批大学生创新活动计划项目实施学校，2008 年被列为第二批"国家大学生创新性实验计划项目"实施学校。目前已拥有"经济管理""现代出版印刷""能源动力"3 个国家级实验教学示范中心，"机械工程""光学电子"等 5 个市级实验教学示范中心，以及 18 个校级的实验教学示范中心基地，"沪江创新创业"国家级人才培养模式创新实验区，每年设立 300 个创新实践项目，参与科研训练的学生人数每年达到 1 000 余人。国家大学科技园新建"学生创新创业中心"，设立 6 个具有鲜明特色的为创业项目服务的平台（包括虚拟制造技术平台、数控制造技术平台、电气自动化技术平台、医疗器械与食品安全技术平台、公共商务服务平台、女子职业教练营），为科技创业学生提供便捷、完整、有效的服务。还开展了十余次各种创业知识培训，参加的创业学生数有近 300 人。此外，科技园还划出专门的学生创业公司经营场地，为创业学生注册公司提供免费一站式服务，促进了创业活动顺利、成功地开展。

4. 温州科技职业学院创新创业教育

温州科技职业学院于 2011 年获得"大学生 KAB 创业教育基地"称号。作为一所以"农"

为特色的院校，温州科技职业学院在创业教育培养目标和模式上具有自己的特点。在培养目标上，温州科技职业学院立足"三农"，培养学生的创新和创业精神，把创业教育和专业教育密切结合，对有创业意向和条件的学生，提供专业的创业指导。此外，聘请校外企业家做创业项目指导。

组织管理：温州科技职业学院把创业教育理念融合在全院人才培养设计方案之中，搭建专业创业平台，使创业教育与专业教育相结合。

课程设置：针对学校专业特色，三大专业群开展不同内容的创业教育课程，更有针对性地增强学生的综合创业素质。针对信息类的学生，主要关注商业化的过程，开设"市场营销""风险资本"等课程，有助于学生避免在了解市场前景之前进行产品开发的错误导向；针对农业类学生，开展现代农业创业机遇的分析，开设"创意农业""农产品经营"等课程，树立农业类学生创业意识与信心；对经贸类学生，由于拥有了系统的市场营销、管理等相关的商业知识，针对他们的创业教育，主要关注初创企业以及中小企业的管理与成长。创业课程学分分为必修学分和创业实践认证学分两部分。

实训平台：温州科技职业学院 5 个系都有与专业教育相对接的学生专业创业园。信息系，有大学生网商创业园；园林系，有创意农业园；动科系，有宠物医院。学生学习专业后，可以马上进行创业实践。农生系的现代农业创业园，已成功开发出十多个农业项目，现代农业创业园，已经孵化出农业小企业 6 家，成立农业创业工作室十多个。

温州科技职业学院提出建设创业型校园，建设一组创业示范店、一条现代农业创业街、一幢创业楼、一片网商创业园。该学院根据自身专业特色把导师、项目、团队、基地、农户等资源有效整合起来，推进学生创业教育，进行创业实践活动。现在已经有 38 个团队在导师的指导下进行创业，有迷你菜园、水培植物、无土栽培、水果玉米、盆景果蔬等项目。

三、混合模式

教育目的：上海交通大学创新创业教育采用无形的创业学院的模式，面向全校学生，面上覆盖、点上突破，以培养拔尖创新人才和产业巨子为目标。一方面，面向在校全体学生，进行全覆盖的创新创业教育，重在渗透和培养学生终生受用的创新精神、创造理念和创业意识；另一方面，面向有意愿、有条件的部分同学，开设有针对性的创业学课程和培训，提供创业苗圃预孵化和资金支持，使他们成为上海交大学生创业的"种子选手"。

组织管理：上海交大创业学院院长由管理学生工作的副校长担任，根据创业教育的特点，形成了有战略专家咨询委员会、教学指导委员会和理事会组成的管理结构。如图 3-4 所示。

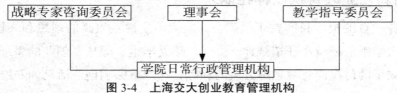

图 3-4　上海交大创业教育管理机构

课程设置：通过选修课和必修课的形式开设创业教育课程，教务处、团委、经济管理学院等一些学院相互配合，作为创业课程的提供者，主要分为面向全校学生的创业教育通识类课程和面向创业学院学生的创业课程模块。共分为两个阶段：第一个阶段三门课程为必修课；第二个阶段为三个实践模块。如图 3-5 所示。

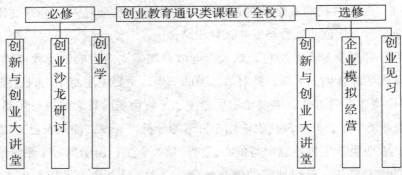

图 3-5　上海交通大学创业教育课程体系

创业教育讲座也是面向学生培养创新创业精神的主要形式。上海交通大学创业教育最早开展的时候主要依托的就是创新与创业大讲堂，请了许多知名学者企业家做报告。其课程体系，详见 3-1。

表 3-1　上海交通大学创业教育课程体系

项目	课程名称	负责部门	备注
第一课堂	全校现有创业相关课程	教务处	《创新与创业》
	创新与创业大讲堂	经管学院牵头	选修学生在课程结束后，申请PRP项目，以完成创新创意类项目作为课程实践评分环节
	10门左右创业通选课程	经管学院 教务处牵头	

在全校创业教育通识课的基础上，对一些有强烈愿望创业和有条件的同学进行选拔，进入创业学院学习。进入创业学院的学生作为创业教育的另一个培养目标，更加有针对性地培养未来的创业者。

第三节　我国高校创新创业教育存在的问题

一、创新创业教育认识存在偏差

创新创业教育的根本目的在于：第一，使大学生树立崇高的理想和终极价值目标。第二，培养大学生的创造和开拓精神。第三，使大学生掌握从事创业的思维方法。过去大学只重视知识的传授而忽视思维方法的训练，这严重影响创业活动的开展和创业思维的形成，这些必须要纠正。因此，在创业教育中，要向大学生传授思维方法的技巧，特别是创造灵感思维方法、创造抽象思维方法、创造求异思维方法、创造简约思维方法等等；第四，使大学生掌握从事创业所必需的专业知识与技能。此外，还应懂得金融、财务、法律、市场运作等方面的基本常识，还要有敢于冒险的精神和坚定必胜的信心。

当代大学生缺乏创造和开拓精神，所以要在大学生中进行创业教育。我们应有意识地培养大学生的冒险和对待失败的从容态度。帮助学生开阔视野，培养他们的创业精神和创业能力，使创业文化活动发挥促进整个社会的作用。

很多高校的领导对创业教育理念存在偏差，把创业教育混同于普通教育，并单纯地认为创业教育就是培养学生创办企业的能力，有的还认为大学毕业生有业可就，就没有必要开展创业教育。甚至有些教师认为创业教育是对传统的否定，学生不能丢掉专业学习。这些领导和教师认识上的偏差，导致高校对创业教育缺乏政策导向和经费支持，从而对我国创业教育发展起到阻挠作用。表现在以下几个方面：

第一，我国高校创新创业教育意识淡薄。我国高校受经济条件的制约，再加上高等教育起步较晚，正处在发展提高阶段，对创业意识的认识还不够深刻，还需积极地探索和实践。要加大对社会的宣传，引起政府部门的重视，要让政府官员转变思想观念，支持创业教育，并在政策上和经费上进行倾斜。同时还要提升高校领导层的认识水平，让他们理解创业教育，支持创业教育。在大学生中积极动员，对他们进行创新精神的熏陶，克服对创业教育意识的淡薄，让全社会都重视创业教育。

第二，我国高校创新创业教育观念滞后。大学生对开展创业教育实质认识不足，接近半数的大学生认为想办法"赚钱"是开展创业活动最主要的目的。还有一少部分同学认为创业就是几个人凑在一起做一些简单的生意，甚至误将帮助教师查资料、整理文件等勤工助学等同于创业。多数学生没有从观念上认识，而只是简单地认为有了资金就能创业，忽视了创业应具备的知识、能力、技巧、方法、环境等的影响。之所以产生这种认识上的偏差，与高校的教育引导和观念认识密不可分。许多高校在大学生创业上还存在认识不清的问题，对学生创业教育引导还缺乏从思想上地疏导和启迪。创业教育观念落后，不能把正确的创业观念灌输给学生，这也是造成大学生对创业教育认识不清的原因之一。

第三，我国高校创新创业教育体系认识欠缺。尽管政府对创业有政策的支持和帮扶，同时，也有媒体的大力宣传，各高校也根据各自的经费、场地等实际对创业教育划拨了专门的资金支持。但由于各高校的认识层面不同，对创业教育重视不够，每个高校对创业教育的开展就不同，很多高校仅开设一两门课程，如"创业学概论""创业管理"等。这样对创业教育的意识不清、效果不好，不能很好地设计课程，使教学内容简单，教学手段不实，教学方法陈旧。他们偶尔也会邀请本地知名企业家做讲座、搞一些创业计划活动，但大多都没有形成系统的、制度化的创新人才培养体系。国内高校仍然将传统传授知识作为主要目标，设计的创业活动缺少与实际的联系，这就说明对创业教育的认识还是不够深刻，创业教育师资经验不足，所授课程和研究不能很好和创业实践对接，把一些具有创业经验的企业家拒之门外，导致认识上的欠缺。

第四，经济条件制约创新创业教育的发展。创业教育的实施需要以一定的经济条件作为基础，但目前，我国的经济发展水平在一定程度上制约了我国创业教育的发展，主要体现在：我国高校财政资金来源渠道不足，缺乏多元化的创业融资渠道。目前我国高校财政资金大部分来自政府资助和科研基金这两条主要渠道，缺乏像国外"第三收入"来源渠道，比如从工厂、企业、慈善基金、地方政府、校友捐助等渠道获取经费。这一方面是由于我国投资政策的局限，另一方面也反映了创业精神的培养不能只停留在宣传上，要主抓大学生的创新能力和责任意识培养。加强大学生的个人独立能力培养，不能全依靠家长、高校、社会的支持和帮助，学生要形成对自己负责、对家庭负责、对社会负责的责任意识。另外，我国高校的创业教育资金不足还和高校缺乏创业及创业教育外延拓展、高校创业教育实践环节严重缺乏有很大的关系。

第五，制度因素制约对创新创业教育的认识。创业教育需要政府的倡导、经济的支持和社会的氛围，具体包括资金支持、技术的支持、政策的支持、机会的给予、资源共享等。由于历史原因，我国尚缺乏个人创业的社会氛围，计划经济的传统思想还束缚着人们的行动，还在根深蒂固地影响着人们的创新。这样的文化环境很难一下子把人们从传统的观念中解放出来，也很难有勇气自主创业。据全球创业观察报告显示，我国的创业资本在创业活动中投资的很少，在全球观察报告中是最低的，且创业资金主要来源于自筹，包括亲戚或朋友资助，缺乏社会创业资金来源。并且只有少数试点高校有政府部门设专项资金支持，其他高校只有靠自己想办法，制度政策不能向所有高校倾斜也是导致创业教育活动在高校中不能普及的主要原因。

二、创新创业教育专业师资力量薄弱

纵观发达国家创新创业教育，其师资队伍主要由资深专家、成功人士、政府官员组成，其经验丰富，对创业的流程清楚，还熟悉企业的发展变化和运营规律。在我国，创业教育队伍参差不齐，也有一些学术专家，但他们中一些人从未涉及创业，还有一部分是就业指导课的教师和辅导员老师，这样给学生上课既不生动贴切，也没有说服力。导致我国创业教育师资力量薄弱的原因有以下几个方面：

第一，传统教育导致创业教育人才储备不足。创业教育是一个新型发展，是适合市场变化的创新型教育。由于原有培养人才的模式比较陈旧，在一些大学的课程设置中缺乏这样的内容，导致创业教育这方面的人才缺乏，没有传、帮、带的资源，所学专业和创业教育脱节。因为创业教育针对性很强，对人的创造性、创新能力和创业能力要求都比较规范，尤其是技巧、技能方面和现实联系紧密。传统的教育未能培养出创业教育的接班人，导致创业教育这方面的师资非常缺乏，这就要改革我们的教学体系，变革人才培养模式，为下一步创业教育顺利开展打下坚实基础。

第二，传统的观念制约了创业师资的发展。创业教育是一门很强的实践性课程，对教师的专业素养要求很高，我国传统式教学方式，使大多数教师缺乏交流，思想比较禁锢，传统观念占据了整个教育思想，缺乏开放的、具有国际视野的教师资源。由于教师的认识偏差，大部分高校创业教育效果不佳，创业教育的师资无论是数量还是质量仍然达不到需求。从思想意识角度讲，还得改变传统观念，把培养创新型教师作为解决创业教育的难题来抓，投入一定的资金，培训创业教师，提升创业教育质量。

第三，我国创业教育的发展还不成熟。我国创业教育的起步较晚，基本上处于探索阶段，相关研究还比较少，实践经验还是不足，又没有形成合理的评价机制。在大多数高校中，评价教师的优劣主要参照科研成果，重论文、轻教学。尤其在教师评级评职中，科研作为硬性指标，这就导致全体教师向着这个方面奋斗，教育实践就开展得比较少，和学生交流的机会就更少。这在一定程度上影响了创业教育向更深层次发展，制约了创业教育在高校中的正常运行。高校要改变这种状况，必须改革教师评价机制，把积极参与学生创业的教师作为先进典型树立起来，这方面工作做得好的教师在评职评级时优先考虑，充分调动教师的积极性，扩大创业教育队伍的发展。

三、创新创业教育的课程设置不合理

创业教育实现的好坏很大程度取决于创业课程的安排。但是，目前我国开设创业教育课程的高校数量少，并且缺乏实践经验，导致创业教育课程设置方面也存在许多不合理的地方，突出表现在课程安排缺乏针对性和操作性。创业教育是一项复杂的、综合的工程，它涉及多类学科领域。部分院校开设的创业教育课程只针对管理学院、工商学院等与经济较为紧密的学院的学生，很难向全校学生开放。创业教育教材是创业教育的基础，没有完善的理论和具有实践指导意义的教材，教育就无法正常系统地开展，更难以取得相应的效果。目前全国范围内使用的教材大都来自欧美，这些教材虽然填补了我国创业课程教材开发的空白。但这些教材也存在缺陷，一方面教材内容与我国实际国情不相符；另一方面国外的教材缺乏针对性的案例分析，不能实现理论与实践的结合。因此，未来我们应该加大对本土教材的研发力度，争取早日实现国内学生用国内教材的目标。

四、创新创业教育的教学形式较单一

我国现行的创业教育通常采取统一的教学计划，通过公共选修课外加创业计划大赛的方法，对不同学科专业的学生予以统一的培养，忽视学生的专业差异和个性特点；在教学内容上，教材内容单一、枯燥；教学方法方面，仍保留教师单方面讲授、学生听课、记笔记为主的方式，不能充分发挥大学生的主观能动性，忽视了学生参与的重要性；在考试方面，仍沿用强调知识的单调记忆的做法，而没去考查学生解决实际创业问题的能力和素质。这种封闭单一、重知识传输而轻能力培养的创业教育模式往往扼杀学生的创新思维，不利于创业素质和能力的培养，严重阻碍了创新创业应用型人才的培养。

五、创新创业教育文化氛围缺失

我国传统文化教育人们，学生服从教师，教师服从学校，中规中矩，缺乏教师和学生的互动，缺乏探讨。在这种长期的教育模式下，抑制了人们的主动性和创造性。要想改变这样的传统，就必须加大宣传力度，在公开媒体上多宣传、多报道，弘扬人的个性，改变教育模式，弘扬创业教育，把大学的创业教育通过官方的多种渠道，传递给社会，并营造良好的创业文化氛围。又由于我国市场经济的发展历程较短，相关政策法规不很完备，政府支持力度不大，基础设施不健全，教育与培训跟不上，社会对创业概念的曲解，创业氛围较为薄弱，各种社会媒体也没有系统的有效宣传。创业教育发展受到的各种阻碍和限制，使创业教育进入了发展的瓶颈阶段，创业文化氛围不强，要想创业文化氛围浓郁，宣传效果好，必须做好以下几个方面。

第一，严格创业实践，注重能力提升。在创业实践中，通过开展创业计划书撰写、模拟实践活动让大学生充分了解创业的意义、创新型人才的要求。在教师的指导下，帮助学生了解市场变化规律，分析其风险；教育学生掌握丰富的知识，学会应对复杂多变的环境；努力培养学生的思维创造能力，学会观察问题、分析问题、解决问题；注重在实践中增长才干，增强他们的创业思维和实践能力，在提高大学生的能力时，为创造良好的文化氛围增添光彩。

第二，克服传统观念，弘扬创新理念。在创业教育的过程中，传统的观念制约着创业活动的实施和开展。由于旧的教育方式不能及时改变，创业过程无章可循，都是自己去摸索，闭门造车、脱离实际导致在创业教育的概念、内涵和管理模式上产生误区，活动很难取得实效。所以，要在创业教育的实践中创新思维，把新的理念贯穿于创业的全过程，形成与社会的联动机制，加强与企业的合作，建立创业实践基地，通过新媒体推广宣传创业教育的优点，争取更多的社会资源支持和帮助大学生创业。

所以，要在全社会形成良好的创业舆论宣传，从正面引导，通过官方网站、微信、微博等现代技术手段弘扬创业教育。鼓励大学生练好自身本领，树立典型，以榜样的作用传递正能量，引起全社会的关注，大力营造创业教育文化氛围，使创业教育活动在我国高等学校中顺利开展，并取得显著成效。

第四章 发达国家对我国大学生高校创新创业教育的启示

第一节 美国高校创新创业教育模式分析

一、美国高校创新创业教育的发展

在过去的三四十年中，美国创业型经济快速发展。其中，起着中坚力量的中小企业通过创造工作岗位和提供具有创造性的产品和服务，越来越成为美国经济发展的引擎。有资料表明，自20世纪80年代以来，财富500强企业已经减少了500万个工作岗位，而中小企业却贡献了3 400万个新工作岗位；同时，这些中小企业又是美国经济发展中最具活力和创造性的因素。20世纪的重大发明，如空调、飞机、人工合成胰岛素、光纤检测设备、心脏起搏器、个人计算器、光学扫描仪等都是中小企业发明的。创业型经济对提升美国社会整体的创新能力和发展活力，稳固美国在全球化中的地位做出了重要贡献。

创业革命深刻影响高等教育的变革。它是社会发展的必然趋势，也是大学自身改革和发展的内在要求，从1947年哈佛商学院提供第一门创业学课程开始，美国高校的创业教育经历了四个发展阶段：萌芽阶段、起步阶段、发展阶段、成熟阶段，至今已经有60—70年历史。

萌芽阶段（1947—1970年）。1947年哈佛大学商学院教授迈尔斯·梅斯（Myles Mace）率先开设的"新创企业管理"课程，被后来众多的创业学者认为是美国大学的第一门创业学课程。通过多年的积累和实践，1967年后，斯坦福大学和纽约大学在原有课程基础上进一步完善与拓展教学内容和模式，把它应用到MBA创业课程中。第二年，在美国巴布森商学院本科生中开设了类似"创业管理"的课程，又由于受到美国当时经济条件的影响，一些创业课程还停留在初创阶段。

起步阶段（1970—1990年）。20世纪70年代，美国仅有16所大学开设了创业课程。随着美国经济增长开始减缓，创业教育才被逐渐重视起来。1970—1990年，美国的创业教育逐步得到快速的发展，为美国的经济复苏奠定了良好的基础。创业教育在高校中开设的数量逐年增加，1979年至1989年十年间，在本科生中开设创业教育课程的学校由127所增加到1060所。美国创业教育课程的快速发展一定程度上得益于小企业的快速增长。

发展阶段（1990—2000年）。20世纪末，美国的创业教育得到良好发展，从课程设置到学位授予走上了正规化的道路。除在本科设置创业教育课程外，还开始在研究生课程中开设创业教育课程。就本科生而言，美国有 1000 多所大学开设创业方面的课程，在课程开设的层次上都有了大幅度的提升。尤其是把创业课程由本科向研究生发展，这本身就是一个了不起的创举。另外，在专业设置和学位授予上，美国已有 140 多所大学把创业课程作为专业课程发展，深得学生的喜爱，有近 50 所大学有了创业学位授予权，这对美国的创业教育发展起到了推动作用。

成熟阶段（2000 年以后）。进入 21 世纪以来，美国创业教育发展已成雏形，对社会的发展和经济的增长起到了促进作用，也得到了社会的关注和认可，经常被美国新闻杂志作为典型宣传，这些宣传给学校带来了社会效益，还直接给学校带来了经济效益，影响到各校的招生情况与经济收入，媒体排名也成为衡量各大院校工作成效和业绩的重要参考标准。

创业教育要想持续发展，对专业教师的要求也要不断提高。为此，美国创业机构正在构建和规划创业学博士项目，通过建立博士学位和教师终身培训项目来进一步提升和完善创业教育。他们还把教师培训项目作为创业教育者终身学习计划的内容，为美国培养大批的创业学专业教师创造了优越的条件。

二、美国高校教育模式

美国高校创业教育的迅猛发展，得益于其不断探索与院校发展目标相一致的、行之有效的创业教育模式。从总体上看，美国高校开展创业教育主要遵循两条轨迹：一是以创业学学科建设为目标的发展路径；二是以提升学生创业素养和创业能力为本位的发展路径。前者主要采用聚焦模式，教学活动在商学院和管理学院进行，培养专业化的创业人才；后者主要采用辐射模式，教学活动在全校范围内展开，主要培养学生的创业精神和创业意识，为学生从事各种职业打下基础。磁石模式介于上述两者之间。下面将结合案例阐述这三种典型创业教育模式的运行和管理情况。

首先是"聚焦模式"创业教育模式。"聚焦模式"是传统的创业教育模式。在这种模式中，学生经过严格筛选，课程内容呈现出高度系统化和专业化的特征。哈佛大学商学院是采取"聚焦模式"创业教育的典型代表。作为在世界上最早开设创业教育课程的机构，哈佛大学商学院强调申请者的创业特质，并通过实施相关课程与活动提升学生的创业技能。目前，大约 40% 的哈佛大学 MBA 毕业生追求一种创业型职业生涯，如创业者、风险资本家或者创业咨询者。在这种模式中，创业教育所需的师资、经费、课程等都由商学院和管理学院负责，学生严格限定在商学院和管理学院。

"聚焦模式"是专业化的创业教育。商学院和管理学院负责创业教育的日常管理、经费筹措、师资培养、课程设置、学生来源等所有环节。这种纯粹性决定了"聚焦模式"创业教育能够系统地进行创业方面的教学，其毕业生真正进行创业的可能性及比例非常高。该模式的创业教育也促使创业学作为一门独立的学科在商学院和管理学院获得发展。

其次是"磁石模式"创业教育模式。采用磁石模式的创业教育基于这样一种信念，即非商学院的学生也能从创业教育中获益，具有创造性的创业努力并不仅仅来自商学院学生。麻省理工学院主要采取这种模式，其创业中心的使命就是激发、训练以及指导来自麻省理工学院所有不同部门的新一代创业者。学院成立创业教育中心，通过整合所有资源和技术吸引来自全校范围内的、有着不同专业背景的学生。大部分创业教育课程，如创业计划、新创企业等适应各种专业背景的学生。在这种情况下，对创业感兴趣的学生既可以修习创业课程，也可以根据自身情况和兴趣辅修创业。整个项目的发展依托商学院和管理学院的资金、师资、校友等因素，创业教育中心负责整个项目的规划和运行。这种模式为商学院和管理学院之外的学生提供创业教育，但不涉及经费、师资等方面的变革。

磁石模式在保证其开放性的同时，也保证了运行的便利性。所有创业教育和活动由统一的创业教育中心负责协调和规划，师资和经费也由创业教育中心统一调配、管理。这样的运行模式整合了有限的资源，有利于打造优质的创业教育项目，有利于吸引新教师的参与，也有利于校友募捐的顺利进行。同时，创业教育的开展增加了商学院和管理学院与其他学院的联系，提升了商学院和管理学院在全校的地位。但是磁石模式也面临极大的挑战：如何在其他专业获得创业教育课程的市场和价值？如何使教师获得更大程度的发展？如何针对不同专业的学生设置课程？这些都是必须回答的问题。

最后就是"辐射模式"创业教育模式。该模式也是一种全校性的创业教育模式，它的发展基于这样一种理念：不仅要创设良好的氛围为非商学专业学生提供创业教育，还应该鼓励不同学院的教师积极参与创业教育过程。它的实施涉及了管理体制、师资、经费筹集等各方面的改革。在管理体制上，学校层面成立了创业教育委员会，负责协调和指导各校范围内创业教育的开展，所有参与学院负责实质性的创业教育和活动，根据专业特征筹备资金、师资、课程等。这种模式与磁石模式的本质区别是突出了不同学院教师的参与。他们需要根据本专业的特征设置课程，从而保证学生能够结合专业背景进行创业。不同学院之间的学生可以互选创业课程，从而打破学科边界，实现资源共享。康奈尔大学是采取"辐射模式"创业教育的典型代表。

作为在赠地学院运动中迅速发展起来的公立大学，康奈尔大学特别强调公平的原则。它主张"每一位掌握了创业技能和相关知识的学生，能够对任何工作环境产生重大价值"。这种信念促使康奈尔大学校友、教师、学院院长于 1992 年成立了"创业精神和个人创业项目"（简称 EPE），支持全校学生创业精神的培养和个人创业技能的提升。9 所参与该项目的学院院长组成 EPE 管理委员会，统一协调和指导各校的创业教育活动。委员会主席每两年改选一次，在所有参与学院之间进行轮换。在实施过程中，创业课程与专业紧密结合，如设置"设计者的创业精神""小型企业与法律"等课程，学生还可以进行跨学院、跨专业选课。这种全校性的创业教育模式对教师层面提出了更高的要求。为了吸引和培养优秀师资，康奈尔大学设置了"克拉克教授职位"，每年奖励对创业教育做出重大贡献的教师。同时，康奈尔大学还通过"康奈尔创业家网络"（CEN），与校友保持密切的联系。

"辐射模式"创业教育的优势相当明显。对大学而言，在不同学院开展创业教育项目既可以广泛吸引校友，也可以赢得学生的信任；对教师而言，不同学院的教师以创业教育为平台开展广泛的交流与合作，有利于促进教师能力的提升；对学生而言，结合专业特征学习相关创业教育知识和技能，保证了学习的有效性。当然，"辐射模式"创业教育的运行和管理面临着协调、募捐、课程设计、师资等多方面困难。协调是辐射模式所面临的最大挑战。比如在康奈尔大学，9个参与学院提供了很多创业课程，虽然这些课程都与学生的专业背景相符合，但是课程之间缺乏关联性。另外，由于辐射模式利益的分散本质，院校无法为一个集中的创业教育项目募捐。在课程设计上，如何巧妙地将创业知识和技能融入具体专业中也是对教师很大的考验。最后，由于创业教育师资由参与学院自行解决，如何动员更多优秀教师参与创业教育项目对院校来说是一个极大的难题。

三种创业教育模式的比较见表4-1：

表4-1　三种创业教育模式的比较及美国高校创业教育模式的特点

	聚焦模式	磁石模式	辐射模式
管理机构	由隶属于商学院和管理学院的创业教育中心管理	由隶属于商学院和管理学院的创业教育中心管理	全校范围内成立创业教育委员会，由所有参与学院共同管理
资源	商学院和管理学院负责	商学院和管理学院负责	所有参与学院分别负责
师资	商学院和管理学院负责	商学院和管理学院负责	所有参与学院分别负责
学生	只针对商学院／管理学院学生	针对全校学生	针对全校学生

三、美国高校创业教育的特点

1. 开放的高等教育体系是创业教育迅速发展的基础

美国拥有独特的高等教育系统。伯顿·克拉克认为，美国高等教育系统规模庞大、高度分权、机构多样性显著、机构间竞争极端激烈。作为天生的创业主义者，美国高校在面对资源紧缺、竞争激烈的外部环境时，必然能够敏锐感知市场变化，并及时寻求有利于自身改革和发展的途径。创业教育的实施符合了大学本身发展的需求，也满足了政府、学生、工业界等不同主体的需要。另外，拓展的资助渠道、开放的入学政策、紧密的大学与工业的关系以及产生分支学科的开放性也促成了创业教育项目在美国快速地、独立地发展。这种草根主义的发展路径使得美国高校创业教育能与高校的文化优势和特点紧密结合起来，呈现出旺盛的生命力。

2. 以特色为先导，力求多元发展

美国高校的创业教育得益于市场力量的驱动和高校自下而上的改革。市场化的驱动彰显了无处不在的竞争压力，争取最有潜质的学生、最优秀的师资和基金会的捐赠等成为一个创业项目顺利运行的关键；高校自下而上的改革而非行政化指令促使美国高校创业项目与自身优势、文化紧密结合，并使得创业教育的发展从一开始就具有社会基础、教师基础和学生基础。同时，在各种模式间和模式内部都体现出特色化的发展理念。首先，各高校创业教育模式的发展体现了模式创新与遵循传统的动态平衡。斯特里特教授在考夫曼基金会资助下对美国高校创业教育项目进行研究后发现，排名最靠前的 38 个项目采用不同的创业教育模式（各种模式的代表性大学如表 4-2 所示）。其次，选择同一种创业教育模式的高校也在不同校园文化和学科优势的引领下发展特色项目。美国高校创业教育正是在多样化创业教育模式的推动下，既保证了创业教育的广泛开展，又保持了创业教育项目的较高水准。

表 4-2　美国主要高校的创业教育模式

模式	代表性大学
聚焦模式	哈佛大学、伊利诺斯大学、宾夕法尼亚大学、西北大学
磁石模式	百森商学院、麻省理工学院、斯坦福大学、贝勒大学、卡内基梅隆大学、马里兰大学
辐射模式	康奈尔大学、仁斯利尔理工大学

3. 以校园创业文化建设为枢纽，推进高校整体改革

创业教育的成功开展需要有良好的创业氛围和文化。它不仅指对学生创新和创业精神的培养，而且还需要使大学本身也成为创业型机构。美国高校在转变文化价值取向、鼓励大学教员创业以及保持与工商界的密切联系等方面进行了不懈的努力。首先，在文化价值取向上，倡导学生的创业精神与商业潜能和传统的专业技能、学术研究能力具有同等的价值，鼓励学生创业。其次，高校鼓励大学教师将自身的学术技能和研究成果转化为知识产权、市场化的商品，尤其在工程学、生命科学、电脑科学等学科内鼓励大学教员广泛参与创业活动，甚至创办新公司，将新产品和新程序商业化。再次，校友通过资助创业中心的建立、担任高校的兼职教师、参与创业计划大赛（担任评委或者导师）、提供教学案例和思路等途径有效支持创业教育的开展。

4. 以创业教育为中心和主要形式，提倡跨学科发展

美国目前有 100 多个创业教育中心，它们的发展往往依托传统院系，从而保证了稳定的师资、经费和课程等供给。创业教育中心能有效地跨越传统的学术边界，成为高校与外界保持联系的重要纽带。这些中心在运行过程中贯彻跨学科发展思路，从而有效调动跨学科资源，并使得培养的学生能够更加灵活地适应不断变化的需求。如麻省理工学

院创业中心附属于斯隆管理学院，通过招收具有技术背景的学生来实现商业和技术的结合。这种跨学科的方式使得麻省理工学院毕业生创办的公司中，约80%能够应对市场的风险并生存下来。斯坦福创业网络的建立保证了斯坦福大学22个创业相关项目的交流与合作；同时，它还与商学院合作向学生提供跨学科的课程。

四、美国高校创业教育发展原因分析

第一，良好的社会环境使美国高校创业教育兴起。以下几组数据可以证明，在美国，每年新创建的企业大约有350万家，接近10%的家庭成员中最少有一个人真正着手于创办新企业，并且卓有成效。在这期间他们积极采取各种创业行动，如向律师咨询、与银行家探讨贷款事宜、与土地所有者探讨厂址等。由于创办的这些新企业事业发达，发展前景好，给创办者以信心，他们中有1/4的人表示，通过自己团队的努力想把它们发展壮大，变成有社会竞争力的企业。这都是源于他们丰富的经验和创业家庭背景。如在美国，接近一半的家庭有过创业的经历，并且更多的家庭成员在小企业工作过。因此，他们对创办新的企业信心十足，热情饱满，这也是他们良好的社会环境影响和熏陶的结果。

从经济总量来看，美国的所有小企业创造的GDP名列全球第三，总量比德国、英国、法国和意大利四国经济的总和还要多。

第二，坚定的创业精神促使美国高校企业教育繁荣。在美国为什么能有如此多的而且出色的创业者呢？美国巴布森商学院威廉·拜格雷夫教授曾说过，美国能做的事情，别的国家也在做，并且做的事情都差不多，但相比较而言，美国能做得更好，其优势在于美国人的创业精神。另外，美国人还善于创新，不是墨守成规，而是在原有基础上把事情做到最好，这就是美国创业精神的关键。创业精神是美国最重要的战略优势，同时也是美国自身的优势，这让任何发达国家都望尘莫及。

美国的创业型企业已经创造了无数的奇迹，创业家在激发美国经济活力、推动美国经济迅猛增长等方面扮演着重要角色，越来越得到人们的认可和全社会的共识。这些都源于美国创业教育的科学规范，因为美国大学的创业教育非常重视实践教学、案例教学、讨论式教学。教学内容丰富，教学组织形式多样，课堂教学灵活，气氛活跃，重视分组讨论和学生课题申请，更加注重学生深入实际，积极参加社会实践。创业教育中心充分发挥它的优势，利用它的职责和工作性质，给大学生提供和创造一切创业实践的机会。同时，创业教育中心特聘一些资深专家、教授、企业高层为大学生讲授创业课程，利用他们丰富的经验、渊博的知识启发和教育大学生行动起来，积极投身到创业中来。

五、麻省理工学院的创业教育

麻省理工学院创业教育的使命是"培育能够领导高新技术产业发展的带头人，通过跨学科中心，培育新思路、新方法以及领先的科学技术，孕育持续竞争力，实现国家和全球的繁荣昌盛"。在招生和录取原则上，麻省理工学院体现出了创业教育的培养目标。

在录取过程中，除了学习成绩，学校还特别看重学生是否具备成为领导者的潜在特质，例如自信心、影响力、冒险精神，这些特质往往使得学生能够突破传统，并在今后加入或创建公司时能承受住创业风险和创业压力。麻省理工学院特别将冒险精神作为创业成功的必要条件，强调失败是一种经验和机会，学生承担起创业风险，学习如何从失败中获得经验的能力是创业的关键。这样的培养目标在某种程度上有利于麻省理工学院创业意识的形成和潜移默化。

1. 麻省理工学院的创业教育体系

（1）师资队伍

师资在很大程度上决定了一所学校的教育水平。麻省理工学院的教授一直以来都有着为企业提供咨询服务的传统。虽然在19世纪末学校强烈反对教授对外从事企业咨询工作，但最后还是形成了"五分之一原则"，即在保证教师教学和学术活动的同时，鼓励他们五个工作日中有一天可以参与企业咨询活动。这使得教授向企业出售知识的行为得到了学校的官方认可。而教授们的这些行为习惯也日益发展成了麻省理工学院教师队伍的创业素养，越来越多的教学科研人员开始走向市场。"对于那些能够抽出部分时间为企业效力，能够为学生找到工作又能同时继续自己的研究的教授，已经成为典型的MIT学者"。麻省理工学院的凡尼佛·布什（Vannevar Bush）教授的职业生涯规划历程就是从教授、企业咨询师发展到公司创建者，利用教学研究的业余时间将自己的研究成果推向市场。对于创业教育教师的角色，他总结道："我曾经是一个教授，也是公司的顾问。两者相结合可以让我走出象牙塔，为我的教学注入一股全新的活力，并且也能够帮助我的家庭积蓄财富。"

对于教师的聘用、晋升和考核，麻省理工学院的标准也不仅是要求有高层次学术造诣的一流专家，还要考量这些教师在教学研究之外是否积极参与到企业的发展或者自己能否创建公司。在麻省理工学院，已经形成了一种院系文化，教授们尽可能少地在科研上从学校获得帮助，因此宽松的科研环境使得教授能较自由地与企业合作，同时也开阔了学生的视野，提高了教育质量，创业形势方兴日盛。

因为麻省理工学院的教授亲自为公司提供咨询服务，献计献策，所以能够更深层次地了解创业的过程，他们将这些认知、理念与经验纳入创业教育课程中，有效提升了创业教育理论和实践结合的高度，解决了创业理论与实践脱节的问题。

在麻省理工创业中心，也有一批经验丰富的终身教职员和兼职教师队伍。1993年，麻省理工学院就将首批全职教师队伍纳入创业计划之中，并拉开了创业教育"双轨型教师"的帷幕，逐渐扩大课程与教师队伍供应，将创业学者与成功企业家和投资家联系在一起，为潜在的创业者提供课堂教学和咨询辅导。这些专业教师不仅有着深厚的学术背景，而且都有过在公司咨询的经历或者创业经历，他们有着创业领域的前瞻性，对创业教育的研究热点、发展方向等有良好的预见力和洞察力，并且他们的创业教育理论造诣深厚，学术成果颇丰。"从1996年到2001年，他们在《自然》等权威刊物上发表有关创业的文章至少 18 篇，出版相关著作至少 8 本。"与此同时，创业中心也注意吸收校外一些创业家、企业高管、风险资本家等具有创业或企业实战经验的资深人士，以短期讲座的形式来做兼职教师。麻省理工学院还非常重视创业教育的师资队伍培训，定时组织研讨交流会，根据创业教育的最新需求及时更新和开拓教师的实践培训和研究领域。创业中心的教师为学生搭建信息沟通的平台，实现创业知识的共享，侧重对学生创新精神、领导潜质、创业意识和理念的培养，正是因为这样的教师队伍，麻省理工学院的创业教育和实践活动才得以蒸蒸日上。

（2）课程设置

麻省理工学院创业教育开始的标志是理查德·莫斯（Richard S.Morse）教授在 1961 年开设的第一门创业教育课程——"新企业"，这门课为新公司的成立奠定了商业计划发展的基础。1996 年麻省理工学院设置了创业中心，为学生提供创业课程以供其自由选修，不限于院系，也不限于主修、副修课。麻省理工学院创业课程的愿景是培育新一代创业领导和精英，通过十几年的建设和发展，创业中心在 35 门创业课程的基础上，每年还增设 2～5 门新课程，这些课程是"新企业""创业实验""生物医药企业的战略决策""创业组织的设计和引领""发展型创业"等。具体课程的分类如表 4-3 所示。

表 4-3　麻省理工学院部分创业教育课程体系设置

序号	课程类型	课程名称
1	学术类创业课程	没有边界的创业（Entrepreneurship without Borders）、管理技术创新与创业（Managing Technological Innovation &Entrepreneurship）、企业创业（Corporate Entrepreneurship）创业组织的设计和引领（Designing & Leading the Entrepreneurial Organization）、创业金融（Entrepreneurial Finance）、生物医药企业的战略决策（Strategic Decision-Making in the Biomedical Business）、软件企业商务（The Software Business）、电信竞争（Competition in Telecommunications.）
2	实践类课程	新企业（New Enterprises）、技术销售与销售管理（Technology Sales and Sales Management）、早期资本（Early Stage Capital）、社会创业（Social Entrepreneurship）、发展型创业（Developmental Entrepreneurship）
3	团队项目型创业课程	创业实验（Entrepreneurship Laboratory）、全球创业实验（Global Entrepreneurship Laboratory）、创新团队（Innovation Teams）

创业中心的创业课程体系涉及面非常广，都是当前创业学和创业教育研究与实践的前沿课程，涵盖了创业过程的周期，打破了专业之间的界限，实现了跨学科和多学科的相互渗透。学术类创业课程为学生提供了一个创业教育的基本学科基础理论，形成纵横交错的知识网络构建，如"没有边界的创业""创业金融"等，此外还包括某些行业领域内的创业教育课程，在专业领域内探讨如何创建企业与资金募集等问题，如"生物医药企业的战略决策""软件企业商务"等。实践类创业课程是让学生在课堂上将创业想法形成创业计划，并为准备创业的学生配备创业所需的策略、财务、管理、销售等技能方面的指导与培训，如发展型创业课程邀请相关人士到课堂上演讲有关创业方面的最新动态和课题研究，打开学生的创业视野，此外还有最早开设的"新企业""早期资本""技术销售与销售管理"等。除了学术和实践为导向的创业课程对创业主体有重要影响外，还有第三种团队项目型创业课程，如"创业实验""全球创业实验"等，这类课程中，学生以4~5人组成一个团队，最可取的组合是包括了管理、科学和工程领域的成员，最终解决在创业组织中的实际问题，同时也为学生提供在国内外公司企业实习和操作演练的机会，亲身参与到企业管理和实践中去，体会公司建立与运转的过程及出现的问题，这类课程很大程度上是依靠成功的创业家和风险投资家发展起来的新兴课程。这三种类型的课程构成了创业教育领域中的基础，每年三种类型的课程都会有所增加。

从以上创业课程的开设来看，一方面体现了麻省理工学院所秉持的增强学生创业意识、启发学生创业思维、培养学生独立探索和自主创业能力的理念，另一方面也体现了课程设置的实践性非常强，将课堂的理论知识与校内外各项创业活动建成巨大的网络构架，与产业界形成积极合作的联盟关系，加强教学与实践的紧密互动，学生的创业能力在其中得到了充分的发掘和调动，也获得了许多有价值的经验和启示。创业课程的师资也很明显地体现了其实践性——目前创业中心的教学团队分别由17个以学科为基础的资深的学术教授和17个具有成功企业家和创业资本家性质的实践讲师来向管理学、经济学、文学、农学等多个领域的千名本科生和研究生教授30多门创业课程。

1. 麻省理工学院创业教育教学体系

在教学授课方面，麻省理工学院突出的特色就是教学方法多样，并且非常注重邀请校友分享创业经验。麻省理工学院开展创业教育的教学方法会随着其教学内容的变化而做出相应调整，但最主要的还是以案例教学法为主。

案例教学在创业教育理论与创业实践活动之间搭建了一个平台，使理论与实践很容易结合起来。在案例教学法中，教师会将大量成功的创业案例引入课堂，为学生创业树立典范，同时学校也会邀请企业家来为学生提供指导与交流，模拟创建公司，对学生进行实战演练，将学生引入到企业运行的真实环境中，帮助他们解决在创业实践中可能出现的各种问题，如法律、公司运作、专利产权、市场营销、财务管理等，加强学生的表达能力、谈判能力、说服能力、处理问题的应变能力、对新事物的敏感度等。在课下，学生必须每天晚上研读2~3个案例，每个案例准备的时间至少2个小时以上，并要做好笔记，这都需要学生具备超强的学习能力和毅力。最后，学生还要独立完成一份商业策划书，以一种真实的意境培养学生的创业意识和创业能力。这样的案例讲授方式，使学生在课堂上不是填鸭式地、消极地接受教师单方面的知识疏导，而是积极参与课堂的讨论，将各方面的知识调动起来，这样留在脑海里的知识便不会轻易忘记。案例教学为学生提供了真实的商业环境和训练，以帮助他们在更高层面上形成对商业问题的判断，制定创业行动计划，解决创业困境，可以说这样的教学方式是非常行之有效的。

2. 麻省理工学院创业教育实践项目和社团

麻省理工学院的创业教育坚持理论课程和创业活动的良性互动，在校园内形成了越来越多与创业相关的实践项目、组织和学生社团。如果说单凭系统的课堂理论知识，学生们很难碰撞出创新和创业的火花，很难解决现实的创业困境。那么通过这些特色鲜明、丰富多样的第二课堂，开展各项活动，可以将学生已有的创业知识转化为在现实案例中解决问题的能力。

麻省理工学院创业教育的实践项目有很多，具体见表4-4，其中最著名的就是MIT 10万美金创业大赛。这些项目或者社团组织为那些对创业感兴趣的学生、校友或其他创业者提供了一个广阔的交流、竞技、分享的良性互动平台。

表4-4　麻省理工学院创业教育实践项目及社团

序号	实践项目或社团名称	核心内容
1	10万美金创业大赛	激励师生及科研人员参与创业竞赛，挖掘创业新点子，建立储备的优秀公司
2	全球创业工作室	为学生搭建起创业资源分享与信息交流的平台
3	创业者俱乐部	为现有和潜在的创业者提供招商引资的机会，促进学术界和产业界的联盟
4	风险投资与私募股权投资俱乐部	为俱乐部成员提供与产业界高管、专业投资人员交流互动的机会，深入了解风险投资和私人直接投资
5	创新俱乐部	鼓励学生创新创业，帮助他们产生新的想法，并付诸实践
6	科学工程与商业俱乐部	为科学工程领域的学生提供与产业界交流的机会和业务拓展网络，了解关于产业发展的趋势和商业运行机制
7	房地产俱乐部	为对房地产感兴趣的学生提供与产业界交流的机会和业务拓展网络，了解关于产业发展的趋势和商业运行机制

（1）MIT 10 万美金创业大赛

美国高校的创业大赛最早源于 1983 年德州大学奥斯汀分校的两名学生发起的首届创业计划大赛，至此，创业大赛风行世界各个大学，现在以麻省理工学院 10 万美金创业大赛最负盛名，表现出了极大的商业价值。在麻省理工学院，学生们之间打招呼都会问及是否参加了创业大赛，创业氛围非常浓厚。

MIT 10 万美金创业大赛开始于 1990 年，由麻省理工学院创业论坛和斯隆管理学院的新企业协会创办。在第一届比赛中共有 54 支队伍进行冠军的角逐，获得冠军的队员得到了 1 万美元奖金，亚军和季军分别是 3 000 美元和 2 000 美元，比赛的奖金发展到现在是 10 万美元。创业大赛的整个过程由经验丰富的企业家、风险投资家和法律顾问来评判、指导和监督，比赛分三个阶段进行：一是"电梯演讲竞赛"，即产生创业想法的过程；二是"执行摘要竞赛"，即竞赛团队的组建和磨合过程；三是"商业机会竞赛"，即通过培训、指导和完善创业计划后准备进入市场的过程。学生通过创业大赛的平台，将具有市场前景的创业想法通过深入、广泛的市场调研，继而形成可行性的商业报告，在竞赛人员之间组成学科交叉、优势互补的竞争团队，并接受创业大赛组织提供的融资、法律、管理、公关、人脉、媒体宣传等方面的指导、培训和支持。从某种程度而言，创业大赛实现了高校、企业、学生之间的良性互动，此外还为新兴公司提供了重要的创业资源，例如，成功创业人士的专业辅导和信息反馈、潜在投资者的支持和关注、广泛的创业人脉网络、大量的媒体宣传和报道等等。

创业大赛从创办至今已有 20 多年的历史，培养了众多优秀的创业人才，也获得了令人瞩目的成就。麻省理工学院的学生创建的公司中有许多就是在创业大赛中产生的。"2008 年的创业大赛共诞生了超过 85 家企业，到现在，这些企业为国民提供了 2 500 份工作，同时也获得了 6 亿美元的资金投入。"且近年来，从创业大赛中孕育的公司几乎每年都会增加 5~6 家，甚至有相当数量的比赛项目被一些高新技术公司以上百万美元的价格订购。"这个项目目前已吸引了毕马威国际会计师事务所、汤森路透集团等国际知名企业和机构的赞助，每年奖金总额为 35 万美元。赞助方的兴趣之高，本身就体现出了这个项目的价值。"并且从创业大赛中直接孵化出来的新兴公司，其发展速度和质量也非同可比，年发展率通常在 50% 以上，一些公司甚至在短短几年中已经发展为资产数十亿美元的领军企业。剑桥的一家咨询公司做了一项调研，结果表明，"在美国表现最优秀的 50 家高新技术公司中，有 46% 出自麻省理工学院的创业竞赛。"根据《创业的影响：麻省理工学院的角色》中的统计数据，"截至 2006 年，共有 105 家公司产生于 MIT 10 万美金创业大赛，其中有 22.8% 的公司已经成功上市或被收购，23.8% 的公司仍作为私人公司经营着，20% 的公司已不再营业，34% 的公司由于数据缺失而无法统计，但即便我们假设这些数据缺失的公司全部经营失败，那也仍有 46.6%（甚至更多）的公司能幸存下来或者被收购，这样的存活比例在全世界的创业公司中都是令人惊异的，MIT 10 万美金创业大赛中诞生的公司已经获得了 7 亿美元的风险投资，至少 24 家公司被收购，其中 7 家公司的收购总额就超过 24 亿美元。"

（2）其他实践项目和组织

此外，还有许多其他创业实践项目和组织扮演着知识传授和创业活动之间的纽带。例如创业者俱乐部、全球创业工作室、风险投资与私募股权投资俱乐部等。全球创业工作室是麻省理工学院的学生会主席于 1998 年创办的，分布于全球多个不同国家。在这个工作室，麻省理工学院的学生团队将自己学到的创业课程带给世界各地的创业学术机构。目前，工作室已经在新加坡、西班牙、澳大利亚、印度、中国、英国、阿根廷等国家开展了活动，通过高校带动创业教育的形式将麻省理工学院的创业教育经验传授出去。与"官方组织"相比，这些社团组织的角色定位相对比较单一，主要是网络组织者，通过展开各种各样的活动，他们将对创业感兴趣的、来自不同学科的学生、校友和相关人士聚集在一起，在产生创新和创业的火花的同时形成良好的创业网络。

3. 麻省理工学院创业教育的特点

（1）鼓励创业的大学使命和院系文化

"一种创业型文化的发展，可以看作从理念（idea）到信念（belief）、到文化（culture）、到传奇（saga）的运动。"麻省理工学院创业教育的成功与其追求卓越的创业理念和鼓励创业的院系文化紧密相关。

麻省理工学院的校训是手脑并用，将知识和实际应用相结合，创新世界。麻省理工学院在教学活动中十分在意对实践能力的培养，强调"心智"和"手力"相融合，将学术研究与行为实践完美结合在一起。"投资搜狐第一人"、斯隆管理学院权威教授爱德华·罗伯特在清华大学做演讲的时候说："麻省理工学院以一种重要的独特性培养了麻省理工学院的一种文化，那就是许许多多有才华的学生、教师，甚至行政人员在他们人生当中的下一步会考虑根据自己的愿望创办公司。"在麻省理工学院已经形成了一股自由创业的风气，学校为学生提供各种创业条件，提倡学生将科研成果转化为生产力，最终实现它的经济价值，鼓励潜在的创业行为和创业者。

早在麻省理工学院第一任校长罗杰斯建校之初就积极推进学校与企业的合作与联系，后任几届校长通过努力将罗杰斯的"大学推进区域经济发展"理念付诸实践，"创建了像纽带一样联系学术界和企业界的风险基金公司，为学术公司的创建者提供种子基金和商业咨询"。1979 年，麻省理工学院的大卫·伯奇（David Birch）教授通过对当时经济模式发展的深刻洞悉，撰写了《工作产生过程》的科研报告，这份成果具有重要的转折意义，文中以大量真实有效的数据创造性地反驳了只有大型企业才能创造新的就业机会、才是经济支柱的观点，强调了创业可以提供更多的工作机会，以及创业对经济发展的深远意义。这引发了学校和学界对创业教育的充分探讨和重视。麻省理工学院的创业文化也开始逐渐形成起来——从斯隆管理学院的一门边缘学科发展到开始在全校开展系统的创业教育。在学校高层决策和有志于创业人士的长期影响下，麻省理工学院创造了充满活力的创业文化氛围，制造了一个个令人惊叹的创业奇迹。麻省理工学院上任校长苏珊·霍克菲尔德这样描写校园里的创业文化:"它是 MIT 的特征,并且是通向未来的钥匙,MIT 的强烈创造力、激情、热情和活力激励着这里的一切 —— 创业理念、创新精神和探索的动力。"

另外,麻省理工学院还有许多创业论坛和相关报刊等为学生创业提供信息分享、学习交流的平台,例如全球创业工作室、麻省理工学院企业论坛、《科技创业》《MIT 技术转移工作室建议》《斯隆管理评论》《MIT 冲击创新研究报告》等,这些不仅为麻省理工学院创业活动提供最优质的资源共享服务,而且对其浓郁创业文化的形成奠定了坚实基础。

1)良性循环的创业生态系统

最早提出麻省理工学院"创业生态系统"概念的是凯瑟琳·邓恩,她在《创业生态系统》一文中说:"麻省理工学院的创业教育和培训已经不局限于斯隆管理学院,而是发展成了培养学生创业精神的几十个项目中心,它们共同致力于创业生态系统的延绵发展,更加深入地促进了高校创业活动,为本地区乃至更广泛区域的经济和社会发展做出了贡献。"创业生态系统建立在麻省理工学院的悠久历史和"手脑并用"的校园文化之上,注重实用性的传统理念让麻省理工学院一直与工业界保持密切联系,包括鼓励教职工在校外做企业咨询,甚至在 20 世纪初就允许教授创办公司。

麻省理工学院的创业教育体系将校内创业理论课程与创业活动有机结合起来,加强校企合作,加快知识成果的转化,整合了与创业相关的资源和要素,包括创业课程、创业活动、创业项目组织和中心、学生社团等。科研资源禀赋、高层领导决策支持、优越的地理位置等基础性资源为麻省理工学院的创业教育奠定了坚实的基础。创业中心开设的聚焦于"技术创业"的 35 门课程,为想创业的学生和校友提供指导和服务,鼓励学生和院系参与创业活动,输出创业人才。

围绕着创业中心还有许多其他项目中心或学生社团,为创业教育提供可靠的后勤保障,使学校的科学研究、创业人才、外部资源与校外对接起来,形成一个融合了学校、市场、政府的创业聚合体。例如,技术授权办公室成立的原因是因为学校的创业活动着重以高科技产业的知识型创业为主,所以,专利的申请、保护和转让显得尤为重要。麻省理工学院技术授权办公室持续引领着美国大学创办公司和专利申请,鼓励学生、教师和校友积极主动公开专利技术信息,并对专利的市场价值进行估算,然后获取知识产权。麻省理工学院的创业学子们非常注重专利技术的保护。根据该办公室提供的数据,"2011 年这里共见证了 632 项发明诞生、153 项专利认证,发放了 79 家企业许可证、110 项商标许可证,同期,该办公室收入达 8 540 万美元,包括专利费 6 960 万美元。"创业辅导服务中心为学生提供贴身的创业辅导;孵化基地为学校和企业提供创业风险资本和平台,促进科研成果的转化。

整合的创业文化也始终作为一种内在动力机制贯穿于麻省理工学院的创业教育和活动中,为创业者提供了陶冶、凝聚、激励和导向功能。这些资源和要素之间密切联系,不断交错拧成一根绳,形成了彼此关联、良性循环的创业生态系统,从点到面,将创业教育辐射到整个校园。

此外，在麻省理工学院向外界不断输出创业人才和创业成果的同时，也相应获得了优惠政策、资金、人脉、媒体曝光等各方面的社会资源回馈与支持，使得高校创业教育与政府、市场之间展开深度合作，继而形成长期双赢模式，最终实现三者的良性循环。

2）积极与企业界保持合作与联系

麻省理工学院是最早提出并贯彻与政府和企业密切合作方针的大学。建校之初，麻省理工学院校长罗杰斯就强调，学校应加强与社会企业界的沟通和接轨。在麻省理工学院，有一个"企业联络计划"，这是实现大学与国内外企业合作非常成功的一个案例，被学界称为"麻省理工模式"。"企业联络计划"将学校的实验室、跨学科研究中心对外开放，与150多家企业开展技术交流与合作，积极、主动地联络企业界，为其服务。一方面，师生可以通过该计划的各种咨询和培训活动与企业展开广泛的项目合作，得到历练和考验。另一方面，企业的高层管理和成功的创业者也作为应邀专家到学校参与教学和学术交流活动，学校的科研也能获得产业界源源不断的支持。

在麻省理工学院还有两门众所周知的课程，"创业实验"和"全球创业实验"。"创业实验"是学生们从波士顿地区的新公司中选择一些常见的经营问题，如团队管理、项目分析、客户关系等，通过市场调研工具、共享进度报告等方式共同处理难题。通过这种学习方式，学生能够加深团队合作意识并学会如何处理创业初期遇到的棘手问题。"全球创业实验"课程开始于2000年，每年秋季开学后，学生所组成的创业团队便与目标公司就管理目标、经营项目等展开实质性的背景研究。到了麻省理工学院1月份的"开放式独立活动"期间，学生团队就去世界其他国家展开为期三周的"团队实习"项目，2月份到3月份之间便能完成项目计划和评估工作。这一全球性的创业课程为创业学子们提供了一次国际化的创业实践经验。"在该课程实施的7年内，来自18个国家的185家公司'雇佣'了810名来自麻省理工学院全球创业实验计划的学子们。"

为企业提供咨询和服务也一直是麻省理工学院坚持下来的传统。学校在20世纪30年代设立了"五分之一原则"鼓励教师对外进行咨询活动，这点与其他很多院校同产业界保持距离有很大不同。麻省理工学院电子工程系的主任唐纳德·杰克逊在1910年说道，麻省理工学院"乐于在大制造商和其他商业公司的赞助和支持下，承担一些更有特色的商业研究"。

麻省理工学院积极与企业界保持合作与联系还表现在参与波士顿128公路的建设上，可以说128公路是麻省理工学院与企业保持合作与联系的一面镜子。128公路修建于1951年，是美国马萨诸塞州波士顿西区的一条长108公里的半环形高速公路，沿公路两侧聚集了星罗棋布的软件、通信、国家研究所、生物技术、计算机等高新技术产业公司和研究机构，形成了世人瞩目的电子工业中心。麻省理工学院在128公路设立了许多重要的实验室，并为这些公司和研究机构提供科研和技术等方面支持。"在20世纪60年代，麻省理工学院的许多工程系和科研实验室至少创办了175个新企业，包括林肯实验室的50个企业和检测仪器实验室的另外30个企业；到1975年，128公路联合体雇用了近 10 万工人，并组成了一个非常坚实的大学和工业的集团。"在 128 公路的建设和发展中，麻省理工学院起到了"源泉"和"灵魂"的作用，为其提供了预备创业领袖、创业骨干，128 公路上的许多公司都是由麻省理工学院的师生独立创办的。

（2）完善的创业保障体系

1）美国政府支撑平台

（a）美国政府在创业教育保障方面提供的支持

1980 年，制定相关法律法规为高校创业提供良好的政策环境。

1980 年，美国政府颁布了《拜杜法案》，其中的条例是："允许美国各大学、非营利机构和小型企业为由联邦政府资助的科研成果申请专利，拥有知识产权，并通过技术转让而商业化。"这项法案对于美国的创业活动起到了一个举足轻重的作用。它将政府所资助的研究成果的专利转让给高校，使得高校能够加快高新技术成果的转化并向市场推广，保护了高校创业的合法权益，促进了产业界与高校之间的联合。

美国政府还积极为创业者提供税收减免的优惠政策。例如 1981 年修订的《经济复兴税收法》中，"将涉及小企业的个人所得税率下调了 25%，规定雇员在 25 人以下的企业，依照个人所得税税率缴纳，而不是按公司所得税的税率纳税。税法还把资本收益税的最高税率从 28% 降至 20%，后又对创新型小企业减至 14%。"此外，还有 1974 年的《青年就业与示范教育计划法》、2010 年的《中小企业税收减免法案》等都减轻了高校创业者的税收负担，有力地催生了高校中小型企业的创建，充分体现了美国政府在支持高校创业中不断做出的调整和努力。

（b）成立相关机构为高校创业者提供全方位的项目支持

1953 年，美国政府成立了专门针对中小企业的管理机构——小企业管理局（Small Business Administration，简称 SBA），它是当前美国最大的公共创业风险投资机构，其职责是为中小型企业提供融资、培训、技术服务等广泛而专业化的支持。此外，小企业管理局还通过契约招标的方式帮助中小型企业获得政府采购项目，来支持中小型企业的发展。"1990 年美国联邦政府的 1 912 亿美元的订货合同中，有 32.9% 是与小企业签订的。"可以说，小企业管理局是美国政府支持高校创业的一个核心机构。

为帮助中小企业提供长期债务融资，美国政府还拨款成立了"注册开发公司"（Certified Development Company），可为中小型企业提供最高限额为 130 万美元的贷款。其中企业自身提供借款总额 10% 的资金，商业借贷机构（如银行）提供 50%，小企业管理局提供 40%。

此外，美国政府还设立了小企业投资公司（Small Business Innovation Research Program，简称 SBIR），为新兴企业提供风险投资和扶持。美国教育部、财政部、内务部和劳工部等 10 个部委每年从它们的研发经费中拨出 2.5% 作为支持中小型企业创业的低息援助基金，再加上小企业投资公司募集到的资金，共同帮助新兴企业进行股权或债券投资。"2002 财政年度，小企业投资公司提供股本或债权投资总额 266 亿美元，向近 2 000 家不同行业的小企业完成 4 000 多笔投资。"

（c）设立创业相关的公共基础设施

麻省理工学院良好的创业形势与美国政府决议修筑 128 公路并提供研发经费的带动作用是分不开的。在 128 公路发展的高峰期，美国政府就源源不断地投入大量资金，对于麻省理工学院的创业给予了不可忽视的资助。二战结束不久，128 公路仅仅从美国国防部就拿到了高达 60 亿美元的订购合约，此后，128 公路的企业在之前的订单金额上每年又增加了 10 亿美元，并获得了美国政府优先采购权。

（2）多渠道的创业资金来源

麻省理工学院创业教育的发展壮大以及师生创业初级阶段都离不开多渠道的财政资助。学校自身在积极寻求资金源的同时，也获得了政府和社会等多方面的经费保障。

（a）政府资助

美国联邦、马萨诸塞州地方政府设立了多家基金会，并通过创业大赛奖金、论文奖学金、捐赠等多种方式为高校创业者提供新办企业、技术研发所需的创业教育基金。1951 年，科尔曼基金会的成立标志着美国首次以政府的名义设立资助创业教育的基金会。自此，各种基金会相继成立，其中值得一提的就是考夫曼基金会，它是全球专项支持创业教育发展的规模最大的基金会。"基金会运作的经费近 21 亿美元，是美国第 30 大基金会，每年用于资助创业、项目开发的相关支出约为 9 000 万美元，这个项目开展跨校园的创业教育，涵盖美国 19 所不同类型的大学。"

（b）学校创业项目和中心提供的各种赞助

麻省理工学院创业教育的自身运作也获得了大量的创业教育资金源。例如，"MIT 德什潘德技术创新中心已为 90 余个项目提供了 1 100 万美元的资金，其中 26 个项目已发展成熟，并逐步脱离了中心的扶助，进入实际商业运作层面，它们目前已吸引了超过 3.5 亿美元的投资，在创业阶段，该中心提供的资金支持少则数千美元，多则数十万美元"。技术授权办公室通过每年的技术许可费提供 7.5 亿美元的创业赞助金，此外还有 Lemelson 项目、创业大赛、风险投资机构等也提供了一笔可观的创业基金。

（c）社会捐助和完善的创业融资体系

社会捐赠是麻省理工学院创业教育资金来源的一种，虽然不算是长期稳定的收入，但在经费总额中也占据了不少比例。麻省理工学院每年都能从企业、校友、私人等捐赠中获得创业教育资金的灵活性收入。

对于高校中融资能力有限的学生来说，创业初期所需要的资金往往很稀缺，并且创业风险也大，因此，完善的创业融资体系就显得非常重要了。美国是世界上创业投资做得最出色的国家之一，拥有成熟的资本市场，同时也充分调动了民间风险投资资金。20 世纪 50 年代初，马萨诸塞州的一家国民银行就开始为创业初期的公司提供可谓高风险的融资贷款。20 世纪 80 年代后，马萨诸塞州才陆续成立专业的风险投资公司。

美国的金融机构可以为创业初期的中小型公司提供两种金融赞助方式。第一种是贷款计划，贷款额度在 100 万美元以下的，全国有大约 7 000 家商业银行为这些中小型公司提供利率不超过 2. 75% 的贷款；第二种是"一条龙资本商店"，即为早期的创业提供资金援助、战略支持、信息服务等方面的资助。此外，高校学生还可通过信用卡借贷来为创业融资。YouTube 的创立者之一杨士骏在公司建立初期，通过每月用信用卡透支 1.8 万美元来解决短期流动资金困难的问题。

六、斯坦福大学的创业教育

斯坦福大学创业教育的蓬勃开展与其大学的历史和使命是密切相关的。培养师生的创业精神是斯坦福大学的重要使命之一。事实上，斯坦福大学从成立之初就具有西部的先驱精神、创业精神，愿意大胆承担风险。在巨大的社会需求、学校领导的高度重视及外部社会力量的有力支持下，在秉承斯坦福大学注重实业办学理念的基础上，斯坦福大学创业教育得到了蓬勃开展。

1. 斯坦福大学创业教育体系

（1）师资队伍

为推行创业教育，斯坦福大学十分注重物色最优秀的教师，决不要那种徒有虚名或游手好闲的人担任教授。要成为斯坦福大学的教授必须通过三道大关：第一关是签订为期 3 年的助理教授合同，期满后经过审查，合格地再经过 3 年实践才有资格晋升为副教授；第二关是职位的社会竞聘，往往校内外五六十个竞争者争聘一个副教授的职位；第三关是看他的业绩能否达到世界一流水平，学校会把教师的个人情况公布给世界各个著名大学和研究机构，只有被认可，才能够开始教授生涯。

在此思想指导下，聚集到斯坦福大学的教师都是一流的。目前，斯坦福大学有教职工 1 534 人，其中 61% 的人取得终身教授资格，208 人为全国艺术和科学院院士，110 人为全国科学院院士，70 人为全国工程院院士，20 人为全国教育院院士，18 人获得过诺贝尔奖，4 人获得过普利茨奖，20 人获得过全国科学金质奖。除了这些精明强干的专职教师队伍外，还从国内外企业聘请一批优秀科研人员任该校的顾问教授，让他们承担一部分教学任务，同时还不定期地请创业成功人士、投资家到学校演讲。这种多元化的、精干的师资队伍为创业教育的实施提供了重要保障。

同时，斯坦福大学的教授要负担学生的一部分学费，博士和硕士要协助教授开展教学和科研活动，教授要负担他们的一半学费作为劳动的报酬，绝对不能像一般大学那样无偿地使用学生的劳动成果。这样就要求教授必须千方百计地筹措到足够的科研经费。而教授筹措经费的重要手段，则是同企业建立密切的产学关系，不断地接受企业委托的各项研究项目。著名的英特尔公司，每年都要向斯坦福大学注入大量的委托研究资金。该公司把 5 年内难以进入实用化阶段的研究，几乎都委托给大学，而公司从他们的研究成果中挑选出可以在几年内投入应用的项目深入开发。斯坦福大学的教授通过为企业进行基础性研究不仅聚集了一些优秀的科研人才，同时也保证了科研活动的实践性。

（2）课程构建

1）斯坦福大学在课程体系构建中始终坚持三个基本原则，即文科和理科结合、教学和科研结合、文化教育与职业教育结合，这"三个结合"体现了创业教育的基本要求，也为较完善的理论教育课程体系的形成提供了理论基础。其具体内容包括：一是将创业教育渗透到课程设置当中，主要体现在基础课和综合课上。在基础课方面，注重拓宽基础性课程，减少专业课程，打破专业间人为的壁垒，把基础教育与专业教育紧密结合起来，以加强学生的通识教育。例如，在 20 世纪 90 年代初，斯坦福大学地质学院的地质系开设了 180 门左右的课程，为开展通识教育铺平道路。在综合课程方面，增加综合性课程，即开设科学技术与社会科学等综合性跨学科课程。课程设置充分体现文、理、工相互渗透，鼓励学生选修其他领域的课程。如法学院的学生可以到其他学院学习辅助课程，法学教授可在其他学院兼课，反之亦可。在 20 世纪 90 年代初，斯坦福大学有超过 34% 的本科生和 13% 的研究生在文理学院学习深造，在文理学院的选修课占总课程的 23%。同时，斯坦福大学也开设了大量的综合性跨学科课程，如非洲和美洲研究、宗教研究、国际关系研究、组合学研究、人类生物学、人工智能和语言研究、生物电子学等综合性跨学科课程。二是单独开设创业课程。斯坦福大学开设的创业课程共有 17 门，有 90% 的学生至少上过某一方面的创业课程，其课程已涵盖了建设一个企业应涉及的方方面面，包括如何融资、组织资源、招聘员工等一系列问题。

2）形成了较完善的教育实践体系。该实践体系主要注重科研能力和职业技能的培养。在学生的科研能力培养方面，主要通过两种途径加以实现：一是每周安排各类研究讲座，其中有些讲座可以登记学分；二是鼓励学生参加科研活动，允许学生参加校外的协作项目，目前有很多学生和教师在规模最大的斯坦福电路系统研究中心工作。而对学生职业技能的培养则是通过以下四种途径加以实施：一是重视实验教学和现场模拟教学；二是各院都安排学生承担一些配合正课学习的工作任务，此外，大部分学生至少还有一项额外工作；三是建立社团，为学生提供各种锻炼机会，如法律资助协会，让学生为学校附近地区的贫困居民提供法律上的帮助。这为学生提供了锻炼的机会，也使其进一步了解了社会，类似这样的团体有很多；四是重视产学研合作教育，并把产学研合作教育作为一项制度加以贯彻实施。通过产学研合作建立起来的硅谷为斯坦福大学提供了充足的实训，在这里，实验基地和研究、开发基地为师生创业搭建了一个广阔的平台。教授们可自办公司或在各公司兼职，学生们也可在各公司实习甚至自己创办公司，而且师生的研究成果很容易迅速转化为成果或产品。就是这种真实的创业环境极大地激发了师生的创业热情，增强了其自信心，提高了其创业技能。

3）斯坦福大学的主要院系都开设了创业方面的课程，其中商学院和工学院的创业教育最为完善，已发展成为非常有特色的专门项目。斯坦福商学院将 MBA 学生的培养目标定为：领导力（Leadership）、创业精神（Entrepre-neurship）、全球视野（Global awareness）、社会责任心（social accountability）。为了更好地实现其目标，斯坦福商学院于 1996 年发起成立了创业研究中心，来整合商学院已有的创业课程和研究资源，这成为斯坦福商学院后续成立的研究中心的参考模板。目前，斯坦福商学院创业研究中心已经开发了 21 门创业学课程，特别热门的课程有"创业管理""创业机会评价""创业和创业投资""投资管理和创业财务""管理成长型企业""高科技企业的战略管理"等。这些课程主要面向 MBA 学生，同时也有一小部分课程对其他院系开放。中心每年还开发不少新的教学案例。

另外，医学院、法学院和教育学院也开设了 1~3 门不等的创业方面的课程。斯坦福大学的美国—亚洲技术管理中心也开设了"在面临亚洲的国际化挑战下，高技术产业的跨地区合作"系列讲座性质的课程，该课程对所有师生和社会人士开放，讲座结束后，该中心还为大家提供茶点，给大家提供进一步交流的空间。

斯坦福大学创业教育方面的课程特点非常鲜明：理论与实践紧密结合，学院与业界良性互动。例如，"创业管理"课程每节课都由 2 位老师（正式的教授 + 有丰富创业和企业管理经验的客座教师）一起上，而"创业机会识别"和"技术创业"则由 3 位有丰富创业和企业管理经验的客座教师共同开设，其中"创业机会识别"的任课教师还专门为选课同学组成的商业计划开发团队聘请有丰富创业和创业投资经验的业界资深人士担任指导，后者每月定期和团队成员见面，并提出具体建议和指导。"创业管理""管理成长企业""高科技企业的战略管理"等 MBA 课程全部是案例教学，而且，案例的主角（创业企业家或者创业投资家）通常都会来教室，最后 30 分钟以自己当年实际的经历和决策过程对同学的案例讨论进行点评。有的课程，如"创业管理""管理成长企业"，在课程结束后会安排企业家或创业投资家与同学一起午餐交流，这在美国绝大多数 MBA 院校是难以做到的，对此，斯坦福的教授和学生倍感自豪。

为了鼓励不同学科的同学交流合作，不少创业课程允许不同院系的同学选修，"创业机会评价"这门课更是积极鼓励 MBA 学生和其他院系（尤其是理工科的研究生、博士生）联合组队开发商业计划。一些讲座性的课程开课方式更是灵活，如"创业思想领导者讲座"，学生可以在多个学期内完成这门课，只要听了一定数量的讲座并上交相应的讲座总结，即可获得学分；该课程也对社会开放，常常吸引很多业界资深人士和创业者来旁听交流。

（3）非课程活动

除了正式的课程以外，学生积极组织和参与相关的课外活动。以斯坦福商学院为例，其 MBA 俱乐部非常活跃，每个学期各个俱乐部都有详细的活动安排，MBA 学生积极参与，平时活动十分丰富。斯坦福商学院创业研究中心直接指导的 MBA 俱乐部有创业俱乐部、高技术俱乐部、创业投资俱乐部。斯坦福商学院每年举办一次年度创业者大会，主要由 MBA 学生发起和具体运作，商学院创业研究中心负责指导。斯坦福学生还举办斯坦福创业者年度大会，邀请业界人士参加；斯坦福大学创业计划大赛也是完全由学生发起和组织的。

1）师生的创业活动

师生的创业活动是在学校的支持下进行的，这种支持表现在三个方面：第一，制定政策鼓励师生创业。首先，给师生提供一个宽松的创业环境。例如，允许教师和研究人员每周有一天到公司兼职，从事开发和经营活动；允许他们有 1~2 年的时间脱离岗位到硅谷创办科技公司或到公司做兼职；教师在学校获得的科技成果，由发明者本人负责向公司转移的，学校与其签署许可合同，所得的知识产权收益学校只提取 10% ~15%；学校的应用性成果在 1 年之后仍未向企业转移的，发明者可自主向企业转移，学校一般不再收取任何费用；对于创业的学生给予两年时间，无论成败都可以继续学业。这些灵活的政策造就了斯坦福师生，使其成为硅谷中活跃的创业力量。其次，学校制定了灵活的专利政策。为了鼓励创业，学校制定了以利益共享为原则的专利许可收入分配制度：技术许可办公室从专利许可毛收入中扣除 15% 作为专利申请费和办公费用，其余的由发明人和发明人所在的院、系三方分配。这一方面鼓励教师不断披露自己的发明，以配合学校的专利申请和许可工作，另一方面也提升了发明人所在院、系的地位和声望。第二，设置专门机构为师生创业提供方便条件。例如，设有知识产权办公室来负责合同的签署和管理，设置技术许可办公室负责办理师生的专利申请和许可等相关事宜。第三，学校设有孵化资金，亦称种子基金。主要有三种形式：

一是研究激励基金，即为支持具有创新性的研究想法而设的基金；

二是鸟饵基金，即资助已初步成型但尚未获得许可的技术，不过每项技术的资助不会超过 2 万美元；

三是缺口基金，即资助那些有商业前景但较难获得许可的发明。

2）创业成为一种校园文化

学校通过各种鼓励创业的政策营造了一种宽容失败、推崇创业、宽松、自由的环境，这极大地激发了师生的创新精神和创业欲望，鼓励冒险，人人都去开创自己的企业，创办自己的公司成为每个斯坦福大学人的奋斗目标。在这种精神激励下，从教授到学生都积极投入创业的第一线，使斯坦福大学出现了一大批创业家和层出不穷的创业人才。比如，著名的惠普（HP）、雅虎（Yahoo）、升阳（Sun）、硅谷图文（SGI）和思科（Cisco）等公司都是由学校师生创办的，像谷歌（Google）这样的新兴企业更是在不断诞生。正如在求学期间就创办了 Google 公司的 CEO 拉里·佩奇所说："在大学里，我们同学之间就常在一起讨论如何利用掌握的本领创办自己的企业。那时，我看到 Ya-hoo 的成功，心里就想，我绝对能开发出更出色的搜索引擎来超过它。"这样，师生就在潜移默化中形成一种崇尚创新、崇尚创业的良好风气，渗透到校园的每个角落，并逐渐提升为一种校园文化。

3）研究支持

斯坦福大学是一个高水平的研究型大学，他们在创业学科方面的研究也处于领先地位。商学院创业研究中心组织了相关教授进行创业领域的研究，如布格曼教授对 Intel 公司的组织和战略进行了长期的跟踪研究，开发了一系列的 Intel 案例，并在此基础上提出了公司组织和战略方面重要的理论分析框架（如战略分析的"钻石"模型等）；汉耐和鲍若等教授则对 170 多家高技术创业企业的组织蓝图及其演进进行了多年的跟踪研究，取得了重要的研究成果。斯坦福技术创业项目的相关教授也在高技术创业企业的组织和战略研究方面做出了有影响力的研究。

4）国际交流

斯坦福技术创业项目在美国发起了"创业教育圆桌会议"（Roundtable on Entrepreneuship Education，简称 REE），最初其主要目的是推进全美各大学的技术创业教育，后来，他们进一步把这个研讨会推广到更大的范围，目前除了每年在斯坦福举办一次创业教育美国会议（REEUSA）外，还分别在亚洲、欧洲和拉丁美洲开一次这样的地区性会议，其中第二届创业教育年度亚洲会议（REE Asia2005）于 2005 年 7 月在清华大学成功举办。这些努力有力地推动了世界各国创业教育的发展，产生了很大的影响力。

其他一些研究机构或项目也常常举办相关的国际研讨会，如斯坦福亚太研究中心的斯坦福地区创新和创业项目（SPRIE）组织相关研究，并出版专著，组织研讨会，如2004 年 9 月和清华大学、台湾工业研究院联合召开了"美国、中国内地和台湾地区的大学—研究所—产业界之间的联系"国际研讨会，这些活动对于推动创业教育的国际合作都产生了积极的影响。

2. 斯坦福大学创业教育特点

斯坦福大学的创业教育构成了一个开放、互动的网络，它具有以下几个显著的特点。

（1）师生的积极参与

斯坦福大学创业教育的良好发展离不开师生的积极参与。主要的相关院系教师开发一系列的创业课程，很好地满足了学生的各种需求。斯坦福商学院中，91% 以上的 MBA 学生至少选修了一门创业领域的课程，每年约有 2000 名同学参加了斯坦福技术创业项目的课程。"创业课程的课堂普遍互动性很强，学生参与积极。"

另外，学生还积极组织和参与相关的课外活动。学生发起组建了各种俱乐部，组织各种创业论坛，参观硅谷的企业，与企业家和投资家座谈。在老师的指导下，学生发起和具体运作了斯坦福大学创业者年度大会和斯坦福大学创业计划大赛。

（2）大学内部各个创业项目、组织之间的有效沟通合作

在学校内部，各个项目、组织之间进行了十分有效的沟通合作。斯坦福大学内所有的创业相关研究中心或项目、学生协会、技术授权办公室等联合组建了斯坦福创业网络（Stanford Entrepreship Network，简称 SEN），目的是连接斯坦福的所有创业"社区"（community）。他们定期每两个月开一次会，通报各自的新工作和活动，并创建了一个为斯坦福所有创业活动服务的网站。这个组织为所有的斯坦福"社区"服务，包括各院系的同学、教师、员工和校友；另外，它还努力帮助斯坦福大学各院系及其师生与硅谷的其他创业"社区"建立联系。

（3）吸引外部力量参与并形成有效互动

为了充分发挥斯坦福大学所在地的特殊地理优势，斯坦福大学对外采取了开放互动的办学方式，吸引了大量企业家和创业投资家及其他产业界人士、机构积极参与大学的创业教育。他们的具体参与方式有以下几种：

1）担任客座讲师。企业家担任客座讲师，是斯坦福商学院比较普遍的现象，但同时商学院对此有严格的筛选要求，主讲教授通常也非常认真，采取渐进方式，邀请企业家参与课堂教学，并帮助企业家尽快适应课堂的要求。工学院的创业课程常常吸引那些有丰富技术和创业经验的创业企业家来担任客座讲师。

如 Intel 的创始人之一、前任 CEO、现任董事长安迪·格鲁夫（Andy Crove）每年秋季到斯坦福商学院与布格曼教授共同开课，这种方式已经坚持了 15 年之久。也正是基于这种合作，使得安迪·格鲁夫对 IT 产业的发展和 Intel 公司的组织战略进行了深刻的思考，写出了著名的《只有偏执狂才能生存》；而布格曼教授则在第一时间开发出了一系列的 Intel 公司案例，并写出了《战略就是命运》这样的研究力作。"创业管理"课程的授课教师之一迈克·莱斯利，曾经 5 次创业，3 次成功，2 次失败，他最后创建的 Veritas 公司成为世界第五大软件公司，市值达到 150 亿美元。他在课堂上和学生一起分析案例，分享成功和失败的经验教训，并邀请企业家和学生一起午餐，这些给 MBA 学生很多启迪。

2）担任课堂嘉宾。斯坦福创业课程的案例讨论，基本上都能够邀请到案例的主角。斯坦福商学院和工学院每年都开发不少新的创业教学案例，这也大大方便了教师邀请案例中的企业家主角来课堂。

3）来斯坦福大学演讲、参与各种论坛。如斯坦福大学创业者年度大会等常常吸引大批的创业者、企业家和创业投资家来参与。

另外，相关的创业项目或者研究中心与各种机构（包括企业）积极合作，寻求外部的各种支持。如斯坦福技术创业项目的董事会成员包括：斯坦福工学院、商学院、医学院、法学院的教授，创业企业家，创业投资家，学生和校友。他们每年定期开董事会，对该项目的发展战略、资金支持、具体的讲授课程或讲座、相关网络的建立提供帮助。

不少斯坦福大学的教授则通过参与创业企业的咨询服务、担任创业企业董事等方式，一方面帮助企业发展，同时更深刻地理解创业。相当多的毕业生和在校学生参与了硅谷的创业活动。

3.斯坦福大学的创业活动

斯坦福大学允许教师和科研人员每周有 1 天时间到公司兼职，甚至允许他们有 1~2 年的时间离岗创业，同时允许企业的管理层、经理和职员在不离开企业的情况下到斯坦福大学来进修。斯坦福大学还积极支持学生把自己的发明推向市场，倡导和支持毕业生开办自己的公司。早在 20 世纪 30 年代，在美国西海岸占有一席之地的地方电信公司大多数是斯坦福大学毕业生创办的。当今赫赫有名的惠普公司也是由斯坦福大学毕业生威廉·休特利和戴维·帕卡在硅谷的一间车库里创建的。目前在硅谷中与斯坦福大学有关的企业达 1200 多家，占硅谷产值的 50%~60%。

被学生和教授称为农场的斯坦福大学是硅谷最重要的天才锻造厂，学生的锦绣前程都是在这片过去饲养牛马的土地上开始的。斯坦福大学的毕业文凭，尤其是该校的商业研究生院的工商管理硕士文凭，每年为数百名大学生打开通往新网络世界的大门。斯坦福大学的毕业生成为微软、思科、戴尔等公司争夺的目标，1999 年毕业的工商管理硕士目前有 1/8 在自己的公司里面工作，他们中很大一部分从事高科技领域的创业。

斯坦福大学的学生有很多是在自己还没有毕业的时候就开始建立自己的新公司了，人际关系网是斯坦福毕业生重要的资本，早在学习期间，这些被精挑细选出来的斯坦福精英们就紧密结合成了一个团结的集体。这些极大地推动了斯坦福大学创业教育的开展。

第二节　英国高校创新创业教育模式分析

一、英国高校创新创业教育的发展及其模式

英国高校创业教育发展趋势比较良好，尤其在年轻人中更是突出。调查显示，有 30% 的年轻人有自主创业的想法，53% 的在校学生希望能够成为企业家。但在年轻人中，他们对创业成功的欲望比较高，他们认为创业成功既有较高的社会地位，又有一份比较好的收入。由于英国有一股创业热潮，这种良好的氛围会激发更多的人创业，再加上调查显示，有 93% 的初创企业通过自己的认真经营、合理规划，最后都创办了知名企业。

为什么英国人的创业热情如此高昂？为何英国的初创企业存活率如此之高？究其原因还是要回到英国的高等创业教育上来。随着 20 世纪 80 年代高等教育的继续扩大，英国高等院校的数量也在不断增加，因此也就有大量的毕业生涌向了英国的就业市场。为了限制高校的入学人数，英国从 2001 年开始增收大学的学费，然而这也只是暂时缓解了高校的入学率，随着学生们经济负担的加重，学生们发现获得学位只是他们人生职业生涯的第一步，因此，毕业生的就业能力就成为人们越来越关心的问题。在英国的就业市场上，对毕业生的综合能力要求越来越高，高校毕业生的就业问题是英国高校所面临的重大问题。因此，英国政府鼓励高校开展创业教育，也鼓励发展小企业。创业教育为国家和社会培养了一部分高素质人才，他们的创业减轻了社会的就业压力，也为政府解决了实际困难。因此，创业教育在英国政府的支持下，开展得有声有色，形成了良性循环，既提升了大学生能力，又解决了他们的就业。

英国创业教育的发展也是经历了一个艰难曲折的过程。其创业教育起步较早，积累了丰富的经验，取得了明显的成效，逐步形成了相对完善的创业教育体系。英国的创业教育开始于 20 世纪 60 年代，兴盛于 20 世纪 80 年代，是当今世界上创业教育比较成功的国家之一，它起初只是为了培养和解决大学生就业问题，而到后来，随着大学生创业成功，大学生的思想发生了很大的变化，在价值取向上带有明显功利性质。因此，英国

政府把培养大学生的创业品质、意志和创业精神作为创业教育的主要工作来抓，使大学生能通过创业教育，提升他们的心理素质和职业技能，以便更好地适应社会的变化。

为了使创业教育在高校中得到升华和发展，英国政府将创业和创业教育作为优先发展领域，在政策上给予支持、引导和规范，从人力、物力、政策导向上为创业教育的发展提供了保障。这意味着创业教育已经纳入正规教育，成为高校的一项根本教育任务。高校也想了一些实招，制定了一些办法，研发了创业课程，强化实践教学，鼓励大学生广泛参与创业教育和创业活动等，这些既保证了高校创业教育的顺利进行，同时也极大地培养了学生们的综合能力。通过对英国大学创业教育的研究发现，英国高校开展的创业教育是在经济时代大背景下，顺应时代的一个选择，同时，英国的创业教育既注重创业意识和创业通识教育，又注重创业技能的提高，而且把创业精神和创业意识的培养作为英国高校创业培养的重点，把创业教育作为终身教育来抓。总体而言，英国大学创业教育的发展轨迹如表 4-5 所示。

表 4-5　英国大学创业教育的发展轨迹

发展阶段	发展状况
创业教育萌芽期（20世纪80年代早中期）	1982年，斯大林大学启动大学生创业项目；1983年，苏格兰8所大学开始实施创业项目试点；1984年，项目遍及英国所有高校
创业教育快速发展期（20世纪80年代末到90年代末）	1987年，高等教育创业计划启动；1997年，《迪尔英报告》发表，提出应该扩大创业教育；1998年，英国白皮书《我们的竞争——建设知识经济》出刊，倡导更多高校要开展创业教育
创业教育走向成熟期（21世纪以来）	1999年，12个科学创业中心在英国高校成立；2001年，高等教育创业基金启动；2004年5月，科学创业中心正式成为全国性组织；2004年9月，全国大学生创业委员会成立；2005年，《人力资源开发和高等教育》发表

英国的创业教育主要呈现两类模式：一是商学院主导型模式，二是大学主导型模式。大学主导型模式比商学院主导型模式更占优势。这两种模式的具体特点如表 4-6 所示。

表 4-6　英国高校创业教育的发展模式及其主要特点

教育模式	区分	主要特点
商学院主导模式	分离式模式	除了学校规定之外，教师们在创业教学和学术研究上彼此分离，不与其他人合作，形成独立的教学和研究领域
	融合式模式	从事大学生创业课程教学的教师彼此不再独立，而是打破单一性、形成有机融合、打造互通有无的合作团队
	嵌入式模式	这一模式下的团队比融合式更具系统性和专业化，团队成员可以面向全校，涉及面更广
大学主导模式	大学嵌入式模式	在已有组织中加入创业教育的功能
	大学主导式模式	有一套单独的本科生和研究生培养计划，有独立的经济管理权和参与创业研究活动的自由。学生可以选择辅修创业课程，获得双学位
	学院主导式模式	融合了前两种模式的特点，但主要由多所学院联合管理，协同负责这几个学院的创业教育

二、英国高校创新创业教育的特色

1. 教育理念

20 世纪 80 年代，英国开展了高等院校创业教育启动项目（enterprise in higher education initiative），在大学课程体系中融入创业教育内容，许多课程是围绕如何建立小企业或者如何自我雇佣（self-employment）展开的，传授一般的就业技能（generic employabilities skills），目的是为了降低就业压力，减少失业者数量。目前我国大部分高校创业教育理念还停留在这个阶段。后来英国政府认识到，创业教育不仅是为了传授建立小企业的知识和技能，更是为了全面提高学生素质，更好地培养创新性人才。1996 年的《迪林报告》（Dearing Report）和 2003 年的《兰伯特校企合作评论》（The Lambert Review Of Business-University Collaboration）都强调高校全面开展创业教育的重要性和必要性，目的是培养学生独立自信、勤奋勇敢等良好品格与创新精神，培养学生的创业技能与开拓精神，提高学生分析问题与解决问题的能力，让他们具备企业家的眼光，学会战略性地思考问题，以适应全球化知识经济时代的挑战。

2. 教学与师资

（1）专门机构

英国大部分高校都设立了创业中心，为本校师生的创业提供场地支持和指导，使得创业者的创业活动具有针对性和成功的可能性。同时，各个高校设立专门机构进行教学管理以及实施教学。比如位于苏格兰的斯特拉斯克莱德大学（University of Strathclyde）设立了亨特创业中心（Hunter Center for Entrepreneurship），该中心作为独立机构实施创业教育的研究、教学和培训，为学生甚至教师提供很多便利条件。例如，组织团队进行创业教育理论研究，为创业者提供相应的技术支持、提供低息贷款等。高校成立专门机构开展创业教育的好处在于，能够节约教育管理成本，能够更加有效地整合、利用教育资源，提高经济效益。

（2）课程设置

目前英国将近 67% 的高校开设了创业方面的课程。英国的创业教育形式多样，无论文科学校、理科学校还是综合性高校都已经具备比较完善的课程体系。课程主要分为两种："为创业"和"关于创业"。在"为创业"课程中，教学内容不仅注重创业知识的传授，更注重实践能力的培养和经验的积累。在课堂学习之余，开展丰富多样的创业实践活动。比如，谢菲尔德哈勒姆大学（Sheffield Hallam University）为提高学生的实践能力，在全校推出了带薪实习项目，学生可以一边在课堂学习，一边到企业进行实习锻炼。对于在读期间就要创业的学生，该校创业中心会评估他们的创业项目，并提供指导老师和资金协助。总之，无论是到企业带薪实习，还是自己创业，在谢菲尔德哈勒姆大学都可以转化为学分和成绩。"关于创业"课程则主要传授必要的知识和技能，让学生对创业有一定的认识和了解，开拓学生的视野，在培养创业意识的同时，更注重理论的学习。正如英国大学生创业促进委员会（NCEE）的执行主任保罗·阿农（Paul Hannon）教授所说，并不是所有人都愿意或者都能够成为创业者，创业成功者毕竟是少数，但是培养学生的创业意识和创业精神恰恰是创业教育精髓所在。很多高校开设了网络学习模块，如考文垂大学的创业中心，开发一个互动型的在线学习模块，包括在线调查、资料收集和讨论组等，目的是通过网络学习环境来培养学生的创业技能。总之，在英国高校，教学方法多种多样，在教学方法、手段和教学模式等各方面都讲究从实践中学，从经验中学。

（3）教材编写

英国各个高校都有专门的教材编写团队，或者几个高校联合编写，学校给予大力支持，提供经济上的支持，编写人员可以享受假期、依然有薪水等。所以，在英国，创业教育方面的教材十分丰富，最新的研究成果层出不穷，比较流行的教材如由培生教育（Pearson Education）出版社出版的《掌握创业学》（Mastering Entrepreneurship）和《创业与小企业》（Enterprise and Small Business）等，在英国高校中颇受好评和欢迎。

（4）师资队伍

创业教育成败与教师的执教水平密切相关，教授创业方面课程的教师不但应该有丰富的商业管理知识，掌握丰富的创业知识，而且还应该具备丰富的创业实践经验，具有良好的创业意识和创新创业思维。讲授"为创业"课程的教师中全职教师占到 79%，21% 是兼职教师；他们中 98% 曾经有过商业管理经验，70% 的教师曾经创办过自己的企业。教授"关于创业"课程的全职教师占 93%；其中也有 61% 的教师有过商业管理经验，36% 的教师创办过自己的企业。

3. 支撑体系

（1）组织与法律支持

为推进大学生创业，英国政府拨款建立了英国科学创业中心（UK-SEC）来管理和实施创业教育。该中心的工作主要包括：开展创业教育、密切联系产业界、支持创办企业、鼓励大学师生创办知识型企业、鼓励技术转化。目前，科学创业中心内下设 13 个创业中心，涵盖了英国 80 多所高校，在当地企业和社区建立了良好的合作关系，为大学生创业教育提供了优质的资源平台与资金支持。

英国还出台了相关法律，建立良好的法律环境。英国大学知识产权法规定，大学无权自动拥有产生于学生的知识产权，这一点确保了英国大学生们自主创新创业的积极性。

（2）资金支持

英国在创业资金支持方面也别具特色。创业经费 80% 来源于政府设立的科学创业挑战基金（The Science Enterprise Challenge Fund）和高等教育创新基金（Higher Education Innovation Fund）。政府为创业教育提供了有力的资金保障，对于支持大学开展创业活动和改革创业教育课程起到了巨大的推动作用。学校创业基金或金融机构提供发展创业启动金，它们是小额信贷，大学生在申请资助时不需要任何财产抵押和担保，且手续简便，利息很低甚至没有，并且可以分期还款。此外，英国政府还设立了很多奖金来鼓励大学的创业教育，还有很多资金是来自社会团体、企业和慈善机构的捐助。

三、英国高校创新创业教育的实施路径

1. 提供创业教育的资金保障

与美国依靠私人和企业捐赠获得创业教育资金不同，英国政府是创业教育资金来源的主渠道。为了提高国家的创业水平和创新能力，促进大学知识的转化，英国政府自 20 世纪 80 年代以来，为大学生创业提供了大量资金，有 80% 的资金来源于公共资源，通过高等教育创新基金、科学创业挑战基金等基金会转到大学。英国政府还依托各种机构如网站、企业等，为大学生创业提供资金支持。同时，英国科学创业中心和全国大学生创业委员会成为国家层面的创业管理机构，表明英国已将创业教育提高到 "发展国家经济驱动力" 的高度。

2. 提供更多的创业机会和平台

为了不断激发在校学生的创业热情，许多高校在开设创业课程和实施创业项目的基础上，定期举办各类创业竞赛，并设立竞赛奖金激励获奖者，鼓励他们将奖金用于创业，从而达到 "以赛促创" 的效果。如利兹城市大学的商业计划比赛获胜者奖金是 2000 英镑，获胜者还可以代表学校参加区域的比赛，优胜者可以获得 5000 英镑奖金，还可以进入高校企业孵化器，将自己的创新计划孵化成企业。作为一项国际性创业竞赛，"牛津大学 21 世纪挑战" 2007 年竞赛奖金总额高达 6.5 万英镑，该竞赛旨在通过奖金激励，将学生的创新研究转化为经济生产力，培育更多具有可持续发展潜力和巨大经济效益的新企业。

3. 联动全社会支持的网络资源

英国许多高校有效利用社会和互联网资源，为学生创业提供各种便利。高校联合了政府机构、社区、成功创业者、中小企业、专门服务机构等多方面力量，为大学生创业提供各种援助。社会关系网络成为大学生创业的社会资源，拥有较强的社会资源意味着有更多提供创业资金的渠道，能够获得政策上的支持，从而降低创业风险。牛津大学赛德商学院设立 "创业赛德" 项目，整合实践教学、研讨会和网络资源，为有志于创业的学生提供广泛的专业支持和人脉资源。

4. 充分利用多功能的研究中心

为了给学生创业提供专业师资力量以及各种咨询服务，英国大学成立创业中心、企业中心、创新中心等机构，为学生提供场所、资金，帮助他们联系企业，获取技术方面的支持和实训平台，为学生的实践活动提供有效指导，帮助成果孵化。牛津大学赛德商学院在内部设立科技企业中心，引进业界资深的成功人士，以短期讲学的方式培训新企业，主要传授创业过程中所需的创业技能，培训内容具有较强的实用性。该中心还推出 "创业与商业技能" 免费课程，专攻科技创业领域。5 年来，科技企业中心共培训学员 4 000 多名。

5. 着力探索教与学的创业教育课程模式

随着高校创业教育传递范围的扩大，创业教育面临重新定位的问题，即面临如何将创业理念融入大学的文化和核心价值体系建设中、如何将创业内涵整合到大学的其他课程之中的新问题。为提高大学教与学的质量，谢菲尔德大学、约克大学和利兹大学合作成立"白玫瑰创业教与学优异中心"，利兹首都大学设立"创业协会"，诺丁汉大学成立"综合学习进步中心"。英国高校以价值取向和教学目标为切入点探索新的教学模式，即不再局限于知识的传授，而是让学生在接受理论知识熏陶的同时能够有更多的实践机会和更大的发展空间，发展创新思维、创业精神和能力。为了促使教与学课程教育模式有效形成，英国高等教育基金委员会还启动了教与学优异中心基金，对在教学实践中做出巨大贡献的优秀教师予以奖励和肯定，以带动和影响其他教师致力于有益的实践教学。

四、英国创新创业教育发展原因分析

如今，英国的创业教育已经从商科向各学科拓展与渗透，全方位地覆盖英国的高校。据统计至少有 45% 的大学开设 1 门或多门创业教育课程，不仅在英国的开放大学中丰富多彩地实施，而且在曾经以保守著称的牛津大学、剑桥大学中也广泛开展，如牛津大学的商业计划大赛、硅谷进牛津大学等活动。英国创业教育快速发展究其原因主要体现在以下三个方面。

第一，英国经济竞争日趋激烈，雇主日益希望大学毕业生具有创造性解决问题的"干事业的能力"，要求学生以"与工作相关的学习"为理念，具备可迁移性的技能。

第二，英国高等教育大众化，毕业生的就业压力加大，进一步推升创业教育需求，如 2010 年 5 月英国全国失业率为 7.8%，其中青年人占有相当大的份额。

第三，伴随着社会环境变化，整个社会文化日益推崇企业家精神，许多大学毕业生不再甘心"被雇佣"，而是希望拥有自己的企业。但是，英国大学毕业生"自我雇佣"（Self-employment）比例明显低于美国，毕业生创业能力低下已经影响英国经济发展。英国开始意识到，大学毕业生需要具有创业精神、创造能力和创业素质才能应对未来的不确定性。

于是，在 20 世纪 80 年代，英国政府在政策上给予创业教育支持、引导和规范，并且明确提出，大学必须更有效地为经济社会发展服务，必须在重视基础科学研究与人文学科研究的同时，把服务社会作为学校的重要职能，并且发起实施"高等教育创业计划"（Enterprise in Higher Education Initiative）。在这种背景下，英国大学逐步转变办学理念，对培养创业人才也日益重视，一些高校开始朝着"创业型大学"（The Entrepreneurial University）发展。

五、牛津大学的创新创业教育

牛津大学是世界著名大学，在世界大学中的地位很高，创业教育工作更是成绩斐然，最具典型的是它的赛德商学院。赛德商学院创立于 1996 年，是牛津大学成立最晚的一个学院，严谨的治学态度、超前的创造思维和教师踏实敬业的精神，造就了赛德商学院，它只用了 10 多年时间就跻身于世界商学院前列。虽然学院的起步较晚，但它在牛津大学这所世界顶级大学里成长发展，条件更是优越。牛津大学有 800 多年的历史沉淀，文化底蕴深厚，人文环境优良，为赛德商学院的健康发展创造了良好的条件。又由于牛津大学拥有的世界一流的教学设备和师资队伍，以及丰富优质的校友人脉资源，为赛德商学院的发展提供了很好的资源，这些资源为学院的创业教育奠定了坚实的基础。

赛德商学院注重培养和塑造学生在商业方面所具备的核心能力，把培养未来商业领袖和企业家作为学院的目标。依托名校社会声誉和战略计划，向世界一流迈进。另外，学院围绕创业的一系列活动，加强与欧洲联盟的合作，使其成为最具创业精神的学院，为世界培养了一流的创业型人才。

1. 牛津大学赛德商学院的创业中心

创业中心是以"创业"和"创新商业教育"为理念的教育中心，为牛津大学创造良好创业文化做出了突出贡献，为学生提供了一个创业平台，并为学生在创业的同时提供学术支持和人脉支持。

在牛津大学赛德商学院中，有两个最具影响力的创业中心：一个是由美国易趣公司创办的斯克尔社会创业中心（Skoll Centre for Social Entrepreneurship），一个是牛津科学创业中心（Oxford Science Enterprise Centre）。

斯克尔社会创业中心是由美国易趣公司创建者杰夫·斯克尔创办的。创业中心开办于 2004 年，它是支持和帮助创业者的学术机构。通过牛津大学一流的学术资源为具有创新能力的创业者提供支持和帮助。斯克尔社会创业中心每年都召开斯克尔全球大会。在社会创业研究方面，该中心每年提供五个关于 MBA 的斯克尔奖学金，以此鼓励学生创业的热情。英国《泰晤士报》《卫报》对斯克尔社会创业中心为社会贡献力量培养企业家的做法做出了很高的评价。

牛津科学创业中心是牛津大学围绕赛德商学院为中心所设置的创业中心。中心在 2001 年成立，主要鼓励学生在科学和医学领域进行创业。中心主要为创业者应具备的商业洞察力和创业技巧给予帮助，经常开展创业和商业技能课程、著名专家讲座以及很多创业实践课程。

2. 牛津大学赛德商学院创业教育的师资队伍

师资力量是牛津大学赛德商学院创业教育教学质量的有力保证。牛津大学赛德商学院的教师大部分都走在各自学术领域的最前沿。

首先，牛津大学的师资学历、学术层次高，把建设一流的师资队伍作为办学的基本理念。牛津大学的教师队伍中科学院院士 105 人，皇家学会会员 76 人。至 2000 年，牛津大学共有 18 名教授获得诺贝尔奖。除了专职教师外，牛津大学还从国内外知名企业聘请科研人员作为学校顾问，为创业教育的实施提供了重要保障。比如，霍华德·琼斯教授毕业于牛津大学，曾在德意志银行、巴黎银行等主管全球股权融资，并且是欧洲议会专家委员会成员，现主要从事 IPO、投资银行等研究。

其次，牛津大学教师主体来源多样化。MBA 创业教育的授课教师大多数是牛津大学著名教授和学者。一些授课教师来自世界著名大公司。相当一部分客座教师同时为欧盟委员会、世界银行和欧洲组织管理学院提供管理方面的咨询和指导。比如，雷·洛夫里奇（Ray Loveridge）是赛德商学院研究员。他主要研究跨国公司、比较管理、知识管理等项目。雷·洛夫里奇在进入赛德商学院之前曾经在伦敦经济学院和伦敦商学院任教授，也曾拥有飞机工程的职业生涯。目前，他获得了剑桥大学经济学荣誉学位和个人防护装备硕士文凭。他丰富的教学经历，为创业教育积累了宝贵的经验。

再次，牛津大学的教授教学能力覆盖面广。牛津大学赛德商学院的教师在各个方面都很优秀，尤其是在电子商务、运营管理和科技领域的师资非常强大。在管理学的领域，牛津大学赛德商学院拥有世界上最好的师资力量。在研究方面，牛津大学赛德商学院在会计学、市场学、组织行为学、创业和国际商业、科学和科技的管理等领域也非常的强大。比如，牛津大学赛德商学院副研究员理查德·帕斯卡尔（Richard Tanner Pascale），是牛津大学的协同院士，也是圣塔菲研究中心（Santa Fe Institute，简称 SFI）的访问学者。理查德·帕斯卡尔曾经在多个全球 500 强的公司任职，参与公司组织转型工作，被誉为"全球 50 位管理大师之一""影响世界进程的 100 位思想领袖之一"。

3. 牛津大学赛德商学院创业教育的课程构建

在牛津大学赛德商学院为期一年的 MBA 专业培训中，培养目标主要是使学生能够成为未来商业的领导者。因此，牛津大学赛德商学院给学生提供一个良好的创业环境，同时鼓舞学生在各个领域创造奇迹。在良好的创业氛围当中，创业课程成为培养学生创业的基础。一流的创业教育离不开一流的创业教育课程。牛津大学赛德商学院的 MBA 学生毕业时，有超过十分之一的学生开始自己创业。牛津大学赛德商学院 MBA 课程主要分三大类。

（1）核心课程

牛津大学赛德商学院创业教育的核心课程共有 8 门：金融 I（Finance I）、判定科学（Decision Science）、财务报表（Financi Reporting）、战略 I（Strategy I）、管理经济学（Managerial Economics）、培养有效率的经理人（Developing Effective Managers）、运作管理（Operations Management）、市场调研（Marketing）。

（2）选修课程

赛德商学院的 MBA 创业课程设计灵活，选修课共有 27 门，多种多样的创新课程满足了不同水平、不同专业学生的需求，拓展了学生学习的方向。选修课的知识涉及多个领域，如：私营企业（Private Equity）课程，使学生对私营企业的如何创立、管理、发展有了清晰的认识；筹资技巧（Capitalraising Techniques）课程，教会学生如何应对自己创立企业时遇到的资金问题；有新科技的风险管理（Risk Management of New Technology）以及竞争、战略和运营（Competition，Strategy and Performance）等课程都对学生在创业过程中遇到的实际问题给予指导和帮助。实行自由选课制度，学生根据自己的需要选择课程，有效满足学生创业的需要。

（3）项目实践课程

项目实践课程就是在实践中开展一个创业项目。学生在实践中学习相关经验。牛津大学赛德商学院中的 MBA 课程强调在实践中的应用。因此，在赛德商学院学习 MBA 的学生都必须参加两门实践课的学习，学生在学习的同时也会得到斯克尔社会创业中心和牛津科学创业中心的指导和支持。

1）创业项目

创业项目是牛津大学赛德商学院在项目实践课程中的一个主要的课程。该课程要求学生完成一个商业计划并且进行鉴定。这个专家团成员必须有风险投资人和企业家，具有一定的权威性。学生做出的商业计划必须能够做到以下几点：首先吸引到投资人的眼光，商业计划要完整和周密；其次，商业计划中要有学生自己研究的专利；再次，学生自己规划出长期的营销战略和管理战略。

2）战略性参考项目

该项目要求学生针对某一企业进行 2 个月的小组项目工作。学生根据自己的兴趣进入到多种企业。战略性参考项目对不同的团队下达的任务也不同。根据企业的发展，学生选择适当的项目学习研究。学生团队的任务就是评估所选的公司的新产品能否在市场上立足，是否可以为该企业产生经济利益。有的小组则是去别的国家的偏远地区完成一项有关社会创业的任务，比如企业是否适合创立、是否能够适应社会的发展、人们是否可以接受等等。

4. 牛津大学赛德商学院雄厚的校友人脉

英国牛津大学培养了大批社会精英。在英国，有几十位诺贝尔奖获得者出自英国牛津大学。英国 41 位首相中，有逾半数毕业于牛津大学。牛津大学赛德商学院的校友人脉资源雄厚，校友们组成校友会，互相提携。成为一名牛津大学赛德商学院的学生就意味着能够接触到社会的有名人士。在牛津大学里，校友人脉资源主要是由两个机构主持：一个是牛津大学商业校友会（Oxford Business Alumni），另一个为牛津大学商业网络（Oxford Business Networks）。牛津大学，作为世界一流的大学，培养了许多商业方面的奇才。为了利用这个校友的资源优势，在 1998 年，牛津大学成立了商业校友会。校友会是母校与学生、学生与学生之间沟通的桥梁。凡是从牛津毕业的学生都可以参加到商业校友会当中，同样，他们也不断地为牛津大学的学生提供各种各样的支持和帮助。

牛津大学赛德商学院同样也成立了校友网络。网络分为 9 个分支，这 9 个不同的网络组成了牛津大学商业网络资源，分别为牛津大学消费者与市场网络（Oxford Consumer & Marketing Network）、牛津大学能源与资源网络（Oxford Energy and Resources Network）、牛津大学创业与风险投资网络（Oxford Entrepreneurship & VC Network）、牛津大学金融网络（Oxford Finance Network）；牛津大学管理咨询网络（Oxford Management Consulting Network）、牛津大学媒介与传播网络（Oxford Media and Communications Network）、牛津大学房地产网络（Oxford Real Estate Network）；牛津大学科学与技术网络（OxfordScience and Technology Network）、牛津大学社会创业网络（Oxford Social Entrepreneurship Network）。每个网络相关的创业内容不同，各个网络都是在校大学生和校友共同参与主持的。每个在牛津大学赛德商学院学习创业教育的学员都可以参加其中一个自己感兴趣的网络。在各个网络中，学生可以经常组织学习和讨论，到各个大公司进行访问和学习。

5. 牛津大学德赛商学院创业教育活动

创业教育活动是创业教育理论教育的延伸，有利于提高学生的创业热情，提高学生创业的实践能力。牛津大学赛德商学院重视创业教育活动。其中最引人瞩目的是"硅谷走进牛津大学"活动和"牛津大学商业计划大赛"。

（1）"硅谷走进牛津大学"活动

牛津大学赛德商学院组织的"硅谷走进牛津大学"活动每年都会举行一次，活动开始于2002年，至今已有8年的历史。在每年的活动中，赛德商学院都会邀请硅谷的高科技企业领袖来参加活动。硅谷走进牛津大学活动内容主要包括三个方面：有经验的商业领袖给赛德商学院硕士项目的学生传授创业经验和商业活动经验；领袖人物还要参与学生和教师之间关于创业和商业各种各样问题的讨论；为想要独立或者合作创业的学生提供面对面的辅导。在以往的硅谷走进牛津大学的活动中，曾邀请到美国易趣公司总裁杰夫·斯克尔（Jeff Skoll）、美国贝宝（Pay-Pal）公司的合伙创建人麦克斯·莱勤（Max Ievchin）、美国谷歌（Google）公司的高级经理雷蒙德·纳斯尔（Raymond Nasr）等等。世界顶尖高科技公司领导者的创业指导为学生带去了最前沿的、最直接的创业实践。

（2）"牛津大学商业计划大赛"

由赛德商学院组织的"牛津大学商业计划大赛"每年都会在不同时间和不同地点举行不同主题的创业大赛，参赛项目的资金可多可少，有时候可以是1万英镑的小项目，有时候则可以是超过150万英镑的大项目。参赛者可以是牛津大学赛德商学院的学生、教师，也可以是社会各界人士，包括企业家、创业人士，有时候参赛人员还可以是全球范围内的参赛者。大赛的评委一般为国内外的著名的企业家、风险投资人、学术权威的教授以及大公司具有创业经验的经理。大赛的标准之一就是能否获得风险投资，包括项目的可行性、是否具有创新性、是否能占有未来的市场，项目的管理计划和管理团队是否能为社会创造出效益。奖金一般约6万英镑，不管参赛者能否得到奖金都可以得到著名企业家和风险投资人在创业上的帮助。因此，"牛津大学商业计划大赛"每次都会吸引很多学校和社会各界致力于创业的人士参加。

除此而外，牛津大学赛德商学院每年还会开办上百个创业的实践活动。这些创业实践活动大大提高了学生创业的热情，有利于学校创业教育的开展。

6.牛津大学赛德商学院创业教育特点

牛津大学赛德商学院（Oxford Said Business School，简称 SBS）成立于 1996 年，15 年时间里，赛德商学院成为全球一流商学院。牛津大学赛德商学院的创业教育成为世界高校学习的典范，它具有以下几个显著的特点。

（1）大学内部的创业环境

牛津大学内部积极营造创业环境，学校内所有的与创业有关的项目，如创业研究中心、学生协会、校友网络等联合组建了一个优越的创业教育环境。它们之间的合作与沟通为老师和学生提供了更多的创业资源，给学生提供了一个更好的平台，为学生今后实现自身创业提供了更好的创业资源。大学整体氛围为鼓励和支持大学生积极创业，以培养学生自身创业素质和综合素质为主，加快创业学生自身的成长。

（2）师生的积极参与

牛津大学赛德商学院创业教育学生创业参与度高，创业课堂互动性强。教师在创业教育中也担任举足轻重的角色，除了在课上积极地投入、教授学生创业知识外，还主动参与到创业知识学习中去，丰富了自身创业的素质。学校也通过各种方式调动全体教师和学生的创业积极性。学生和教师的积极参与有利于牛津大学赛德商学院创业教育的发展，为今后学生创业活动给予有力指导和帮助。

（3）吸引外部力量

牛津大学赛德商学院积极引进大量的企业家和投资商，从他们那里得到更多有关创业的有效资源。

牛津大学赛德商学院寻求企业家担任客座讲师，邀请企业家参与到教学当中，把创业的经验与教师和学生进行分享。在课堂上，企业家和学生一起讨论案例，谈论经验和教训，以此增加教师和学生的实战性；与学生分享创业成功的经验和失败的教训，给学生更多关于创业的指导和帮助。

牛津大学赛德商学院创业课程中有关创业的案例分析，一般都会邀请到创业案例中的主角。主角面对面地讲述，能够更加吸引学生参与到课堂当中来，这样学生和教师就能更加融入创业环境当中去，大大提高了教学效率。

六、剑桥大学的创新创业教育

1209 年，一群为躲避殴斗而逃离出牛津大学的老师创办了剑桥大学。剑桥大学历史古老悠久，至今它和牛津大学仍保持着独特的学院制。剑桥的 31 个学院错落有致地分布在只有 10 万人左右的城市里。这些学院建于不同的时代，最早的已有七八百年历史。每个学院都有各自的风格和独立的个性。大学与学院虽相辅相成，却是不同的实体，在经济上也是独立的。大学是公有制，由国家拨款，而学院则为私有，自负盈亏。大学负责研究生的招生，学院负责本科生的招生，数量由大学统一规划。所有学生的教学是由大学负责，而学院负责学生的生活和本科生的业余辅导。每年年底，大学按照各学院本科生的成绩，按一定规则打分，把学院排队，促使学院之间相互竞争。

剑桥大学的创业教育主要由其成立的创业中心负责，其宗旨是弘扬创业文化、培养协作精神。科学规范的制定创业教育教学计划，设置创业教育课程，使计划和教学具备针对性和实效性，还要引导和培养学生的创业意识，从思想上动员，给予学生帮助指导，让学生在轻松的环境下从事创业教育活动。从创办创业中心开始，中心就把这种理念上升到剑桥人际网络，体现创业中心对创业教育的重视，同时，大力宣传经验丰富的企业家对新企业家的强有力的支持。中心经常邀请一些商业投资者、银行家、管理高层，从事学生教育和学生互动活动，效果显著，通过这些专家的现场指导和影响，使大学生热爱创业，为他们今后走向创业之路奠定了良好的基础。

1. 创业教育理论支持

（1）创业学习过程模式

本质上，剑桥大学的方针是发展学生的自信和自我效能感，有更高水平的自我效能感将导致更高水平的创业意向。而如何将它转化为长期的受益是一个时间的问题。使学生学习创业技能，增进对创业的理解，侧重点在于行为。创业教育中心一直在努力建立一个核心课程，就是让企业家无偿来授课。他们是做教学最合适的人选，同时可以与学生互动，并提供了一种激励学生对创业有更积极态度的方式。

剑桥大学创业中心，在 1999 年成立。其目的在于提高有关创业教育的教学和培训，鼓励创业文化，为那些有创业想法的学生提供实际的支持，帮助其启动业务。学习中心有 10 位全职人员，他们负责课程的开发与编制，将目前市场的现状与学生的实际情况恰当地结合起来，邀请企业家和创业者将这些想法传递给学生，提高学生的兴趣和参与性，尤其对于某些没有学分的课程。创业学习中心的指导思想里首先就是建立协作的精神，这种精神已经存在于剑桥人际网络中有经验的企业家对新生创业者的大力支持中。中心已先后邀请了大约 200 名企业家和相关从业人员（风险投资、商业天使、银行家和其他专业人士）进行教学和与学生互动。中心邀请的发言者提供无偿的演讲，并且不超过两次，每次大约 1 小时。同时，中心注意确保他们演讲的内容是根据课程和反馈认真对待的。

创业学习中心将创业教育分为三个部分。第一部分是激发学生看到自己拥有创业的能力；在第二部分中，当他们拥有了创业的雄心后，为他们提供将想法变为事实的信息；最后，通过辅导、协助，寻找资源和其他形式的支持，最终将想法实现。有时，可以通过商业计划竞赛的形式将想法进行实践。这种模式是由两名作者制定的创业过程。由摩尔第一次（1985 年）根据人的行为表现，将创业变成由开始的想法到获得发展并最终实现经济增长的一个线性描述的过程。同时，摩尔也认识到人的个性和能力和其他一些宏观环境的重要性。摩尔描述的创业过程如图 4-1 所示。

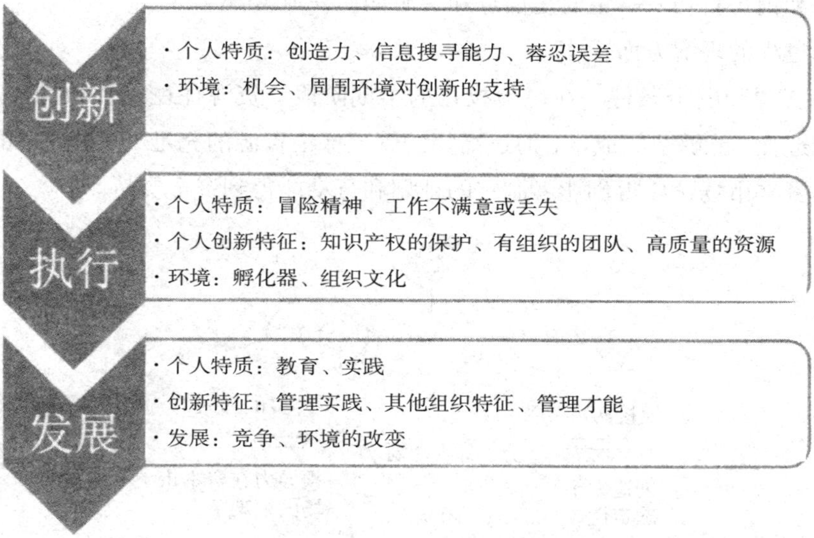

创新
· 个人特质：创造力、信息搜寻能力、蓉忍误差
· 环境：机会、周围环境对创新的支持

执行
· 个人特质：冒险精神、工作不满意或丢失
· 个人创新特征：知识产权的保护、有组织的团队、高质量的资源
· 环境：孵化器、组织文化

发展
· 个人特质：教育、实践
· 创新特征：管理实践、其他组织特征、管理才能
· 发展：竞争、环境的改变

图 4-1　摩尔的创业过程

剑桥大学借鉴了摩尔的创业过程的理论，把技能培养重点放在如下方面：

①创意与商业机会，寻找资源和解决方案；

②寻求信息，以验证想法和机会；

③产品专利的保护和对其他战略清醒的认识；

④团队意识，让学生明白创业的工作是一个多样化的活动。

在创业学习的过程中，要对如下方面进行深入的理解：

①容忍模糊和承担风险，以测试自己的决心；

②在企业创建和生长的初期阶段如何组织团队和资源；

③管理能力，具备与之相关的专业知识，如市场营销、财务知识和运营；

④在自我意识方面，要有动力、有能力去建立团队，去承担责任；

⑤对整个商业环境有宏观的认识，对自己的竞争力和经营理念有清晰的认识，以便机会来临时能够将想法实现。

创业中心还借鉴了蒂蒙斯的创业过程模型（如图 4-2 所示）。不同于摩尔把创业学习看作一个线性的、单向发展的过程，蒂蒙斯把创业看成一个机会、创业者或创业团队、资源相互作用相互联系的系统。

创业中心借鉴蒂蒙斯模式中的下列部分：

在创业技能方面：

①交流与制定商业计划；

②提供思路清晰、与市场需求衔接的想法；

③能够编写商业计划；

④团队合作完成商业计划和执行的早期阶段；

⑤网络和销售技巧——主要是信息和资源如何获取。

在创业过程的理解方面：

①人力资源和资金条件。在风险投资的早期阶段，资源往往是短缺的。这就需要创业者具有创造性，能够节约成本，通过高超的管理保证资源的充足，维护公司的正常运行。

②理解资本市场，使得创业者制定的计划和行动能得到资金支持。

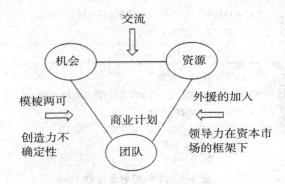

图 4-2　蒂蒙斯的创业过程模型

（2）发展自我效能感对创业教育的重要作用

自我效能首先由班杜拉在 1997 年提出来，这将有助于解释为什么发展创业技能如此重要。自我效能被定义为：人们对自己能力的判断，组织并执行相应的行为路线，最后得到结果。人们的动机水平、情感状态和行为更多地取决于他们相信什么，而不仅是客观情况是如何。因此，自我效能感在自我创业过程中能够确认并抓住机会，起到中心作用。

在面对一系列情景中，自我效能感的高低会得到完全不同的结果。高自我效能感与创新、对创业机会的识别和职业持久性这些行为紧密相关。自信与自我效能感对于走上创业道路有着重要作用。加强自我效能感的其他因素也会提高成就动机。

通过课程和教学计划的完成，发展学生的创业技能和意识，从而提高学习者的成就动机至关重要。从这个角度来看，教学形式可作为重要的课程内容，体验和反思学习的方法，提升学生学习的自我信念和成就感。对于创业自信心的提高，可以通过不同的教学方式来加强，比如鼓励学生通过学习别人的创业经验以及自己以往的经验，来拉近与创业的距离，真正体会到创业就在身边，创业并非遥远的目标。创业中心的课程还会鼓励个案研究、邀请企业家和创业者积极参与教学，使学生从企业家那里获得第一手的创新与创业经验；鼓励发展隐性课程，通过个人的、小型或大型的集体活动提供发展自我效能的机会。

2. 剑桥大学创业教育课程设置

剑桥创业课程有两个基本组成部分，他们都是以学生为中心的教学活动。包括无学分课程和有额外学分的课程。无学分课程主要针对创业选修课，适合于对创业有兴趣的学生。同时也乐于向其他高校和广大市民开放无学分课程。

（1）无学分课程

由于无学分课程学生可以自由地进入或退出，那么，学生学习时间的长短就可以作为开设课程是否符合学生要求的一个反映。剑桥创业中心成立以来开设过很多课程，如优秀企业家讲座系列、虚拟学习网络、新兵训练营、大师班、创业学生等。根据学生的期望和反馈的意见，不断在设计、营销和时间管理上调整，最终将课程越来越集中于有限的几个。我们能看到的创业星期二讲座、创业者、暑期学校是开展时间较久、开展课程数较多的几种课程类型。我们重点看看这些教学活动是如何开展的。

1）创业星期二讲座

顾名思义，星期二讲座就意味着每周的星期二，从晚上6点开始在艺术学院的报告厅里开设的创业教育讲座。讲座分为三个部分：6点至7点是讲座，这可以算是讲授式的教学方式。7点至8点为交流和建立人际网络的时间。这时，对创业感兴趣的学生可以结识演讲者和其他的创业成功者。同时，7:30至8:30还可以进行小组活动，创业小组内部和创业小组之间可以在这里交流心得，获得老师和创业家的指导。

这个讲座分为三个学期，遵循了从理念到实践这样一个学习的过程。第一学期要了解创业是什么、自己是否适合创业，这算是对创业的理念和自己的创业能力有个初步的了解；第二学期主要是围绕如何针对创业开展学习；第三学期就要动手亲自去参与创业。这一课程与学生的一个创业计划比赛同步，并对那些完成了整个课程的学生颁发证书。为了鼓舞学生，组织者会邀请那些在各自领域做出贡献，并有很高公信力的人来做演讲。在前两个学期，都会有6个讲座和一个研讨会。到最后一个学期，完全是学生组成创业小组，教师根据各小组的情况进行个别指导。

第一学期讲座的题目和内容围绕"创业是什么，它是否适合我"这个问题展开。包括：①对创业有个明确的认识。在创业的一开始就有个足够清晰、足够强大的信念，这样才能在后续的努力中克服困难，坚持下去。这种信念和品质对于创业至关重要。②能够看出正确的想法。对商业想法能够正确地评估，并把想法转化为机会，还要使这些想法可以量化，可以在现实中一步步实现。③寻求支持。对自己所拥有的资源非常了解，学会寻找信息，建立人际网络，寻求社会资本的支持。④做出艰难的决定。对创业中的风险和面临的选择要有所准备。对自己能够承受的风险和不确定性要有所认识。⑤成为一个善于推销的人。成为一个善于推销的人需要热情和坚持，这需要学生发掘自己的个性品质，对自己的个性有更全面的了解。⑥知识创业。创业的技能被应用于大学的科研背景下，而这种创业技能又是可以转化的。

从以上的课程内容看，既有对创业的意识、理念、创业目标、过程等的理解，也有对学生个性方面的发掘。

第二学期的讲座围绕"如何去创业"，即对创业的各个阶段进行有针对性的指导。包括：①学习重要的经验教训。从公司启动到上市，有5~6个关键因素影响到企业的成败，这几个因素在创业阶段同样起着至关重要的作用。学习已有企业的经验教训，通过隐性知识的传递，对创业有重要的指导意义。②寻找资金。这门课通过实践教学，就如何寻找资金和在哪寻找等遇到的典型问题进行了回答。要学会同天使投资人、风险投资家和企业家进行交流和讨论。③建立团队。了解如何在创业最开始建立一支团队，如何针对不同职位选择合适的人，还要知道从哪可以获得丰富的人力资源。④制作简报。务实的图表和活动帮助人们认识和理解你的创业项目。⑤企业经营。这个题目是要告诉学生如何去真正经营一个企业，使学生认识到创业过程是非常复杂的，涉及很多方面。同时，要认真思考如何使自己成为合格的领导者，并获得团队的支持。⑥制订营销计划。这是创业成功与否的关键因素。如何能够用有创造性又结合实际的方法推销自己的产品和服务是这个题目要讨论的问题。

2）剑桥——麻省理工项目（CMI）

2000 年 7 月，在英国政府和英国企业的支持下，两所世界一流大学——英国的剑桥大学和美国的麻省理工学院开展强强合作，联合成立了 CMI，以推动两国在教育研究方面的合作，并使其转化成生产力为经济发展服务。启动经费由英国贸易工业部出资 6510 万英镑，私人企业出资 1600 万英镑。CMI 作为一种新型的学术企业，其宗旨是利用建立的剑桥大学与麻省理工学院的永久伙伴关系以及扩展出来的其他参与单位，通过有效地加强大学与企业的知识交流，培养领导者和创新思维，在大学、企业和政府中开展改革项目等一系列措施，来提高英国经济的竞争力、生产力以及企业推动力。

CMI 的工作范围包括：资助创新型科技研究，作为连接企业界和学术界的网络枢纽，通过学生交换以及与有远见的公司的合作来支持知识的传播，并为学术研究和商务市场之间更密切的联系和合作提供机会。其正在进行的工作有：共享理念和研究方法；开发大西洋两岸的教育资源来培育下一代创新人才；为企业提供教育使其采纳新技术，适应更强的竞争环境等等。为了培训下一代的科技、工程以及商业领域的领头人，CMI 开设了一套新的硕士学位项目。CMI 还设计了一系列的高级讲座，从而在创新者和企业家中营造一种鼓励争论、信息共享的企业文化氛围。讲座对外免费开放，各界有兴趣的人士均可参加。每个讲座结束后，都有一个非正式的活动，参与者可就讲座的内容进行讨论。

CMI 的创业教育课程每次都会围绕一个主题，包括界定和理解创业精神，了解一个人的自我、成就动机、道德和目标；如何启动一个伟大的想法；了解什么是创业者，创造力和创意的产生过程，如何制定计划；提高自己的领导力，建立高效的团队；维持自己的创业动机和创业方向，并且庆祝每一次进步。

这些课程的教学方式是多种多样的，教育者为学生创造各种学习环境。大型的会议为学生提供创业的核心元素的讲座，如创造力、文化行为、个人目标和抱负、道德、社会网络。为了促进参与，参加会议的学生被分为更小的、更利于参与的小组，使得同学间能互动练习、相互交流。有时也需要学生独立工作，如制订自己的项目构想和目标。

（2）有学分的创业教育课程

有学分的创业教育课程呈现逐年增长的趋势，自1999年开设第一门创新课程，到2005年已增长到十一门。这些课程又分为两种类型，一种是面对MBA的，这占了创业教育课程的很大部分。另一种主要是面对理工科的在校学生。

这些课程通过考试或书面作业的形式监测学习成果，这个学习成果就是最后都要形成一个商业计划书的点子。不同专业在上课内容和时间上都有所差别，例如生物化学专业4小时，化学工程12小时，物理学和计算机科学16小时。在2004年，剑桥大学总共开设了26门创业相关课程，邀请了200多名企业家进行演讲，至少1 200名学生从中受益。

3.资金支持

英国的政策一直鼓励大学的创业发展。1999年，科技厅资助了12个科学企业中心，并建立了一个剑桥大学与美国麻省理工学院的联合项目，前者获得2500万英镑的资助，而后者则得到了6 400万英镑的资金支持。大学被鼓励通过商业活动、知识产权的开发和与产业界的接触来获得资金。之后设立了研究生创业全国理事会，又对高等教育创新基金进行了规范，并通过英格兰高等教育拨款委员会来协助发展创业教育。剑桥与大企业的联系从未像今天这样紧密。2000年，微软公司向剑桥投资3.38亿美元，设立了一项英国最大的国际奖学金，每年资助230多个来自世界各地的优秀学生就读剑桥。马可尼公司投资6 400万美元，在剑桥设立研究机构。李嘉诚在剑桥捐资建立了医学研究中心，并设立李嘉诚基金，资助剑桥知名学者来华讲学。

第三节　日本高校创新创业教育模式分析

一、日本高校创新创业教育的发展历程

20世纪60年代，日本经济高速发展，急需高科技人才和技术娴熟的工人，日本高校重点培养应用型理工科类专业人才，以大力发展"五年一贯制"高等专科学校为重点，和企业多方联系，开展了多种形式的产学合作教育。随着日本高等教育入学人数的增长，一些高校开始开设帮助技术拥有者实现创业的课程，当时，课程的层次和范围都非常有限。

20世纪70年代，日本的企业数量逐步增多，人才的数量和质量成为一个巨大缺口。高校为企业开展了管理、经营、营销的培训，开设了面向企业人员的MBA、市场营销等课程。许多大学将职业规划教育的理念纳入学校教学、学生的学习和生活实践，将职业规划教育的总体指导和个别咨询相结合，积极和相关企业及社会机构合作，开展联合讲座、专业实践、实习等活动，以学生理解专业教育并能在社会中灵活运用为重点，构筑以语言能力、跨文化交流能力为特色的职业规划教育体系。

20世纪80年代，日本高校的创业教育开始起步，很多高校开设了以创业教育为主题的讲座，培养学生的创新创业能力。20世纪90年代，日本高校创立了见习制度，这对培

养学生的职业观念和工作能力有着一定的帮助，但其培训时间短，涉及程度较浅，因此并不能够带来显著和持续的效果。

进入 21 世纪以来，日本高校以培养学生的创业精神、生存能力、思维方式、创业技能为重点，面向大学生、研究生和社会人士全面开展创业教育，创业教育迅猛发展，至今已有早稻田大学、立命馆大学、庆应大学、大阪商业大学、横滨国立大学、信州大学、东北大学等 247 所高校将创业教育纳入本科和研究生的必修或选修课程，开展内容和形式各异的创业教育。

二、日本高校创新创业教育的特点

1. 课程体系化

日本高校的创业教育课程涵盖了以创业精神和创业意识为主的创业素养普及课程、以提高创业经营实际技能为主的经营技能演习课程和以创业作为辅修专业的副专业等课程，使学生学到全面的创业知识，方便学生自己创设企业。东京工科大学、日本大学、大阪经济大学、横滨国立大学和广岛修道大学等高校开设创业素养普及课程，培育学生的创业精神，激发学生的创业意识。庆应义塾大学通过开设"SIV Tutorial""新事业创造论"等课程，培养学生实际的创业技能，提高学生的商务策划能力，经常和联系密切的企业家进行交流、讨论，在实际操作中增加创业体验、提高创业技能、制定创业计划书。

2. 教育衔接紧密化

日本自 1998 年就将创业教育纳入国民教育体系之中，从小学开始实施创业教育。如通过手工制作、理财教育等课程，让学生自然而然地掌握自我负责原则和投资意识、风险意识，萌发创业的想法，从小培养学生的创业心理意识和意志品质。在中学阶段，对学生进行简单的理财教育和经营管理教育，让学生参与相关的市场调研、创业计划书的制定，培养学生的社会交往、挑战和冒险、团队合作等技能。在大学生阶段，通过实施综合的创业课程教育，在进一步加强创业精神教育的基础上，对学生开展创业技能的培训。通过三个阶段的创业教育，从少到多、从易到难，渐进地普及创业知识和创业技能，激发学生想创业、懂创业、能创业的潜能，为学生创设企业奠定了基础。

3. 政府、企业、高校一体化

在政府方面，以经济产业省、文部科学省、厚生劳动省为中心的中央省厅，把创业教育作为国家发展的重要课题，在简化公司申请程序、提供资金援助方面出台了相关政策，通过设立"中小企业创业综合支援中心"，研究出台"青年自立挑战计划"，颁布《技术专业促进法》，建立高校创业联络员制度，指导、推动、协助、服务高校创业教育。在企业方面，很多大企业向高校提供人才需求意见，为学生创业实习提供实习基地，为有发展潜力的创业计划注入启动资金，联合高校开发创业教育教材和课程，设计创业型人才培养计划及实施方案。高校不断更新创业教育理念，邀请成功的创业家和有丰富创业经历的企业家担任导师，引入政府和企业主导的办学思想，加强创业孵化基地、创业辅助机构的建设，结合本校特色开展创业教育，建立和政府、企业双向交流的制度，不断提升创业教育质量。

三、日本高校创新创业教育的实施途径

1. 培养灵活的创业教育师资队伍

日本高校的创业教育师资队伍主要由两部分构成：校内师资和校外师资。校内师资主要有来自经济管理学院、理工科和创业教育专业部门，而校外师资主要是风险企业家、金融机构的专业人士、律师、经营顾问、校友毕业生等。校内老师主要是进行创业教育理论的讲授，包括市场营销、经济学、MBA 课程等，主要是为学生创业打下理论的基础；校外师资主要参与正式课程、讲座、讨论、创业计划制定指导及经营理念、战略销售策论等，从实践的角度向学生传授创业知识。

日本的创业教育师资队伍的培训是比较灵活的，围绕教师的理论和实践两方面，开展企业与学生之间的互动交流，主要方式有：社会人讲师派遣制度、教员企业研修制度、企业参观会制度等。教员企业研修制度主要是为了加深学生、教师对创业机会的理解；而企业参观制度主要是创造能到地方企业参观和与优秀风险企业经营者对话的机会，主要方法是选取实施"企业家教育交流促进会"的地区，在工商部门、教育委员会、工业会等部门的协助指导下，以社团法人商业协会为实施主体，派遣教师到风险企业参观，开展风险企业宣讲会。教师在有限的时间内，认真学习企业创业的过程、经营方式、理念等，进一步来研究创业者所要具备的素质，并将学到的经验反馈给学生。创业教育师资队伍的培养时间主要是利用长期的假期时间，所以参与的教师人数比较多。此外，为了加强交流与学习，学校之间通过教师互访、经验交流等方式，针对教学方法、手段等进行交流学习，大大提高了创业教育师资队伍的质量。

2. 全方位的创业实践实习机会

创业实践实习是创业教育的重要内容之一，参与创业实践实习能进一步巩固学生的知识，激发研究欲望，提高将所学知识和技能转化为实际运用的能力，还能培养情感和意志，塑造人格个性，树立坚定的社会责任感，进而实现创业所需的综合能力的全面提高。日本高校很重视学生的创业实践实习机会。近年来，为了培养学生挑战新事业的精神和从事创业的意识、能力，提高学生的创业素质和广泛的社会意识，日本的许多大学导入了德国双元制，尤其重视在校生的实习，为此，日本众多企业为学生提供了多种多样、全方位的见习渠道。

3. 开展众多的创业教育讲座

创业教育讲座是创业教育的一种微型课程，内容丰富、时间短、容量大、信息快捷、方式灵活、人数限制小，是一种行之有效的创业教育方式。日本高校创业教育讲座开设于 1986 年，1990 年实现本土化。在此之后，众多高校在创业教育讲座方面做了深入的探索，不仅从数量上有了突飞猛进的发展，而且讲座的形式和内容也得到长足的发展。据

日本大和总研调查机构针对日本高校创业教育的一系列调查显示，在所调查的 22 所高校中共开设了 71 个创业教育讲座。从讲座的内容和手段上看，71 个讲座中 MBA（工商管理）类占 52%，MOT（技术经营）类占 20%，其中 28% 的讲座是面向本科生的。近年来，为了平衡两类课程，增加学生的经营技能，MOT 类课程有增加的趋势。面向本科生的讲座主要是为了促进学生多样的人生经历和良好的人格教育。

围绕众多的正规讲座，各高校还衍生出许多附属讲座。早稻田大学风险企业创业基础讲座、高科技风险事业讲座下设大和证券组社内讲座、如 R.J S 氏附属讲座、庆应大学企业家讲座下设 DKB 银行附属讲座、九州大学风险企业创业计划讲座下设黄氏附属讲座等。这些附属讲座的方式拉近了企业与学校的距离，使在校学生足不出户便能了解一些企业的运作模式、管理模式。企业也可以通过这种形式为公司物色人才。

4. 举办多样化的创业计划竞赛

日本非常重视举办创业计划竞赛，将创业计划竞赛作为检验学校创业教育成效的一个重要手段。与学校的文化节、科技节相结合，使许多拥有创业意识和创业激情的学生有机会设计自己的创业计划，也使创业计划竞赛中走出了许多的创业家。定期举办各种不同层次的创业计划大赛、创业想法大赛、发明王大赛等，为创业者提供展示创业构想的舞台。其中，早稻田大学在创业竞赛方面做得最好。1998 年，早稻田大学开始举办创业计划大赛，以帮助创业者完善创业构想，寻找志同道合的创业合作伙伴和支持者。竞赛按专业分为生物化学、金融、软件、电子信息产业和医疗环境等，参加竞赛的大多为大学生、研究生。学校非常重视创业计划竞赛的效果，这种效果不但体现在参与层面、数量层面，还体现在对创业计划付诸实施方面。为此，早稻田大学在创业计划竞赛评比之后，还会举办会议，聘请相关专业人士、技术人员，为获奖的创业计划提供建议，使其创业构想更加完善，从而能够很快付诸实践。通过创业计划大赛，涌现出了大量具有市场潜力的创业想法，而创业计划竞赛作为学校的创业教育的辅助手段也发挥了重要作用。

5. 促进国际创业教育的交流与合作

在全球化竞争合作的趋势中，国际经济、贸易、文化等方面的交往日益频繁，企业经营的国际化趋势影响到企业需求人才能力素质的全球化。具有全球视野、文化适应能力强的人才成为未来社会不可或缺的需要。因此，如何让年轻人不在全球企业竞争中失去竞争优势、积极培养具有企业精神的未来领导人是日本掌握国际竞争优势的关键。通过参加国际合作，学习其他国家优秀的创业教育经验是日本开展创业教育的典型做法。日本在促进青年合作的国际行动方面，做出了积极的贡献。日本引进的国际合作项目主要有联合国 "青年就业网"（KAB）、冒险事业实验室（VBL）、国际创新创业发展协会（Global TIC）三种项目。

联合国 "青年就业网" 由国际劳工组织、世界银行以及著名的青年问题专家组成，目的是为创造青年就业机会和解决青年失业问题提供咨询和支持。KAB 项目的内容是教青年怎么开办经营企业，由一系列培训资料和新的创业教育的教学方法组成。KAB 课程既可单设，也可以纳入其他课程体系如创业俱乐部、暑假集训等。该课程体系以其创新性的创业教育、标准化的质量和培训为课程的科学系统提供保障，加之理论与实践相结合、产学配合、以学生为中心的参与方式，赢得了世界各国的青睐。目前日本高校引进 KAB 合作项目的学校主要集中在私立高校和高等专科学校。

1995 年，日本导入 VBL 项目。VBL 意为冒险事业实验室，旨在推进新兴产业的创业和相关研究，得到科学技术、情报通讯振兴等特别政策费用的支持。截至 2006 年，日本设立 VBL 项目的学校达到 70 所。为了配合 VBL 的实施，各高校还成立相应组织，如学科联合体、研究生团体等，有的高校还设置了专门的委员会负责。VBL 项目用在日本新材料的开发项目上，在项目的运作上采取灵活的方式，北海道大学结合地域产业和企业合作，共同研究开发新产品；广岛大学与其他大学开展双向横向联合，通过卫星进行 VBL 课程交流；冈山大学将 VBL 课程纳入正规课程体系。利用 VBL 课程，各高校还邀请关于冒险的企业家、有独创性的发明家、世界文明的学者现身说法，推进 VBL 项目的开展。

国际创新创业发展协会是由参与创业竞赛的专家、法人团体、企业人士组成的创新创业教育与平台推进组织，由来自美洲、亚洲、中东等地区多国专业人士参与，日本是参与国之一。协会通过"Global TIC"品牌整合各国既有的创业竞赛、课程与社会的能量和资源，促进许多专业学习、创业与实业投资的机会，是全球创新经济成功区域促进新创事业的有效模式，同时也是一种国际型成果展示及发表会。通过多国企业及学术研究单位的共同参与、交流与议题讨论，除获得更多产业的意见回馈、提升国内人士国际化、研究成果技术扩散及跨国产学合作的效果外，更进一步增加了培养优秀青年学子参与专业实习、创业育成与实业投资的机会。

四、横滨国立大学创新创业教育

横滨国立大学下设人类教育科学部、经济学部、经营学部和工学部四个学院，"经营者的领导力和经营理论""风险企业经营管理""我的·项目·创业"是全学部学生都可以选修的综合课程，也是横滨国立大学经营学部提供的"企业·创业教育项目"的实施部分的重要内容。横滨国立大学"企业·创业教育项目"由意识、琢磨·推敲、工作和创作四大部分组成。意识部分以"经营者的领导力和经营理论""风险企业经营管理"两门课程为主，便于学生接触创业者精神和经营者的思想，促使学生把对工作本身价值的思考以及对自己未来的展望作为学习的目的，并由来自实业界的经营者、创业者讲授。琢磨·推敲部分为"我的·项目·创业"综合课程，采取讲师和少数学生自主学习、相互启发的形式，每个人考虑一个项目想法，反复推敲、探讨，实施项目化管理，培养学生的创业思维及对项目的经营管理能力。工作部分是在商务现场通过工作体验进行学习，既是对大学所学知识的反馈，同时也有助于形成对创业的期待。创作部分由学生自己构思创业计划，学校为学生提供相互竞争、相互切磋的场地，可以发挥学生的主体性，培养学生的企业家精神。

横滨国立大学通过"企业·创业教育项目"，培养大学生的创业精神和创业思维。"经营者的领导力和经营理论""风险企业经营管理"课程由来自实业界的经营者、创业者等以演讲的形式，面向全学部的大一学生进行授课。第一学期的"经营者的领导力和经营理论"课程，以创业梦想、创业精神等为主要内容，向刚进入大学的学生授课，使用浅显易懂的语言，以激发学生的兴趣为主要目的。第二学期的"风险企业经营管理"则从实际经营的角度，通过来自活跃在技术系风险企业、非技术系风险企业、中小企业、风险资本、企业孵化器等各个领域的经营者或支援者的演讲，培养学生的创业思维，使他们了解实际创业的复杂性，理解创办企业的真正含义。"企业·创业教育项目"的工作体验，一般历时一个月或更长时间，在学生完成体验后再进行学分认定。学生决定进行工作体验前必须提交学分认定申请书，体验结束后，要附上成果报告书和来自企业的评价书进行学习课程登记，由经营学部创业教育委员会审查通过后，才能取得相应的学分。

五、大阪商业大学创新创业教育

大阪商业大学是一所私立大学，位于日本大阪府"中小企业胜地"的东大阪市，是以培养综合经营和经济学学科背景为主的综合大学，办学使命为"培养对世界有用的人才"。大阪商业大学从 2002 年开始实施创业教育，经过 10 多年的发展，已经形成了自己的系统，曾获得过日本文部科学省创业教育优秀实践奖等奖项。

1. 面向高中生开展创业教育

在高中阶段，日本主要对学生开展简单的理财教育和经营管理教育，通过让学生独立开展市场调查、设计创业计划书等形式培养高中生的创业精神。大阪商业大学尤为重视创业教育的一贯性，以创业教育研究会为依托，举办面向高中生的商务创业大赛——全国高校商务甲子园，激发高中生的创业思维和创业灵感。该大赛面向高中生募集独特的创业设想和新奇的商业设计，涉及服务、特色商品、商业街、社会公益事业、生态环境保护等领域，目的在于培养学生的挑战精神、创新能力和沟通交流能力。"全国高校商务甲子园"今年已经举办到第 13 届，自 2009 年开始，每届大赛都能募集到 5 000 件以上作品，2013 年共有 162 所高中向大赛提交了作品。除此以外，还在各地举办各种讲座，2010 年，大阪商业大学分别在兵库县立姬路商业高等学校等高中举办了"SWOT 法的概要及分析方法"等 5 场讲座。

2. 面向在校生开展创业教育

大阪商业大学对在校生进行创业教育主要是以创业教育先锋班（OBP）的形式开展的，OBP 是及时关注社会最新动向，适时更新学习内容的课程学习班，对创业、企业经营管理等实践类科目有所侧重，课程包含公共经营学科、经济学科、商学科、经营学科的内容，目的在于使学生活学活用，让学生成为灵活应对商务挑战的复合型人才。OBP 主要培养学生的领导能力、组织能力、交流能力，所以对学生人数有严格的控制，每年从一年级新生中选拔出 25 名富有创业意愿和想法的学生组成创业教育先锋班。OBP 专职师资有 11 名，采取小班教学的方式更能准确掌握学生学习的情况，确保创业教育的质量。学生在学习 OBP 课程时，要兼顾自己的本专业，通过参加校内外的研讨会、企业见习与社会交流，接触实际的案例，增加实地调研的机会，了解企业的运作方式，在实际接触中发现创业机遇，实现创业梦想。

3. 面向社会人士开展创业教育

大阪商业大学对社会人士主要以产学交流习明纳的形式开展，产学交流习明纳始于2004 年，每年举办 1 期，免费为社会人士提供培训。主讲嘉宾有大阪商业大学的教授、会计师事务所的所长、著名企业的 CEO、研究机构的研究员等，课程主要有公司经营战略、中小企业面临的挑战、环境变化和企业系统、环保商品开发、中小企业革新、老字号企业组织体制改善等内容，每期习明纳都会安排单独的时间供社会人士和主讲嘉宾交流，为社会人士提供解答和企业诊断咨询等服务。这种产学交流习明纳的形式很受社会人士欢迎，每年在课程消息发布后，都会有人争先恐后地预约。

六、日本高知工科大学创新创业教育

日本高校创业教育中比较有代表性的是日本高知工科大学模式。高知工科大学在高校建立之初就把培养具有科技型创业人才作为目标，对大学的教育规划做出重新修订，改革了教学方案。1999 年，学校增加了创业工程学科，从全球的目标出发，为大学生提供创业的管理知识，同时结合创业教育对这一学科进行了深层次研究。另外，联合其他高校举办一系列讲座，开展创业工程教学和指导创业实践、探讨学术问题、创业教育与实践教学结合起来等多渠道的开拓型人才培养模式，把培养复合型高科技创业管理人才作为高校的主要目标。学校开通了师生互动网络平台，在这种新型的符合实际的人才培养观的指引下，使高知工科大学步入了日本创新型大学的行列。

高知工科大学首先在专业设置上，按照市场的要求，根据社会发展的趋势制定科技含量高的课程体系，为学生探索科技创业知识铺路。另外，学校充分发挥专业教师的优势，为学生排忧解难，答疑解惑，为大学生的创业做好了基础知识的储备。另外，聘请知名企业的负责人组成就业指导团队，就业指导也离不开专业知识的支撑，通过这些专家的解读指导，学生对如何学好专业知识的方法、思路更加清晰，手段更加便捷。对于学生学习和实践，高校每学年都制定不同阶段的学习和实习课程，从思想观念到理论学习再到实践操作，每一个环节都有老师的精心指导，保证学生在校学习期间始终保持端正的学习态度和对科技创业的信心。

第四节　启　示

通过对美、英、日高校创业教育模式的比较分析，笔者认为我国高校创业教育模式构建需要对创业教育目标、创业教育师资队伍、创业教育教学方法、创业教育课程设置和创业教育支持体系进行优化。实现创业教育目标具体化和特色化、刺激创业教育师资队伍多元化、创业教育教学方法特殊化、创业教育支持体系全方位化。

一、创新创业教育目标的具体化和特色化

树立创业教育目标之前首先要转变传统的观念，要认清国家的形势。现在大学生已不再是以前所谓的天之骄子，考上大学不一定就意味着一毕业就有好的工作等着他们。高校和学生应该改变传统的择业观，把自主创业也列入就业选择方案当中。

各大高校创业教育要想顺利展开，应根据学校的人才培养要求、自身的实际情况并且结合国情，确定适合学生个性发展和学校办学特色的创业教育目标。特色化的创业教育目标，使高校可以充分利用自身和社会的各类资源结出创业教育目标制定下的不同果实，实现学生和高校双赢的局面。因此，创业教育目标不应该盲目地追随照搬其他高校，而应该贯彻科学发展观、谨记社会责任，划分创业教育和企业盈利为目的的界限，结合学校的办学特色和学生的个性发展需要进行设定。

二、刺激创新创业教育师资队伍多元化

教师是"传道授业解惑者"，教师之于创业教育的巨大作用毋庸置疑。而目前我国高校创业教育师资队伍建设并没有得到足够加强，能够对创业教育师资队伍进行专项的培养或者选拔的学校不多，总的来说创业教育师资力量比较薄弱。创业教育师资队伍需要囊括经济管理类专家、工程技术类专家、政府经济部门专家、成功企业家、孵化器的管理专家和风险投资家等各类专家，同时任职教师必须具备一定的实践经验。

师资队伍是创业教育顺利开展的前提条件，因此，建设一支强有力的创业教育师资队伍对于创业教育的作用不容小觑。创业教育师资队伍构建需要得到全校的支持，诚聘拥有一线创业实践经验的人来当老师，组织一些对创业有感触的企业家来学校分享他们在创业过程中成功或者失败的经验，与相关领域的专家、学者形成一个创业教育智囊团，为创业教育提供有力的支持。因此，各大高校应出台激励措施，为教师研究提供资金保障，为吸引国内相关学科优秀教师、企业家和引进海外创业相关教师或企业家提供物质激励。同时，应在创业教育师资队伍中不断开展继续教育和研究活动，加强创业教育的师资培训，提高该领域教师的创业素质和能力。以一定的组织、领导形式推动机制的建立，对资源加以整合，并上升到办学理念的高度来认识。

三、创新创业教育教学方法特殊化

创业教育是一种新的教育理念，它不仅体现了素质教育的内涵，而且突出了对学生实践能力的培养。教师必须摒弃传统的"满堂灌"的教育方式，改进创业教育教学方法，把理论知识与实践相结合，引导学生发扬创新精神。

　　创业教育的主体是学生，创业教育教学中应该充分发挥人的主动性。在教学中，高知工科大学采用小团队进行实验和练习。学生要运用自己的智慧，通过在团队中清晰表达自己的想法，并与其他成员合作来解决情境当中的问题。这种教学方法有效地培养了学生的逻辑思维，以及准确地讲、读、写等能力，提升了学生的认知，让他们愿意学习。在学习的过程中，学生充分享受人权，教师和学生的关系非常和谐，很好地实现从传统的"被动学习"到"主动学习"的转变。

　　创业教育最终是将付诸实践的，因此，创业教育也可以说是一种实践教育。案例教学法是赛德商学院和高知工科大学所共同遵循的创业教育教学特色，教师提供真实公司的案例，学生可以运用创业教育中所学到的知识和技能以及获取的经验，学以致用，制定"真正的"管理决策。通过不断地实践和总结经验，学生今后不论是创立公司还是选择就业都将受用无穷。

　　因此，我国高校在进行创业教育教学中应该采用特殊的教学方法，结合实践，充分挖掘学生的潜力，让学生学会主动学习。在教学中，应遵循创业思想和行为、社会、环境、经济责任和可持续发展原则，真正实现创业教育的真谛。

四、创新创业教育支持体系全方位化

　　创业教育是一个长期浩大的系统工程，需要高校、政府等组织的联合来为创业教育提供完善的支持系统，概括的来说，其实就是加强人力、物力、财力和法律政策法规，全方位加强对创业教育的支持力度。

　　我们应该借鉴上述几所大学在创业教育支持体系上的经验，包括校友对创业教育的支持、学校自身对创业教育的支持、政府对创业教育的支持。校友资源是一种很宝贵很特别的资源，学生和母校都有一定的情结。校友在获得一定的成功之后，重回母校，一种亲切的感觉油然而生，把为母校的建设和发展尽自己的一份力量视为一种义不容辞的责任。很多校友可以利用自己的资源，即自身的经济实力、对社会的影响力和人际关系为母校筹集资金。这样不仅提高了学校的声誉，而且也有利于学校争取到社会其他方面的资助。校友的参与直接影响学校的招生、招聘和长久的成功。他们的积极参与足以显示母校在他们心目当中的地位，证实了创业教育所带来的积极效果。

　　高校创业教育的开展，除了运用校友等资源外，还应该根据自身的办学特色把创业教育发扬光大。如高知工科大学设立专门独立的模块，包括就业指导、职业（正规课程）、实习支持、企业联席会议、KUT就业指导和求职援助巴士游。通过这个创业教育模块对创业教育进行全方位系统的支持。

　　在上述的各大学中，政府政策和制度以及资金支持对他们创业教育的发展均发挥着重要作用。同样，我国高校创业教育开展也需要政府提供政策和制度以及资金方面的支持。政府应根据社会形势不断完善原有的创业优惠政策，同时不断出台新的创业优惠政策，采取切实有效的措施，为大学生创业提供优越的环境和氛围。

第五章 高校大学生创新创业教育的组织模式

高校创新创业教育的开展是一项系统工程，为跟上社会转型步伐，满足高校学生的需求，应明确其组织管理形式与运行原则，构成相应的教育体系。不同院校应根据不同的文化特征和发展目标，采取不同的组织模式开展创新创业教育。

第一节 高校创新创业教育组织模式的国内外对比分析

一、高校创业教育组织模式的国际经验

根据组织管理部门的不同，国外高校创业教育的组织模式可划分为商学院／管理学院模式、创业学院模式、团队学园模式、跨学科项目模式和模拟公司模式等。

（一）商学院／管理学院模式

商学院／管理学院模式作为较为传统的创业教育模式，注重运用专有的商业管理方式，主要将创业教育融入现有的管理学课程，采取传统的"教与学"模式，通过创业中心实践教授创业过程。商学院／管理学院负责创业教育的日常管理、经费筹措、师资培养、课程设置、学生招生等环节。为实现创业教育培养目标，商学院／管理学院依托创业课程和创业教育项目，系统地进行创业方面的教学与管理，课程内容呈现高度专业化特点。根据创业教育的目标对象，在商学院／管理学院模式下又分为两类，一类是学生来源严格限定为商学院／管理学院学生，也就是"聚焦模式"，其毕业生真正进行创业的比例非常高；另一类是面向全校招收学生，由商学院／管理学院负责管理，即"磁石模式"，吸引来自各个学院的学生在一个学院内接受创业教育。

1. 聚焦型

在聚焦模式中，学生经过严格筛选，课程内容呈现高度系统化和专业化特点，创业教育所需的师资、经费、课程等都由商学院和管理学院负责，学生来源严格限定在商学院和管理学院。这种纯粹性决定了系统、有效的创业教学，其毕业生真正进行创业的比例非常高。哈佛大学商学院是采取聚焦模式创业教育的典型代表，目前大约有40%的哈佛大学MBA毕业生追寻创业型职业生涯，如创业者、风险资本家或者创业咨询者。

作为世界上最早开设创业教育课程的机构，哈佛大学商学院（Harvard Business School）强调申请者的创业特质，通过实施相关课程与活动提升学生的创业技能。1947年，为满足第二次世界大战后商学院毕业生的创业需求，迈尔斯·梅斯教授在哈佛大学商学院开设了第一门MBA课程"新企业管理"（Management of New Enterprise），自此启动了美国乃至全世界创业教育的步伐。从1981年开始，哈佛大学商学院开发了一套关于未来

创业教育和研究的框架，将创业的指向从创办企业向外延伸，并可作为管理的有效方式，将创业精神定义为"不顾及现有资源限制追逐机会的精神"。

2003 年，哈佛大学商学院接受阿瑟·罗克（Arthur Rock）的捐助，成立"阿瑟·罗克创业中心"。哈佛大学商学院的创业项目在提供课程方面已有半个多世纪的经验，培养了近 65 000 名毕业生，其中有些毕业生已成为全球最成功的创业者之一。从 1999 年起，哈佛大学商学院创业部门已经开发 600 多种教材，还将 20 多位杰出校友的创业经历制作成录像，在学院网站上共享，慷慨奉献校友们对创业的理解与观点。案例教学（the case method）是哈佛大学商学院最著名的教学方式，指利用由语言和各种视听工具描述的特定管理情景，便于学生从当事人的角度出发，对相关管理问题进行分析和讨论，并提出相应的解决方案。通过在创业教育案例中引入各类、各年龄的创业者，让学生在创业教育过程中获得认同感，提升学生的实际管理能力。近年来，哈佛大学商学院与欧洲创业研究基金会合作，组建了"以参与者为中心的欧洲创业教育培训项目"，以培训来自欧洲 25 个国家的创业教育师资，提升了哈佛大学商学院创业教育项目的国际影响力。

2004 年，哈佛大学 MBA 项目被美国小企业和创业协会评为"2004 年度全国创业项目模型"。哈佛大学商学院的突出表现与其独特的组织模式紧密相关：一、拥有一批经验丰富、具有敬业精神的创业教育师资，包括 31 名创业管理教师和 30 位其他领域的教育家专注于创业教育教学和研究；二、精心设计教育过程，培养学生的领导潜力、智力以及内在驱动力；三、注重创业项目的广度和深度，哈佛大学商学院要求 900 多名一年级新生学习"创业型管理者"课程，并为二年级学生提供 20 多门创业选修课。

2. 磁石型

磁石型创业教育模式的建立，是基于一种"非商学院的学生也能从创业教育中获益，具有创造性的创业努力并不仅仅来自商学院学生"的理念。麻省理工学院（Massachusetts Institute of Technology，简称 MIT）作为磁石模式的代表，其创业中心以"激发、训练以及指导来自麻省理工学院所有不同专业的新一代创业者"为使命。该模式下的创业教育往往先在商学院和管理学院成立创业教育中心，通过整合资源和技术，吸引全校范围内有着不同专业背景的学生。其开设的大部分创业教育课程，如创业计划、新创企业等，适应各种专业背景的学生，对创业感兴趣的学生既可以研修创业课程，也可以根据自身情况和兴趣辅修创业。整个项目的发展依托商学院／管理学院的资金、师资、校友等资源，由创业教育中心负责规划和运行。这种模式为商学院／管理学院以外的学生提供创业教育，而不涉及经费、师资管理等方面的变革。

麻省理工学院主要依托斯隆管理学院，向全校各个学科的学生提供创业教育，20 世纪 90 年代，斯隆管理学院成立的创业中心是学生创业教育的主要场所。通过依托斯隆管理学院中 17 位有着终身教职的教授以及 15 位资深讲师和实践者，创业中心为来自不同学科的学生提供 30 多门创业课程。根据 MIT 创业中心年度报告统计，不同学科的学生都参与了创业课程，其中有 77% 的学生来自商科，17% 的学生来自工程学，其余的学生分别来自艺术、法律、科学等学科，工程学院的学生成为除商学院学生之外参与创业教育项目的主要群体。MIT 创业中心结合系统的创业课程、卓越的师资队伍以及紧密的产学关系，以"10 万美金创业计划大赛"为平台，挖掘最佳创意，关注跨学科团队建设，吸引风险资本。MIT 的创业教育以培养未来高科技创业者为目标，在 2009 年，其毕业生创办的公司中，共有 2.58 万家高科技公司顺利运作，雇用约 330 万名员工，年销售额达到 2 万亿美元，如果将这些公司组成一个独立的国家，这些公司的收益将与世界上排名第十一位的经济体总产值相当。

这种磁石型商学院／管理学院模式在保证其开放性的同时，也保证了运行的便利性。所有创业教育和活动统一由创业教育中心负责协调和规划，师资和经费也由创业教育中心统一调配管理。这样的运行模式有利于整合有限资源，打造优质的创业教育项目，吸引新教师参与，促进校友募捐顺利进行。同时，创业教育的开展增加了商学院／管理学院与其他学院的联系，提升了商学院／管理学院在全校的地位。然而该模式也面临不少挑战，例如如何在其他专业获得创业教育课程的市场和价值、如何针对不同专业的学生设置课程等。

（二）创业学院模式

创业学院模式是设立独立、专门的创业学院，负责管理、统筹创业教育的组织模式。在创业学院模式下，创业学科得以更好地发展，创业教育能够系统化、专业化地实施。该模式也分为两种主要形式：第一种是实体学院，即成立的创业学院具有专门的领导、师资队伍，设立创业课程，进行创业研究，招收本科、硕士学生主修或辅修创业学，并授予创业学学位。如美国的俄克拉荷马州立大学创业学院。第二种是非实体学院，即成立创业学院作为实施创业教育的平台，有专门的机构代码和运作团队，但招收的学生不涉及学籍问题，面向全校学生开放创业通识课程。如中国上海交通大学创业学院，"无形学院，有形运作"是其主要组织模式。

1. 实体学院

美国俄克拉荷马州立大学（Oklahoma State University）创业学院（School of Entrepreneurship）是全美最早的创业学院之一，其围绕"想象—相信—创造"之主旨，基于"每一个学生都具有巨大的创业潜力"之基本信念，承诺通过科研、课堂教学和实践活动来实现作为生活哲学的创业教育。

基于挖掘学生创业潜力，提升创业技能的教学目标，俄克拉荷马州立大学创业学院开设了 35 门创业课程，为全校所有专业、所有年级的学生提供相应的创业教育项目，如为商学院学生提供创业主修、辅修项目，为其他学院学生提供创业辅修，为 MBA 学生提供创业学方向，加上创业学硕士以及创业学博士的项目，构建了从本科到博士的体系化创业教育项目，发展创业学学科。

在俄克拉荷马州立大学创业学院的创业课程设计过程中，主要将两大核心理念——背景（contexts）和推动力（facilitators），作为其理论逻辑基础。第一，该课程可适用于多元的创业组织背景，即创业教育的适用范围不仅仅局限于创立新企业，还可应用于成长型小企业、家族企业、大公司的创新实践、公共部门的创业和社会创业。第二，课程的设立可反映创业过程中的主要推动力，包括在任何背景下启动创业的必要投入，如市场、创造力、财政等。

此外，为使创业渗透到全校的各个学科中，创业学院与不同学院合作，创造性地开发了 13 个全校性创业教育项目，包括"创业与艺术""绿色创业""创业与军事科学""工程与科学创业""健康科学创业""创业与心理学""创业型建筑师""创业与教育学""创业与兽医学""创业与地质学""媒体创业""审计与创业""瑞塔创业师资项目"。除了提供创业课程、与其他学院合作开发跨学科创业教育项目外，创业学院还负责统筹协调全校的创业计划大赛等实践活动。

在俄克拉荷马州立大学，除了创业学院，还有瑞塔创业中心（Riata Center for Entre-preneurship），旨在通过外沿的创新项目与创业学院协作研发、开办创业课程，通过实验环节为课程增添实践操作性，指导、帮助教员与学生开始创业。该中心为学生提供瑞塔创业实习、开办瑞塔商业计划大赛、科技创业活动、残疾人创业项目（the Veterans with Disabilities Entrepreneurship Program，简称 VEP）、南非创业授权项目（Entrepreneurship Empowerment in South Africa，简称 EESA）、女创业家激励研讨会（the Women Entrepreneurs Inspire Symposium）等，并为其提供瑞塔创业导师，以增加学生在创业学院学习以外的实践机会。

2. 非实体学院

上海交通大学作为中国创业教育的先行探索者之一，于 2002 年和 2009 年先后被中国教育部和上海市确立为创业教育的试点高校，连续举办十余届创业计划大赛，建设创新创业基地，开设全校创业通识课程，打造创业沙龙、创业交流营等第二课堂创业活动。2010 年 6 月 12 日，上海交通大学正式成立创业学院，探索"一体两翼"的研究型大学创业教育模式。

"一体两翼"模式中的"体"，即创业学院，是深入推进创业教育的组织载体。创业学院以"无形学院、有形运作"的模式运行，试图克服高校创业教育在组织模式上普遍面临的三个问题：第一，仅有领导小组，无实质性组织机构，创业教育难以落地；第二，新建独立二级学院或依附商学院建设，其他学院参与积极性不高；第三，新设职能部处于或依托学工、就业部门建设，难以整合团委、教学、大学科技园等部门的丰富资源。而所谓的"无形学院"，指的是创业学院不占楼，不占编，招收的学员不涉及学籍和院系调整；"有形运作"，即创业学院在学校有机构代码，有运作团队，且学院班子拥有超强配备：分管学工的校党委副书记亲自担任院长，分管教学的副校长任教学指导委员会主任，学工、团委、教务处、研究生院、经管学院、大学科技园等负责人兼任副院长，落实责任主体，明确考核目标。

上海交通大学创业学院的办学使命是面向全校学生，通过创业通识课程及各类活动和项目，培育全体学生的创业意识和创新精神，激发学生的创业激情，播撒创业种子；同时，面向部分有强烈创业意愿的学生，通过全方位的创业能力培养，为他们的未来发展打下基础，由此形成创业教育的"两翼"："面上覆盖"和"点上突破"。

"面上覆盖"，即在专业教育中注重渗透创新、创业、创意、创造的精神和理念，通过开设一系列创业教育通识课，持续开展大学生创新计划（PRP 计划），坚持举办创业计划大赛、创业沙龙等内容丰富、形式多样的活动，使全校学生接受创新创业氛围的熏陶、感染和洗礼，收获终身受用的创新精神、创造理念和创业意识。如创新创业大讲堂已成为最受欢迎的通识课之一，累计选修人数已逾万。

"点上突破"，即在提供独具特色的创业学课程基础上，通过创业导师团的悉心指导，辅以创业苗圃预孵化措施和部分资金支持，培养部分有强烈创业意愿的学生成为大学生创业的"种子选手"和创业引领者。上海交大的学生在"挑战杯"中国大学生创业计划大赛、美国全球企业家创业项目等赛事中多次获奖，第二届上海市十大青年创业先锋中，就有三位来自上海交大。

在"一体两翼"的模式和框架下，上海交大创业学院秉持"三个理念"：一是坚持以学生为中心，注重探究式、分享式、启发式、模拟式和体验式学习。在教学实践中，重在激发学生的主动性，使自主探究和自我成长成为学生的内在诉求，同时，以创业目标为指引，启迪其创造性思维发展。二是坚持开门办院，充分整合校内外、境内外资源。创业学院的师资队伍由教师、讲师和导师"三师"构成。同时，上海交大与美国 MIT、斯坦福等著名大学在创业教育师资培训、教材和实验室建设等方面进行接洽和合作，旨在促进校内外、海内外、专兼职及学界和产业界的有机结合。三是坚持"鼓励创新、宽容失败"的价值观。创业学院并不以创办企业是否获得风险投资、开展的项目能否持续经营等作为毕业认定的唯一标准。学生从实际创业经历中真切体悟的成败与得失、收获与教训，都可以提交给导师团和院教学委员会评审，作为毕业的参考依据。

（三）团队学园模式

团队学园（Team Academy）是以团队为创业实践共同体，以项目的形式进行创业教育的组织管理模式。

芬兰韦斯屈莱应用科技大学商学院即以团队学园作为一个专注于培养学生创业能力的课程项目。团队学园于 1993 年由该校商学院的市场营销高级讲师帕特纳建立。学园每年招收 40 名学生进行为期三年半的学习，完成学业后可获得工商管理学士学位，至 2006 年共有 190 名学生在 20 个团队中学习，至今已有 300 多名学生毕业，毕业生创业率为 30%（同期芬兰大学毕业生的创业率为 4%），已创办了 17 家企业，产生了 1750 个基于真实生活的团队项目。2000 年，团队学园项目被芬兰教育部提名为杰出教育中心（a Centre of Excellence in Education），2008 年获得芬兰贸易与工业部杰出创业教育中心（a Centre of Excellence in Entrepreneurship）称号。

团队学园位于一座 1 000 平方米翻新过的废弃工厂里，每位学生都有钥匙，随时可以自由进出。就教学组织形式而言，没有固定的教室和课桌，墙面可自由移动，空间也可自由组合，并且配备了办公室、电脑和座位，学习氛围轻松。学园秉承"自由与责任"的自我管理原则，在四位教练和一位总教练（帕特纳本人）的管理下，学生在享受自由的同时也对自己的学习负责，通过学生自主制定"学习合同"，明确各个阶段学生与教师的角色。学园里没有课堂，只有开放的办公区；没有教师，只有教练；没有班级，只有对话会议（dialogue session）；没有案例学习，只有实际项目；没有讲授，只有自主学习。

学园采用芬兰高等教育评估委员会所认定的质量体系来确保创业教育质量，评价方法是个人自评、教练评价、团队成员评价相结合，教练根据这些评价结果决定最后的成绩，学生和团体的意见占了很大比重。评价标准是团队练习表现、文献学习和研读、实践环节表现各占三分之一。

芬兰韦斯屈莱应用科技大学的团队学园模式，在组织模式上，强调学生的自主管理与自我负责；在教学模式上，强调学习的自主性，以及从做中学的实践原则。主要可归纳为以下两大特点：

第一，团队学习，对话教学。学园最主要的特点就是以团队形式开展教学，新学员根据兴趣点组成不同团队，每个团队也可被视为一个学习共同体。每个团队在一起学习，明确自己的学习目标，自我管理小组学习，通过举行团队训练会议，学生间进行深度会谈；也会通过生存训练，与真实消费者进行面对面交流；团队不是固定不变的，学生可根据项目组成临时小组，共同完成任务。创业项目既是为大学生提供创业环境的工具，又是团队公司开展商业活动的途径。

除了团队教学，学园不采用传统的授课、讲座教学形式和考试制度，而是将"对话"作为学习的主要方式。创业教练将自己的创业经验告诉学员，学生也可以发表自己的想法和认识，加深对创业的理解，培养创新精神。每个团队平均每周进行两次对话式学习，通常在舒适自由的环境进行，分享学到的知识、学习的方法、心得体会等，使每一个学生都能清楚地意识到自己学习的过程。

第二，实践与理论结合，从做中学。学园非常重视创业教育的实践环节，强调学生在真实的生活环境中学会创业。在对创业、营销、管理等方面知识系统学习的基础上，结合实际操作，如通过组织学生参观企业，探究公司需求，来培养学生对市场的敏感性，学会如何寻找市场。学生根据对企业的考察，结合团队知识和经验，开发自己的商业项目，寻找与公司合作的机会。由于是团队式学习，每名学生各司其职，各取所长。学园从制度上明确规定了实践环节的比重，例如在该校 2009 年 3 月 13 日的课程说明中，"创业（一）"课程为 7 个 ECTS（欧洲学分转换制）学分，其中团队训练和团队会议 63 学时，创业实践 63 学时，理论学习 63 学时，共计约 189 学时。

此外，开办团队公司也是团队学园创业教育的一部分。团队公司是学生集体创办的企业，典型的团队公司由 10 名到 20 名创业学生组成，学园没有实质控制权，团队公司由学生自主运行，作为创业教育的一部分学园仅通过提供教练为公司发展提供建议，承担顾问的角色。为实际体会公司运行的压力，团队公司需要承担所有商务开支，每人每月要向学园上交 10~30 欧元的办公场地租金。团队公司需自行寻找和管理项目，学园允许公司免费使用创业学园的商标。团队公司是学生从事创业的主要载体，通过组建团队公司，学生学会如何合作、如何管理。依靠集体的力量，让经验和资金不足的学生能开办实际运行的公司并生存下去，不少企业都是由团队企业发展而来的。

（四）跨学科项目模式

跨学科项目模式指的是将创业教育作为一个必修模块，在全校各个学院内跨学科推行。在爱尔兰唐道克理工学院（Dundalk Institute of Technology，简称 DKIT），通过校园创业加速项目（Accelerating Campus Entrepreneurship，简称 ACE），在全校 5 个院系的 12 个学科中，无论是培训项目、进修项目，还是学位课程，都包含创业教育模块。这些学科包括：商科、财务金融、公共服务、文化资源管理、音乐、食品科技、体育、领导学以及一些高新技术学科等，在不同学科中创业教育的内容略有调整，但其核心内容不变。在本科生阶段，创业教育要持续两个学期：第一个学期主要是理论知识，第二学期则注重基于团队的有关商业计划书和产品及服务开发方面的实际操作。

校园创业加速项目（ACE）于 2008 年 4 月首次提出，起初目标至 2011 年 6 月完成，后延长到 2011 年 12 月，由爱尔兰唐道克理工学院主要负责，布兰察斯镇理工学院（Institute of Technology Blanchardstown）、科克理工学院（Cork Institute of Technology）、斯莱戈理工学院（Sligo Institute of Technology）以及爱尔兰高威国立大学（National University of Ireland Galway）共同合作的创业项目。ACE 项目的资金来源于爱尔兰教育局（HEA）的创新战略基金（SIF），并由其他战略伙伴机构联合支持。ACE 项目的主要目标在于以合作的形式，培养具有创业能力的毕业生。

ACE 项目以创新的途径开展创业教育，不仅将创业教育融入那些非商科专业中，让不同专业的学生获得经营企业的真实体验，促进其创业，以拓宽学生的就业方向，还尝试影响教育机构内部结构改革，以及不同学院、产业孵化和技术转让部门之间合作关系的转变。为了使创业教育在不同学科的本科、研究生教育中开展，ACE 项目提出了四大方面的目标：第一，教学法、教学与课程发展；第二，跨部门多学科实施；第三，借助技术孵化／转让办公室的课外活动，将科技创业融入工程教育；第四，朝着外部创业、内部创业的方向，改革教育组织和教育文化。ACE 项目希望在跨学科部门以及与企业合作的基础上，确保学生的创业能力建设，并在学术界（学院、系所）和校园孵化中心、技术转让、企业联系等功能部门间建立有形的链接。

在爱尔兰，ACE 几乎已经成为创业教育的代名词，其特点主要有以下几个方面：一、自上而下、自下而上全方位的创业教育；二、在终身教育理念下，发展学生潜在的创业能力；三、跨学科、跨学院进行创业教育，包含所有专业；四、在课程设计和教授上，注重跨学科、跨部门间的合作，以增进效率；五、在日常创业教育中，充分调动企业的积极参与，发挥经验分享功能。

在 ACE 项目下，一系列学术和非学术的创新尝试在不同学院机构中开展。就学术活动而言，开设了包括以创业为中心的全日制学分项目在内的一系列学分、学位项目，包括在工程、园艺、计算机专业中设置的工程创业、技术创业科学学士项目，创业、创业市场的商业硕士学位，工程创业的科学硕士学位，创业和创新的企业管理硕士。针对六年级至九年级学生设置系统模块，保证每一个学生都获得创业学习的机会，其模块包括：创业模块，商业模块，创新、创造与创业模块，跨学科新产品开发模块，技术提升模块，社会创新与创造模块，以及创新创业模块。其中，案例教学被运用于每一阶段的创业教育中。此外，有一个教练训练项目（train and trainers programme），定期对教师进行创业知识和创业教育教学方式的培训和支持。

就非学术活动而言，为增加学生的创业学习经历，在孵化中心等机构的合作下，建立了学生企业实习项目、学生创业交流网络，定期举行创业研讨会和商业大赛，举办"创业与创新周"等活动，在校园营造创业氛围，支持创业教育的有效开展。

爱尔兰的跨学科 ACE 创业教育项目能够弥补传统创业教育方式的不足。第一，大多数传统创业教育课程体系都是基于"商业计划"制定的，然而，事实证明，创业家的成功更多地取决于自身能力和适应市场的灵活性，正式商业计划所起的作用较小。第二，传统的创业教育结构体系和项目无法全面包容创业所需的支持。第三，真正的创业学习依靠的是"做（doing）""解决问题（problem solving）""互相学习（learning from others）""发现错误（making mistakes）""寻求机会（pursuing opportunities）"等强调"如何实现（how to）"的过程，创业教育不能缺少实际经验和基于问题的学习。第四，传统的创业教育较少涉及"角色认知（know who）"的培养，比如，如何处理公司内外的人事关系，如何扮演创业家的角色等。

（五）模拟公司模式

基于模拟公司（practice firm，or virtual enterprise）实践教学技术平台进行创业实训是创业教育的独特模式之一。创业实训"模拟公司"技术起源于 20 世纪 50 年代德国经济起飞初期。80 年代后期，模拟公司在世界范围内得到迅猛发展。为促进各国模拟公司之间的交流，1993 年 11 月，欧共体和德国政府资助建立了模拟公司网络，于 1997 年发展成为国际性组织"欧洲模拟公司协会"。2007 年，随着模拟公司实训技术在全世界 42 个国家和地区的推广和应用，其更名为"全球模拟公司联合体"。

创业实训"模拟公司"是一套专业的系统的数字软件，从公司注册到企业经营均与现实完全相同，只有产品交易和货币支付是虚拟的。通过模拟公司，学生能够在基于真实经济环境下的工作岗位上学习，通过组建公司、确定公司架构、分析经营环境、尝试经营业务和完成各项岗位工作任务等来提升社交能力、办公能力和业务能力，体验真实商业环境和商业行为。针对不同类型的学生，模拟公司为其提供必需的创业或工作技能和知识指导，培养创业意识。通常，针对每一个模拟公司，都会有至少一家相对应的实体企业为其提供指导和支持，提供技术和管理信息。

芬兰梅里克斯基职业培训中心（Merikoski Vocational Training Centre）是以模拟公司的形式为学生提供创业教育的平台。模拟公司模式的创业教育，往往倾向于依照商科学生的课程方法来调试、创造模拟公司，也就是在课程设计完成之后，再添加模拟公司作为辅助教学工具，因而，最终形成的模拟公司模式显得更为有目的性、有组织性并受课程内容所牵制（如图 5-1 所示）。

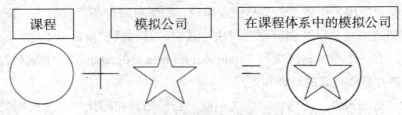

图.5-1　过去基于课程的模拟公司创业教育模式

梅里克斯基培训中心对传统的模拟公司创业教育模式进行了改革，形成了一套基于商业计划的创业教育课程体系。鉴于模拟公司遵循实体企业、经济环境和实际生活方式的规则，梅里克斯基培训中心根据模拟公司的商业计划，为商科学生制定了相应的创业教育课程体系（如图 5-2 所示）。

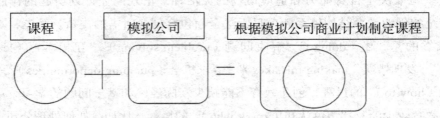

图 5-2　改革后的基于商业计划的模拟公司创业教育模式

在梅里克斯基培训中心，基于模拟公司的创业教育持续三年。在第一年，学生将注册一个模拟公司，同时开始创业学习，直至毕业，其间不会更换模拟公司。在学生制订商业计划的同时，根据现实社会的情况，自发地开始学习创业相关理论知识，并在合作实体公司的指导下获取相关信息。在第一年结束时，形成商业计划。第二年，随着商业计划的修订，学生从商业专家处、实际操作中，获取更深入的创业知识以及精准的经济数据，同时有助于理论在深度和广度上的扩展，在第二年年末形成最终完整的商业计划。第三年，模拟公司将正式成立，学生根据其专业知识背景运营相应的模拟公司，并且雇用市场、财务、销售等专业人员，同时与其他模拟公司进行交流互动，形成定期报告和财务报告，以便评估。

梅里克斯基培训中心的模拟公司创业教育模式，将创业理论与实践紧密结合，让学生真正做到"在做中学"。通过基于问题的教学方法和企业创办的实训演练，让学生获得专业的、技术的、社会的技能，对企业和创业形成综合性的知识理解。对于学校来说，理论与实践的整合，能更有效地传递创业意识，提升教师专业技能，并通过与当地企业合作形成创新的、有吸引力的学习环境。同时，对于企业而言，与学校的合作能够挖掘和吸引优质劳动力，实现企业创新和改革。

（六）特征分析

基于各有侧重的创业教育目标，综观国际各高校的实际经验，不同高校通过不同的组织管理模式，形成了各自的创业教育特色（见表 5-1）。

表 5-1　国际高校创业教育组织模式对比

模式		案例	组织管理	对象	优势	问题
商学院/管理学院模式	聚焦	哈佛大学商学院	商学院	商学院学生	专业性强，毕业生创业比例高	局限于商学院学生，忽视其他专业创业教育的必要性
	磁石	麻省理工学院管理学院	管理学院	全校学生	开放性，增加管理学院与其他学院的联系	如何针对商科以外专业学生设置课程如何调动其他学院积极性
创业学院模式	实体	俄克拉荷马州立大学创业学院	创业学院	全校学生	促进创业学科发展全面、系统化的体系（从本科到博士，主修到辅修）	创业学院经费、师资等资源开发、整合学院运行的可持续发展
	非实体	上海交通大学创业学院	创业学院	全校学生	"无形学院，有形运作"：有效利用、整合各类资源	组织领导者分散于学校各部门，多为兼任
团队创业学园模式		韦斯屈莱应用科技大学团队学园	学园教练、学生团队自主管理	全校学生	自主开放，锻炼学生主动学习、团队合作的能力	系统性弱，质量评价和保障较难
跨学科项目模式		唐道克理工学院ACE项目	项目领导小组与各学院	全校学生	以必修模块的形式融入各专业，灵活性、包容性、渗透性强，与各学院合作，有针对性设计教学课程	系统性弱，不利于创业学专业发展分学院实施，评价标准不一
模拟公司模式		梅里克斯基职业培训中心模拟公司	模拟公司	全校学生	在做中学，全真环境，实践性强，虚拟货币，风险低，校企合作，发挥企业积极性	理论知识学习少，系统性弱

总的来说，国外高校的创业教育对象，横向上基本已普及到全校各专业学生，纵向上涉及本科到博士各阶段，满足不同学生的创业教育需求。根据侧重点的不同，以上五种创业教育模式又可以分为三类。

第一类，侧重于专业知识的、系统化的创业教育，即商学院／管理学院模式和创业学院模式下的创业教育体系。在这两种模式下，创业教育的管理团队、师资和课程设置都较为专业且成体系，大多以商科为基础，延伸到其他专业，进行创业理论知识的研究和传授。

第二类，侧重于实践训练的创业教育，即团队创业学园和模拟公司模式。该类高校创业教育的实施主要依附于实际的创业团队和模拟公司，将创业专业知识融于实际操作之中，具有较强的实践性，强调学生的主动性，但与第一类相反，创业知识的体系性与专业发展较弱。

第三类，侧重于不同学科特点，有针对性、开放式的创业教育，即跨专业项目模式。该模式以项目的形式，横向覆盖高校各学院。面对不同专业的学生，创业教育的实施主体不限于商科学院，也没有独立的创业学院，而是以项目组的形式与各学院合作实施个性化、有针对性的创业教育，具有较强的灵活性、包容性和渗透性，满足学生的不同需求。但由于未成立独立的创业学科，容易出现知识体系分散的弊端，且各学院的创业教育实施各异，不利于统一评估教学质量。

二、高校创业教育组织模式的国内实践

在高等教育大众化的进程中，社会经济高速发展，人才竞争也日趋激烈。为缓解高校毕业生就业问题，适应社会需求，创业教育逐渐成为热门话题和改革的重点方向。相比国际经验，我国的创业教育起步稍晚，在独特背景下，创业教育的实践也显示出一定的中国特色。

我国是一个幅员辽阔、经济发展不均衡、地域文化多元的国家。教育的发展与社会、经济、文化背景密不可分，创业教育也不例外。综观我国各地区各类型高校的创业教育发展，也呈现出东西部差异和城乡差异。其中，东部沿海地区，尤其是江浙地区，民营经济发达，创业氛围较为浓厚，高校创业教育的探索也走在全国前列。因此，本研究主要聚焦于江浙地区高校的创业教育案例，探究我国高校创业教育组织模式发展现状。

（一）创业学院模式

相比于美国的实体学院模式，我国成立创业学院的高校大多采取的是非实体学院模式，即成立创业学院作为实施创业教育的平台，有专门的机构代码和运作团队，但招收的学生不涉及学籍问题，面向全校学生开放创业通识课程。

1. 浙江大学"蒲公英"青年创业学院

"蒲公英"青年创业学院由浙江大学和杭州市余杭区校地双方筹建，于 2011 年 9 月 23 日正式成立。学院以培养创业精神、提升创业能力、造就创业精英为宗旨，搭建高校与地方的创业教育合作平台，一方面充分利用浙江大学的人才智力优势，另一方面发挥海创园等余杭区创新组团的资源整合优势，为在校大学生以及区域创业型企业负责人、企业高管等提供创业理论和创业实践支持，形成高校、地方政府、社会良性互动的创新创业活动机制，推动区域创新创业工作的深入开展。

"蒲公英"创业学院作为学校与地方合作建立的平台，面向浙江大学在校大学生，以及创业型企业负责人、企业高管等社会人士，定期组织各种培训、讲座、交流和孵化对接。学院旨在构建培训、竞赛以及服务三大体系（见图 5-3）。

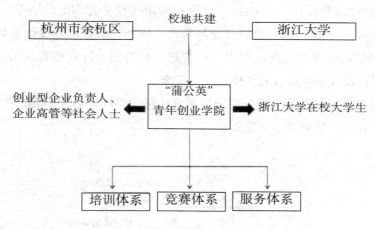

图 5-3　"蒲公英"创业学院运行模式

第一，培训体系。包括建立学院的导师库，首批已聘请了 45 位来自政界、业界、学界的人士担任学院导师；创建"创业讲坛"品牌活动，邀请知名企业家、政府官员、学者、创投经理人开展讲座、培训、沙龙活动；加强推动第一课堂和第二课堂的融合，完善创业实践课程体系。

第二，竞赛体系。围绕"蒲公英"学生创业竞赛，推动创业团队与杭州市余杭区海创园合作，建立校地联合办赛的模式；建立学员成长档案，记录、分享学生接受创新创业教育和参与创新创业实践的心得体会、成长经历；培育、推荐优秀的学生和项目团队参与国内外的创新创业类活动。

第三，服务体系。创业学院首期引入了"圆正天使"大学生创业成长扶持基金，进入"蒲公英"创业竞赛复赛的项目团队可以申请最高不超过 5 000 元的扶持基金，进入决赛的项目团队可申请最高不超过 10 万元的扶持基金；此外，还与杭州学友投资、赛伯乐、浙大创投、省创投等创投基金紧密协作，为优秀项目的创业实践提供了有力保障。

浙江大学与杭州余杭区合作共建的"蒲公英"青年创业学院，为大学生与社会创业者提供了全面的创业培训和支持平台，充分发挥校地共建的优势：一方面邀请企业家、创投经理人、专家学者等全程指导学生创业竞赛项目，建立完善的导师库进行专业的创业指导；另一方面，嫁接创业孵化平台，提供创业服务支撑，宣传利用地方尤其是杭州市有关于鼓励大学生创业的扶持政策，通过专题立项研究构建杭州市扶持大学生创业的政策体系，同时引入若干个大学生创业成长扶持基金，为创业竞赛以及创业实践提供充裕的资本支持。

2. 温州大学创业人才培养学院

温州大学于 2009 年 6 月成立创业人才培养学院，以实体学院的形式，主要依托创业学院模式进行创业教育和创业人才培育。学院主要负责全校大学生的创业教育教学与管理、创业实践与创业研究工作，具体包括国家级创业教育人才培养模式创新实验区的建设，大学生创业教育方案的制定，创业教育融入专业人才培养方案的体系构建，创业先锋班（辅修专业）、创业管理双学位班（二专业）、经理成长班（校企合作定向培养）、企业接班人班等创业人才培养改革实验班的教学实施与管理。此外，学院也开展创业教育理论与实践的研究，承担创业教育课题的组织申报与管理、各类创业计划竞赛的组织、学校大学生创业园的管理，以及创业教育的对外交流等工作。

温州大学创业学院对学生进行分层分类培养，将学生群体分为三类，包括全校学生、专业学生以及部分创业精英学生（见图 5-4）。

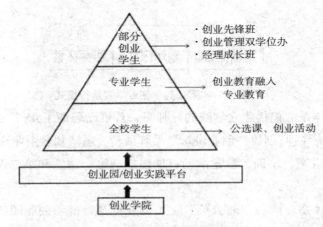

图 5-4　温州大学创业学院分层分类模式

面向全校学生，通过开设创业教育类公选课，将创业教育融入思政理论课，举办各类"企业家论坛""校友创业对话"等活动，着力于培养学生的创业意识、创新精神。同时，全校所有班级设创业委员一职，分年级加入创业委员 QQ 群，提高创业教育信息宣传的效率和精度。

面向专业学生，对传统的专业人才培养方案进行改革，将创业教育融入公共选修课、专业课以及专业学习，注重提升专业人才的管理知识和能力，培养"专业＋管理"复合型人才，提高其就业层次，提升其岗位创业的意识和能力。

面向部分精英学生，开办创业教育改革试点班，如创业先锋班、创业管理双学位班、经理成长班等，培养创业精英人才。其中，试点班以培养拥有一技之长的专业型创业人才为目标，打破学院、专业和年级的限制，组建班级，对具备创业潜质的学生进行系统的创业教育。

温州大学创业学院以分层分类的学生培养模式，针对学生的不同需求，提供各具侧重点的创业教育。此外，创业学院通过建设创业园、构建创业教育实践平台，扶持大学生创业，为其提供服务与指导。其将创业教育融入专业教育的教学改革试点，培养企业急需的"专业＋管理"人才，培养学生创业意识，提高学生专业知识运用能力和社会适应力，有利于推动地方高校创业型、应用型人才培养的教育改革。

（二）创业园模式

1. 浙江大学科技园

浙江大学以成立科技园的形式，为学生提供创业实践服务。浙江大学国家大学科技园创建于 2000 年，是国家首批 15 个大学科技园试点园区之一。2001 年 5 月，浙江大学科技园被国家科技部、教育部联合批准成为国家级大学科技园，是国家级高新技术创业服务中心，国家级大学生科技创业实习基地。浙大科技园以浙江大学为依托，利用浙江大学在科技、人才、实验设备和文化氛围等方面的综合资源优势，建立从事科学技术创新、科技成果转化与产业化、高新技术企业孵化、创新创业人才培育集聚、高技术产业发展辐射的基地。

浙大科技园引进国外创业教育的"科技园 + 孵化器"模式，成为浙江大学学生创业的主要支持基地之一。科技园为入园企业提供一流的软、硬件服务。浙大科技园为入园企业提供工商注册、技术转移、项目申请、政策咨询、经营管理、法律事务（含知识产权保护）、财务税务、投融资、市场营销、培训和国际交流等各方面的优质服务。目前，浙大科技园已有入园新注册企业和迁入企业近 1000 家，注册资本超过 30 亿元，其中大学生创业企业达 170 多家，2008 年 6 月，被团省委、科技厅认定为"浙江青年创业创新示范基地"，2009 年 8 月，被科技部、教育部联合认定为国家级大学生科技创业实习基地等。

浙大科技园依托浙江大学，利用浙大的科技和人才优势，结合浙江省丰富的民营资本优势，促进科技成果转化和高新技术企业的孵化（见图 5-5）。科技园积极引入民间资本，为企业孵化创造一流的硬件平台和投融资服务平台。在政府的支持下，整合法律、财税、工商、投融资、专利申请、技术交易等多方面的资源服务。2008 年 12 月，浙大科技园与西湖区政府联合建立杭州市大学生创业园（西湖·浙大科技园），已创办大学生创业企业 170 多家。在大学生创业园，由浙大科技园管委会提供相应的创业辅导和创业服务，杭州市和西湖区政府提供大学生创业相关优惠政策和措施，共同扶持大学生创业者的成长。

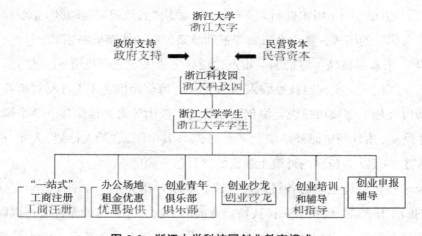

图 5-5　浙江大学科技园创业教育模式

浙江大学科技园大学生创业服务内容有：大学生创业企业可享受免费的"一站式"工商注册服务；大学生创业企业可以享受办公场地租金优惠；大学生创业团队可以加入浙江大学创业青年俱乐部，参加形式多样的创业交流活动；大学生创业者可以参加浙大科技园每周三晚上举办的"创业沙龙"活动，共享创业经历的酸甜苦辣，与创业企业共成长；大学生创业企业可以享受浙大科技园提供的各类创业培训和辅导；大学生创业企业可以享受浙大科技园提供的各类项目申报辅导服务。

此外，浙大科技园发挥浙大科研优势，为学生提供实践平台的同时，也积极展开大学生创业教育，与浙大研究生院共同创办"浙江大学未来企业家俱乐部""浙江大学研究生创业素质拓展班"，吸引学校优秀研究生加盟，邀请科技园内外的创业者、专家和企业家对其进行企业管理、市场营销、知识产权等各种知识和技能的培训，提供实习、实践机会。

2. 杭州未来科技城（海创园）

杭州市的浙江杭州未来科技城（海创园），是浙江省杭州市为深入实施国家人才战略，着力提升科技创新能力，加快经济转型升级而专门打造的海外高层次人才创新创业平台，定位为科技资源充分聚集、体制机制充满活力、公共服务便利优质、创业创新高度活跃的人才特区和科技新城。海创园于 2010 年 7 月挂牌，定位为按全新机制运行的人才改革发展试验区，集聚海内外高层次人才的创业创新基地。

与一般高新技术开发区相比，海创园有三个显著特点：

第一，以引进海外高层次人才为优先目标。入园的项目必须以引进海外高层次人才为前提，尤其重视"带项目、带技术、带资金"的创业创新人才及团队的引进。

第二，以浙江经济特色和优势为支撑。依托浙江活跃的民营经济、充裕的民间资本、较高的市场化程度，鼓励海外高层次人才自主创业，鼓励民营资本与海外人才合作创业，同时也欢迎国有企业、科研院所入驻，建立研发平台引进海外高层次人才。

第三，以全新的引才、用才机制为重要保障。采用"属地政府建园区、企业投资办平台、条块政策作支撑"的模式，集中全省资源推动政策创新和体制机制创新。

2012 年，未来科技城（海创园）重点建设区完成固定资产投资 51.4 亿元，实现服务业营业收入 307 亿元，实现财政总收入 30.5 亿元。海创园推进了人才科技事业蓬勃发展，创新型经济以及创新型城市建设。海创园在美国旧金山等海外地区建立 7 个海外联络站，以拓展引才网络，累计引进海外高层次人才 316 名，其中国家"千人计划"人才 16 名，省"千人计划"人才 14 名，3 位国内外院士领衔的项目落户园区。

杭州未来科技城还主动与各科研院校建立战略合作关系。在浙江大学建立"浙大人才驿站海创园工作站"，杭州未来科技城创业的高层次人才，符合条件者可以聘为浙大教授，纳入浙大人事管理序列。浙大留下专门岗位给这些人才，其可以浙大教授的身份入园创业、参与对外交流，还可充分利用浙大实验室、科研、人才等一系列资源。同时，未来科技城还与浙大共建海外联络站，建设国家大学科技园，合作建设医学中心，入园创业的人才可充分共享浙大的优质资源。未来科技城与高校的合作模式，为企业与高校搭建了一个平台，企业可以有效利用高校的科研力量，同时高校也能将其科研成果实践化，达到一个双赢的效果。

（三）创业班模式

创业班模式是指某一学院针对有创业意向和潜力的学生，组成专门的创业培训班，选拔学生进行创业知识、创业技能的培养和实践训练。1999年的浙江大学竺可桢学院创新与创业管理强化班（Intensive Training Program of Innovation and Entrepreneurship），采用的即是该模式，面向全校成绩优异的本科生开办。强化班借鉴斯坦福大学创新创业教育经验，以管理学和MBA基础知识为主，旨在培养具有扎实专业基础和经营管理才能、较高创新意识、创新素质及创新技能的高科技产业经营管理的创业型人才。

作为竺可桢学院荣誉培养项目之一，强化班每年从全校理、工、农、医各个专业逾6 000名二年级本科生中通过筛选和面试，选拔60人（从2010年起改为40名），采取自愿报名、公开竞争、择优录取的原则，甄选施行辅修／双学位并行的培养模式。强化班利用学校学科门类齐全、综合性优势突出的有利条件，让浙大学子通过跨学科课程的学习，进一步拓展学科思维，开阔研究视野，提升综合素质，成为高科技创新创业型人才。选择双学位的学生需在辅修班课程的基础上另外完成19个学分的课程学习和创业管理方向的学士学位论文设计（8个学分）。

相比普通专业教学，浙大强化班的教学模式具有以下特点：

（1）由高水平教授主讲，辅以成功企业家、职业经理人参与授课、开设讲座与交流；

（2）充分运用互动式教学，调动和发挥学生的潜质；

（3）在课程教学中突破传统的教学方法，大量采用MBA模式的案例教学、情景教学；

（4）以团队形式完成综合调研，参与企业实习，补充课堂教学内容；

（5）开展灵活多样的课外活动，如到宁波、苏州、杭州等国家科技园交流学习，利用强化班企业实习平台展开实践。

强化班学生的政治思想和生活管理工作仍由学生所在学院负责，强化班课程的教学管理由竺可桢学院本科教学科负责。除了精心设计和拥有优异师资的课堂教学，强化班的另一特色是学生自主管理、自我开创的精神。强化班的学生自己设计了班徽、班歌、班级主题色、班级刊物（《创想》）、班级网上讨论区、班级中英文网站、班级宣传介绍册、班级工艺纪念品等，并通过项目组的形式开展班级建设，包括招生纳新、企业参观实习、素质拓展、企业家导师平台建立、班级校友会、国际交流、创业论坛、创业讲座等均主要由学生自主发起和完成。

（四）创业实训基地模式

创业实训基地是指以基地的形式搭建校企合作平台，以真实的创业项目团队为载体，培养学生的创新创业精神和专业技能。宁波城市职业技术学院的电子商务创业实训基地是典型代表（见图5-6）。在电子商务创业实训基地，主要通过四个步骤，以校企合作的形式展开学校的创业教育。

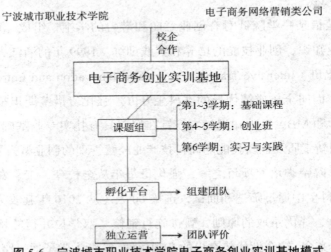

图 5-6 宁波城市职业技术学院电子商务创业实训基地模式

第一步，优选从事电子商务网络营销类公司。宁波城市职业技术学院与北京一家具有一定知名度、多年从事网络营销的电子商务公司，联合创建共建共享型的校内网上营销类生产性实训基地，以"业务进校园，专业入企业"为宗旨，以学生专业学习、创业教学、职业素质养成为中心，以企业进行市场拓展和技术创新服务的真实网店服务外包业务为载体，构建具有"业务经营、创业教学"双重功能的公司。

第二步，在培训基地内部成立校企共同参与的课题组，以"321"模式组建电子商务专业学生为主体的创业教学培训班。"321"模式即第1~3学期在校学习基础理论课程和专业基础平台课程，第4~5学期进入创业班，校企共同制订与学校人才培养方案接轨的《电子商务创业实训基地人才培养衔接计划》，第6学期开始顶岗实习与毕业综合实践。

第三步，宁波城市职业技术学院网上营销类生产性实训基地作为大学生电子商务创业孵化平台，承接传统中小企业网络服务外包业务和组建学生创业项目团队同步进行。组建教学培养单元：3~5人组成的电子商务创业项目团队。

第四步，进一步实施和推广学生电子商务创业项目，对创业项目团队进行评价，研究创业项目如何独立运营，创业项目出孵化平台的路径。优化和总结基于电子商务服务外包的大学生创业就业教学培养模式，进行理论提炼和人才培养模式改革的推广，服务浙江地方社会经济发展。

宁波城市职业技术学院的电子商务创业实训基地，针对网络创业的特点，与企业合作制定了核心技能课程，把网络创业的服务外包生产操作过程和步骤设计作为教学活动方案，编写了融专业知识、网络创业综合技能、职业素养于一体的创业教材。在实训基地中，以真实的电子商务创业项目团队为载体，让学生在亲身实践中学习创业知识。在教学团队方面，宁波城市职业技术学院的"双师"结构，实现了校企的人员双向交流，一方面，教师到校企合作公司挂职实践，全程参与公司业务运营和学生的教学与管理；另一方面，聘请企业经验丰富的实践专家来学院兼课任教，当好实训实习指导教师，参与教学过程和教学质量监控。在该实训基地模式下，以校企合作的形式达到了学校与外部市场的紧密联系，也为学生提供了创业的实践机会，在实际操作中学习创业知识。

（五）研究咨询中心模式

研究咨询中心模式，即以研究咨询中心为创业教育组织机构，以学生和家长为主体，以专家（包括教授、企业家、学者）为主导，研究适合浙江特色的家族企业成长、发展规律及其管理的诊断咨询。宁波大学科学技术学院成立的家族企业接力研究咨询中心是该类机构的代表，其研究中心主要从事家族企业与现代管理、文化与家族企业、家族制度和家族企业继任、家族企业融资与公司结构治理、家族企业国际化以及战略方向、人力资源配备、生产管理、信息管理、财务管理、认证、第二次创业等项目的研究，尤其注重企业领导人思路拓展和家族内部成员之间的关系协调和矛盾处理等方面，指导家族企业的管理实践。

研究咨询中心通过搭建高校和企业之间的学习、交流和商务支持的平台，整合高校和地方资源，为学生的企业管理理论学习、实践技能培养创造条件。通过企业管理专家指导、企业家参与、学生观摩管理诊断咨询活动，不仅为从事企业管理的人员提供企业管理经验交流、疑难诊断与咨询的平台，同时为学生提供直观展现企业管理的实际案例、企业诊断实训的窗口，让学生在校就能将管理理论与实践对接，提高其适应力和就业竞争力，塑造企业家人格。

宁波大学科技学院研究咨询中心下设咨询专家小组、企业家俱乐部和未来企业家俱乐部，定期开展咨询诊断、管理经验交流或管理疑难讨论、管理经验或咨询意见学习模拟等活动。咨询专家小组有从事咨询的专家、教师 6 名，企业家俱乐部有从事家族企业管理的家长 20 余名，另外，未来企业家俱乐部已有近 300 名学生参与。

宁波大学科技学院家族企业接力研究咨询中心以"咨询诊断"的模式，切实满足学生需求，利用高校和地方资源，有针对性地实施个性化创业教育，有效地实现了理论知识与实际问题的对接，与浙江省的创业特色紧密结合。

（六）项目团队模式

项目团队模式，即学生以团队形式，在导师的专业指导下，以科研项目为载体，开展创业学习与实践活动。其中，导师是指对学生创业团体活动进行指导的教师和科研人员；项目是指学生团队开展的各类创新、创业、实践等活动项目；团队是指由一定数量在校学生组成的项目化团队。温州科技职业学院针对学校农业类、经贸类、信息类三大类学生群体，依托浙江省中小企业创业基地、温州市大学生农业创业园、温州市大学生网商创业园三大创业实践平台，以项目团队的模式实施创业教育。

温州科技职业学院前身是温州市农科院，依靠农科的科研优势，将科研优势和专业知识转化为创业资源，其创业项目均来自导师当前较为先进的科研成果，增加了创业项目的可行性和市场竞争力。从导师管理上看，注重创业教育过程中的动态服务管理，包括教学指导和育人指导，如专业学习、职业生涯规划指导、创业分析指导、职业素养培养和创业创新精神培养。

温州科技职业学院基于项目团队的创业教育模式，其运行机制主要表现在四个方面：

第一，渗透机制。科研与教学相互渗透，教书与育人相互渗透，就业与创业相互渗透。

第二，互动机制。导师与学生互动，学生与学生互动，团队与团队互动。

第三，互补机制。同一团队成员之间的知识、专业、能力互为补充。

第四，竞争机制。合理激励、科学考评、有序竞争相互结合。

温州科技职业学院的项目团队模式，有别于传统的创业教育，相对于系统的课程理论指导，更倾向于实践经验。从专业出发，依托教师的科研项目，在专业导师的指导下开展创业活动，具有更强的灵活性和主动性，与学生的自身能力和职业规划相联系。

（七）特征分析

根据不同的类型和创业教育目标，结合我国地区特点，我国高校形成了多样化的创业教育模式（见表5-2）。总体看来，我国高校创业教育模式与国外其他高校的创业教育模式具有类似的经验，但也在一定程度上体现了中国特色。

表 5-2　国内高校创业教育组织模式对比

模式	案例	组织管理	对象	优势	问题
创业学院模式	上海交通大学创业学院	创业学院	全校学生	"无形学院，有形运作"：有效利用、整合各类资源	组织领导者分散于学校各部门，多为兼任
	浙江大学"蒲公英"青年创业学院	青年创业学院	在校生和部分社会人士	校地共建，整合多元资源构建创业培训与支持平台，享受资金、师资、政策等多方面扶持具有开放性	校地共建，整合多元资源构建创业培训与支持平台，享受资金、师资、政策等多方面扶持开放性
	温州大学创业人才培养学院	创业学院	全校学生	分类分层进行创业教育，有针对性；学院统筹管理教学、实践和科研，系统性强，效率高	与其他学院的协作和资源整合问题

模式	案例	组织管理	对象	优势	问题
创业园模式	浙江大学科技园	浙江大学	全校学生	搭建实践平台，提供指导；设备与优惠政策，帮助成果转化与高新技术孵化；发挥科研优势，与企业联系，拓宽资源	主要集中于高新技术产业、支持园区发展的资金来源问题
	杭州未来科技城（海创园）	杭州市政府	海外高层次人才、团队	引进海外高层次人才，促进高新技术发展，带动区域创新型经济发展；与浙大等高校合作，构建科研与实践结合的平台	入园门槛高
创业班模式	浙江大学创新与创业管理强化班	竺可桢学院	全校学生中选拔	开放性与跨学科性，在创业教育与各个专业间建立联系；提供辅修和双学位课程，推动创业教育系统化发展；锻炼学生自主能力和团队合作能力	普及率较低、学生选拔和评价体系不完善
创业实训基地模式	宁波城市职业技术学院电子商务创业实训基地	实训基地	电子商务类学生	校企合作，营造真实创业环境，提供切身创业体验；学校与外部市场紧密联系，在操作中学习	理论体系较弱、真实创业实践具有一定风险性
研究咨询中心模式	宁波大学科学技术学院家族企业接力研究咨询中心	研究咨询中心	全校学生和家长	结合浙江家族企业特色，提供个性化指导；理论与实务对接，培养学生解决实际问题的能力	知识的系统性较弱
项目团队模式	温州科技职业学院	项目团队	全校学生	结合教师科研项目，可行性强；创业教育的动态管理与指导，具有一定灵活性与针对性；团队学习，培养合作能力，并有效互补	依托项目的创业教育实施较为零散难以制定统一的标准和评价体系

　　相比于国外高校的创业教育模式，我国高校的创业教育具有以下特征。

　　面向对象更广。就创业教育的实施对象而言，相比于其他国家，我国高校面对的对象更广，突破了商科专业，乃至全校学生的范围限制，向区域内有志于创业的青年、企业家开放，具有更大的包容性，也为不同人群提供了互相交流、互相学习的平台。此外，海创园更是针对高水平海归人才提供创业支持，向高层次科技领域晋升，带动区域的经济发展，是具有独创性的尝试。

　　强调创业实践。就创业教育实施的侧重点而言，国外高校五大模式可分为侧重创业学专业知识发展、侧重实践培训活动、跨专业融入各学科教学三类。相比之下，我国高校的创业教育模式对实践的关注较多，如创业园模式、创业实训基地模式和项目团队模式，都是以"在做中学"的宗旨，为学生提供实战机会，以校企合作的形式整合校内外资源，提供全面的创业教育指导。创业教育与其他专业教育不同，实践是其必不可少的部分，因此，我国高校采取侧重实践的创业教育模式具有其合理性和必要性。

高校与区域政府、企业合作紧密。无论是校地共建的青年创业学院，还是地方政府建立的科技创业园，抑或是创业实训基地，在我国高校的创业教育实施过程中，不难发现政府、地方民营企业的支持与合作。政府、企业在高校创业教育中的参与，不仅丰富了创业教育的资源与机会，也使得创业教育紧跟市场步伐，为地区发展做贡献。

突显地区特色。宁波大学科学技术学院家族企业接力研究咨询中心的"咨询诊断"模式，呈现了我国浙江省民营家族企业活跃的地区经济发展特点，也体现了家族企业发展切实存在的瓶颈和问题。该模式紧密联系学校、学生、家长、企业四方，结合真实案例和实际问题，提供有关创业的指导和支持，具有针对性。

创业学科发展较弱。相比国外的实体创业学院模式，国内部分高校虽有成立创业学院，但大多是以无形学院——以构建平台的形式存在。构建创业学院平台在一定程度上能促进资源整合和有效的组织管理，但在创业学作为学科的发展方面有所欠缺，较少有高校成立专业的创业学研究团队并提供本科到博士多层次的创业教育，在系统性上有待加强。

全真实训平台风险较高。相比芬兰的模拟公司模式，国内高校大多采取的实训基地、创业园模式虽然提供了全真的实践平台，也有不少政策、资金等方面的支持，但对于学生而言，仍然存在较高的风险。成立模拟公司，以虚拟货币、虚拟交易的形式在真实的市场环境中模拟创业过程，未尝不是国内高校可借鉴的创业教育模式之一。

第二节　高校创新创业教育模式的构建策略

高校对创业教育的开展，不仅是对国家政策导向的响应，更满足了高校学生的创业需求，形成了各具特色的模式。结合国外高校创业教育模式的经验，根据我国实际情况，下文将提出高校创业教育模式构建策略（如图 5-7 所示）。

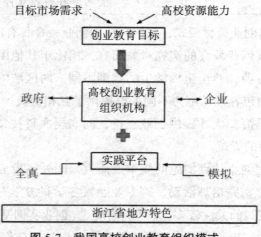

图 5-7　我国高校创业教育组织模式

一、走特色发展之路

创业教育模式是指创业教育理论和创业教育实践活动的中介，是有依据、有目的的创业教育活动各部分构成和组合范式。也就是说，创业教育活动的开展必须基于特定的创业教育理念或目标。从我国高校的创业教育实施现状来看，需要进一步明确创业教育理念和目标定位。

创业教育可被理解为为学校提供的一种产品，而提供什么样的产品主要基于两个因素：一是目标市场的需要和学校的定位；二是学校本身的资源、能力。而就高校的目标市场而言，主要对象是学生和外部经济市场，因此，在制定高校的创业教育理念和目标时，应充分考虑这两者的需求。就学生而言，创业教育不仅是简单的开办公司，创业的本质是创新精神的体现，创新是创业的前提和灵魂，因此，创业教育的内涵应加以深化，注重对学生创新意识、创新能力的培养。创业教育中的"创业"，应更倾向于"创建新事业的过程"，所谓新事业，既包括创办新的企业，也包括个人职业生涯中的事业拓展和创新。就外部市场需求而言，培养具有独立创业者人格的毕业生，是现代社会特别是知识经济社会对高等教育提出的重要而迫切的课题，应当成为大学的自觉理念并在教育活动中始终予以贯彻和体现。开展何种理念的创业教育的另一个影响因素是定位。在美国，提到百森商学院，人们会感觉她的学生应具有"创新精神"；提到斯坦福，人们就觉得她的学生应具有"创立高科技企业的能力"；提到哈佛，人们就觉得她的学生会成为未来的企业家。外界的这些认识，应归功于美国大学对创业教育的明确定位。日益进入竞争环境的国内高等院校，无论是把创业教育定义为"素质教育"还是"技能培训"，符合特定目标市场的需要，确定自身的鲜明形象，是构建创业教育模式的基础。

就国内发展现状而言，部分高校提出了明确的定位和创业教育理念，例如，义乌工商职业技术学院基于义乌小商品城的货源优势，就如何在淘宝网上开店实现就业和创业进行了实践和探索，提出了"创新培养模式批量生产创业人才"的理念和思路；浙江万里学院基于创业过程理论的筛选矩阵模型，秉承"全面开放，逐层筛选"的创业教育理念，搭建"金字塔式"创业实训平台。不同高校由于学生对象、办学理念的不同，其对创业教育也具有不同的定位，形成各异的创业教育理念和目标，进而产生相适应的创业教育模式。

二、形成三元合作复合体

高校创业教育的实施仅仅依靠高校的资源与力量具有较大的局限性，应联系政府、企业，整合社会多方资源，同时发挥学生的主动性，各界力量的集结在一定程度上能加速创业教育的发展。

校地合作，即政府与高校合作进行创业教育的组织和实施，不仅能让高校的创业教育发展和人才培养与政策导向保持一致，还能在政策保障、基金扶持上提供一定的支持，提供科研孵化平台；同时，学校的师资与科研成果也能推动地区经济发展，为更多人提供创业服务，实现双赢。

校企合作，即企业与高校协力进行创业教育的组织和实施。创业教育无论是师资还是课程都少不了企业的力量。在师资方面，高校可邀请地方的成功企业家做学校的兼职创业导师，为学生提供实用的创业指导，在优秀企业家、管理学者、高校教师与高校学生之间搭建互动平台。在课程方面，企业可为学生提供创业实训的平台，让学生在真实环境中，将理论与实践有机结合，吸取经验教训。

此外，让学生参与到高校创业教育的组织管理中，发挥学生主动性，能够更好地锻炼学生的团队合作能力和问题解决能力，同时亦能促进其积极参与、主动学习，提升创业教育的效果和效率。

三、搭建全真与模拟二元平台

创业教育的实施要求将理论与实践相结合，搭建联系二者的实践平台是促进创业教育顺利进行的影响因素之一。基于创业教育的目标和理念，高校除了制定创业教育课程，还需重视对学生创业能力、创业意识和创业品格的培养。通过整合第一课堂的专业课程教学和第二课堂的创业实践活动，启发、引导、挖掘大学生的创业潜能。

一方面，高校通过建立创业孵化基地、创业园等组织机构，为学生提供全真的创业实践机会，帮助学生增加创业体验，在实际操作中发现问题、解决问题，不断提升学生的创业能力，并在学生创业过程中予以针对性的指导和帮助，全面、系统地跟踪学生创业进程，提供各阶段相应的教育和培训。

另一方面，高校依靠网络，搭建模拟实践平台。全真实体的创业园区能够为学生提供真实的创业经验，从实践中学习，解决管理、财务等问题，更为规范化。依靠网络形成的模拟平台则在发挥相同作用的同时，降低了项目运行的风险，为更多学生提供创业实践的机会和体验。高校可通过全真和模拟实践平台的结合，针对不同发展阶段的创业项目予以分层次的实训机会，降低学生创业风险，增加成功机会。

四、联动地域文化特色

立足地域文化，加强地方政府、企业与高校的联动性，能更好地帮助高校形成创业教育优势与特色。高校是其所在地区创新体系建设、经济改革与发展的生力军，同时，高校的创业教育也要融入地区特色，与社会经济背景相结合。

高校紧密结合地方经济发展特色，设置人才培养方向，设立带有区域特色的创业课程与实践活动，实现高校的创业教育"本土化"。例如，宁波大学的"宁波帮"创业文化节，充分利用校友资源，通过营造富有地区特色的创业文化，在潜移默化中培养学生的创业意识，学习创业知识;温州职业技术学院，针对温州独特的经济环境，专门开设的"温州经济专题"等创业课程和编写的教材，让学生的创业教育扎根于当地经济背景，紧扣市场环境；宁波大学科学技术学院的"诊断咨询"模式，针对宁波地区特有的家族企业现象和问题，以真实案例为素材，以实践活动为载体，加强对校外资源的利用，培养学生的创业素养，解决创业实际问题。

创业教育要与地区特色相结合，紧密联系宏观社会、经济背景的动态，使学生在校期间就能将管理理论与实务对接，提高对社会的适应能力和创业能力。

第六章 高校大学生创新创业教育具体方法分析

高校创新创业教育工作是一项系统工程，要提升创新创业教育质量，就要全方位地做好工作。高校开展创业教育工作的终极目标是提高大学生的创业素质，要实现这一目标需要众多的教育工作者的共同努力。因此，提高创业者的素质十分重要。笔者认为，创业者需要具备的典型素质包括马克思主义哲学素养、政治理论水平、创业观念、创业工作方法、创新能力和创业决策能力。由于马克思主义哲学素养和政治理论水平是高校学生思想政治理论必修课所涉及的内容，因此，本章将从创新创业教育内容选择的角度分析创业观念、创业决策能力，探讨创业方法论，分析创业者创新能力提升对策。

第一节 创业者创新创业观念教育

创业者创业观念教育是一个十分重要但却容易被人们忽视的话题，因为表面看起来这项工作与具体的创业活动无关。然而，如果一个创业者理想不坚定、创业意识混沌、创业三观不正，即便在经济指标上取得成功，也不一定会回馈社会，这样，就很难说是创业教育的成功。因此，创业理想、创业意识、创业观念教育都不容忽视。一个有社会责任感的创业教育工作者，在教学活动开始前要认真研究创业理想、创业意识、创业观念的本质及其相关问题。

一、创业理想

在创业教育工作中，最重要也最容易被忽视的是对大学生的理想进行的教育培养。如果说，鼓励等主要手段表现为创业教育者对大学生的外在"激励"，那么，理想教育就是将外在"激励"转化为内在的自我"激励"。只有这样，大学生的创业品德和素质才可能得到普遍提高，团体精神也才可能得到培育发扬，创业教育工作的理想目标也才可能得到实现。

理想作为人类特有的精神现象，是人们对社会发展趋势的一种超前反映和对未来世界的设计、向往和追求。人不同于动物的主要区别之一在于动物没有理性，更无理想，因而它们永远生活在现存的物质世界之中。而人是理性动物，人既生活在现实中，又企图超越现实;既生活在物质世界当中，同时又以理想的精神方式享受生活。自有人类以来，理想就是人们的一种生活方式，是构成人类精神生活的一个重要方面。如果做人而无理想，就意味着人格的变质和人性的退化。

但是必须看到，理想并非古今一体、千人一面，而是形形色色、多种多样的。从理想的指向上分，有所谓社会理想、群体理想和个人理想；从理想同现实的距离分，有所谓长远理想、中期理想和近期理想；从理想形成的途径分，有个人或群体在生活中自发形成的理想和通过理性思考及系统学习形成的自觉理想；从个人理想、群体理想同社会理想的关系分，理想又存在境界高下的区别。此外，假想、空想、幻想也是理想的不同表现形式，甚至宗教也充满虔诚的理想色彩，它们与科学的理想构成了两类不同的理想类型。由此可见，虽人人有理想，但理想各有不同。认为理想只有一种或认为理想一定高尚伟大，是对理想的狭隘理解。只要是生理健康、有理智的人，都有各自不同的理想信念，而且都以不同方式追求着自己的理想目标。

创业教育工作和理想是紧密不可分割的，创业教育工作不能脱离理想。虽然创业教育工作目标的确立立足于现实，是通过分析现实中的种种可能做出规划和计划，创业教育工作计划表现为一个环环相扣的目标链，但是创业教育工作最终要达到的目标之一，就是帮助大学生树立正确的理想，成为一个有理想、有责任感的创业者。因此，支撑创业最终目标和工作计划顺利实现的关键因素之一就是学生工作中的理想和境界。

正是由于创业教育工作和理想有着上述不可分割的内在联系，大学生创业者理想的培育必然成为创业教育工作第一重要的任务。在创业教育工作中，理想培育对于大学生创业者具有如下两方面的激励功能。

一方面，通过理想培育，可以将大学生不自觉、不系统的创业者理想上升为自觉、明晰和稳定的信念，从而获得持续激励大学生主动性的心理效应。创业教育者在创业教育工作中，应当把对大学生进行创业者理想教育作为首要工作，使学生自发的理想变成自觉的理想，使空谈、幻想变成切合实际的、科学的创业理想，使一时的冲动变成稳定的信念，将种种心理故障转化为理智支配的执着追求。当然，这个工作相当艰巨，它是一个比一般激励手段更复杂的工作，需要的是耐心、持久和科学的方法。只要不懈努力、方法得当，就能帮助当代大学生树立正确的理想，学生的主观能动性就会被挖掘出来，被自觉理想所支配的大学生就能激励自己，而且历久不衰、愈挫愈奋。这是其他精神激励无法与之相比的。

另一方面，创业教育工作理想培育的核心、实质和终极目标是社会理想教育，离开社会理想及其教育，理想培育就失去教育的价值和理想的社会意义。社会理想包括内容和形式两个方面。从内容上说，社会理想就是超越现实社会的理想社会。农民的社会理想，是超越封建土地所有制而对"耕者有其田"的私有社会的向往；无产阶级的社会理想，是消灭私有制和剥削，人人占有生产资料的共产主义公有制社会。在形式上，社会理想是某一社会大多数人对未来社会设想的共识，表现为各种理想的共同面和彼此之间的共通点。由于受个人视野和团体利益的局限，个人在形成自己的理想或者组织对其成员进行理想教育时，往往会因为局限于个人和群体的将来而容易忽视整个社会的前途命运，这样就造成个人理想、群体理想同社会理想的偏离，产生诸如个体意识和各种狭隘的团体意识，显然这是与社会理想冲突的。创业教育者在进行理想教育时，一定要超越团体界限，放眼社会未来，将社会同群体、环境和组织联系起来通盘考虑，帮助大学生树立社会理想。只有当大学生不仅热爱团体、也热爱国家，既关心自己团体的前途、更关注民族命运的时候，才可能投身公益创业、社会创业或在商业创业成功后热心公益、回馈社会；个人和团体的理想才能逐步融入社会理想。也只有这样的理想教育，才能有效地克服团体的狭隘和短视，使理想成为激发大学生内在心灵的活力，实现创业教育工作的最高目标。

二、创业意识

创业意识是社会意识的一种，一切创业活动无一不是在创业意识的指导下进行的。创业意识正确与否，直接影响到创业的效率，关系到创业活动的成败。因此，研究创业意识是我们深入考察创业发生的关键，也是对历史唯物主义社会意识论必要的补充。

1. 意识和创业意识

意识是人脑对客观事物的主观反映。它在社会发展中又逐渐分化为诸如道德、艺术、宗教、政法思想、哲学、科学等各类社会意识形态，共同织造了历史唯物主义所描绘的社会意识理论。

但是，有没有创业意识呢？如果没有，如何解释创业活动中的意识现象？如果有，又应如何规定其内涵、区别它与其他意识形态的不同点？

当下的马克思主义哲学原理著作没有将创业意识作为一种社会意识形态提出来加以研究。创业的相关著作虽然经常涉及创业中的各类意识现象和创业观念，也未明确地以创业意识相称并对之进行系统考察。

意识作为与物质相对应的哲学概念，涵盖了社会领域的一切精神现象。既然创业活动是一种有目的、有计划的特殊实践活动，就意味着有一种源于创业实践又反过来指导创业活动的社会意识形态。

那么，能不能认为源于创业实践又反过来影响、指导创业实践的意识就等于创业意识呢？答案是不能。这是因为，第一，创业实践同人类大多数一般实践虽然在逻辑上可以区分开来，但在事实上却难以分开。所以，从根源上看，各种社会意识形态包括创业意识同出一源，这个源就是社会实践，它既包括改造自然、改造社会的实践，也包括以具体组织目标体现的创业实践。从起源来区分创业意识和别的社会意识形态，显然机械地割裂了创业同实践的有机联系，并不科学；第二，同样的道理，也不能笼统认为凡是影响、指导创业实践的社会意识都是创业意识。固然，创业意识对创业实践有反作用，但哪种社会意识形态又不对创业实践发生影响或反作用呢？作为世界观理论体系的哲学不对创业发生作用吗？离开了科学技术能进行创业吗？法律、道德不是作为人们的行为规范对人们创业进行约束和规范吗？即使是艺术，有时也可能参与到创业实践中去。可见，凡是社会意识都对创业实践发生不同方向和不同程度的反作用，都以其特定的方式影响创业实践。以是否影响、指导创业实践来区别创业意识和非创业意识也是不科学的，这样做势必会抹杀整个社会意识对创业实践的能动作用。

那么，究竟什么是创业意识呢？创业意识同别的社会意识应有哪些区别呢？要回答这些问题，必须从创业意识的形成、作用、特点三方面加以分析。

首先，创业意识作为社会意识的一种，固然离不开一般的社会实践，追本溯源，它也是人们在改造自然、改造社会的实践中产生的。但是，培植创业意识的最切近的基础不是一般的社会实践而是人们的创业实践，创业意识只能在创业实践中形成而不能在一般性的改造自然、改造社会的实践中形成。这即是说，虽然创业实践离不开社会一般实践，创业意识同其他社会意识保持着紧密的联系，但创业实践毕竟有别于一般实践，创业意识也不同于其他社会意识。因此，创业意识是对创业实践的直接反映。脱离创业实践的人，是无法形成创业意识的。

其次，在创业实践中，各种社会意识都发挥作用。离开了人类在各类实践中积累起来的社会意识形态，无论是改造自然、改造社会的实践，还是创业实践，都无法进行。但是不同形式的社会意识，其指向又各有侧重和区别。比如，自然科学主要被用于指导改造自然的生产实践；政治法律思想则主要被用于指导人们改造社会的社会实践；宗教、哲学主要指向人们的思想，直接改造的是人的思想观念。创业意识不同，它不是直接指向上述各类社会实践活动，而是指向创业实践活动，用于指导、组织、调整各类创业实践活动。

再次，创业实践是创业主体对创业客体的对象性活动，是创业者的能动性活动。因此，创业意识主要是创业者的意识，不是或主要不是雇员的意识。人们只有作为一个创业者的角色进入现实的创业领域，才可能产生创业的冲动、形成各类创业意识。对于处在参与地位的大多数人来说，也可能形成若干关于自己如何创业的观念或想法，但因置身于创业实践核心活动之外，这种创业意识是模糊不清、片面零散的。所以说创业意识主要不是作为一般社会实践参与者的其他社会意识，而主要是创业实践者所拥有的创业意识。

综上所述，我们可以把创业者在创业实践中直接形成并反过来直接影响、指导创业实践活动的创业心理、创业观念、创业理论、创业方法统称为创业意识。

创业意识作为一种相对独立的社会意识形态，具有不同于别的社会意识的若干特点，主要表现为以下几个方面。

第一，普遍性。社会意识的各类形式都具有一定的普遍性，而创业意识则与人类创业活动紧密相连，普遍存在于社会各类实践领域，具有普遍性。创业意识随着有组织的人类创业活动的出现而产生，随着它的发展而发展，与社会相始终。从各种社会意识形态所反映的空间来看，哲学、道德、创业意识普遍作用于社会生活的各个领域；宗教、艺术、政治思想则只对某一特殊社会实践起作用。科学是个总概念，不同学科的科学技术也只适用于特定的实践活动，这四者都不如创业意识普遍。所以说，创业意识具有普遍性。

第二，综合性。社会意识作为对社会存在的抽象把握和主观反映，都有一定的综合概括性，但各自的综合概括程度又有差别。其中，哲学是对各种知识的最高概括，具有最高的综合性。宗教虽也是一种世界观，但它是用信仰代替理性，谈不上科学的理性抽象和科学综合。道德作为人们行为关系的总规范，对涉及人与人利益关系的方面做出规定，但显然只是从社会特定方面进行某种综合。政治法律也是人们的行为规范，所综合规定的方面比道德还窄。艺术通过形象、情感语言来表现、传达作者的愿望，与概念综合离得较远，综合只是典型的塑造人物性格的"综合"。各门科学对某一特定领域的特殊规律进行抽象反映，是一个方面的综合。创业意识则不然，它要对各类实践活动进行计划、组织和控制，就必须综合运用多学科知识。以生产型企业创业为例，创业者不仅要了解企业生产经营的一般过程，需要掌握相关的科学知识，还需要了解一系列涉及人的生理、心理、伦理、信仰、价值观念、行为规范的知识；不仅要审时度势、发现问题、及时做出战略决策，运用哲学、政治学、法律学知识保证决策能顺利实施，还需要运用诸如数学、统计学、会计学、审计学等知识来制定计划和对计划实行控制。可见，创业需要综合运用尽可能多的各门知识，创业意识是各门知识的综合运用。在社会诸意识当中，如果说哲学是对各门科学知识最高的综合概括，创业意识则是对各门知识广泛的综合吸收和综合运用。

第三，应用性。各种社会意识既是对社会存在某一侧面的主观反映，表现为特定的知识体系，又反过来影响和指导人们的某类实践，具有不同程度的应用性。一般来说，综合概括性越高的意识形态，距离现实越远，其间的中介越多，应用性越弱。反之，综合概括性越低的意识形态，离现实越近，其中介越少，应用性越强。比如，哲学和宗教二者距现实最远，其应用性最不直接，而科学特别是技术科学距现实最近，最易转化为生产力。创业意识作为一种特殊的社会意识，既具有较高的综合性，又具有直接的应用性。这是因为，创业意识是在创业实践中产生并直接服务于创业实践的意识形态，创业活动需要的不是远离现实的抽象理论，而是经过创业者加工过滤过的可以直接进入创业过程的具体意识。也就是说，创业过程一方面必须广泛吸收诸如哲学、科学、政治思想、道德以及艺术和宗教等意识形态；另一方面，这些意识又不能直接应用于创业，而必须通过创业者的过滤加工、选择综合，转换成可以直接用于指导创业活动的创业意识，从而使创业意识具有鲜明的应用性。可以说，创业意识是由抽象层面的社会意识走向具体层面的社会意识的思想通道，在这里意识的抽象性和具体性得以对接。如果看不到这种特点，以为任何社会意识都可以直接运用于创业，其结果必然是目标模糊、计划抽象，使创业者无所作为。同理，如果指令不清、控制随意，雇员也无所适从。

2. 创业意识的形式

对创业意识作纵向划分，即从其发生形态分类，可以划分为创业心理、创业观念、创业理论和创业决策四种相互联系又彼此区别的表现形态。创业决策是创业意识中实际操作性最强的表现形式，本书将在后文结合 KAB 课程教学进行分析；创业理论与创业的教学内容密切相关，在此不再次展开。下面重点分析前两种意识表现形式。

在创业实践中最初形成的创业意识是创业心理，它大致包括需要、动机、意向、情绪、情感、意志、信仰、习惯等形式。创业需要是由创业者的本能和职责引发的创业欲望，它同人的其他需要相类似，既具有强烈的内在冲动，但又缺少明晰、单一的目的指向。处在创业需要的心理阶段，创业者主要受长期思考形成的潜化意识的支配，本能地生出多种创业欲望。事实上，这种心理活动不能用生物学来加以解释，它与人们由生理本能产生的生存需要和安全需要不同。大量的创业经验也证明，长期参与商业活动、积累了大量创业实践经验的创业者，创业行为在不知不觉中已成为他的潜化意识，成为一种职业的习惯或"本能"的需要。可以说，这类人只要处在创业者地位（有时甚至不处在创业者地位）自然而然地就会有这种冲动。

创业需要的定向化是创业动机和创业意向。创业行为需要作为一种自发的内在冲动，是意向不明、不断转移的心理活动。如果没有外部环境起作用，那么创业者将永远停留在这种躁动不安的心理境地。但事实上这是不可能的，因为创业者不可能将自己封闭起来，而是要受到外部环境各类信息的刺激干扰。一旦某一信息反复刺激创业者而使他将注意力逐渐集中到解释这一信息的时候，便出现人们常说的"问题"或心理学上所说的"情结"，问题是指现实和需要的差异，情结是指反映问题的矛盾心情。这时，为解决问题或解开情结，原有的变动不定的需要心理开始平静下来，交错出现的不明晰的目的指向逐渐转移到问题上，从而形成有明确指向的动机和变成解决某问题的意向。当然，作为创业心理的动机和意向也具有不稳定性。尽管如此，动机和意向又是创业意识形成的一个不可缺少的环节，没有它，不可能产生出创业的其他意识。动机和意向引导创业者如何看问题，准备选择解决何种问题。如果在动机和意向上出了偏差，比如他所期望的目的根本不可能实现，创业者就会走偏方向而使创业实践成为不可能。

创业者作为人，还有情感和情绪。情感是在人与人的交往过程中形成的心理定式，它表现为对某些人的偏爱、信任、同情、感激以至于崇拜信仰。

在创业实践活动中，无论是创业者或雇员，绝不可能没有情感；任何一类创业活动，也不可能完全摒弃情感。诚然，创业者如果仅凭情感而不用理性来处理创业活动中的人和事，或者将私人情感带到公共事务中，对创业将是十分有害的。但是还应看到，情感对创业也有助益。在创业者之间，多一些情感就少一分摩擦，情感在这里是创业团队的黏合剂，具有无可取代的凝聚力。在创业者和雇员之间，情感是沟通上下级之间的心理通道，是创业者了解下情、激励雇员必不可少的武器。大量创业实践也证明，凡是情感丰富并善于控制情感的创业者，不仅能团结其他的创业人员，形成一个关系融洽、无话不谈的有战斗力的创业团队，还能在雇员中树立良好的形象，使他们乐于听从他的指挥。相反，一个缺乏情感的创业者必定是一个孤芳自赏的人，他既不可能赢得创业合作者的信任，更不会得到雇员的理解和支持。可见，情感是创业者不可或缺的心理因素，创业不在于有无情感，而在于如何培养情感和正确投入情感。

同情感相比较，情绪是另一类心理活动。情感是一种外显的心理倾向，是指人们在长期交往中形成的亲和力；情绪则是一种内隐的心理定式，是由内外环境刺激产生的某种心境或心绪，主要表现为喜、怒、哀、乐。在创业中，不论是创业者还是雇员，常常会受环境的刺激而引起情绪的变化。情绪不同于情感，它对创业弊大于利，特别是对于创业者，千万不能为情绪所左右，不宜带上浓重的情绪来进行创业。这是因为：情绪作为一种心理活动，是一种受环境左右的变动不定的无意识现象，它与理性不相容。尽管喜怒哀乐可能激起一时的激情，在创业中发挥出冷静时无法发挥的积极作用，但因它缺乏理智的支配而不可能持久并具有随意性，任其发展不加控制就会将创业者变成情绪的奴隶，使创业归于失败。可见，创业者不可无情，但这个情是指情感而非情绪，情绪型的人是不宜充当创业者的。作为一个创业者，应当尽量避免将个人情绪卷入创业工作，做到范仲淹说的"不以物喜、不以己悲"，学习林则徐的"制怒"。碰到困难不要消极气馁，取得成绩不可妄自尊大、目空一切。要做到这一层很不容易，需要在创业实践中经历长期的修养磨炼，学会一整套现代心理自我调节方法。

属于创业心理的还有意志、信仰和习惯。所谓意志，是指向明确行为目的的心理机制。所谓信仰，是对某人某事或某种最高存在的绝对信任和无条件服从。所谓习惯，最初是指人们思想行为的常规或定式，这里专指思维定式或习惯思维。

创业作为一种组织目的性活动，决定参与创业的人必然形成实现创业目的的创业意志。创业意志主要有三个特点：一是明确的目的性；二是判断是非的果敢性；三是迎战挫败的坚韧性。在创业实践中，创业意志的积极作用是非常明显的。这是因为，创业是一个步步逼近目标又常常遭受挫折的风险过程，为使创业能按预定目标继续下去而不致中断，创业者必须具有坚强的创业意志。如果意志薄弱，在挫折面前就可能观望退让、对事业丧失信心。只有具备坚强的意志，认准了的目标决不改变，才有希望达到胜利的彼岸。当然，由于意志是一种缺乏理性自觉的心理机制，单凭意志并不能保证目的正确。如果意志很坚定而拒绝理性的介入，那么即使当实践证明目的不对也会顽固地坚持下去。可见，意志在创业中虽很重要，但应使它理性化。创业仅靠个人的坚强意志而不注意根据情况随时调整，那么顽强则变为顽固，果敢将流于武断。

信仰在本义上是相对于理性而言的宗教感情，是宗教徒对神的崇奉膜拜心理。宗教的最高境界是信仰，信仰意味着对神祇无条件的信任、服从和追随。在现代社会，当然不能提倡宗教信仰，而应提倡科学和唯物论。不过，又不可没有信仰。这里的信仰不应解释为迷信和盲从，而应解释为对未来目标执着地追求和坚定的信念。从这种意义上看，大至一个民族，小至一个群众团体或企业组织，都应当有自己的信仰。没有信仰这种牢固的心理惯性来约束人们多变的思想，就是离心离德、没有希望的组织。

习惯是在多次实践基础上形成的行为定式和思维惯性，它以固定的经验为根据。当人们主要凭借经验而不是凭借理性来行动的时候，就停留在习惯的心理水平上。所以，经验和习惯是难以区分的。创业者通过多次创业实践，不知不觉中就会形成一套自己的创业经验或创业习惯，其中所包含的难以理喻但又实际发生作用的意识形态为习惯心理。习惯心理在创业中的出现既具有必然性又具有诸多积极作用：首先，它作为一种感性经验，与创业实践最接近，反映创业实践的问题最迅速。创业中许多常规问题主要是通过创业者的经验习惯及时加以处理的。如果创业者缺乏经验而未形成创业的惯性思维，就不可能对纷至沓来的问题做出快速反应，必然事事请示或拖而不决。其次，习惯是理性的基础。大量事实表明，一切创业理论的产生，都不能脱离对创业经验的总结。创业者的创业经验越丰富，对他学习、接受创业理论就越有利。一个没有创业经验的人，尽管他也可以从书本上学到创业理论，但不能真正理解这些理论，更不可能切实运用这些理论。所以，经验习惯对于创业者是十分必要的财富。不过，创业习惯毕竟是非理性的创业心理，它也有局限性：第一，习惯心理是一种心理惯性，它对创业者的创造性思维有一种天然的抑制作用。如果固守经验，由习惯来支配创业，创业方式只能简单重复，组织也很难得到迅速发展。第二，经验习惯只是对过去创业实践的总结和重复，缺乏对创业发展新趋势的预见功能。如果因循经验习惯，就只能往后看而不会向前看，结果必然因目光短浅驾驭不了多变的创业环境。

上述各类创业心理的积淀就是创业观念。观念在广义上本来泛指意识，这里所说的观念是狭义的，它是指在感性经验基础上形成地融入了若干理性因素的固定看法或根本观点。洛克认为观念来自感觉和反省。莱布尼兹主张观念是人的一种倾向、禀赋、习性或潜能。在心理学上，观念即是表象。马克思主义所说的观念是指反映实践并为指导实践所创造的体现目的计划的社会意识形态。创业观念作为创业意识的一种，是介于创业心理和创业理论之间的一系列关于创业的根本观点，主要包括创业价值观、创业决策观、创业人性观、创业组织观（团体意识）、创业效益观等。同上述各类创业心理相比较，创业观念不表现为纯感性而有一定的理性渗入，包含着对事物的深层理解；不是对客观对象的直接反映而是间接反映，表现为对过去的反思和对将来的向往；不是由刺激引起的间发的、不稳定的心理活动，而是对根本问题的持久稳定的心态或倾向。因此，创业观念在创业活动中的地位特别突出，它潜存于创业者和雇员的意识深层，从根本上左右或影响着他们的行为。

创业意识的第三类形态是创业理论，这是创业意识的理性表现或逻辑系列。同创业心理诸形式和创业观念相比较，创业理论具有如下特点：第一，它反映的不再是创业活动的表象而是它的本质和规律，具有本质的深刻性；第二，它不像创业心理那样多变、易逝，具有相对的稳定性和持久性；第三，它是对创业实践的抽象概括，具有抽象性和普遍性。可见，创业理论是更高级的创业意识。创业者如果仅凭创业心理或创业观念去指导创业活动，终生勤劳也不过是一个经验主义者，不可能达到高度的自觉并做出新的贡献。只有学习科学的创业理论，自觉地以相关的理论来武装自己的头脑、指导自己的创业行为，才有可能成为一名合格的现代创业者。当然，像一切理论一样，创业理论也有它的局限性，这主要表现为任何创业理论只能是对创业实践一个方面的本质或事物某一本质层次的抽象，只能近似正确地反映对象。另外，由于创业理论是以纯概念的逻辑方式来反映创业实践的，二者之间横隔着层层中介，要运用它来指导创业实践，还必须将其转化为创业方法。

所谓创业方法，是各类创业意识的具体化、程序化，特别是应用创业理论的方式或模式。而按照方法的特性来区别，又可以划分为数学方法、系统方法、经济方法、行政方法、伦理方法、心理方法等。

综上所述，创业意识按其发生、发展的时间以阶段划分，可以区别为最初的创业心理，其后的创业观念和再后的创业理论，最后是创业方法。

三、创业观念

要深入研究创业意识在创业中的主导作用，有必要对创业中的人性观念、价值观念和效益观念进行专门考察。这三种观念虽不是创业观念的全部，但却从根本上影响着创业者的基本观念。

1. 创业人性观

如前所述，创业的核心问题是人不是物。创业者着手创业时碰到的第一个问题便是：什么是人？由于对人的理解或对人性的看法各有不同，于是就形成形形色色的人性观念。而人性观念上的种种差异，又带来创业目的、创业方法和创业模式的区别。

中国古代学者就对人性问题进行了相当深入的专门研讨，形成了"性善论"和"性恶论"两大对立的派别。以孟子为代表的性善论者认为，人之异于禽兽，不在于"食、色"等生物本能，而在于先天具有与人为善的道德理念。培育弘扬人性中已有的各种"善端"，则扩充为"仁、义、礼、智、信"这五种道德。以荀子为代表的"性恶论"则认为，人的本性并不是善的，恰恰相反，饮食男女、趋利避害、嫉妒强者、残害同类等恶劣兽性才是人的本能。

与中国古代笃信人性本善、主张以仁义道德治国有所不同，中世纪的欧洲和古代阿拉伯国家却蔑视人而高扬神，神性论是其进行社会创业的基本观念。神性论的主旨在于向人们说明上帝或真主是世界的最高存在和万物的主宰，它具有超人的"全知"和"全能"。

随着西欧资产阶级的崛起，近代思想史上涌动着反对封建伦理和宗教神学的人性论思潮。早期的资产阶级人性论认为，人是理性的动物，生而平等自由，完全不应依赖上帝的恩赐。相反，人要自己主宰自己，使人成其为人，就必须冲决神学罗网，从传统的迷信、屈从、驯服、愚昧和无所作为中摆脱出来，建立平等、自由、博爱的人道社会。大致从21世纪初开始，随着劳资关系的激化，迫使一批学者重新考察人和认识人。由于对人性的理解不同，相应地出现了不同的创业理论。

泰罗、法约尔等古典创业学家认为，人是经济运动和物质利益的主体。这即是说，将若干不同成员联系起来的纽带不是强权也不是激情，不是宗教也不是伦理，而只是共同的经济目标和个人从中所获得的一部分经济报酬。按照上述理论，创业活动中的人是经济化了的"经济人",人人都为金钱而奔波,"金钱是刺激职工生产的唯一因素",创业就在于如何通过合理的组织计划活动或最经济、省时的操作程序谋求最大的经济效益。

所谓社会人的思想,其历史可以追溯到很久之前,但形成理论,则始于美国梅奥等人的"霍桑实验"。霍桑是美国芝加哥西部电气公司的一个工厂,美国科学院组织一批研究人员围绕工作条件与生产效率的关系进行了长达 8 年(1924—1932 年)的实验,即"霍桑实验"。实验的结果表明,在正式组织中存在着以情感为纽带的非正式组织;决定工人积极性和提高生产率的主要因素不是金钱、物质和生产条件,而是工人的意愿、情绪、受尊重信任程度和民主参与意识等社会心理因素。这个实验的意义在于用事实否定了传统"经济人"观点的片面性,开始将人理解为有多种欲望、有理想有追求、需要交往的社会动物。

行为学派对人性的看法,首先表现为麻省理工学院教授麦格雷戈(1906—1964 年)的人性假说——"X—Y 理论"。麦格雷戈认为:如果按 X 理论,人的本性被设想为天性、愚蠢、不诚实、不爱承担责任、缺乏远大抱负、仅把自身安全放在第一位。如果按 Y 理论,人的本性刚好相反,他们并不厌恶工作而是乐于负责,不愿接受别人控制而愿进行自我控制。这样,有效的管理就不应当是强迫命令而应是激励他们的献身精神和创造才能。传统的管理实际上是按 X 理论设定人性的,因而注定不能发挥人的潜能。只有按 Y 理论来进行管理,才能摆脱人性偏见,走出传统人性观的误区。

对"X—Y 理论"进行修正的是美国洛斯奇和摩尔斯在 20 世纪 70 年代提出的所谓"超Y 理论"。这种理论指出,对人性不能进行假设而必须通过实验;对人性也不能进行绝对恶或绝对善的分类,人性的善恶是以他们所处的环境为转移的。他们在工厂和研究所所做的实验证明,X 理论对工厂工人有效而 Y 理论对研究所有效,这说明工人同研究人员有不同的人性。另外,同一个人的责任感也并非一成不变的,当他们的目标达到之后也会由勤变懒。行为学派中成就最大、人数最多的是前文提到的以马斯洛五层次理论为代表的需要层次论。

通过以上当代管理学者对人性的研究可以看出,作为雇员的人绝不是仅仅为生存而奔波的"经济人",而是具有多种需要、多种个性、存在于复杂人际关系当中并富有主动创造性和反抗性的"社会人"。因此,要搞好创业,关键在于管好人。而要管好人,又必须深入了解人的心理活动和行为规律,激励他们的自觉性和创造性。

2. 创业价值观

在哲学中,价值是一个含义广泛的关系范畴,凡是涉及客体对主体的意义关系,就包含人们常说的价值。具体地说,凡是对主体有用的东西,就叫有价值;无用或有害的东西,就叫无价值或负价值。

价值按其客体满足主体的属性,可划分为功用价值、道德价值和审美价值三类。功用价值相当于马克思所说的物的使用价值;道德价值是指人的德行对于他人的精神感召和对社会的积极影响;审美价值是指主体所创造的对象反过来给予创造者的愉悦感,是人对人类自由本质的确证和审视。无论哪类价值，都反映了主体需要和客体功能的肯定关系，都是主体对他所创造的客体的认同或评价。

所谓价值观念，即人们在实践中形成的对客观对象的看法或观点。在实践中，人们对客观对象的看法可分为两类：一类是关于客观对象的本质和规律的看法或观点，这在国外又称"事实真理"或"事实判断"。另一类即关于对客观事物有无意义、有无用处的看法或观点，这即是所谓"价值真理"或"价值判断"。价值观念同事实观念相比，后者侧重于对事物真理的客观性探讨，回答对象是"什么"以及"为什么"一类真理问题；前者侧重于对事物意义的主观评价，回答对象对我"好不好"以及"好在何处"之类的功用问题。人在实践中所形成的各种观念（包括世界观和自然观、历史观、人生观、创业观等各类观念），无一不是由这两类观念组成，如人们通常所说的哲学世界观，它既包括人们对世界本质和发展规律的客观探讨，表现为一个知识体系或说明体系；又包括人们对现存世界的主观体认和评价，对理想的未来世界的设计和追求。人生观亦如此，它既包括对人生本质规律的理性探索，又饱含对现世的主观感受和对理想人生的追求。这就告诉我们，人们的观念既不可能是对客观事物的机械反映，其中必然渗透着人的意向目的、定向选择和主观评价；又不可能是纯粹主观任意的，它必以客观事物为对象，以事实为基础。因此，事实观念和价值观念是互为条件的辩证关系。人们为了研究问题的方便，可以而且必须将二者分开来看，但在事实上，二者是分不开的，任何具体的观念系统都是由二者有机组成的。

究竟什么是创业价值观、创业价值观同一般价值观又有什么区别、大致包括哪些内容和具有哪些基本功能？笔者认为，所谓创业价值观是创业者关于价值取向和价值评价的观点的总称，它是在创业实践中形成的创业主体对创业环境、创业目标、创业客体、创业现状、创业结果以及创业未来的体认、选择、态度、倾向、评价和期待等各种观念的总和。说它是创业主体的价值观，并不意味着创业系统中作为创业客体的人没有价值观，因为创业是创业主体作用于创业客体的特殊实践或主体性活动，因而创业价值观是指导创业主体的观念而有别于创业客体的价值观念。当然，在研究创业的价值观念时，不能也不应回避雇员的价值观念，因为凡是人都有自己特定的价值原则和价值判断。不过，创业过程实际上是用创业者的价值观同化雇员价值观的复杂思想过程，或者说是主体价值观和客体价值观之间的求同过程，因此，又可以将创业价值观规定为创业中占主导地位的创业主体的价值观念。

创业系统存在于一定的社会环境中，创业要正常进行以维持并发展组织系统，就必须了解、适应环境，同环境进行物质、能量、信息、人员的交换。而在了解、适应环境的过程中，创业者一方面必须搜集整理环境的信息，力求使自己的认识符合外在环境的本来面目；另一方面又要根据自身的目的和需要去筛选信息，并按自己的价值方式去整理信息和评价信息，从而对环境做出好或坏的价值判断。创业者通过多次创业实践逐步形成对环境好坏的辨识能力和判断标准，而这种辨识能力和判断标准即是创业价值观的一种表现。任何时代的创业或现代任何一类创业，创业者首先要考虑的对象不是自身的组织系统而是系统所面临的组织环境。只有对环境有尽可能详尽的了解并对之进行了一番"审时度势"的价值判断之后，才可能进行别的思考。比如海外创业投资，第一步要了解、研究的就是该国的投资环境，通过各种渠道掌握有关该国政治制度、法律制度、经济资源、人力状况、市场环境的情况，并根据自身利益进行分析和选择，这种对投资环境的分析和选择，就渗透着外国资本家的价值观念。如果觉得投资无利可图或利润不大，或者有利可图但要冒很大的风险，或者虽一时有利可图但对该国政局稳定等因素无信心，都可能会放弃投资计划。

创业价值观还表现在组织目标的选择确立方面。当对环境有所了解并确认了它对组织有无意义之后，接下来创业者便要根据组织的需要和环境的可能确立组织行为的目标。任何一类组织目标的确立既不是任意选定的，也不是自发产生的，而必须依赖可能和需要两个条件。一是目的要有实现的可能性。如某种目的尽管很有意义但在现实中缺乏根据、无论如何都不可能实现，那么这种目的就是空洞无边的幻想，注定不能实现；二是目的要符合创业者或组织系统的需要。如果不符合需要，尽管在现实中有实现的根据，创业者因其对自身需要无关甚至有害，也是不会将其确立为目标的。可见，在确立创业目的的过程中，也有两种观念在同时起作用：分析目的能否转化为现实，要依据事实观念；而确认目的有无意义、哪种目的符合组织的主观需要，要依据价值观念。总之，组织目的既然不是环境强加给组织系统的，而是组织的创业者在分析环境的多种可能性之后进行价值选择的结果。那么，在同一环境中，不同的组织因有不同的价值观念从而产生不同的组织目的，就是很自然的现象。

创业价值观不仅表现为对环境的体认和创业目的的选择，还表现为对组织内部创业客体的态度和创业现状的倾向。具体说来，这种态度或倾向又包括人才观、时间观、道义观等。

所谓人才观，是指创业者按照一定的人才价值标准来选择、使用人才。高明而有作为的创业者，唯贤是举，择才而用，千方百计广纳英才并且用其所长、不求其全。创业者这样做的原因，不仅是他们深深懂得人才对创业成败的关键作用，而且他们本人就是人才，有一种惺惺相惜的人才价值观在自发起作用。

所谓时间观，是创业者对时间功用价值的估价。现代创业者不仅要认识到时间的机会价值，还要认识到单位时间的效率价值，从而表现出对时间的爱惜和对时机的准确把握。

所谓道义观，亦称道德观，是创业者对道德的总看法。在创业活动中，不同的创业者有其不同的道德观点，存在着不同的道德评价标准。根据一定的道德观念和道德标准，创业者不仅从观念上对别的组织成员进行着道德评价和引导，而且常常将这些标准转化为一定的道德规范或组织条例，强制人们遵守。道德价值观在创业中的作用主要表现为三点：一是对组织行为进行善恶评价，引导组织成员为实现组织目标自觉地多做贡献；二是转化为组织成员的行为规范，以纪律、制度、奖惩等方式强制人们执行；三是调节组织成员之间的利益关系，沟通他们之间的感情，以形成团体凝聚力。

创业价值观最后表现在对创业结果的评价和对组织未来的期望。创业过程的终结，必形成一定形式的创业结果（如产品、服务效果等）。结果是否符合预定的组织目的，创业者必须对之进行评价。一般说来，凡结果符合原先的目的，便做出肯定性评价；而不符合原先的目的，则做出否定性评价。不过在实际创业过程中，参与评价的人存在价值观念上的差异，而创业结果一般又不可能与预期目的完全符合，所以评价创业结果并不像上面说的那样简单，必然充满不同意见和争议。评价创业结果的过程是不同价值观念相互斗争的复杂过程，如何使不同看法统一起来，需要做相当多的工作。当某一创业过程结束而对未来创业进行设想的时候，因人们价值观念的差异和理想期望不同，人们对创业前景的设想和所期待的东西也必然不一致，这种不一致即人们常说的目光有远近之分、境界有高下之别。创业既然是一个不断深化的循环过程，这种价值观念对于预测未来、掌握创业的主动权比其他观念更具影响力，更需要引起创业者的高度重视。

通过以上分析不难看出，所谓创业价值观，绝不仅限于人们常说的某种观念（比如效益观，或者"企业文化""团体精神"等），而是贯穿在创业各方面和全过程的各类创业意图、创业目的、创业态度、创业倾向、创业评价和创业理想的总和。由于人们的出身经历、文化素质、道德修养、社会阶层地位、职责权限、利益关系、理想情趣各不相同，决定了他们的价值观念是存在差异的。要想使创业有效地进行，就必须设法将这些不同的价值观念大致统一起来。而要做到这一点，仅从个人的价值观念去思考显然是不够的，而应寻找一个组织都可以接受的价值标准，这个标准就是人们常说的效益观念。

3. 创业效益观

效益一词是我国学者的一个创造，要揭示这个概念的内涵，有必要比较它同效率、效果的关系。

效益一词源于效率。效率最早是一个物理学概念，它是指功能转换的比率。比如热效率，指的是所消耗的热能和转换成有用的热功的比率，转换的比率越大，就意味着效率越高；反之，比率越小，效率越低。

由效率引申出的概念是经济学中的经济效率或经济效果。经济一词含义丰富，而其中一个含义即投入小、产出多。所以，经济或经济效率的意思与物理当中的效率很相近，指的是生产的使用价值和所耗费的劳力、物资之比率。所耗少而产出多就说明经济效果大，而耗费大产出少则意味着经济效果差。

无论是物理学所说的效率还是经济学上所说的效果，都是人们对物质转换过程中功用价值的客观描述。某台热机的功率是多大，某项生产活动的经济效果如何，是一个客观存在的事实。因此，效率或效果是自然科学或经济科学的概念，与人们对它的主观评价无关，效率的大小或效果的好坏绝不以人们的好恶为转移。

而效益则不同。效益既包括客观存在的效率（如行政工作效率）或经济效果；还包括人们按一定价值观对效率或效果的主观评价。某种效率如果对人有用，即是效益；如果无用或有害，就叫无效益或负效益。可见，效益既不等同于效果，不是一个纯粹的科学概念；但又离不开效果，不是一个纯价值概念。效益概念包括人们对客观结果的事实判断和价值判断，可谓集"真""善""美"于一身。

创业作为一种特殊的社会实践，其最终目的就是追求创业的效益。而要提高创业效益，就应对效益观进行专门的研究。

正确的创业效益观首先应关注效率问题。创业作为一种特殊实践，其目的之一就是通过合理的计划、恰当的组织、有效的指挥和及时的调控等方式，实现创业目标。

创业有无效益，首先要看所创业的实践活动的客观效用如何、效率怎样，或者说是否"经济""划算"。如果经济划算，投入少、产出多，就叫有效或提高了效率；如果投入多、产出少，就意味着不经济不划算，或叫无效劳动、"赔本买卖"。显然，无效谈不上效益，效益是以效率为前提的。如果脱离效率谈效益，我们的价值判断就失去了事实标准而流于主观。

但是效率又不等于效益，效益是符合组织目的和社会目的的效用。因此，正确的创业效益观还包括对创业效率的肯定性评价，即对这种客观效率进行有益或无益的认定。那么，究竟什么样的效率才称得上效益？抽象地说，凡是人们实践创造的结果，对人总是有益的。但具体分析便可以发现，因为人与人有不同的目的需要，存在着不同的价值标准，对同一客观效果必然会出现评价上的差异，在一部分人看来是有益的效率，另一部分人则可能认为无益甚或有害；反之亦然。这样，确立正确的评价标准就显得十分必要。

首先，评价某一创业实践活动效率有益或无益，不能以对个人或少部分人是否有益为标准，而应以对组织中的多数成员是否有益为标准。如果某一创业实践活动效率仅对少数人有利而对多数人有害，这就叫有效率而无效益。反之，只有对多数人有益的效率才可称为有效益。

其次，评价某一创业实践活动的效率是否有益，不能单从经济效益着眼，还应考虑它的社会效益、道德效益和精神效益。所谓经济效益，是指对人们物质生活的有益性，它所满足的是人们的物质欲望。但人们除了这种基本的需要外，还有社会的、伦理的、精神的各种高层需要。如果某项创业使人们物欲横流、道德沦丧、精神生活极度空虚，也不能被认为有社会效益。这即是说，判断一个组织的创业实践活动是否有益，不仅要看它的效果是否有益于人们的生理健康，还要看它是否有利于人们的心理健康；不仅要考察人们的物质财富是否增加，还要看人们的道德水平、文化修养、社会责任感是否提高。

再次，判断创业的效益不能只着眼于眼前利益，还应考虑到未来利益。这是因为，地球上的资源有限而非无限，人们对其开发利用不能只顾眼前而不顾子孙后代。掠夺式地开发和短期行为的创业方式，所得的只是眼前的高效益，而对于将来的社会和人类的发展却是一种犯罪。创业者如果缺乏这种效益观，即使他可能轰轰烈烈于一时，并受到一部分人的拥戴，但随着时光的流逝和交往范围的扩大，必将受到历史的裁判和民众的唾弃。

最后，创业的最终目的是为了人，创业实践活动是否有效益，最终还要看是否有利于人的完善和发展。马克思主义认为，一切实践活动都是发展和完善人类自身的手段，人是一切活动的最终目的。因此，凡有利于人的全面发展的创业实践活动就具有最大的效益。反之，一切压制人、摧残人，不利于人的发展的创业实践活动，尽管它具有别的功用价值或政治效益，却不具有最高的社会价值或人道效益。因此，有责任感的创业者应以人为目的，不允许将人当作谋求某种其他效益的单纯的工具。这就要求创业者必须确立崭新的效益观。

可见，创业效益观是一种极其复杂又至关重要的创业观念，它涉及创业中"真""善""美"的统一问题。因此，创业者必须以人为目的、以人为中心，正确处理人与人的关系，提高人的创造性和积极性。

第二节　创业决策能力教育

创业意识不仅表现为前文讨论的心理、观念和理论，在创业实践过程中还集中表现为创业决策。心理、观念和理论侧重探讨的是创业过程中从客观到主观的认识评价活动，创业决策则侧重表现为从主观到客观的各类创业意识的综合应用活动。创业决策作为一种特殊的创业意识，主要不是创业者对创业实践的主观感受、心理体验、价值判断和理性抽象，而是围绕创业目的展开的预测、决策、计划、控制等一系列更具体的思维过程。显然，要深刻把握创业意识的丰富内涵和功能，仅仅研究心理、观念和理论等问题是远远不够的，只有进一步掌握创业决策过程及其功能，学生才可能真正将抽象的理论和观念转化为可操作的思想工具。

一、创业预测

决策作为创业的重要职能和创业过程的起点，是由一系列复杂的超前思维活动构成的。它首先表现为创业预测。只有在预测未来的基础上，创业者才可能确定创业的目的，制定、选择和计划实现某一目的的行动方案，从而使创业成为可能。研究预测是考察决策思维的起点。

所谓预测，是人们运用在以往实践基础上形成的经验、理论、方法对事物发展未来趋势的分析、论证、推测和预料。创业预测则是创业者运用自己过去的工作经验和理论，通过搜集有关信息，推测、预料创业系统在未来将面临哪些问题，其发展前景如何，有哪些可能发生的情况，以及其中哪一种可能最大，从而为决策提供依据。

预测作为人类的一种超前思维，是随同认识活动一起产生的，"凡事预则立，不预则废。"随着人类实践能力和认识水平的提高，预测在近代有了质的飞跃。近代科学之所以有高速的发展，是同科学幻想和科学预测直接有关的。门捷列夫利用元素周期表规律对新元素进行预测，马克思、恩格斯对未来社会主义社会必然出现的理论，列宁关于社会主义可以首先在一国胜利的论断,毛泽东关于抗日战争是持久战的论述,都是科学的预测。

预测作为人类认识世界的一种特殊形式,不仅与其他认识活动一起产生和发展,而且具有与其他认识活动不同的特点。

首先,预测具有可靠性。预测同一般的认识活动的不同之处在于,其他大量认识是人脑对客观事物的现场反映;而预测不是对现存事物的反映,而是对事物未来的种种发展趋势做出推断和猜测,是由已知到未知。任何事物的发展都要经历由可能到现实的过程,现存的事物中都蕴含着未来事物的根据或胚芽。如果人们不是从主观愿望或可能出发而是从现实根据出发,同时又不违背人们在为数众多的实践中所形成的逻辑规则,而按严格逻辑程序对潜在的根据进行科学推导,那么,人们就一定可以从已知推导出未知、从今天预知明天。可见,科学的预测是合乎辩证唯物主义认识论的,具有科学上的可靠性。创业预测是以现实为根据,数据可靠、方法正确的科学预测,其推断的结果大致是可靠的。

其次,预测具有超前性。预测不同于别的认识活动,还表现为它不是事后思维和当下思维,而是超前思维。所谓当下思维,是指人脑对当时刺激自己感官的客观对象的直接反映。所谓事后思维,是对已发生的感觉知觉进行回忆、联想和事后理性加工,包括表象、理性认识以及反思等间接反映。这两类思维都是从客观到主观,都以客观事物作为思维的基础。而预测在形式上刚好相反,它既不是对现存事物的现场直观,也不是对过去事物的回忆、整理和反思,而是根据已有的认识去分析现实中客观存在的"根据",推断事物将来发展的各种可能,以构建现实中尚未出现的未来事物的轮廓,为人们的认识活动和实践活动提供先导。预测的超前性,充分反映了人类意识的能动性,使人类认识与动物的心理严格区别开来。预见的准确度和预见期的长短,又将人类不同时期的认识能力区别开来。预见的超前性并不违背唯物主义的反映论原则,也不意味着预见者可以脱离实践、仅由主观去预言未来。在创业中,预见必须以现实为出发点,预见者用以预见的理论、逻辑,预见时所必须搜集的信息,都是实践的产物或是对现实的反映。

再次,预测具有试探性。预测既然是对未来多种可能性的分析推测,就不可能做到准确无误、十分具体,而只能是大致的估计,并带有试探性质。因为在创业实践中,创业预测主体不可能对未来的发展做出确凿无疑的认识,只能预测到总的趋向。同时预测的客体处在经常的变化之中,尤其是人参与的社会,其变化的随机性更大,不可能使预测准确无误。因此,创业者为了在创业中居于主动,一方面不能不对未来进行预测,另一方面又受主客观的双重限制,不可能对未来预测得完全准确,只能"摸着石头过河",依靠预测对未来进行试探性的认识。因为创业预测带有试探性就断言预测完全不可靠的观点固然不可取;同理,要求创业预测百分之百地可靠,也是不符合科学的。

最后,预测还具有概率性和不精确性。所谓概率性,是指正确的预测与预测方案总数的比率。所谓不精确性,是指预测正确的程度不可能是百分之百,或者说只能预测事物发展的总趋势或大致的轮廓,而不能正确估计到它发生的准确时间、发生的每一步骤和每一细节,预测的概率和精确度是随着人类认识能力的提高而增大的,但无论如何,既然是预测，就必然具有不精确性。预测的这一特点决定了它永远不可能像人类其他认识那样，最终可以用自然科学的精确眼光对之进行定量描述。

预测作为人类认识的一种特殊方式，不仅具有上述各类特点，而且在人们的认识特别是创业活动中发挥着独特的功能。在创业决策过程中，创业预测的作用主要表现为以下几点。

第一，分析创业环境的变化趋势，为创业者确定下一步的创业目标提供背景。创业实践活动是存在于一定的社会环境之中的，社会环境虽有相对稳定的一面，但同时又处在经常的变化当中。这种变化在创业领域更为明显。创业者在制定新的决策以确立下一步工作目标时，不能只从自身的主观需要出发，而应考虑外部环境提供了多大可能。这样，决策的第一步就要了解环境、预测环境变化的各类趋势，使决策能适应变化了的环境条件，以便提出可行的创业目标。每一个创业组织所处的环境都有所不同，如果不调研分析自身环境的变化，决策所需信息的客观性就很难保证。

第二，分析组织系统的结构功能变化趋势，为创业者制订和选择行动方案提供组织依据。创业系统既有稳定的一面，也处在经常的变动之中。为了确定工作的目标，决策者既要了解、预测外部环境，还要了解、预测内部动向。例如，在即将开展的项目中，雇员怎样想，有多大的积极性，需要多少资源、人力和资金，组织有无能力达到新的目的，等等。因此，只预测外部环境是不够的，还应预测组织系统的未来状况。如果只有对外部环境的了解而无对系统内部的了解，这种预测是片面的。只有充分了解内外因素，才能进行参照比较，从而进行决策。

第三，无论是对外部环境还是对创业系统内部未来发展趋势的预测，都需要全面占有材料、广泛搜集信息，对事物发展的多种可能性做出详尽的分析。首先根据取得的信息，分析有无实现目标的可能性，如无可能，坚决放弃；其次分析可能实现的目标有几个，并比较其利弊之大小和实现这些目标需要哪些条件，为决策者择优提供资料；再次对有利的、成功把握大的可能性，还应进一步区分实现目标所需的时间，为决策者制订创业计划提供依据。

创业预测是一项十分艰巨的认识活动，创业预测的方法很多，有凭经验的预测和凭理论的预测，有定性的预测和定量的预测。当内外环境变动不大，预测的目标时间又很短时，凭创业者的经验就可以进行预测。而如果内外环境变化明显，预测目标时间过程较长，就不能仅仅凭个人经验而应集中各方面力量的智慧，严格按科学方法进行。

二、创业决策

预测作为创业决策过程的起点，其功能在于为创业者提供一幅创业系统未来发展的模糊前景图，指出种种可以估计到的可能性。在此基础上，创业者根据可能和需要制定和选择对策的活动过程，即狭义的创业决策。创业预测要解决的是创业的前景，向创业者展现创业组织将面临的种种问题。而创业决策则是针对某一与创业有关的问题制定和选择对策方案，并以此确定以后创业活动的方向和制订行动原则。

决策也是一种超前思维，同预测相比较，它有着如下几个鲜明的特点。

首先，决策具有鲜明的目的性。人的认识活动都有目的性，但不同认识的目的性的明晰程度又有区别。预测的目的是猜想未来工作中的可能性，为决策服务。由于未来充满种种可能性，因而预测只能是模糊的、不具体的，决策则不可能是模糊的。创业决策是针对与工作组织系统未来发展关系最紧密、意义最重大的某种可能的对策性思维活动。因此，决策的目的不是模糊的而是具体的，不是多元的而是单一的。所以，创业决策具有鲜明的目的性。如果进入决策阶段，创业者还未确定具体的组织目的，或者说对决策的目的还不清楚，而处在模棱两可的思维状态，决策将无法正常有效地进行。

其次，决策具有选择性。要使预测可靠，一条重要的原则是必须广泛收集信息、全面占有材料，尽量避免以创业者的个人好恶选取材料。决策必须进行选择。一方面，为了将来开展有成效的活动，创业者首先必须在预测提供的种种可能性中进行目的选择，即选择某一种与组织系统未来发展关系最大的可能性进行深入考察。没有这次选择就提不出问题，也无法确定组织目的。另一方面，为解决某个问题，实现某一目的，创业者还必须通过深入研究，制定各种对策方案，并在此基础上进行择优。没有择优就等于取消了决策，抹杀了创业决策存在的意义。

再次，决策具有思维的明晰性和行动的可行性。决策思维不同于预测思维之处，在于前者是一种模糊性的思维状态，不可能是很明晰的。决策与计划相比，它只是为达到某一目的的行动方案，不如计划具体详细，但与预测相比又显得具体明确。预测是对组织环境和系统组织发展未来多种趋势的总体推测和预估，因此只能是大致的，没有必要对每种可能的细节做出十分具体的说明。决策是选取某一种可能性并设计如何解决某一问题、实现某一目标，因此停留在预测的模糊思维水平上是不行的，必须进一步使之具体化，尽可能考虑到创业活动的每一个步骤和基本方法。决策思维是较预测思维具体的思维，不仅要选择确立某一目标，还要设想、研究如何实现这一目标的多种办法或方案。这样的决策才能用于制定计划、指导创业实践。

决策是一个发现问题、分析问题、确立目标、研究对策的复杂思维过程。所谓发现问题，是在预测的基础上，找出哪类或哪个问题与系统组织的未来发展关系密切；所谓分析问题，是对某问题产生的原因和导致的后果进行分析和研究；所谓确定目标，是通过解释问题找到"实然"和"应然"之间的差距，确定创业组织今后向什么方向努力；所谓研究对策，是根据今后的工作目的研制多种实施方案，并在比较论证的基础上进行最佳选择。在发现问题时，需要创业者不被表面现象所迷惑，能准确敏锐地找出与创业目标关系最密切、实现的可能性最大的信息。分析问题则要求追本溯源，预想后果，切忌就事论事。确立目标必须比较利弊得失、分析有无可能和可能性的大小。至于制定各种对策和最后选择最佳方案，则需要以仔细的调查研究为基础。

创业决策可分为个人决策和集体决策、经验决策和科学决策、确定性决策和不确定性决策以及风险决策等不同类型。

所谓个人决策，并不是只有一个人参加决策活动，而是指决策方案的选择权控制在一人的手中，由一个人做出最后决定。集体决策是由两人以上的集体共同讨论、协商各类备选方案，最后以多数人的一致意见决定某一方案。集体决策是一种民主决策，而个人决策可能不是民主决策。如果决策者个人不广泛吸取专家们的意见，决策方案由个人制订，这就是个人专断，当然谈不上民主决策；而如果是在智囊团独立研究的基础上再由一人做出最后决断，也是一种民主决策。个人决策和集体决策各有优劣。个人决策的优点是决策程序简短快速、机动灵活，适用于环境变化太快或环境相当稳定的两种情况，缺点是受个人的主观局限，稳妥性不够。集体决策的优点刚好是对个人决策短缺的补充，因为人员较多考虑问题自然就会更全面。对创业中重大问题的决策最好采用创业组织核心层集体决策而不是进行个人决策。集体决策的缺陷是决策周期长、环节多、个人责任不明确，容易导致议而不决、互相推诿、延误时机的不良后果。无论个人决策还是集体决策，就选择决定某一工作方案而言，都只由少数人来承担，决策者只能是少数而不可能是多数，否则便无法决策。

经验决策和科学决策是两种比较典型的决策思维模式。经验决策是创业者主要依赖于经验对多种方案进行比较判断和选择，具有直观性和非定量性等特点。科学决策是创业者以创业相关理论为基础，运用逻辑的思维方法，对各种方案进行系统全面的科学论证，严格按科学的程序办事。随着时代的发展，经验决策的主导地位正在逐步下降，科学决策越来越广泛地被采用。科学决策必须以掌握事物发展的客观规律为前提，以严格的思维逻辑为基础，并借助于数学模型进行定量判断。但是，无论科学如何进步，人类总有未知的领域、未发现的规律。即使掌握规律，有时也不能达到定量把握的高度。因此，在创业中不能全凭科学决策，而仍须借助经验决策，特别是对于情况多变的学生工作，科学决策是难以解决全部问题的。这时，充分发挥创业者的经验、直觉、灵感、知识和胆略的作用，对于做好决策意义重大。

根据创业主体掌握决策信息的多少和实现创业目标的难易程度，创业决策还可划分为确定性决策、不确定性决策和风险决策。所谓确定性决策是指信息占有充分、因果关系明朗、对工作目标有十足把握的决策，这种决策很稳妥、无风险。如果信息占有极不充分，因果关系不明朗，对工作目标结果把握不大但又不得不进行决策，就是不确定性决策。这种决策所冒风险极大，在创业中很少使用。介于上述两种决策之间的决策模式就是风险决策。这里的风险，即指决策主体不可能准确地预测到未来各种可能发生的情况。所谓风险决策就是分析各种可能性，拟出各关键变量的概率曲线，了解选择多类行动方案所冒风险的性质和大小，然后根据风险的大小和所冒风险的价值做出最后决策。风险作为一种客观存在，决策者是无法完全回避的。对待风险可以采取以下四种对策：一是风险太大，加以回避，转而选择风险较小的方案；二是风险太大，收益也很大，值得一试，不惜铤而走险；三是转移风险；四是尽量减少风险。当风险既无法避免又无法转移时，决策者应尽量设法寻找减少风险的措施，在选择方案时应考虑某方案有无减少风险的可能。选择何种对策，不仅取决于决策者对风险的概率测算，还取决于决策者的胆略、魄力和权限。比如，如果某个决策方案成功的可能占 60%，有的人敢于冒 40% 失败的风险选择它，而有的人则不愿冒此风险。这往往与不同创业者的性格有关。

通过对各种决策属性的分析不难看出：创业决策过程不仅是决策者认识客观可能性的认知过程，同时也是根据效益原则优选最佳决策方案的价值判断过程。决策思维既要尽量做到主观符合客观，要对各种可能做出准确的事实判断；又要使客观可能符合主观需要，选择投入少、效益大、风险小的创业方案。

三、创业的计划控制

计划作为广义决策的一个环节，是决策方案的具体化和秩序化。通俗地说，计划就是决策者为实施具体决策方案而对组织成员的各种活动所做的统一部署和具体安排。其作用在于使决策落到实处，将决策转化为可实施、可操作的行为依据，并以此对组织成员的行为进行定向控制。在创业实践中，决策和计划是两种基本职能。事实上，决策和计划是两个既有联系又有区别的范畴。一方面，决策中包含计划的因素，制定任何一种决策方案都离不开对如何实现组织未来目标的谋划和安排。如果没有一定程度的计划，决策就只停留在抽象的目标设定上，势必不成其为决策；另一方面，计划本身就是被选定的决策方案，或者说计划是被具体化了的决策方案。当创业处于决策阶段时，需要通过多种决策方案或较抽象的行动计划来表现决策者的想法。而当某一方案被选定并具体化后，就成为计划。决策是计划的根据和前提，或者说是偏定性的计划；而计划则是决策的结果和升华，或者说是细密周详的定量化决策。

但是，计划与决策相比，又有质的区别。笔者认为计划的思维特征大致可以包括以下几点。

第一，具体性。决策思维与预测思维相比较虽有一定的具体性，但仍显得较抽象。决策方案对未来目标的设定和实现目标的方法步骤只能是大致的轮廓。计划则不同，计划是决策的实施方案，它不允许方案停留在一般的设想层面上，而必须对组织活动的全过程做出明确具体的规定。因此，计划所要求的不仅是关于组织未来目的和任务的说明，重要的还在于编制出实现这一目标所应采用的战略、策略、方法、步骤和时限。如果说被选中的决策方案仅仅勾画出组织未来活动的框架，那么计划则是在此框架内添加材料，使之成为可使用、可操作的行动模型。倘若计划停留在抽象的层面而不具体，就无法指导创业组织成员的行为。

第二，程序性。计划既然是组织成员完成创业目标的指南和依据，它就必须具有可操作的程序性。所谓程序性，是指事物进行过程中各类活动先后发生的顺序。计划的程序是指计划为组织成员和组织系统预先规定的各类工作顺序及其转换、前后衔接的原则。任何组织为实现某一工作目标，必须对组织行为在时间上加以合理分割并使之紧密衔接。

如果不作阶段分割或分割不合理，或虽然分割合理但前后衔接不上，就将导致创业实践活动出现混乱局面。计划的一项重要任务，就是编制出合理可行、省工省时的工作程序，对先做什么、后做什么、各项工作花多少时间、投入多少人力物力以及前后阶段的工作如何衔接过渡等细节，尽可能做出明确详尽的规定。

第三，可控性。计划的可控性主要包括目标控制、预算控制、资源控制、时间控制和计划监督五项内容。所谓目标控制，就是根据计划确立的创业总目标层层确立各子系统的具体目标，制定创业组织各部门的分计划，使各部门处于具体计划的控制之下，从而保证总计划的落实和总目标的实现。预算控制是一种传统的计划控制方法，是以数字形式将计划分解为各个部分，并通过制定与计划有关的预算表，限制执行计划中偏离计划的行为。资源既包括各类物质资源，也包括人力资源。资源控制就是按计划配给创业组织各部门必需的资源，防止资源分配不公造成的资源浪费和组织混乱。时间控制即对创业组织各部门的工作时间预先做出规定，并根据跟踪情况加以调整，使各部门协同工作、各阶段紧密衔接，从而保证计划在规定的时期内完成。计划监督是计划控制的重要方面，其主要做法是增大创业具体计划的公开性和透明度，树立计划的权威性，引导整个组织人人按计划执行，人人以计划相互督促，使计划转化为一种自觉的组织意识。

计划作为指导具体创业实践活动的依据，具有定向、指导、控制、调整以及创新等多种功能。所谓定向，是指计划为创业实践确定了明确的工作方向，规定了一定的任务；所谓指导，是指计划为创业活动规定了基本的操作原则和工作程序；所谓控制，是指计划对组织系统各要素的活动幅度、活动节奏以及时机时限起着限制作用；所谓调节，是指通过计划的相应变化或部分修改，对组织各部门的关系、系统的总体结构加以调适，以协同系统和谐有序地运作。

综上所述，创业意识在指导创业实践的过程中，分别表现为预测、决策、计划三种思维形态。预测是对创业实践多种发展趋势的大致估计；决策是通过深入的比较分析，逻辑论证并根据组织需要对多种可能性进行的判断和优选；计划则是将决策方案进一步具体化、程序化，使之成为可操作、可应用的活动规则及工作指令，以便引导组织成员参与活动，这个过程既是思维由抽象到具体的升华过程，也是由主观到客观、从精神变物质的过程。

第三节　创新创业教育工作方法探索

方法是主体实现目的的手段，或是主体能动作用于对象性客体的各种工具的总称。无论是认识世界或是改造世界，人们都必须借助一定的物质手段或精神工具，离不开相应的方法。没有方法或方法不当，人们就寸步难行、一事无成。创业教育工作作为高校教育工作领域特有的一种对象性活动，自然也依赖一定的方法，这即是工作方法。不过，究竟什么是创业教育所需要的工作方法，不同方法之间有何联系与区别，以及如何正确选择和恰当运用众多的创业教育工作方法，是一个十分复杂的方法论问题，需要进行深入分析与探讨。

时代的进步和科学技术日新月异的发展，一些前人未知的领域和前人没有采用或无法采用的方法逐步被人认识，并运用于创业教育工作实践。正是这些伴随新兴科学技术产生的创业教育工作方法逐步被人类认识和运用，创业教育工作活动才跃升到一个新的水平，并日臻完善和富有时代特征。因此，研究现代条件下创业教育中的技术方法意义重大。本节将在对方法进行概括分析的基础上，进一步分析创业教育者应当熟悉和掌握的工作方法。

一、创业教育工作方法及其系统结构

创业教育工作作为一种特殊的教育实践活动，必然有其经常使用的工作方法。但是在如何认识和界定创业教育所需的工作方法的问题上，需要进行认真的探讨。

首先必须指出，创业教育工作方法不是创业教育工作活动中人们所采用的一切方法，而只是创业教育者在开展创业教育活动中涉及工作的方法，特别是创业教育工作中如何做好教学工作的方法。创业教育工作作为一种实践活动，是创业教育工作主体和创业教育工作客体的互动过程。在工作过程中，创业教育者和大学生都在活动，两者都有自己作用的对象，同时也都借助于一定的方法。那么，是否可以认为创业教育工作活动过程中人们所采用的方法就是创业教育工作方法呢？笔者认为这种观点是不正确的。因为，大学生在创业教育工作过程中虽然也在活动，但他们是在教师的引导下参与创业教育工作的。创业教育者的工作才是创业教育工作的重点，是引导大学生树立"三观"、提高创业能力的特殊实践活动。因此，只有创业教育者的行为方式才具有教育的属性，其方法才是严格意义上的创业教育工作方法。如果将创业教育工作过程中所有成员所使用的方法都看成创业教育工作方法，就会模糊创业教育者同大学生的关系。

创业教育工作方法既然是创业教育者进行创业教育工作所采用的各种工具和手段，就说明创业教育工作方法是多种而不是一种。那么，创业教育工作方法究竟包括哪些种类？这些不同的方法彼此之间又有何关系？这就涉及方法的系统问题。因此，需要从哲学角度分析、研究、探讨创业教育工作的方法系统。

创业教育工作方法作为一个系统，是由多层次、多侧面的不同方法按照一定结构有机组成的。从方法的总体特征来分类，创业教育工作方法可以划分为创业教育者的认识方法和实践方法；按创业教育工作方法的普遍性程度，又可划分为哲学方法、技术方法和专业工作方法。关于创业教育工作的认识方法和实践方法，前文已有论述。本章重点介绍创业教育工作的哲学方法、一般方法和技术方法及其关系，揭示创业教育工作方法系统的一般特征。

所谓哲学方法，是指创业教育者运用某种哲学观点来研究、观察和指导创业教育工作活动的方法，它包括创业教育者如何理解创业教育工作的社会本质和一般规律；如何确立创业教育工作的最终目标和进行价值判断；怎样评价教师和大学生的能力以及两者的基本关系；怎样在宏观上把握组织和环境、团体和社会之间的关系，等等。总之，凡是涉及创业教育工作的根本路线、战略决策、基本原则和用人宗旨等重大问题，便需借助哲学方法，有关基本信仰的一系列思想价值的问题，也离不开哲学方法。这种方法最具普遍性也最抽象，初看起来似乎不能直接解决创业教育工作中任何具体问题，因而常常被人们所忽视，似乎哲学与学生工作无关。实际上，创业教育者是摆脱不了哲学的，哲学左右着创业教育者的思维方式和行动路线，自觉或不自觉地影响着各种创业教育工作活动，甚至决定着创业教育工作的成败，为创业教育者提供了必不可少的方法论原则。

与哲学方法相关但又有所不同的另一类创业教育工作方法是一般方法。同哲学方法相比，这类方法没有哲学方法那么广的普遍性和形式上的抽象性，显得比较具体、容易操作，但与更具体的各门技术方法相比，它又具有相当大的普遍性，可以称之为一般方法。比如行政工作法、物质刺激法、行为控制法等方法就属于一般方法。因为各类创业教育工作都离不开行政命令、利益激励和行为控制，这类方法普遍适用于各类创业教育工作。再比如进行决策的常规原则、用计划控制监督创业教育工作全过程的目标监管方法等，也因其在一定范围内具有通用性而成为一般方法。

创业教育者特别是基层创业教育者常用的创业教育工作方法是具体的技术方法。这里的"技术"不是指工程技术，不是人们常说的各种技术工具，而是指作为个体的学生工作人员进行创业教育工作的具体方法和技巧。技术方法是最具体、最易操作的方法，也是最直观、最丰富的工作手段。这类方法为创业教育者提供了明确的创业教育工作工具和具体的创业教育工作手段。

创业教育工作方法之所以是一个系统，正是由于创业教育者所采用的不是一种方法或一类方法。一方面，上述方法分属于创业教育工作的不同层次，各有自己的特点和功能，彼此不能取代。另一方面，上述方法又相互制约、相互影响、互为补充，综合运用于创业教育工作。哲学方法属于最高层次的方法，侧重于宏观决策和总体控制，多为高层创业教育者（如学校分管学生工作的领导）所采用；属于中间层的一般方法，因其通用性和一定范围的规范性，被部门创业教育者和中层创业教育者所采用。至于技术方法，因其具体而实用性强，主要是基层创业教育者采用的创业教育工作手段。当然这并不是说，高层创业教育工作人员只需要懂得哲学方法就够了，可以对一般创业教育工作方法和必要的技术方法一无所知；也不是说中层创业教育工作人员可以抛开哲学方法或基层创业教育工作人员无须掌握必要的一般方法和学会哲学方法；而是说不同层次的创业教育工作人员首先应当学会与自身工作关系最密切的主要方法，而且应该掌握其他方法，不能主次不分或平均使用力量，否则一样方法都掌握不好也使用不好。从创业教育工作主体群体来看，因为创业教育工作方法是一个系统，各类方法单独使用都不能发挥最佳的组织创业教育工作效用，只有三种方法兼用、互相配合，才能在大学生创业教育工作中发挥作用。这就要求各级创业教育者树立系统观念，既能熟练掌握某一种创业教育工作方法，又做到互通信息、上下配合；既注意克服方法上的单一化倾向，又杜绝不同方法的混淆和错位。

二、现代技术方法的类别和特征

现代技术方法是在现代创业教育工作中应用的各种现代数学方法、定量化方法和先进技术手段的统一体。广泛应用现代技术方法，是社会发展的客观要求，也是学生工作现代化、科学化、与时俱进的必然趋势。

随着社会发展和科学技术的进步，社会分工日趋精细，各部门之间的联系日益密切，影响学生工作的因素更加复杂多变，因而学生工作相关的信息量和工作量激增，对创业教育工作的要求也就越来越高。在这样的新情况下，除认真总结各种行之有效的传统学生工作方法外，还必须广泛应用适合于现代社会的技术方法，以便能更准确地描述和分析问题，深入研究各种因素多方面的数量关系，及时处理大量的创业教育工作信息，并对拟订的计划方案和政策规定进行科学论证。同时，由于现代数学、信息科学和系统科学等学科的产生以及电子计算机的广泛运用，也为现代技术方法在包括学生工作在内的各领域中广泛运用提供了必要的条件。

现代技术方法是按照现代社会发展规律和适应现代科学技术进步的客观要求，运用现代自然科学和社会科学的最新成果，对各种工作对象进行有效控制的一系列新技术和新方法。它是在继承和发展一般方法的基础上运用现代科学技术成果，经过不断探索、科学试验、精心优选逐渐形成的。同传统方法相比，创业教育工作现代技术方法具有以下三个明显的特征。

首先是系统性和择优性。一般说来，每一种现代技术方法都有内在的系统性，它包括明确的目标、一定的约束条件、达到目标的程序和方法以及信息反馈等，从而为科学地解决问题提供一定的模式或模型，使复杂的工作实现科学化。例如，在创业教育工作实践中，引进并建立数学模型进行求解的过程也是优化的过程。又如在一定的约束条件下，对多元学生工作目标选择最佳的组合方案，或在一定的目标要求下，对各种约束条件进行选择和组合，都存在择优的过程。

其次，现代技术方法使创业教育工作数据化，并能把创业教育工作的定性分析与定量分析密切结合起来。现代技术方法区别于传统工作方法的一个重要标志，就是使学生工作活动从定性分析发展为定量分析，从依靠经验判断转变为数理决策。因为建立数学模型，进行定量分析，可使创业教育工作任务进一步科学化，从而大大提高了创业教育工作系统的运转速度和工作效率。

再次，现代技术方法具有较大的通用性和关联性。现代技术方法应用的范围较广，在解决创业教育工作系统中复杂的实际问题时，各种方法可以相互补充，发挥多方法配套使用的整体功能。

现代技术方法的种类很多，这就要求创业教育者要针对不同的对象准确地选择合适的方法，避免方法的混用或错位。同时，各类技术方法又存在着相互联系、相互制约的关系。如果在创业教育工作中孤立地应用一种或几种方法，虽然也能收到某些成效，但有很大的局限性。为此，创业教育者在工作中，应努力使各种方法和技术相互补充，发挥各种方法的综合功能。在当代学生工作中，尤其是创业教育工作中，使用得比较多的方法包括系统方法、数学方法和预测方法。

三、系统方法

所谓系统方法，就是按照事物本身的系统性把对象放在系统的形式中加以考察和处理的一种方法。这种方法要求从系统的观点出发，始终从整体与部分、系统与环境的相互联系、相互作用、相互制约的关系中综合地、精确地考察对象，以达到最佳处理问题的目的。其显著特点是整体性、综合性、动态性、开放性、环境适应性、最优化。

所谓整体性是指管理系统要素之间的相互关系以及要素与系统之间的关系，都要以系统整体为主体进行协调，局部服从整体，使整体效果最优。在它的指导下，服务管理要从整体着眼、部分着手、统筹考虑、各方协调，达到整体的最优化。整体性是系统方法的基本出发点。它把整体作为研究对象，认为世界上各种对象、事件、过程都不是杂乱无章的偶然的堆积，而是一个合乎规律的由多种要素组成的有机整体。这一整体的性质和规律只存在于组织各要素的相互联系、相互作用之中；而不是各组成部分孤立的特征和活动的代数和。因此，这种方法反对传统工作事先把对象分成不同部分，分别加以研究然后综合起来，而是一开始就把对象作为整体来对待，以便从整体与部分的相互依赖、相互结合、相互制约的关系中揭示系统的特征和运动规律。从系统管理目标上分析，任何系统的局部目标和整体目标之间都存在着复杂的联系和交叉效应。大多数情况下，两者是一致的。有时，系统局部认为有利的事，从整体上来看并不一定有利，甚至有害。因此，当局部目标和整体目标发生矛盾时，局部利益必须服从整体利益，体现系统管理目标的整体性。从系统管理功能上分析，系统的整体功能不等于要素功能的简单相加，而是往往大于各部分功能的总和，即"1＋1＞2"。这种总体功能的产生是一种质变，它的功能大大超过各个部分功能的总和。因此，系统要素的功能必须服从系统整体的功能，体现系统管理功能的整体性。否则，就要削弱整体功能，从而失去了系统功能的作用。

综合性是系统方法的第二个特点。所谓综合性是指任何一个系统都是由许多要素为特定目的的组合而成的综合体，在进行系统管理时，要把系统的所有要素联系起来，综合考察其中的共同性和规律性。它从两个方面对创业教育者提出要求：一是创业教育工作目标的综合，即要求组织系统各个部分必须围绕系统总目标开展工作，或者说要求一个组织的最高领导必须用组织总目标统摄各部分的分目标；二是创业教育工作过程各个部分功能的综合，即要求创业教育者对任何对象的研究，都必须从它的成分、结构、功能、相互联系和历史发展等方面综合地、系统地考察，以保证创业教育工作按组织总目标运行。

同时系统综合性原理还提示学生工作关注两个问题：第一是系统可以分解，由于系统都是由许多要素综合起来形成的，因此，任何复杂的系统都是可以分解的。第二是综合可以创造新事物，现有的事物或要素通过特定的综合可能生成新的事物和系统。"量的综合导致质的飞跃"正是基于这一规律。

动态性是系统方法的第三个特点。所谓系统动态性，是指系统作为现实生活中的一个有机体，其稳定状态是相对的，运动状态则是绝对的。因此，根据状态属性对系统的划分，静态系统是相对的，也是动态系统的极限状态。系统不仅作为一个功能实体而存在，而且作为一种运动而存在。在动态性的指导下，可以预见创业教育工作系统的发展趋势，树立超前的管理意识，减少偏差，掌握主动，使系统向期望的目标顺利发展。创业教育工作系统动态性主要体现在系统管理要素的动态性和系统管理功能的动态性两种形态。创业教育工作系统要素的动态性表现在两个方面。一方面，创业教育工作系统要素之间存在着纷繁复杂的联系，这种联系就是一种运动。系统要完成功能输出，需要内部要素相互作用、相互影响，形成一定的输出模式，这个过程本身是动态的。另一方面，创业教育工作系统管理要素与环境的相互作用是一种运动。由于现实生活中封闭系统是相对的，开放系统则是多数，因此，系统与环境之间会存在信息、能量或者物质的交换活动，这个相互作用过程也是动态的。创业教育工作系统管理功能的动态性主要表现为：创业教育工作系统的功能是时间的函数，是随系统要素状态的变化、环境状态的变化、各要素之间联系以及要素与环境间联系的变化而变化。

开放性是系统方法的第四个特点。所谓系统开放性是指在非理想状态下，不存在一个与外部环境完全没有物质、能量、信息交换的系统。即所有的系统都是开放性的，在创业教育工作中，任何试图把系统封闭起来与外界隔绝的做法，都只会导致失败。系统管理的开放性源于系统本身的耗散结构。任何有机系统都是一个耗散结构系统，只有与外界不断交流物质、能量和信息，才能维持其生命。并且只有当系统从外部获得的能量大于系统内部消耗散失的能量时，系统才能不断发展壮大。所以，对外开放是系统的生命。在系统开放性理念的指导下，学生管理者应当充分估计外部对系统的种种影响，努力通过开放扩大系统从外部吸入的物质、能量和信息，做好创业教育工作。

环境适应性是系统方法的第五个特点。所谓系统的环境适应性是指系统不是孤立存在的，它会与环境发生各种联系，只有能够适应环境的系统才是有生命力的。同时，系统对环境的适应并不都是被动的，也有改善环境的能动行为。如构成社会系统的人类具有改造环境的能力，没有条件可以创造条件，没有良好的环境可以改造环境。这种能动地适应和改造环境的可能性，受到一定时期人类掌握科学技术、知识和社会经济发展水平等因素的限制。在系统的环境适应性理念的指导下，创业教育者进行创业教育工作决策时既要清醒地认识系统本身的局限性，又要把握一切能动地改变环境的机会，实事求是地做出科学的判断和决策，设计出有利于学生素质提升的工作方案。

最优化是指运用系统方法进行创业教育工作所能达到的最佳效益。根据需要和可能，系统方法可以为系统定量地确定出最优目标，并运用最新技术手段和处理方法把整个系统分成不同等级和不同层次结构，在动态中协调整体与部分的关系，以使部分的功能和目标服从系统总体的最佳目标，达到总体最佳。

从以上六个特点的分析中可以看到，系统方法是一种立足整体、统筹全局、使整体与部分辩证地统一起来的科学方法，它将分析和综合在现代科学技术的基础上有机地结合起来，并运用数学语言定量地、精确地描述对象的运动状态和规律，为运用数理逻辑和计算机软件来解决创业教育工作中的复杂系统问题开辟了道路。

在创业教育工作过程中，运用系统方法应遵循以下几个基本步骤：

首先，确立目标，搜集信息。目标是运用系统方法所要达到的目的，根据具体情况，目标可以是明确的、定量的，也可以是粗略的、定性的。确定目标既要从单项目标入手，注重单项目标的可行性和最优化，又要将各单项目标放在总目标的现象中进行考察，把落脚点立在整体系统的目标上。为了达到系统方法追求的目标，还要按确定的目标搜集信息。搜集信息主要包括三项内容：一是进行实地调查，直接掌握情况。二是广泛收集材料，并按目标要求对有关情况进行筛选。三是对筛选过的情况进行单项分析，包括定性和定量分析，得出一些性能指标和参数。这些指标和参数，或称信息数据，是系统分析的基本根据。

其次，建立模型，拟制方案。这是系统方法的主要部分。建立模型，就是将搜集得来的有关信息因素按一定关系结构组合成一定的模型，用以反映系统活动所要耗费的人力、物力、时间和系统诸因素在系统活动中的作用方式。模型建立后，再以系统活动的各种效益为指标进行综合性比较、评价，然后选择拟定最佳方案。系统模型可能是定性的，也可能是定量的，也可能是定性与定量相结合的。

最后，对方案进行评估检验。建立模型拟制方案之后，还要对方案进行检验评估，分析方案的可靠程度或风险程度。这是因为任何事物都受到随机性干扰，随机干扰是人们在现有知识水平上尚无法认识或无法确定的事件。例如自由垂直下落的物体在千秒之内所经过的距离 $S=1/2gt^2$（g 为重力加速度），本来是确定性模型。但下落物体要受到空气阻力，而且有随机性的气候（风）干扰，由运动方程计算的下落距离只能有百分之几十的可靠程度。这就要求对方案必须进行评估检验，以确定方案的把握度和风险度（两者之和为 100%）。如果超过了风险标准，就修改目标，重新制定方案，直到实现最优方案。

现代社会活动规模大、因素多、关系复杂，如果照抄过去那种条块分割、分兵进击的传统方法进行学生工作，势必造成人力、物力、财力和时间上的巨大浪费。

系统方法改变了创业教育工作主体的思想方法，给整个创业教育工作方法论带来了深刻的革命性变化。系统方法可以使创业教育者对创业教育工作的研究方式从以个体为中心过渡到以系统为中心，从单值的过渡到多值的，从线性的过渡到非线性的，从单一测度的过渡到多测度的，从主要研究横面关系过渡到综合研究纵横面关系。这些变化，不仅改变了创业教育工作的背景，改变了学生工作的知识体系，同时引起了创业教育工作主体世界观和方法论的深刻质变。

四、数学方法

数学本身不是目的,而是一种工具和手段,这在应用数学方面表现得特别具体而清楚。因为应用数学就是为设法解决各种具体科学课题而产生的数学工具,是为某一具体科学提供适当而有效的数学方法的学科。

数学方法有以下几个主要特点。

第一,抽象性。现实对象是复杂具体的,每一事物无一不是质和量的统一体。这样的现实对象如果不经过科学抽象,人们便无法在思想中对其加以把握。而数学把量及其关系从现实对象中抽取出来,就摆脱了现实对象的各种具体的复杂形态,从而大大简化了研究对象,使我们可以在纯粹量的关系上来研究对象,以揭示对象的数量关系和过程。

第二,精确性。数学具有逻辑的严密性和结论的确定性。数学推导是严格按照一定的规则进行的,只要前提正确,那么,由数学的内在逻辑所推出的结果本身具有毋庸置疑的确定性。爱因斯坦说:"数学方法受到科学家的特殊重视,一个理由是它的命题是绝对可靠和无可争辩的。还有另一个理由,那就是数学给予精密自然科学以某些程度的可靠性,没有数学,这些科学就达不到这种可靠性。"运用数学方法,对客观事物中各种质与量以及量的关系、量的变化进行推导和演算,能够使现象及其过程得到精确的定量描述。所以,数学方法也是决策最优化的可靠工具,利用数学模型对几种可能的方案进行推导和演算,就能从数量上进行精确地比较,帮助人们选择最优的方案。

第三,普遍性。数学对象的普遍性决定了数学方法的普遍性。数量及其关系是各种事物所具有的共同特征。任何事物既存在质的方面,又存在量的方面,没有质的事物固然不存在,没有量的事物也不存在。既然任何事物都是质和量的统一,那么从可能性来说,任何领域都可以应用数学和数学分析,大学生创业教育工作自然也不例外。

数学作为数量结构科学,数学方法的普遍性还反映了异质同构现象的存在。就是说,不同质的事物和系统可以存在着同样的数量关系,而同样的数量关系又可以反映不同的物质存在形态和不同的物质运动过程。

数学方法可以应用于各门科学,这是就原则和理论来说的,要把这种原则和理论上的可能变为现实,需要人类不断地探索。科学和社会发展的历史表明,进行质的定性分析相对来说比较容易,而进行定量分析就比较困难。近代科学产生以后,数学方法首先在力学和物理学中得到了广泛的应用,而后是化学。目前,数学方法在社会科学某些领域中也开始得到应用,比如运筹学(优选法、统筹学、规划论、对策论等),数学在一些社会科学(特别是经济学)中正在显示出它的作用。

随着现代科学的不断进步,数学方法也开始应用于大学生创业教育工作。在数学方法的参与下,部分创业教育工作就可以用数学模式程序来表示计划、组织、控制、决策等合乎逻辑的程序,求出最优的答案,从而达到目标。

此外，计算机还为数学方法应用于大学生创业教育工作开辟了新天地。它不仅可以协助创业教育者对大学生创业教育工作活动的全过程进行宏观的调控，提高大学生创业教育工作跨度，而且适应高速发展的现代社会的需要，使大学生创业教育工作高速化、精确化。当然，随着大学生创业教育工作的发展，人们对现代创业教育工作各个层次的认识越来越深入，反映到创业教育工作的认识手段和方法上，就比以往任何时候更加需要多种方法协同发展。

五、预测方法

所谓预测是指对于客观事物未来发展状况进行分析、估计、设想和推断。预测并不神秘，事实上，人们时时处处都在做出预测判断，例如出门需注意天气的变化，预定乘车路线等。总之，要实施一个有目的的行动，都必然会有一个对未来的考虑过程，这个过程就包含预测。日常生活中的预测一般比较简单，较易执行。但对创业教育工作活动来说，预测的内容就复杂多了。

科学的预测，应通过对客观事物的历史和现状进行科学分析和调查研究，由过去和现在推测未来，由已知推测未知，从而揭示和预见事物未来的发展趋势和变化规律。科学的预测不是随意猜测，而是在正确理论的指导下，对客观事物进行深入分析，并运用现代先进的预测技术，进行系统的研究。

第一种方法，专家评估法。即组织有关领域的专家运用专业方面的经验和理论，研究预测对象的性质，对过去和现代发生的问题进行综合分析，借以对学生工作未来的发展前景进行判断。专家评估法主要包括个人判断、专家会议和德尔菲法（即专家调查法）等。个人判断一般指专家权威凭个人经验和知识才能做出预测。专家会议即依靠专家集体智慧做出预测。德尔菲法是由美国兰德公司首先采用的一种方法，又称专家调查法，就是采用书面的形式征询各个专家的意见、背靠背地反复汇总与征询意见，最后得出一个比较一致的预测意见。

第二种方法，预兆预测法。这是通过调查研究前兆现象推断后继现象的一种预测方法，它是因果联系最敏捷的发现形式。预兆预测法的关键是准确掌握后继现象与前兆现象之间的种种联系，特别要注意两者的内在联系，排除偶然性。有时只知道两者相随发生，并不知道其内在联系，这种预测便是不可靠的。只有密切注意两种现象相随的再现率，并通过思考以发现二者之间的本质联系，才能确定引起后继现象的前兆现象，从而对将来的发展趋势做出正确的预测。

第三种方法，时间序列预测法。时间序列也叫时间数列，是将某种统计指标的数值按时间先后顺序排列而形成的数列。时间序列预测法，就是通过编制和分析时间序列，根据时间序列所反映出来的发展过程、方向和趋势，进行类推或延伸，借以预测下一时期或以后若干时期可能达到的水平。时间序列预测的内容包括：收集整理某种社会现象从过去到现在的历史资料，编成时间序列，按各种可能发生作用的因素分类（长期趋势、季节变动、循环变动、不规则变动），分析时间序列，从中寻找该社会现象随时间变化而变化的规律，得出一定的数学模式，并以模式去预测该社会现象的未来情况。

第四种方法，回归分析法。即研究引起未来状态变化的各种客观因素的相互作用，找出各种客观因素与未来状态之间的统计关系的方法。这是一种依据事物间的因果性原理，用数学工具建立的预测方法。在随机事件中，某些变量之间存在着一定的依赖关系，一个变量的变化引起另一个变量的变化。当人们能够准确地发现这些变量之间的数量关系时，就表现为函数关系；难以准确地确定其数量关系时，就只能通过对大量数据的分析，找到某种相关性关系。为了定量地把握事物的因果规律，需要通过回归分析的中介，使相关关系转化为函数关系。回归分析，就是根据大量统计数据来近似地确定变量间的函数关系，即定量确定相关因素间的规律和方法，它可以用来预测未来。

第五种方法，类推法。类推法至少是在两个事物中进行的，一个作为模型出现，另一个作为被预测事物出现，前者称为类推模型，后者称为类推物。类推法的本质是把类推物与类推模型进行逐项比较，如果发现两事物间的基本特征相似，并且有相同的矛盾性质，就可用类推模型来预测类推物。

预测的程序一般有以下几个步骤。

首先，确定预测目标和任务。预测目标指预测所要达到的目标，实际上就是确定未来事物质的规定性和量的规定性，或者是二者的统一。预测总是为一定的目标和任务服务的。创业教育工作的目标和任务决定了预测的目标和任务，目标清楚，任务明确，才能进行有效地预测。

其次，输入预测信息。预测结果的准确性取决于输入信息的可靠程度和预测方法的科学性。预测所需的资料有纵向资料，也有横向的资料。对于已占有的资料要进行周密的分析检验，检验其可靠性，并通过分析去粗取精，去伪存真；还要检查统计资料的正确性与完整性，不够正确的要进行适当的调整，不够完整的要填缺补齐。

再次，预测处理推断。预测处理推断，是指根据预测资料，运用一定的逻辑推理方法，对事物未来发展趋势进行预计和判断。这是预测的关键环节。在实际工作中，我们可应用的预测方法很多，具体选择什么方法应依据预测目的和预测对象的特点、资料占有情况、预测经费以及预测方法的适用范围等条件来决定。

最后，输出预测结果。它包括鉴定预测结果和修正预测结果两个内容。预测毕竟是对未来事件的设想和推断，由于受到资料不足、方法不当及人们认识的局限性等因素的影响，故而容易产生预测误差。误差越大，可靠性就越小。因此必须对预测结果进行鉴定，并对误差大小做出估计。分析误差的目的，在于观察预测结果与实际情况偏离的程度，并找出发生偏离的原因。输出预测结果是预测程序中最后一个步骤，它既是通过修正预测结果，使之更符合客观实际情况的过程，又是检查预测系统工作情况的过程。

科学预测方法在大学生创业教育工作中具有关键性的作用。从决策程序来看，不论是确定决策目标阶段，还是优选决策和追踪决策阶段，都是离不开预测的。看不准未来的发展趋势，就不能确定决策目标；没有预测作为依据，决策就是冒险的、不可靠的；如果没有预测的可靠根据，就有可能造成再次失误。从预测科学的角度来说，没有预测的决策违背了"时机原则"，是根据不足的决策，亦是时机不成熟的决策。当然，最好的科学预测也绝不会是绝对可靠的，它只能是一种有科学根据的最大概率，但对于决策来说，这已经很好了。

加强预测能力是提高创业教育者应变能力的重要一环。随着科学技术的迅猛发展，特别是现代化通信工具、信息技术、计算机的应用，使创业教育者面对一个瞬息万变的世界，需要对各种不同的事物开展预测，提高应变能力，对于各种不同的可能性做出不同的预测判断。另外，加强预测也是提高工作效率和经济效益的迫切需要。

六、心理调适激励方法

创业教育是一个全方位的工作，因此要求创业教育者在运用"技术"方法的同时，还必须洞察大学生的心理活动和思想情绪，学会运用心理沟通和思想激励等心理方法。

1.心理沟通与心理调节

在创业教育工作中，人是起主导作用的因素。充分调动大学生的积极性和创造性是创业教育工作的一个重要内容，而要解决这个问题有时便需借助心理学。在创业教育工作中运用心理学方法，就是从改变大学生的精神状态入手来调动大学生的积极性和创造性，使每名参与创业学习的大学生都能在活动中得到一定的心理上的满足，进而实现创业教育工作的目标。

这里所说的心理沟通与心理调节，就是在创业教育工作中创业教育者经常运用的两种工作方法。其中，心理沟通侧重于对大学生的心理疏导，而心理调节侧重于启发大学生学会心理的自我调控。

（1）心理沟通在创业教育工作活动中的作用

正确的心理沟通有助于师生之间交流思想、彼此了解，消除分歧和误解，做到互相信赖、统一思想，以加强群体意识，发挥整体效应。心理沟通在创业教育工作活动中有如下几个方面的作用。

第一，心理沟通是实现创业教育工作目标的保证。创业教育工作中许多活动都是以沟通为基础的，例如实践教学环节过程的指挥和协调，都必须借助于心理沟通来实现。

第二，心理沟通是加强思想工作的重要手段。为了使学生在创业实践中树立正确的"三观"，创业教育者必须通过各种沟通形式，向广大学生宣传正确的理念，使之在学生中产生心理共鸣，达到理解和认识，从而使创业教育者的思想转化为每个大学生的实际认识。

第三，加强心理沟通有助于提高工作效率。要提高创业教育工作效率，创业教育者自身的品德、责任心和工作作风等主观因素很重要，同时，还需要保证沟通渠道顺畅。因此，只有加强创业教育者与大学生的心理沟通，建立多形式、高效率的沟通渠道，才能使信息通畅，实现提高创业教育工作效率的目标。

心理沟通非常重要，创业教育者要提高沟通水平，首先要提高自身业务水平。具体来说要做好如下工作：提高创业教育者的思维水平，保证心理沟通的效果；提高想象力，设身处地为大学生着想，以便引起共鸣，使大学生积极接受沟通的内容；提高记忆力，保障及时、准确地传输和接受各种信息；养成良好的沟通习惯，集中注意力，稳定情绪，端正态度，确保与大学生的沟通顺利进行。

（2）心理调节在创业教育工作中的作用

所谓心理调节，简单地说，就是人与人之间在心理上的协调、沟通、交流、转换与平衡等。创业教育工作活动中的心理调节，是指通过调整、调解、疏通等手段，缓解心理压力，消除心理障碍，使之树立信心、相互配合，朝着预定的方向前进，从而顺利地完成任务。具体地说，心理调节在创业教育工作活动中有如下两方面的作用。

第一，凝聚指向作用。要实现创业教育工作的预定目标，创业教育者必须做到心理相容、凝聚成团。良好的心理调节是使人们活动的动机指向共同目标的心理保障，可以使各个方面的人员在心理上贯通一气、彼此配合，以使整个组织有计划、有步骤地为实现特定的目标而努力工作。

第二，节约增效作用。良好的心理调节可以减少创业教育工作组织成员因心理失衡和彼此间心理防范造成的各种内耗，从而用较少的人、财、物和时间办更多的事，避免各种无形的浪费。良好的心理调节还可以提高创业教育工作的质量，达到不增人而增效的目的。

客观世界千变万化，充满着矛盾和冲突。心理平衡也只是相对的、暂时的。环境总是在发展变化，身处其中的人必须不断地调整心理状态才能达到新的平衡。心理平衡是一个动态的平衡，随着环境的不断变化，心理平衡也不断地被打破。心理平衡被破坏是否会引起心理障碍，关键在于能否及时调整心理活动，及时建立新的平衡，以适应环境的变化，维护心理健康。

实践证明，心理平衡是可以通过调节来实现的，这是因为人的心理活动、情绪和行为方式都受大脑皮层神经活动的支配，而大脑皮层的兴奋和抑制是可以调节和转换的，特别是通过有意识地锻炼，可以使大脑皮层的活动趋向健全。心理活动常常是由外界环境刺激而引起的，外界环境条件变了，心理活动必然也会随之改变。根据心理学理论，宣泄、转移、升华等都是调节心理平衡的有效途径，但遇到具体问题的时候，创业教育者可以根据具体情况指导大学生进行心理调节，选择调节方法。具体可以按照如下几种情况选择调节方法。

第一，在创业的征途上，并不都是一帆风顺的，每个人在前进的道路上，都会遇到困难、阻力。在大学生面对挫折时，创业教育者应该帮助、开导受挫大学生，教育他们树立正确的挫折观。首先，可以告诉大学生在感情上要承受挫折，正视现实，事情已经这样，就不会成为别的样子，要勇于面对现实，平心静气地接受已发生的事情。其次，要让大学生相信"失败是成功之母"，从失败和挫折中总结经验教训，才会使人变得聪明起来。在事业上要想做出一点成就，必须要有不怕失败和挫折的顽强拼搏精神。最后，用"退一步"的方法来减轻大学生的心理压力。在犯了错误之后如果能这样想，心理压力就会减轻。只有这样，学生将来面对创业实践中的挫折才不会不知所措。

第二，大学生由于各人兴趣、爱好、性格不同，在教学环节尤其是在创业模拟环节，彼此之间不可避免地会发生矛盾和冲突。在这种情况下，创业教育者应该教育大学生注意克制，树立正确处理矛盾的方法。首先要教会学生理智、克制和忍让，要有意识地强行克制自己，促使冲突气氛转变。争吵时，只要一方做出让步，另一方激烈的情绪就会很快平复，因矛盾、冲突带来的烦恼、紧张情绪也会随之缓解。其次，要努力想办法使当事学生离开现场，使其慢慢恢复平静，然后冷静思考，找出解决问题的办法，消除矛盾、处理冲突。最后，要提倡宽容，以求得心理相容，即要大学生学会心理置换，设身处地为别人着想，求得和别人心灵相通，增加相互了解和谅解。这样，很多矛盾都会在大度相容的心境下得到很好的解决。

第三，当大学生遭到失败、挫折后，情绪往往十分激动，如果任其发展下去，势必酿成不可收拾的局面。这种情况下，创业教育者应积极做好大学生的思想工作，晓以利弊，使之树立从长远处着眼、不要被一时的挫折所打败的思想观念；还要教给大学生一些方法，使学生学会解脱。首先，引导学生向教师或朋友倾吐出来，痛痛快快地宣泄，这样，学生就会感到卸掉了一个沉重的包袱，心里就会觉得轻松许多，同时可以从朋友的劝告中得到支持与安慰。其次，自然分心。在情绪剧烈波动时，不要让学生沉湎于烦恼痛苦的事情，而要分散学生的注意力，有意识地做些使心情平静而愉快的事，使怒气和烦恼逐渐消失。

2. 精神激励

创业教育工作中的心理调适方法不仅包括上述的心理沟通和心理调节，还包括多种激励手段。所谓"激励"，是指创业教育者借用各种手段去激发学生的学习热情，具体而言，是指创业教育者运用一切有效的手段，去改变大学生的心理状态，激活他们潜在的主动性和创造性，引导学生自觉地投入到学习和学生活动中，以完成预定的目标。激励的手段和方法多种多样，但依据激励手段的性质来分类，激励大致可以划分为物质刺激（物质激励）和精神激励两个大类，虽然物质刺激能够满足人的物质需要以激起人的热情，在现代社会中使用得很多，但单纯的物质刺激存在明显的局限性，因为人不仅有物质生活还有精神生活，不仅需要满足其物质欲望，还需要满足其更高与更丰富的精神追求。同时由于创业教育工作属于学校教育范畴，因此创业教育工作中应把精神激励作为主要方法和手段。

实行精神激励的第一种方法是增强学习兴趣。兴趣是个人对客体的选择性态度。人的学习过程总是伴随着一种积极的情感体验。当人对某一事物或行动感兴趣的时候，就会感到喜爱和满意，集中精力于感兴趣的对象。而对学习感兴趣就会热爱学习，在学习中充分发挥主动性和创造性。概括起来，增强学习兴趣可以从三个方面人手：一是改善学习条件，在不影响教学效果的前提下，对教学内容进行必要的重新组合，尽量使学习内容丰富些；二是增强对学习意义的理解，使学生了解自己学习创业知识的社会意义，看到自己的学习成果及其社会价值，培养学生的学习兴趣；三是尽可能根据个人特点安排学习，力求学习安排适合其性格、知识、愿望、特点，并调整不合理的学习安排。

实行精神激励的第二种方法是精神表彰。通过表彰对积极行为起强化作用，对消极行为起弱化作用。要做好表彰工作需要注意如下几方面的问题：

第一，通过调查研究准确掌握精神表彰对象，弄清楚哪些人应该表扬，哪些人不应该受表扬，保证表扬的严肃性。

第二，精神表彰要及时。及时表扬才能发挥表扬的最大功效，增强大学生对表扬的重视。

第三，精神表彰要注意场合，要弄清楚哪些事情应该公开表扬，哪些在一定范围内表扬，哪些在若干人面前表扬或单独夸奖几句。

第四，精神表彰要具体，被精神表彰的人要具体、事要具体，越具体越生动，越有感召力。

第五，精神表彰要讲究语言艺术，要热情、诚恳，有感染力，同时要掌握分寸。

除上述几方面外，整个学习集体的精神状态对每个大学生的行为也有很大的影响。和谐的精神状态可以使大学生获得安全感、归属感、自豪感和集体荣誉感，乐于参与集体组织开展的活动，并为活动圆满成功积极努力。

因此，创业教育者要善于用精神激励方法制造一种良好的气氛，使每一个大学生都生活、学习得愉快、舒畅，达到学习集体内相互激励的目的。

第四节　创业者创新思维能力提升策略

国家在提出推动创新创业理念的时候，是把创新创业作为关联概念提出的。然而，在以往的创业教育实践中，往往忽视创新能力的培养，使得创业者创新能力不足，进而影响创业实践活动的可持续发展。因此，本节将简单介绍提升创业者创新能力的对策。

一、创业者创造创新能力概述

在学术界，创造、创新两个词具有不同的含义。因此，必须首先分析创造、创新的区别。

英文的"创造"一词是由拉丁语"creare"一词派生而来。"creare"的大意是创造、创建、生产、造成。它与另一个拉丁词"cresere"（成长）的词义相近。在《旧约全书》的《创世记》中有"上帝在一切不存在的情况下创造了天和地"。因此，从词源上分析，创造的含义是在原先一无所有的情况下，创造出新东西。创造特别强调独创性。然而，任何创造都不是无中生有，而是在前人创造的基础上有所突破，所以要论创造二字的含义，中国语言中的创造更贴切实际。根据《词源》的解释,"创造"是由两个字组合而成的,"创"的主要意思是"破坏"和"开创","造"的主要含义是"建构"和"成为"。所以"创"和"造"组合在一起,就是突破旧的事物,创建新的事物。

创造是各式各样的,时时处处都可以有创造。如科学上有发现,艺术上有创作,方法上有创新,技术上有发明。"唯创必新"是创造的根本特点。

美国创造心理学家 I. 泰勒曾提出划分"创造五层次"的著名观点。具体内容如下。

①表露式的(expressive)创造:意指即兴而发、但却具有某种创意的行为表现。例如,戏剧小品式的即兴表演、诗人触景生情时的有感而发等,其创造水平或程度一般即属于这一层次;儿童涂鸦式的画作有时很有创意,其水平亦属此层次。

②技术性的(technical)创造:意指运用一定科技原理和思维技巧以解决某些实际问题而进行的创造。如"把素材按新的形态组合产生出新事物",或"某种旧的结合解体,新的结合重新产生"。

③发明式的(inventive)创造:意指在已有的事物基础上,产生出与以往曾有过的事物全然不同的新事物的创造。例如:爱迪生发明的电灯,贝尔发明的电话,等等。

④革新式的(innovative)创造:意指不仅在旧事物基础上产生了新事物,而且是在否定旧事物或旧观念的前提下造出新事物或提出新观念的"革旧出新"的创造。技术史上出现各种新工具以代替旧工具,科学史上发现新定律以替代旧定律等。

⑤突现式的(emergentive)创造:意指那种与原有事物无直接联系,看似"从无到有"地突然产生出新观念的创造。我们可以说,各学科领域荣获诺贝尔奖的重大科学发现,均应属于这一层次的创造。

第一个明确地阐述创新概念的是美籍奥地利经济学家熊彼特。他在1912年发表的《经济发展理论》一书中,提出创新是经济生活内部生产要素和生产条件的新的组合,并指出创新有五种存在形式:

(1)引入一种新产品或一种产品的新质量;

(2)采用新的技术或新的生产方法;

(3)开辟新的市场;

(4)获得原材料或半成品的新的供应来源;

(5)实现企业新的组织形式。

在熊彼特的创新概念中,技术创新是其关注的重点,制度创新也只关注于企业内部组织结构。因此,熊彼特提出的创新只是创造的一部分。中国现代创造学研究是从陶行知创造教育研究开始的。1918年,陶行知在《试验主义教育方法》等论文中,提出了改革教育的创造教育思想。20世纪80年代初期,学术界开始在创造工程、创造技法引进等方面开展研究。20世纪90年代,国家开始推动创新工作。20世纪90年代中后期,技术创新概念替代原来使用的技术革新。而后,创新概念被技术、经济领域以外的领域使用,与熊彼特最初提出的概念的外延已经区别很大。因此,共青团组织开展"引航"工作时,需要提高的主要是创造力，而后实现创新。

分析创新的类型就需要从创新实践的主体出发来探讨问题。根据创新工作主体之间的不同关系，创新可以分为：自主创新、模仿创新和合作创新。

自主创新是指创新者依靠自己的知识和能力，在工作上取得突破，提出或使用某种工作方法开展某项活动。自主创新又可分为原始创新和一般自主创新。尽管全球化正在推进，国内外高校交流的机会逐渐增多，但是高等教育工作还没有成为统一的主体，在创业教育工作中，具体的高校或校内部门仍然是主体的主要形式。每所高等院校的利益是相对独立的，每所高等院校内部的群体和个人的利益也是独立的，新的创业教育经验的扩散和普及一般都会有一段时间延续性，而且往往遭遇到因学校情况不同导致的"水土不服"。因此，创业教育工作创新在现有社会的条件下，不一定是原始创新，即原创出具有自主知识产权的工作方法、理念创新，还包括一般自主创新。它的成果可能在全国范围内不属于原创，但是在一种类型的高校（例如"985""211"，普通一、二、三类本科）范围内是首先出现的。从严格意义上来说，一般自主创新不具有原创性，但是它在现有社会发展阶段，对于一所具体高等院校来说是有意义的，它可以根据本校情况，提出适合自身类型的首创性方法。创业教育工作中的原始创新具有根本性和原创性，最能代表一个地区的创业教育理论与实践研究水平。大批的原始创新成果的出现往往可以带来一个地区的创业教育理论与实践水平的飞跃式发展。

模仿创新是创新者在所引进的原始创新或一般自主创新成果的基础上进行的一种创新。它不是简单的模仿，它需要对引进的新方法和理念进行消化和吸收，并在此基础上进行再创造，改进或重组原有方法，以达到突破性的效率和效果。模仿创新可以迅速提高创业教育工作效果，是实现创业教育工作进步的捷径，不但节约了时间，而且节约了先期理论研究的人力和物力资源。因此模仿创新是层级较低的高校采用最多的创业教育工作创新方式。但是要想成为同层级高校创业教育工作领域真正的领先者，模仿创新就具有局限性。

合作创新是指创业教育者与校内外各层次主体之间以各种组合方式联合开展的工作创新。在全球化和知识经济的时代条件下，合作创新的必要性和优势越来越明显。随着全球交往和生产的国际化，教育工作领域的研究实践水平不断提高，高等教育涉及的问题越来越复杂，单一主体很难应对这种局面。为了实现做好创业教育工作、提高大学生创业能力的共同目标，不同的创业教育主体往往采取合作创新的战略。合作创新实现了资源共享、优势互补，节约了时间和投入，减少了失误和风险。在开展合作创新时，首先需要明确合作目标、合作期限和合作规则，划清各自的权利义务，这样才能避免主体之间的利益冲突，使合作顺利进行，达到预期效果。

通过上面的分析，不难发现创新对创业教育工作意义重大。如何提高创业者的创新能力就成为一项重要工作。笔者认为要实现这样一个目标，创业教育者首先要破除传统观点中关于创造认识的几个误区。

第一，在传统的观点中有一种观点认为：创造是一种天赋，无法教授。这种观点的最大作用就是可能使人认为创造力开发是没有意义的。中外种种成功的例子证明了这种观点的局限性。但是，这种观点的支持者仍然会从一些在人类历史上做出卓越贡献的创造型天才，尤其是那些在自己擅长的领域中作用突出的成功者的例子中找到佐证，莫扎特、爱因斯坦或米开朗琪罗都成为他们的好例子，进而说明对人类历史产生重大影响的天才们是没法制造的。应该注意的是，数学能力、艺术表达能力乃至运动天赋都有各种有用的级别，即使在缺少天才的时候也是如此。就像一组人参加百米比赛，发令枪响后，比赛开始，必然有的人跑得最快，有的人跑得最慢。他们在比赛中的表现依赖于天生的奔跑能力。现在，假设有人发明了自行车，并让所有赛跑者进行训练。比赛改为自行车比赛再次开始，每个人都比以前运动得更快。但是，有的人仍然最快，有的人仍然最慢。如果我们不为提高人类的创造力做任何努力，显然个体的创造能力只能依靠天赋。但如果我们为被训练者提供有效和系统的训练方法，就可以提高创新能力的总体水平。有的人仍然比其他人好，但每个人都可以学会创造技能，提高自己创造性解决问题的能力。"天赋"和"训练"之间根本不存在矛盾，每位教练员或教师都会强调这一点。事实上，学习创造学理论与方法和学习其他知识之间没有什么区别。一方面，教学可以将人们培训成有创造能力的人，另一方面，受教育者已有的天赋可以通过训练来提高。因此可以认为"创造无法学会"的观点现在已经站不住脚了。创造力具有"可教性"和"不可教性"。天赋是无法训练的，但训练可以激发潜能。也许创业者学习创造学理论不可能训练出天才，但是很多有用的创造并不是天才的功劳，要提高全体创业教育工作者和被教育者的能力，学习创造学理论工作必不可少。

第二，在传统的观点中另一种观点认为：创造来自与传统观点格格不入的思想，有许多创造是在打破旧有的观点、观念基础上实现的。而且，这一观点也很容易在生活中找到佐证。因为，在学校里许多成绩优秀的学生似乎属于循规蹈矩派，而在实际工作中有所创造的人往往在学校读书时成绩不佳。有创造性贡献的人必然拥有与传统观点有差异的观点，但是，没有前人的积累，有创造价值的观点又从哪里来呢？难道是从天上掉下来的吗？没有旧有的事物作基础，任何新事物都无法产生，创造本身就是一个辩证否定的过程。批判地继承绝不等于全面打倒，与传统观点有差异更不等同于与传统观点格格不入。

第三，在传统的观点中还有一种观点认为：有创造力的人往往在右脑或左脑的使用习惯和开发上有一种明显的倾向性。于是，就产生了左脑或右脑主动性的观点。这种观点进而认为：惯用右手的人的左脑是大脑中"受过教育的"部分，识别和处理语言、信号，按我们已知的事物应该存在的方式来看待事物。右脑是未受教育的"无知"的部分。因此，在与绘画、音乐之类有关的事中，右脑单纯无知地看待事物。你可以画出事物本来的、真实的面目，而不是按你臆想地来画。右脑可以允许你有更完整的视图，而不是一点一点地构造事物。于是，在提到创造性思维时，这种观点认为，创造只发生在右脑；为了具有创造性，我们所需要做的就是停止左脑思考，开始使用右脑。事实上，所有这些事都有其价值，但当我们涉及关于改变概念和认知的创造时，我们别无选择，只能也使用左脑，因为这是概念和认知形成和存放的地方。通过 PET（Positive Emission Tomography，正电子发射断层成像）扫描，有可能看出在任何给定的时刻，大脑的哪一部分在工作。在胶片上捕获到的放射线的闪光表明了大脑的活动，可以很清楚地看到，当一个人在进行创造性地思考时，左右脑会同时处于兴奋状态。这正是人们所期望的。

在获得正确的认识基础上，创业教育者需要做好如下三方面的工作：提高创造性思维能力、掌握创新创业实践相关的工作方法，这样才能创造性地解决创业教育工作中面临的问题。

创造并不是孤立的、凭空的，它要依赖于大量信息的积累，更会受到人的思维习惯和方法的影响。要提高创造性思维能力，不仅要掌握那些带有创造性思维特点的思维形式，还要掌握基础性的思维形式。具体地说，要注重创造性思维能力的提升。首先，努力养成突破传统观念直接解决问题的习惯。其次，努力保障逻辑思维的严密性。最后，要善于变换思维角度。

由于创业实践工作方法前文已有论述，下面将结合上述三个方面的原则对创造性思维的能力特点及提升对策进行分析。

二、善于突破传统观念

在创新实践中，常常会遇到一些比较复杂的问题。人们似乎认为对于复杂问题的解决必然是一件复杂的事。产生这种观点的重要原因之一是传统观念的影响。要解决这类问题，就要通过突破传统观念来简化问题，使问题得到解决。在具体的工作中，创新创业者可以借助以下三种思维方法突破传统观念。

第一，利用直觉思维直接突破传统观念。直觉思维法是一种未经有意识的逻辑思维而直接获得某种知识的思维方法。直觉思维是一种潜意识思维，也是突破传统观念的有效手段。人们有时对某一问题的理解、某种认识的产生，并非经过严格的逻辑推理，而是由突然领悟而获得的。直觉是人们在认识过程中，头脑中的某些信息在无意识的状态下经过加工而突然沟通时所产生的认识的飞跃，表现为人们对某一问题的突然领悟，某一创造性观念和思想的突然降临（灵感），以及对某种难题的突然解决。

直觉思维是一种从材料直接达到思维结果的认识活动，是一种思考问题的特殊方法与状态。人们在思考问题时，借助直觉启示而对问题得到突如其来的领悟或理解被称为顿悟。顿悟属于潜意识思维，它的特征表现为：功能上的创造性、时间上的突发性、过程上的瞬时性和状态上的亢奋性。在现实生活中，人们往往遇到这种情况：某个问题已经研究很久了，成天苦苦思索，仍然没有解决问题的思路。而在某个外界因素的突然刺激下，思考者头脑中突然出现了一种闪电式的高效率状态，顿时大彻大悟，一通皆通，问题便迎刃而解了。顿悟并非是某些科学家、艺术家、文学家所特有的，每个正常人的大脑都具有这种功能，差别仅在于顿悟出现次数的多少和功能的强弱，而不在其有无。顿悟并不是虚无缥缈的，它不会凭空发生，它只是垂青于那些知识渊博、刻苦钻研、经验丰富的人。勇于实践，积累广博而扎实的知识是灵感顿悟产生的基础。产生灵感顿悟的最基本条件是对问题和资料进行长时间的顽强的思考，直至达到思想的"饱和"，同时必须对问题抱有浓厚的兴趣，对问题的解决怀有强烈的愿望，使头脑下意识地考虑这一问题。

启迪是顿悟的关键诱因，它连接各种思维信息，是开启新思路的契机。当主体的灵感孕育达到一触即发的"饱和"状态时，只要有某一相关因素偶然启迪，顷刻就豁然开朗。因此要留心观察周围的事物或现象，以便及时起到开窍作用。灵感顿悟来去倏忽，稍纵即逝，很难追忆，要掌握、珍惜最佳时机，善于捕捉闪过脑际的有独创之见的思想。灵感顿悟大多是在思维长期紧张而暂时松弛时得到的，思考者要养成良好的学习、工作方法和习惯，注意张弛结合。要想促进思考者产生顿悟，就要创造相对安定的环境，否则不相关的信息太多，根本无法进入研究、探索的境界，也不可能造成灵感顿悟产生的境域。创造性思维的灵感、顿悟好像是刹那间从天而降。其实人的潜意识活动在一定范围内得到显意识功能的合作，经历了一个孕育的过程，当孕育成熟时即突然沟通，涌现出意识，终于灵感顿发。正因为它有一个客观的发生过程，所以灵感顿悟并非是神秘莫测、不可捉摸的。在人的灵感产生以前反复思考，思想活动高度集中，已经把思维从显意识扩大到了潜意识。思维在潜意识里加工，偶然和显意识沟通，得到了答案，就表现为灵感。周总理用八个字，很好地概括了灵感产生的认识论基础，这就是"长期积累，偶尔得之"。直觉、灵感的产生，都是创造经过长期观察、实验、勤学、苦想的结果。没有这个基础，灵感是不会飞进人的大脑的。创新创业工作中的灵感、想象往往是模糊的，如果不重视这种模糊的思维，就可能让灵感白白溜掉。

必须指出的是，直觉思维不会凭空而来，而是与专业知识背景紧密相连的。因此，直觉、顿悟乃至于在梦中产生的想法，都必须以一定的理论知识背景为基础，那种认为直觉、顿悟可以解决一切的想法是十分不切合实际的。

第二，利用想象突破传统观念。人的创造性思维来自丰富的想象，创造想象是创造活动的先导和基础。好的创造成果无不起源于新颖、独特的创造想象。人们在思考问题时，除了运用概念进行判断、推理外，还依赖于想象。广义的想象包括：联想、猜测、幻想等。想象把概念与形象、具体与抽象、现实与未来、科学与幻想巧妙结合起来。但值得注意的是：想象的东西在没有被实践证实之前，始终是想象而不是真理。要把想象变成现实，既要有一定的条件，也要有一定的过程。想象是带有某种程度的猜测性的，它至多是一种预测而已，而猜测或预测不一定都能实现。因此，我们在倡导想象、提倡培养自己丰富的想象力的同时，必须对想象保持清醒和不同程度的怀疑态度。

想象本身是以人类旧有的经验为基础，通过对这些经验的有意识重组，进而创造出来一个崭新形象的心理过程。人们在分析和解决问题时，可以通过一系列具有逻辑上因果关系的想象活动，来改善特定的思维空间，从而选择解决问题的手段和思维方法。

联想是想象的核心。联想是通过事物之间的关联、比较，扩展人脑的思维活动，从而获得更多创造设想的思维方法。联想可以通过对若干对象赋予一种巧妙的关系，从而获得新的形象，运用联想，可以使风马牛不相及的事物联系起来。联想是培养创造性心智机能的一种有效的方法，是通向新知识彼岸的桥梁，它可以在已知领域内建立联系，也可能从已知领域出发，向未知领域延伸，获得新的发现。不少成功的发明创造往往是通过联想获得的。联想不是一般的思考，而是思考的深化，是由此及彼、由表及里的思考。一个人如果不学会联想，学一点就只知道一点，那他的知识不仅是零碎的、孤立的，而且是很有限的。如果善于运用联想，便会由一点扩展开去，使这点活化起来，举一反三，触类旁通，产生认识的飞跃，出现创造的灵感，开出智慧的花朵。联想能够克服两个概念在意义上的差距，把它们联结起来，从而发现某些事物的相同因素或某种联系，揭示出事物的本质。联想不是想入非非，而是在已有知识、经验的基础上产生的，是对输入到头脑中的各种信息进行编码、加工与换取、输出的活动，其中包含着积极的创造性想象的成分。联想能力是人脑特有的一种能力。不过，并不是每个人都能因联想而有所发明创造，要使联想导向创造，必须懂得联想的类别和规则。

按人脑反映事物之间的关系不同，可把联想分为接近联想、类似联想、对比联想、因果联想和自由联想等。接近联想是由在空间和时间上接近的事物形成的联系，而由一种事物想到另一种事物。例如，由江河想到桥梁，由天安门想到天安门广场和人民大会堂，是对在空间上接近的事物的联想，叫作空间联想。又如，由日落联想到黄昏，由"八一"南昌起义想到"秋收起义""广州起义"，是对时间上相接近的事物的联想，叫时间联想。类比联想也叫相似联想，是基于具有相似特征的事物之间形成的联系，而由一事物想到另一事物。例如，由春天想到新生，由冬天想到冷酷，由攀登高峰想到向科学现代化进军。文学作品中的比喻，仿生学中的类比，都是借助于类比联想。对比联想由具有相反特征的事物之间的联系引起，由一种事物想到另一种事物。例如，由寒冷想到温暖，由黑暗想到光明，由物体"高温膨胀"想到"深冷收缩"。因果联想是基于事物之间的因果关系，由一种事物想到另一种事物。例如，由加压想到变形，由高质量想到高销售等。自由联想是对事物不受限制的联想。例如，由宇宙飞船在太空航行想到建立空中城市，想到在其他星球上安家落户。

为了训练思维的流畅性，还可以运用急骤式联想法。这种方法要求人们像暴风骤雨那样，在规定的短时间内迅速地说出或写出一些观念来，不要迟疑不决，也不要考虑答得对不对、质量如何，评价是在训练结束后进行的。例如，要求说出砖头的各种用途，学生可以答出：砌房子、筑路、磨刀、填东西、敲捶物品……又如，哪些是圆形的东西？学生回答：皮球、纽扣、缺口、茶杯、锅盖、圆桌、车轮……答得愈快、愈多，表示流畅性愈高。

猜想是想象的重要形式。猜想是指人们发挥思维的能动性，对事物发展进程和未来关系进行预测、设想的一种思维方法。猜想法基于既有经验、又不受既有经验束缚的跳跃性。科学史上新的认识成果往往首先来自科学家的某种大胆假说和猜想。创业者在创新创业实践中要敢于大胆假设、小心求证，最后得到验证，才能获得真理性认识。

猜想的方式是多种多样的，它可以运用事物的相似、相反、相近关系做联想组合；可以用试错的方法将毫无关联的、不相同的知识要素组合起来；也可以运用创造性想象来补充缺少的事实，设想可能存在的联系。总之，在猜想这一过程中，人们可以尽情地猜测、假设、试错、修改，突破原有的知识圈，在既有的感性材料上起飞，把尽可能多的反映物质世界的思路、方案、模式建造起来，然后再加以对比，进行研究和论证，逐步淘汰错误的猜想，形成真理。

要更好地实现想象，就要冲破现存事物和观念的束缚，对现在尚没有但有可能产生的事物进行大胆设想。要进行大胆设想，首先，要破除迷信，摆脱束缚。要摆脱现有事物和观念的束缚，不能认为现有事物已能满足人们的需要，已经发展完善到完整无缺的顶峰，再也无法提高和突破，更不能迷信权威和经典。其次，要勤于思考，大胆怀疑。最后，创造想象的"原料"来自丰富的知识和经验，来源于广泛实践基础上的感性想象。要想发展自己的创造想象能力，就必须不断地扩大知识范围，增加感性想象的储备。

第三，利用非逻辑思维突破传统观念。非逻辑思维是突破传统观念的有效途径。非逻辑思维是指在思维过程中有意识地突破形式逻辑的框架，采用直觉的、模糊的和整体的思维方法。非逻辑思维在承认逻辑方法在认识过程中的作用的同时，突出了直觉思维的非逻辑性在认识过程中的重要意义。

非逻辑思维主要包括以下几种：第一种，模糊估量法。在面临一个问题时，先对其结果进行一种大致的估量与猜测，而不是先动手进行实验设计或逻辑论证。这是一种直觉方法。这种方法的根据是先前的经验和自己的直觉判断能力。这种方法有时会帮助研究者形成一种总体的、战略性的眼光，有时会导致一种假说的提出。第二种，整体把握法。它要求人们暂时不注重于对象系统的某些构成元素的逻辑分析，而是重视元素之间的联系和系统的整体结构。

非逻辑思维的典型思维方式是超常思维。所谓超常思维是指遇到问题善于冲破常规和习惯势力的束缚，匠心独运、别出心裁地去思考、探索，寻求异乎寻常的解决途径，争取获得人们意想不到的效果的一种思维方法。应用超常思维方法一般有以下几种典型情况：第一种情况，冲破束缚，另辟蹊径。当创新创业工作面对新情况、新问题时，敢于冲破旧有的各种束缚，开拓新思路，开辟新境界。第二种情况，匠心独具，超凡出众。要想创造性地解决问题，就需要匠心独具、超凡出众的思考。在创新创业工作中要善于打破传统思维的一系列传统习惯，才能有所突破。第三种情况，处变不惊，"化解难题"。创新创业工作要经常面对突发问题，这个时候必须冷静分析，才能做出正确判断。第四种情况，因果关联，纵深突破。第五种情况，巧施联想，出奇制胜。创业者在创新创业工作中根据事物与周围环境之间的相关性原理进行全方位思考，这样才能保证解决问题的系统性。

三、保障逻辑思维的严密性

创造性思维是以非常规的思维为基础。但是，真正的创造性的人类成果最终必须是符合逻辑的。因此，要想提高个人的创造性思维能力，就要提高其逻辑思维能力。人们对事物的把握，是一个由浅显到深入、由低级到高级、由现象到本质或从抽象逐渐到具体的过程。因此，比较典型的逻辑思维方法就要由表及里、层层深入、剥丝抽茧。

掌握逻辑思维方法，不仅要学会层层深入，还要善于比较，善于应用比较思维。所谓比较思维是把各种事物和现象加以对比，来确定它们的异同点和关系的思维方法。任何事物性质的优劣、发展的快慢、数量的多少、规模的大小等，都是相比较而言的。没有比较，就没有鉴别。比较是一切理解和思维的基础。人们认识事物，把握事物的属性、特征和相互关系，都是通过比较来进行的。只有经过比较，区分事物间的异同点，才能识别事物，将其归到一定的类别中去。

比较一般可分为两种类别：即同类事物之间的比较和不同类事物之间的比较。同类事物之间进行比较，找出其相同点，可以揭示事物的共性；找出其不同点，可以揭示事物的特殊性。不同类事物之间进行比较，找出相同点，可以揭示事物之间的联系；找出不同点，可以揭示事物之间的区别。比较一般可采取顺序比较和对照比较。顺序比较是把现在研究的材料和过去的材料加以比较。这是一种继时性的纵向比较。如：今与古比、新与旧比较等。这种比较容易说明新事物的优越，新阶段比旧阶段进步等，还可以发现优越之特性，进步之表现，从中寻求规律、拓宽思路，预测未来事物的发展进程。对照比较是把同时研究的两种材料交错地加以比较。这是一种同时性的横向比较。此种比较可以对空间上同时并存的事物进行对照，以认识事物的异同和优劣。横向比较必须在同类事物之间进行，如国家与国家比、人与人比、单位与单位比、地区与地区比。进行这种比较时，一定要注意它们的可比性。如在比较社会主义制度和资本主义制度时，只能比那些可比的因素，不可比的因素应当排除在外，这就是所谓"异类不比"。同时，应采取客观、公正的严肃态度。不论是纵向比较还是横向比较，都要明确为什么而比，并站在正确的立场上，运用正确的观点去比，通过比较做出科学的、历史的具体分析。除此之外，比较中的纵向可能导致单纯地回头看，产生满足现状或今不如昔的偏向；比较中的横向则可能变成现象间的简单笼统的对照罗列，或者导致对自己、对别人、对事物的全盘否定或全盘肯定，得出不合理的、不科学的结论。

要更好地开展思维活动，进行有效的比较对照，就要关注如下几种形式的比较：首先，进行新知识与旧知识的比较。在比较中了解新旧知识的异同，把新旧知识联系起来，使新知识的掌握建立在旧知识的基础上，加深对新知识的理解。其次，进行新知识与新知识的比较。在比较中认识事物之间的共同性和特殊性，揭示事物之间的联系和区别，使学生所掌握的知识深刻化和精确化。再次，进行旧知识与旧知识的比较。在工作中，把已经拥有的知识相互比较，以加深理解，加强巩固，并使知识系统化，形成解决问题的方案。最后，进行理论与事实的比较。使思考者根据事实了解理论，并检验理论的正确或错误，把理论和实际联系起来。

一般来说，确定事物之间的相异点比确定事物之间的相同点要容易一些、经常一些。所以，在进行比较时，最好先从寻找相异点开始，再过渡到寻找相同点。最后，明确异同之所在，达到既能看出同中之异，又能看出异中之同。在对事物进行比较时，必须围绕着主题进行。当比较事物某一方面的特征时，不能把其他方面的因素掺杂到里面去。要经常注意找出哪些是事物的主要因素，哪些是事物的次要因素，不能将事物的次要因素当作主要因素。分清事物的主要因素和次要因素，有利于把握事物的本质特征。逻辑上的层层深入和比较分析仅仅是创造性思维的基础，而提高理解力、判断力则是创造性解决问题的关键。

所谓"理解"就是对某个问题、某件事搞懂了、弄明白了。而"理解力"就是衡量一个人对这个问题、这件事搞懂、弄明白所用的时间长短。用时短，相对来说这个人理解力强，反之则这个人理解力弱。一个人的理解力大小、强弱不是天生的，它是人类在从事各种社会实践中不断学习、不断处理与解决各种问题、不断总结正反两方面经验所取得的。在各种实践中，锻炼了人的智力，使人不断聪明起来，从而才有可能使人类的理解力不断提高。这里要指出的是，一个人应该养成坚持学习、热爱学习的良好习惯，坚持活到老、学到老，这样才能为一个人持久地保持敏捷的理解力提供良好的智力基础。所谓判断力是通过人类对某个问题或某些现象的观察、分析，然后进行综合和推理，得出正确与否、是非与否，或者通过观察、分析、综合和推理又延伸得到新的结论。人类发明创造的历史证明：一个人的理解力和判断力的大小是人类取得创造成果或事业成功的重要的先决条件。

要更好地运用逻辑思维，就要加强对外界信息的收集，并充分利用这些信息进行分析，做出判断、预测、决策。这一过程被称为反馈思维。反馈思维是指控制系统把信息输送出去，又把其作用结果运送回来，并对信息地再输出发生影响，起到控制调节作用，以达到预定目的的思维方法。

反馈是自然界的一种普遍现象。在自然现象中，人和动物必须呼吸，吸进新鲜氧气，呼出二氧化碳。如果没有绿色植物吸进二氧化碳、放出氧气这样一种"反馈"，生命运动就会停止。在人体运动中，大脑通过信息输出，指挥人的各种活动。同时，大脑又接受来自人体各部分与外界接触所发回的反馈信息，不断调节并发出新的指令。如果没有反馈信息不断输入大脑，人体运动就是不可设想的。

反馈思维方法被广泛应用于自然科学、社会科学等各个领域。任何一个系统，只有通过反馈信息，才能实现控制，达到预定的目标。没有反馈信息，要实现调节、控制是不可能的。例如，人类复杂的反射活动，都是通过神经系统的反馈而实现的。实现反射活动的神经通路叫反射弧，它包括感受器、传入神经、神经中枢、传出神经和效应器（肌肉和腺体）等五个环节。前三个环节（感受器、传入神经、神经中枢）的任务是接收信息，后两个环节（传出神经和效应器）是执行机构。但复杂的反射活动并不是一次单向传导所能完成的，而是经过传入和传出部分来回就近传导，借助大脑多次反馈调节的结果。正是依靠这种反馈调节，才保证了人类对外界精确、完整、连续的反应和对自身活动的准确控制。人的任何有意识的活动，无不含有反馈。简而言之，没有反馈，就没有生命，更谈不上人类的智慧和创造。

人在学习知识时，首先是获取大量信息，然后由大脑对它们进行编码、改造，而后将思维的产物利用各种途径输送出去，公诸于众，收回外界对它的评价，从而检验学习效果和学习深度，进而在原有知识的基础上，有针对性地进行再学习、再思考、再创造，使之更趋全面和成熟。这一过程也就是反馈思维过程。对一个学习者来说，通常存在两种反馈信息：一是由输入引起的感受器官的反应，称为"内反馈信息"；二是通过输出（即知识的运用），获得来自外界的反应，称为"外反馈信息"。无论哪一种反馈都具有调节学习和激发动机的功能。当反馈信息揭示了学习中的不足时，它就能为调节学习、重新制订学习计划、改进学习方法提供依据；当反馈揭示了学习的成效时，它便能激发学习的积极性，起到鼓舞和鞭策作用，使学习兴趣更浓，信心更足、更大。

成功的创造者和发明者都善于进行反馈思维。例如，他们在掌握知识的过程中，能向能者求教，交流探讨，并运用知识于实践，发现问题，总结经验；又能把别人对自己知识的评价加以整理分析，提取有益成分，反馈至知识的输入端，实现对学习内容、方法和学习目标的选择和控制。由于他们能勤于输出信息，从中获取反馈，所以能获得成功。

总之，反馈思维可以使学习和创造者找到不足，弥补缺陷，改进方法，同时寻找良师益友，加以指导，少走弯路，找到捷径。所以，反馈思维法是加速学习成功的要诀，是人才创造活动的重要智力因素。在学习和创造中，为了取得成功，必须学会反馈思维，如主动质疑、寻师求教、不耻下问、运用知识、同学间相互切磋，等等，都是强化反馈信息的有效方法。

反馈思维按照思维方式可以分为前馈思维、后馈思维。

前馈思维也称超前反馈思维方法，是指人们在工作过程中，注意在客观情况发生新的变化之前，争取时间，搜集信息，从中洞幽察微、见微知著，从而超前构思相应的对策，超前做好必要的调节控制准备的一种思维方法。前馈思维方法早就引起古人的注意。所谓"凡事预则立，不预则废"。我国春秋后期的范蠡就是因为善于预测市场供求和物价的变化而取得成功的。他发现"贵上极则反贱，贱下极则反贵"的价格摆动现象，进而提出了"水则资车，旱则资舟""夏则资皮，冬则资绤"的策略。本，指桑木，即农业。绤，意为薄的东西。范蠡这段话的意思是：靠江河湖水的地方，渔业变得普通，那么养桑种田的人反而能把农产品卖个好价格。缺少水的地方，撑船打鱼的人更能挣到钱。夏天，别人都卖夏衣，只有你卖冬衣；冬天，别人卖冬衣，你卖薄薄的夏衣。物以稀为贵，反向经营反而得大利，这就是事物变化的辩证法。受到当时的生产条件的影响，古人的前馈思维大多数是经验型的，现代的前馈思维必须与科学的分析、推理相关联。

后馈思维就是用历史的联系、传统的力量和以前的原则来制约现在，使现在按照历史的样子继续重演的思维方法。后馈思维又可称为习惯性思维，是一种循轨思维。它面向历史，总是用过去怎么做、祖先怎么样、以前的经验怎么样来要求现在。

因此，后馈思维也是一种反馈式思维，它是思维的一种惯性运动，把思维方式固定化、绝对化。后馈思维总是要把"现在"反馈为"历史"的重复，所以，它也是一种"滞后型"的思维，它的向心力和惯性力的基础是历史。后馈思维的一般模式如图 6-1 所示。

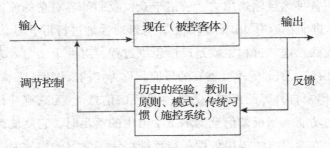

图 6-1 后馈思维的一般模式

后馈思维具有的典型的特点是指向性。一般来说思维都具有一定的指向性，所不同的是，后馈思维是把现在往历史上引导的指向性思维。它的"兴奋中心"总是历史上的某个阶段、某种情况，是一个通过"想当年""要恢复到某某时的情况"的思维过程。后馈思维的指向性产生两种结果：一种是对现在的缺陷、弊病感到不满，要以历史的成功经验和优良传统"改变"现在，这是积极的；因为，创造必须以固有的事物为基础。后馈思维的另一种指向性是对历史"理想化""厚古薄今"，其结果是以历史来"今变"现在，这是消极的。对此，要进行具体分析。当一件事情已经发生，而对于事情的某些细节不是十分清楚，而又要求了解这些细节的时候，就需要以后馈思维对已有的现象进行分析。因为，在后馈思维的指导下，人们就可以进行适当的还原性的模拟工作。

后馈思维既有消极因素，也含有一定的积极成分。我们要发挥它的积极作用，联系客观实际，正确对待传统的文化遗产，以实现思维的创造性。

四、善于变换思维角度

创业者要在创新创业工作中实现创造性思维，还要适当改变思维的方向、变换思维的角度。传统的思维是一种正向的思维方式，要变换思维角度，就要采用逆向思维、侧向思维和合向思维、水平思考法，增加思维形式，促进思维的多样化。下面就逐一分析上述几种思维方法。

1. 逆向思维

逆向思维也叫反向思维，是一种创造性思维，它强调要从事物的反面或对立面来思考问题。逆向思维与正向思维相对应。正向思维是指人们运用过去的知识和经验，在已有理论的指导下思考问题和解决问题的一种能力或方法。正向思维在人们的日常思考和科学研究中起着巨大的作用。但是，由于人们受心理倾向、心理定式的影响，即在思考问题时，采取特定的思路一次，下一次采用同一种思路的可能性就越大。在一连串的思想中，一个个观念之间形成了联系，这种联系紧紧地建立起来，必然使得它们之间的联结很难被破坏，这样就容易导致人们形成一种固定的思维模式，即习惯性思路或思维定式，如"守株待兔"的千古笑谈就是其中一例。逆向思维则需要突破这种习惯性思路或思维定式。它是从事物常规的相反方面去探索思考问题和解决问题的一种思维方法。根据唯物辩证法的基本原理，事物都存在着正反两个对立面。所以，人们在对待事物的时候就要既看到正面也看到反面，既看到前面又看到后面，既看到外面又看到里面，这就是逆向思维得以成立的基础。

人们的思维，在主流上是正向思维，即凭借以往的经验、知识、理论来分析和思考问题。这是人类文明得以源远流长和发扬光大的内在源泉，也是每一个体系得以逐步完善的根本所在。但是，其中的负效应也助长了人们的思维定式或习惯思路的形成：知识越多，经验越丰富，思路也就越教条、越循规蹈矩。天才和聪明人正是心中藏着逆向思维才获得成功的。相反，一个知识或经验十分丰富的人，如果堵死了逆向思维的通道，遇到难题就只能一条思路走到底，最后陷入死胡同而不能自拔。由此可见，逆向思维对于开阔人们的思路是非常重要的。在人们的思维习惯中，逆向思维主要表现为如下几种形式。

首先，在思维活动中，通过正视事物矛盾的对立面认识和把握事物。事物都包含着对立的两方面，人们的认识和主观思维必须符合事物的实际，如果只注重一个方面而忽视了另一个方面，只看到矛盾的正面作用或正效应，而忽视了矛盾的反面作用或负效应，就会在实践中碰壁。只有看到事物矛盾着的两个方面，在事物对立的两极中思考，才能全面而正确地反映事物、认识事物，在实践中取得成功。爱因斯坦正是有意寻求对立双方的同时存在和相互联结的情形，才能从对立事物中找到完美的统一，从表面上看来似乎不合逻辑的情况中提出合乎逻辑的假说。

其次，在思维过程中，通过从事物矛盾的反面来思考，以达到认识事物、表达思想、进行发明创造和实现科学决策的目的。事物都有正面和反面，相反的方面不仅相互排斥，而且可以互相联结，具有同一性。从事物的反面进行思考，比起从事物的正面进行思考来说，显得思考的角度更加广泛。认识事物不是只有一个角度，也不是只有两个角度，而是可以从多个侧面、多种不同的角度来揭示。各种事物、现象之间既有必然的联系，又有偶然的联系；一种原因可以产生多种结果，一个主攻方向上屡攻不克时，应研究悖逆以往的分析、解决问题的途径，把问题的重点从一个方面转向另一个方面，从而打开一条新的思路。也就是说，思维在一个方面受阻时，就可以从相反的方向试试；反向思考如果不能解决问题，还可以再改换一下角度，另找几个侧面去试探。就如打仗一样，正面攻击敌人不利，就可以从后面或侧面发动进攻。

最后，凡做一件事情都从反面想想，可以弥补只从正面思考的不足。在分析问题、进行决策时，逆向思维的作用不可低估，人们常用"凡事预则立，不预则废"的古训来提醒自己，这里的"预"也包括把事情反过来想一想。

运用逆向思维，既可以在优越感中警惕危机的因素，又可以在危机中看到优越的所在；在顺利的环境中看到逆境的存在，在逆境中看到顺利的可能；在成功中看到有失败的部分，在失败中更要看到成功的基因；富裕和贫乏、团结和分裂、前进与倒退等都是相互渗透、相互依存、相互交融的。

逆向思维好比开汽车需要学会倒车技术一样。如果不学会倒车技术，一旦汽车钻进了死胡同，就出不来了。思考问题时，有时也会钻进死胡同出不来，逆向思考就能帮人们退出来。正像我们用不着总倒车来显示自己的倒车技术一样，我们也用不着总使用逆向思维方法，但是一旦需要时，如果不会使用它，就会陷入困境。

逆向思维主要表现为思维逻辑逆推，方向、位置、顺序等的逆向思考。在具体的应用过程中，主要有如下表现形式：第一种情况，思维逻辑逆推。所谓思维逻辑逆推，就是指从要解决问题的结果出发，从结果推向解决问题的方法。第二种情况，方向反向。所谓方向反向就是通过改变事物的方向来解决问题。我国北宋大臣、史学家司马光在幼年时候砸碎水缸救人就是利用方向反向，从逆方向思考获得成功的典型实例。第三种情况，位置反向。所谓位置反向就是通过改变事物中组成部分所处的位置来解决问题。第四种情况，顺序反向。所谓顺序反向就是通过改变事物顺序来解决问题。第五种情况，优缺点反向。中国有句古话，叫作"有则改之，无则加勉"。就是说，有了缺点和错误，一定要想办法改正；即使没有缺点和错误，也要时刻提醒自己，不要犯类似的错误。因此，一提到"缺点"，人们就习惯地报以否定的态度。有谁会喜欢缺点呢？然而世界上没有十全十美的事物，因而事物的缺点在所难免。如果我们能化解对缺点认识的抵触情绪，想到巧用缺点的办法，不但能将损失降到最低点，而且有可能取得意想不到的效果。第六种情况，无用、有用反向。无用、有用反向就是把无用之物变成有用之物，生活中有很多物品往往因为寻找到新的适用位置而获得新价值，也可以说是变废为宝。目前高校中经常组织的头脑奥林匹克（OM）竞赛就有一项原则，鼓励使用废弃物作为比赛用的材料，这样做不仅可以培养学生的节俭意识，也是创造性思维的体现。

应用逆向思维要注意以下几方面的问题：第一方面，逆向思维的运用有其限度，这个限度就是要符合逆向思维的方便性原则。即在正向思维能充分起作用的限度内，一般不动用逆向思维，只有在正向思维使用不灵便时才起用逆向思维。在数学的证明中就充分体现出这一点，只有当直接证明不能实现时才使用间接证明。正如反证法的运用：先假定需要证明的问题为假，然后由此推导出逻辑矛盾，从而得出原假设论题为假，即原命题为真。反证法是直接证明方法的有效补充，是逆向思维方法的典型应用。第二方面，逆向思维的作用方式有其规范性。虽然逆向思维可以从事物矛盾的反面进行逆向思考，但是，其反面必须与事物矛盾的正面相关，否则这种逆向思考将不成立。对待不同的具体需要应进行不同形式的逆向思维。第三方面，逆向思维的作用具有不扩散性。逆向思维并不要求对任何小事都进行一番思考，恰恰相反，在大量常规场合，都是正向思维在起作用。比如一个学校的规章制度在制定之后，必须坚决地加以执行，这与逆向思维并不矛盾。总之，我们在使用逆向思维时，需要的是科学的怀疑态度和叛逆精神，而不是逆历史潮流而动；需要的是敏捷创新，而不是畏缩不前，左右摇摆而不进。

2. 侧向思维

所谓侧向思维是指从其他离得很远的事物中，通过联想，获得启示，从而产生新设想的一种创造性思维方法。

在改变思维方向的过程中，思考者可以根据以往的知识和经验或某一指导原则，判断出解决某一问题的方法所在的方向，于是撇开其他方向，敏锐地直接选择这一方向进行思考和研究。这种典型的侧向思维方法被称为直接定向强方法。这种方法可以用公式 $A \rightarrow falseX \rightarrow falseFa$ 来表示。其中 A 为已知材料，X 为新现象，Fa 为答案。由于新现象 X 与已知材料 A 之间有直接的联系，使思考者能够迅速地识别该新现象的模式，判定答案 Fa 直接蕴含在已知材料之中，从而瞄准这一方向寻求正确答案，而不必尝试用别的方法来解决问题。

在人类历史的早期或者人类刚刚涉足的领域，人们往往在没有经验指导或缺乏足够专业知识的条件下，不得不在多种可能性之间进行反复的比较、分析、试错、修正，最后筛选出解题所需信息的思维方法。这种方法被称为试错方法，也被称为无定向探试弱方法。无定向探试弱方法，是与直接定向强方法相反的方法。可用公式 $A \rightarrow falseX \rightarrow falseFa\_B$、C、D……来表示。其中 X 为新现象，Fa 表示受阻，从已知材料 A 中得不到正确答案，只有跳出已知材料 A，才有可能借助与 A 不同的信息 B、C、D……不断探试选择，最后找到正确的答案。无定向探试弱方法以尝试和易变为特征，思维效率不一定高，有时还要冒几分风险，但选择信息的回旋余地大，运用得当，常会有突破性的创造。无定向探试弱方法常用于那些久久徘徊于创造者脑海中非常规、高难度的创造性课题。面对这类课题，许多常规的、定向的思维方法难以奏效，不得不把它转让给无定向探试弱方法去解决，通过不断地摸索，取得突破性的创造。值得注意的是，无定向探试弱方法虽然是一种试探性的、自由度很高的思维方法，但使用该方法决不等于可以无根据地盲目冒险蛮干，否则将一事无成。

侧向思维方法的另一种有效方法是趋势外推法。趋势外推法又称趋势外括法或趋势分析法，是一种属于探索型预测的思维方法。趋势外推法的前提是：过去发生的某一事件，如果没有特殊的障碍，在将来仍会继续发生，它是依据于事物从过去发展到现在再发展到未来的因果联系，认为人们只要认识了这种规律，就可以预见未来。正因为如此，在运用趋势外推法时，对于事物的未来环境并不作具体的规定，而是基于这样一种假说，即影响过去时期发展的主要因素和趋势，在推测时期中是基本不变的，或其变化的趋势和方向是可以认识的。因而未来仍将按从过去到现在的趋势发展下去，人们也就可以从现实的可能出发，从现在推向未来。

趋势外推法是以普遍联系为其理论根据的。根据普遍联系的观点，客观世界的事物都是相互联系，彼此影响的。从横向看，每一事物都处于普遍联系的链条中，都是普遍联系的一个环节，认识和把握其中一个环节，可以认识到其他的事物；从纵向看，每一事物都有其自身发展的历程，即都有过去、现在和将来的发展过程。可见，趋势外推法有两个方面：一方面，趋势外推一般从横向联系来预测事物发展的趋势。另一方面，要更好地实现侧向思维，仅仅通过"趋势外推"是远远不够的；而通过加强外界刺激来促进思维方向的转移则是更有效的策略，而要更好地加强外界刺激就要寻求诱因。寻求诱因是以某种信息为媒介，从而刺激、启发大脑而产生灵感的创造性思维方法。寻求诱因的方法往往是以某个偶然事件（信息）为媒介，通过刺激大脑而产生联想，豁然开朗，迸发出创造性的新设想而解决问题。当一个问题百思而不得其解时，诱发因素是极其重要的，所谓"一触即发"，就包含了诱因的媒触作用。

表面上看，有诱因就可以解决一切问题；事实上，诱因并不是引发侧向思维的关键。面对诱因，需要保持高度敏感，并且积极调动自己的固有知识。而侧向思维并非在任何情况下都能发挥作用，必须具备一定的条件。这个条件就是：所研究的问题必须成为研究者孜孜以求、坚定不移的研究目标，一直悬念在心。只有在这种情况下，人的大脑皮层才会建立起一个相应的优势灶。由于优势灶有两个基本特征，即神经细胞对刺激的敏感性大大提高和脑细胞长时间保持兴奋状态。因此，一旦侧向思维受到某个偶然事件的刺激，就容易产生与思维相联系的反应，从而对所研究的问题形成新的设想，或者提出新的问题，使侧向思维在创造活动中发挥重要作用。

3. 合向思维

所谓合向思维就是将思考对象有关部分的功能或特点汇集组合起来，从而产生新设想的一种创造思考方法，又称合并思维法、组合法。

合向思维法是一种简单实用的创造性构思法，在不同领域中的表现形式各不相同，常用的合向思维表现为以下两种类型。

第一类，"辏合显同"法。所谓"辏合显同"法是通过把原来杂乱的、零散的材料聚合在一起，再从中抽象出一种显示它们本质的新特征的创造性思维活动和方法。"辏"，原是指车轮聚集到中心上，后引申为聚集，"辏合显同"就是把所感知到的对象依据一定的标准"聚合"起来，显示出它们的共性和本质。"辏合显同"法主要有以下几种类型：第一种，审视法。这是"辏合显同"的先行方法，即对研究的对象用审视的眼光去分析，为能显同打下基础。世界上的事物尽管形形色色，各不相同，但只要我们对研究对象的形态、属性、结构、功能以及运动过程等进行抽象概括，就能找出同类事物的共同点，确定其共性。第二种，综合法。即通过把原来杂乱的、零散的材料聚合在一起，并进行综合考察，分析研究，从而得出创造性效果的方法。第三种，集注法。即集中力量贯注于研究对象的思考方法。在进行按"辏合显同"的思维活动时，必须对大量杂乱零散的材料进行"去粗取精、去伪存真、由此及彼、由表及里"的加工改造制作，即要选择材料、鉴别材料、联系材料和深化材料，只有这样，才能在异中显同，抓住事物的本质和规律。

第二类，添加法。所谓添加法指在现有的事物上增加某种东西，从而产生新设想的一种思维方法。添加法的基本内容就是，根据需要解决的问题，围绕中心词"添加"，提出一连串相关的设问：假如扩大、附加、增加会怎么样？能否增加频率、尺寸、强度？能否加倍、扩大若干倍？在这种发问中，能扩大人们探索的领域，开拓人们的视野，启发人们的思路，从而产生新的设想，取得创造发明的成功。橡胶工厂大量使用的黏合剂通常装在一加仑的马口铁桶中出售，使用后便扔掉。"为什么不用更大的包装呢？"有位工人建议黏合剂装在 50 加仑的容器内，容器可反复使用，结果节省了大量马口铁。

合向思维看似简单，但是如能尽量把不同质的、意想不到的东西加以组合，这个想法便是前所未有的、崭新的了。合向思维的运用很广泛，不仅可以将物体与物体合并，创造出一系列新产品，也可以将某种科学技术同各种方法组合起来，从而形成一种新的解决问题的方法。

4. 水平思考法

人们在思考问题时，一般采用垂直的思维方法。而要创造出更大的成果，就要改变思维习惯，分析与待解问题相关的一切因素，建立一个新的思考体系，这就是水平思考法。而上述案例就是一个典型的应用水平思考法解决问题的实例。水平思考法与逆向思维、侧向思维、合向思维有许多相似之处，但从本质上说又是上述三种思维的综合。

水平思考法的提出人英国学者爱德华·德·波诺认为："水平思维与认知联系紧密。在水平思维中，我们努力提出一些不同的观点。所有观点都是正确的，可以共存。不同的观点不是从彼此中衍生出来，而是独立产生的。从这个意义上来说，水平思维与探索有关，正如认知也与探索有关一样。你绕着一幢大楼行走，从不同的角度摄像。每个角度都同样真实。因此，水平思维这个术语可以以两种意义来运用。一个狭义，一个广义。狭义：一套系统的方法，用来改变并产生新的概念和认知。广义：探索多种可能性和方法，而不是追求单一的方法。"

"水平思考"是相对于以逻辑学和数学为代表的"垂直思考"而提出来的。垂直思考需要一步一步地分析，既不可逾越，也不可出现步骤错误。所谓水平思考法，就好比掘井碰到石头时，不再继续往下挖，而是换个地方再挖。水平思考法是一种既非逻辑性又非因果性，而属于超越性的思考方法。常规逻辑关心的是"事实"和"是什么"。水平思维和认知一样，关心的是"可能性"和"可能是什么"。当今，在信息产业界，这类信息处理被正式称作"模糊逻辑"，因为不存在明确的对错界限。水平思维与改变概念和认知直接相关。在某些方面，改变概念和认知是与新想法有关的创造的基础。这和与艺术表达有关的创造不一定相同。水平思维是基于自我组织的信息系统的行为。因此，从广义上讲，水平思维与探索认知和概念有关，但是从狭义或创新的意义上讲，它与改变认知和概念无关。

　　水平思维方法的有些方面完全符合常规逻辑，另一方面水平思维方法与发散思维有许多相似之处。使用水平思维方法解决问题时，一般需要思考者的思维中做出一个非常简短的有意识或无意识的停顿，来考虑是否可能有替换方案或其他的做事方法。在思考或讨论一般问题时，有许多事被认为理所当然。在创造性地解决问题的过程中，停顿的实质是促使思考者稍做停顿去考虑某件事。在思考常规问题时，人们只会考虑被研究问题的现状和困难以及解决途径。要实现创造性地解决问题，就要关注其他人都忽略了的事情来获得思路。创造性的质疑是水平思维最基本的策略。创造性质疑的核心理念是："这是唯一可能的方法吗？"创造性地质疑，假定由于过去存在、现在可能存在也可能不存在的原因，我们以某种方式完成了某件事。但是，还可能存在更好的做事方法。创造性的质疑可以针对事情本身，也可以针对关于这件事的传统思维，还可以针对随时进行的思考。通过质疑，人们就可以发现原来被自己忽略的方面或者被遗忘的解决问题的办法。

　　使用水平思维方法解决问题时，另一种有效的方法是选择并启用替换方案，它是水平思维的精髓。选择并启用替换方案是指思考者在没有明显的需求的时候，停下来寻找替换方案；甚至在下一步合理而有效时停下来寻找替换方案；做出努力寻找更多替换方案，而不是满足于已经找到的替换方案的做法（对于实际的事情，在搜索中需要有中断点）。通过改变状况、而不是满足于"分析"给定的状况来"设计"新的替换方案，从而更好地解决问题。人们在过没有桥的河时，往往会选择一块可以用脚去踩踏的石头，这块石头就被称为垫脚石。使用水平思维方法解决问题时，要使用垫脚石，即在思考问题时，一定要以旧有的方法为基础，因为根据否定之否定原理，任何新方法都是以原有的方法为基础，吸收原有方法的优点，对原有方法的缺点和不足进行扬弃和改进。这样，就会产生新的有益的方法，并最终获得最佳的解决问题的方案。

第七章 信息时代高校大学生创新创业教育课程体系的构建

第一节 高校设置创新创业教育课程的目标

随着经济的发展和社会的不断进步，人们的综合素质得到极大的提升，开展创业教育应逐步纳入高校课程体系之中，创业教育的目标应根据市场的需要而确定。首先要确立创业教育的基本原则，建立创业教育课程的完整体系，同时我国也要选择创业课程教育的内容，完善教学方法的选择机制。目前，我国创业教育向内涵式发展，通过课堂教育和实践教育为手段来表现，创业教育就是要培养具备创业技能、创新精神的复合型人才。高等院校开设的创业课程应当具备完善的教学体系，不能简单等同于培训机构所开设的技能培训课程。高等院校开设的创业教育课程除了传授技能，更应注重培养学生的创业意识和创新精神。因此，高等院校开设创业教育的目标应包括以下两个方面：

第一个方面是强化创业意识，提高创业技能丰富自己的创业知识。创业基本素质对大学的心理素质、业务能力、创业精神等都有很高的要求。通过创业教育，培养学生的创业能力和创业意识，让学生清楚地认识到我国的就业形势非常严峻，在就业压力巨大的现实情况下，开展创业素质教育，是顺应形势发展的需要。熟悉我国面临的就业新情况，把握发展机遇，动员更多的大学生投身于创业事业之中，为社会创造更多的财富。培养学生大胆创新的精神，能在创业教育中找到创业的商机。总之，通过创业教育，有利于培养学生的创业意识和创业精神，有利于建立良好的创业氛围，使学生真正从创业中找到乐趣，有利于学生创业观念的转变，使学生真正将创业作为自己的一项事业。我国的大学生应该抓住改革所创造的机遇和有利条件，树立自己的创业目标，了解中国面临的发展机遇，投身于创业。总之，通过创业教育，形成一个强大的创业氛围，使学生真正感受到创业的必要性和紧迫性，转变就业观念，树立创新意识，抓住改革所创造的机遇，积极创业。

第二个方面是对少数具有创新潜能的学生进行专门的培养，使他们具有吃苦耐劳的精神，培养他们的创业勇气，使其人格品质、业务能力和创业技能得到提升和完善。对这部分群体进行创业教育，主要是对他们进行决策能力、规划能力、应变能力、抽象思维能力、管理创新能力的培养，注重锻炼他们在创业中所必需的沟通技能，团队合作精神，使他们能够真正在创业中拥有融资、领导和企业家的精神，能够合理解决企业在资金运转过程中所遇到的困难，从容应对突发事件，取得团队成员的信任。创业教育目标的实现不是一朝一夕的事情，而是一个相对复杂的过程，这个过程必须通过实践来完成，在完成的过程中发现问题、分析问题、解决问题，最终促进创业目标的实现。

一、我国高校创新创业教育的共性目标

创业基本素质的培养是我国所有学校创业教育的共性目标。创业基本素质分为两个层面的含义，一是指先天因素，即通常所说的创业天赋，这是先天的遗传素质，也是创业的基础。二是身处社会环境中，通过后天的引导和影响而形成的创业相关素质。以上两个层面的创业基础素质在创业过程中都会表现出相对稳定的特征。为更清楚地认识我国高校创业教育的共性目标，本书从创业意识、创业知识、创业能力、创业品质四个方面进行阐述。

1. 创业意识

创业意识在整个创业过程中扮演了十分重要的角色，是创业者在创业过程中所有社会属性的集中体现。可以将其定义为创业者进行创业活动的一种心理素质，主要在创业活动前期起作用，其中包括的具体内容有创业的基本动机、创业机遇的把握、创业行业的准确分析以及成为企业家或管理者的潜在素质，如价值观或创业信息等。

2. 创业知识

创业知识是一个总称，是指创业者在创业活动中所必备的各种知识和能力的总称，如企业管理知识、营销策划知识、金融的相关知识以及相关法律法规的知识等。创业知识在创业活动中的重要作用是不可替代的，只有掌握了足够的创业知识后才能拓宽创业者的创业思维，从而影响创业方式，因此创业知识是决定创业成败的关键因素。

3. 创业能力

创业能力与创业意识是两个不同层面的内容，创业能力着重强调后天因素，是指创业者通过学习和实践活动所掌握的影响创业活动效率的各种因素的总和，只有具备相应的创业能力，创业者的创业活动才能成功地开展。创业者的决策能力、团队合作能力、领导和人际交往能力及对市场商机的把握能力都属于创业能力。

4. 创业品质

创业品质是指创业者个人道德品质在创业活动中的具体体现。良好的创业品质是创业活动得以长久开展的重要保证，它能够很好地引导创业活动在国家的法律法规允许的范围内进行。创业品质同时也是社会公认度高和社会责任感强的创业企业应具备的必要条件。通常，创业品质主要包括创业者思维和行为模式、创业者的社会道德认识、创业者的社会责任感及创业者自我情绪的控制能力、面对挫折和失败时应有的心态调节能力。

二、我国高校创业教育的个性目标

创业教育的共性目标是开展创业活动的基本条件，与此同时，要想真正实现和开展创业活动，进行创业教育是十分必要的，尤其重要的是进行开创型教育。在高校开展开

创型教育，必须建立高校创业教育的个性目标。创业教育本身就是一种创造性教育，这些在创业教育的个性目标中得以实现。简单地讲，高校创业教育的个性目标旨在通过培养创业者的创业技能和知识，依靠良好的社会环境合理的创造出一种新的创业格局。开创型教育主要包括以下几个方面的内容：

1. 要有敏锐的洞察力和决策力

优秀的创业者应该具有一定的创业前瞻性眼光，能够对市场变化做出准确的预测，以便更好地抓住市场商机，在市场竞争中掌握主动地位。在面临创业决策时，创业者应该做到自主决策、善于决策，通过自己的创业意识，根据自己的创业能力做出合理的决策。

2. 要有冒险精神和竞争意识

面对创业有冒险性特点，创业者必须通过自己对市场信息的掌握，面对市场中出现的新机遇能理性分析，敢于尝试，敢于冒险，并要做好失败的准备。创业者一定要清楚地认识到市场竞争无处不在，在激烈的市场竞争中，不能退缩，而是应该在做好充分准备的前提下，表现出不畏对手的强烈竞争意识。

3. 要有坚强意志和创新能力

创业者在面对困难时，尤其是创业前期和创业瓶颈时期，应该拿出不屈不挠的精神，充分利用自身的优势和各种资源解决问题。创业者开展的是创造性的活动，这一特质就要求创业者能打破常规，创造性地开展活动。

4. 要适应市场的变化，加强沟通

市场环境是复杂多变的，这是创业者必须面对的现实问题，无论是地理位置、政策制度，还是虚拟环境的变化，都要具有一定适应新环境的能力。优秀的创业者同时也是一名优秀的领导者，要善于把握全局，尤其在面临复杂多变的创业环境时，创业者必须发挥自己应对问题的特长，在听取别人意见的同时，做出明智的决断。还要擅长交流沟通，创业活动不可能是一个人的活动，不可避免地要与他人交流沟通，这就要求创业者要平易近人、要与人为善，才能在市场经济大背景下与人和睦相处，创业才能取得成功。

第二节　高校大学生创新创业教育课程体系建设现状分析

经过十多年的发展，国内的创业教育课程已经普及到各级各类高等院校。无论是体系建设、内容设置，还是学校的重视程度、学生的参与度等都取得了长足发展。由于地域理念、不同类型高校的传统和现实情况的差异，创业教育课程建设也面临着亟须解决的问题。

一、创新创业教育课程体系初步形成

高校高度重视创业教育工作，已经初步形成了创业教育课程体系：课程覆盖面广、学生自主创业率逐年增长；注重大学生创业意识、创业精神和创业能力的培养，形成了

多样化的课程体系；积极探索融合性课程，为培养高素质、高技能创业型人才提供新模式。

（一）课程覆盖面广

由于高校对创业教育的高度重视，创业教育课程已经广泛开设。针对北京部分高校的调研结果显示：在对"本校是否开展创业教育"的回答中，70% 的学生选择"有"；在对"以何种形式开展"的回答中，43% 的学生选择"选修的创业课程"，22% 的学生选择"必修的创业课程"。据统计，有 90% 以上的浙江高校开设了不同形式的创业教育课程，其中 70% 左右的高校是以选修课的形式进行教学。从研究型大学到高职高专类院校，都开设了创业教育课程，尤其是在面向全体学生的公共选修课中加入创业教育模块，使更多学生有机会接受创业教育，培养创业意识。

在创业教育普及发展的背景下，很多学生走上了自主创业之路。据统计，浙江省高校 2005 年、2006 年、2007 年三年间，接受创业教育和参加创业实践的学生总数分别为 17 128 人、32 516 人、39 489 人，其中毕业后从事自主创业实践的学生总数分别为 159 人、607 人、2 896 人。据麦可思中国大学生就业报告中显示，大学生创业人数稳步增长，自主创业比例从 2012 年的 1.5%，2013 年的 1.6%，2014 年的 2.0% 到 2015 年的 4.0%。在创业教育日臻成熟的未来，大学生的自主创业比例将会大幅提高。

（二）课程体系多样

目前，国内部分高校已经形成了多样化的创业教育课程体系，大致可以分为三类：一类是面向全体学生的创业通识课程，以培养学生的创业精神和创业意识为目的；第二类是以创业强化班和精英班为主的创业教育课程，以颁发创业学学位和鼓励学生成为自主创业者为目的；第三类是由国际劳工组织设立的创业教育课程，如"大学生 KAB 创业基础——创办你的企业（Start Your Business. 简称 SYB）课程"等，以普及创业知识和技能为目的。上述课程体系在培养学生的创业意识、创业精神和创业能力等方面都已初见成效。

以浙江大学为例，在教务处正式注册的，列入教学培训计划的课程分博士、硕士和本科三层次七小类。如表 7-1 所示。

表 7-1　浙江大学创业教育课程层次与类型

课程层次	类型	开课学院
本科	主修专业：创业管理	管理学院
	第二学位：创业管理	管理学院
	辅修专业：创新与创业管理	竺可桢学院
	全校公共选修课	全校范围
硕士	MBA（工商管理）	管理学院
	科学硕士	管理学院
博士	创业管理博士	管理学院

　　浙江大学在全校公共选修课体系中引入"大学生 KAB 创业基础"课程。该课程属于共青团中央、全国青联与国际劳工组织合作的 KAB 创业教育（中国）项目，以国际劳工组织编写的英文教材为蓝本，其核心内容是国际劳工组织为培养大中学生创业意识和创业能力而专门开发的课程体系。该课程教学内容分为 8 个模块，依次为：什么是企业、为什么要发扬创业精神、什么样的人能成为创业者、如何成为创业者、如何找到一个好的企业想法、如何组建一家企业、如何经营一家企业、如何准备商业计划书，教学时间为 36 个学时。

　　2008 年 5 月，浙江大学党委学工部引入"创办你的企业"项目。该项目面向浙江大学全体全日制学生，学生只需经过面试选拔即可免费接受培训。SYB 是"创办和改善你的企业（SIYB）"系列培训教程的一个重要组成部分，由联合国国际劳工组织开发，是为有愿望开办自己的中小企业的人量身定制的培训项目。SYB 的培训课程总共分为两大部分：创业意识培训和创业计划培训。课程内容包括：将你作为创业者来评价、为自己建立一个好的企业构思、评估你的市场、企业人员组织、选择一种法律形态、法律环境和你的责任、预测你的启动资金、制订利润计划、判断你的企业能否生存、开办企业。

　　在课程设置上，浙江大学的创业教育课程可分为创业知识类、创业能力类和实务操作类三大类。如表 7-2 所示。

表 7-2　浙江大学创业教育课程内容

课程类型	课程内容
创业知识类	管理学、经济学、会计学、财务管理、创业管理、市场营销、组织行为学、人力资源管理、创业融资与投资管理、创业风险管理、国际商务、企业法与知识产权管理、企业战略管理
创业能力类	管理沟通、新产品开发、项目管理、创业领导
实务操作类	商业计划书、创业竞赛、企业实习

（三）探索创业课程与专业融合

　　在培养学生的创业精神和创业意识的同时，将创业教育课程与专业课程进行有机融合是创业教育未来的发展趋势，也是创业教育走向更高水平的必然要求。

　　专业教育中融合创业教育能及时反映本学科专业领域的前沿知识、相关交叉学科专业的前沿信息、相关行业与产业发展的前沿成果。创业课程与专业课程融合可以以创业活动为出发点，强化实践环节、全面深入地掌握专业技能，提供学生所需的与创业活动直接相关的专业技能。

　　国内高校开始了这方面的积极探索。温州大学依托其创业人才培养创新实验区的优势，在服装设计、法学、汽车工程等专业探索创业教育课程与专业课程的融合。温州大学在推进创业教育的过程中，鼓励专业教师开设专业类创业教育选修课，现已经在经济学、国际经济与贸易、市场营销、财务管理等专业设置了"中小企业创业实务""温州企业家创业案例分析"等专业选修课；在汉语言文学、广告学、艺术设计、服装设计与工程、汽车服务工程、工程管理等专业分别开设"媒介经营与管理""鞋类产品市场营销""服装市场营销""服装企业管理""汽车营销学""汽车服务经营与管理""建筑企业管理"等专业选修课。

针对温州独特的经济环境，温州职业技术学院专门开设"温州经济专题""创造学与创造思维""商品学知识""品牌专卖店管理"等与创业密切相关的课程，并组织编写了《创业指导读本》《温州创业史》《温州人精神读本》等特色创业教材，试图在专业教学中渗透创业知识，使学生具备创业必需的经济学知识、企业管理知识、文史知识、法律知识等，同时培养学生的创业意识。

二、创新创业教育课程实施效果欠佳

受到多种因素的影响，高校创业教育课程实施效果不佳，主要表现为课程体系的整合度不高，课程内容编排不够合理，教学方法有效性不足。

（一）课程体系的整合度不高

国内高校中普遍存在创业教育课程体系整合度不高的问题。为了全面落实创业教育的方针政策，各高校开设了多种形式的创业教育课程，但是不同的课程隶属于不同的管理和实施主体，彼此之间缺乏关联和整合，资源呈现条块分离。这些都造成了创业教育的资源利用率较低、重复和浪费现象突出。

高校普遍存在多重管理主体的问题。创业教育强化课程一般是由管理学院和经济学院提供，专业化创业教育课程隶属于不同的专业学院，SYB"创办你的企业"、KAB"了解企业"等课程则由团委和学生处等单位负责，各类创业课程相互独立、分散实施，缺乏联动机制。如在对上海高校的调研中发现，创业教育挂靠学生处和团委的学校各占40%，挂靠产业处和相关专业（或学院）的学校各占10%。这就造成不必要的人力、物力浪费，同时也不利于统一管理和资源整合。导致这一现象的原因有很多，主要是很多高校的创业教育实施是基于行政指令，抱着完成教育部任务的心态来开设创业教育课程，属于"任务主导型"，缺乏内在的发展动力，创业教育没有成为学校的自发性需要。一些重点高校以追求"高精尖"的学术研究为导向，容易忽视创业教育，没有将其纳入人才培养的整体规划中。

（二）课程内容编排不够合理

课程内容作为课程实施的核心，其编排是否合理尤为重要。科学合理的教材是培养高素质创业人才的关键。绝大多数开设创业教育课程的高校都没有规范、权威的教材和教学内容标准：有的教材是对国外教材的翻译或简单移植，缺乏与中国实际的结合；有的教材是将零碎的创业活动实践进行简单整理，理论深度不够，缺乏合理性；也有少量结合当地和学校自身实际情况所开发的校本教材，但是缺乏科学论证，大多是简单的拼凑。这些教材不能很好地展示创业教育的理论深度和实践发展，不具备普遍指导意义。

在对北京市部分高校的调研中，在针对"创业教育有无专用教材"的回答中，38%的学生选择"没有专用教材"，23%的学生选择"有引进教材"，21%的学生选择"有自编讲义"，18%的学生选择"有自编教材"。在对浙江省高职高专类创业教育教材调查中，在教师问卷中，当被问及"贵校（院系）有无创业教育专用的教材"时，41.2%的教师选择"引进普通高校教材"，35.2%的教师选择"自编教材或讲义"，23.6%的教师选择"无专用教材"。这些数据表明，目前高校的创业教育教材具有参差不齐、缺乏理论合理性、没有形成针对不同类型高校的统一教材体系。当然，这一现象的存在是由于我国创业教育整体发展还不够成熟，同时也与我国创业教育师资匮乏密切相关。

（三）教学方法有效性不足

作为实施创业教育的手段，教学方法也非常重要。而在实施创业教育的高校中，普遍存在教学方法单一、实践性和有效性差等问题。高校中的通识类创业教育教学大都以讲授法为主，每学期安排1-2次实地参观（科技园、公司企业等）；在专业类创业教育教学或创业强化班中，活动以讲授创业理论知识为主，辅以专家讲座、实习参观等活动。这些方法都是以理论知识的传授为主，与传统经管类、商学院教学方法并无差异，缺少实践操作类的教学方法。如以项目为中心的教学方法不能很好体现创业教育的专业特色，更谈不上创业教育教学中的针对性。在浙江省大学生创业教育现状的调查中，当被问及"所参加过的创业活动类型"这一问题时，68.9%的受访者选择"创业成功人士报告"，50%的受访者选择"教授讲课"，23.9%的受访者选择"实际技能培训"，19.4%的受访者选择"参与创业计划大赛"。这表明：在大学生创业教育中，以讲座和讲授形式为主，而较少进行创业实际技能培训。

在对浙江省各类高校的师生访谈中，可以发现，教师们大多认为，理论知识的学习是基础，同时辅以经验交流、实践锻炼等方法，从而使学生可以学以致用、理论联系实际；而学生们对创业理论知识的兴趣并不大，更喜欢实践导向、动手为主、创业过程模拟分析等方法，希望亲自参与创业实践、获得创业体验和经验。

第三节　高校大学生创新创业教育课程体系建设策略

创新创业教育是一项实践性很强的教育，高校的创业教育也离不开课堂，同时创业教育与普通的教育又有较大的区别，如何设置高校创业教育的课程也成了不少专家学者探讨的话题。目前，对高校创业教育课程体系的设置有三种思路，第一是按照授课内容的不同分为实践性课程和理论性课程，第二是按照课程表现形式不同分为隐形课程和显性课程，第三是按照授课形式不同划分为学科课程、环境课程、活动课程和创业课程。

本文依据高校创业教育的共性目标和个性目标，将高校创业教育课程做如下体系设置：

一、创新创业教育的基础学科课程设置

创业教育基础学科课程是为了奠定创业者开展创业活动基础而设置的，旨在为创业者构建创业基本理论体系，使其认识创业是什么，创业所需要准备的知识和技能储备有哪些，可以从创业教育基本理论、创业知识基础和创业辅导课程三方面设置。

1. 创业教育基本理论课程设置

创业教育基本理论课程设置的目的是使创业学生认识到创业是什么，介绍最基本的创业理论。具体的课程包含《创业学概论》《创业基础理论》《创业辅导》等。

（1）《创业学概论》是创业教育的基础，主要目的在于让准备创业的学生认识创业是什么，并让创业学生了解创业活动需要的准备工作，创业活动的步骤以及创业活动中所要运用的知识有哪些，《创业学概论》是一门创业教育的入门课程。

（2）《创业基础理论》是在《创业学概论》的基础上进一步介绍创业相关知识的课程，通过《创业基础理论》的课程让创业者认识创业者所具备的创业素质和基本能力有哪些，介绍国内外成功创业者的基本案例，以期达到激发创业者的热情，并从中了解创业企业的成长和发展历程。

（3）《创业辅导》是指在介绍创业基本知识的基础上，进一步阐述创业活动的现实意义，以及创业活动的未来发展，并适当讲解创业活动中的行为、思维方式。在创业活动过程中了解市场，充分利用各种资源和合理处理各种人际关系和发展问题。

2. 创业教育专业理论课程设置

创业教育专业理论课程设置旨在详细为创业学生讲解创业过程中所需要的各科知识，主要包含《创业法律基础》《创业案例研究》《管理学》和《市场营销学》。

（1）《创业法律基础》是开展创业教育的最基础课程，其目的是为创业学生介绍我国的法律环境，主要是与创业过程有关的法律法规都应纳入本门课程中，具体可包含《公司法》《行政法》《知识产权保护法》《劳动法》《环境保护法》《合同法》等。通过《创业法律基础》课程的学习，让创业学生能够知法、懂法、守法，在法律范围内开展创业活动，应做到自己不犯法，也懂得用法律武装自己。

（2）《创业案例研究》是让创业者了解真实案例，并通过成功和失败的创业案例分析原因，找到成功或失败的关键环节，为自己在创业实践活动中吸取宝贵的经验，并能够从失败案例中吸取教训，避免重蹈覆辙。

（3）《管理学》是企业管理的基础性课程，创业者必须了解管理学，通过《管理学》课程的学习使创业者在创业活动中学会计划、组织、管理、决策等管理中常规性的过程和步骤，学会对市场做出正确的评价和选择，提高把握市场机遇的能力，最终达到以最小的成本投入获得最大利润这一目标。

（4）《市场营销学》是一门介绍市场基本规律和特点的课程，通过《市场营销学》的

学习，让创业学生对市场这一概念有深入的认识，为其在创业活动中把握市场机遇奠定基础。《市场营销学》主要介绍市场环境，消费者市场行为以及如何进行市场分析，选择合理的营销策略，对市场营销活动的基本程序和方式方法有详细的了解和认识，使创业学生在创业活动中正确运用市场营销手段，获得市场份额。

3. 创业教育辅助课程设置

创业辅助课程是为进一步提升创业学生的创业活动质量而设立的，创业辅助课程体系是一类由多学科构成的课程体系，应根据不同创业学生特点来设立，应充分考虑创业学生的学科背景、知识基础、兴趣爱好等特征来开设，应尽可能地满足不同的需求。创业辅助课程体系还应将重点放在激发有创业意愿学生的创业兴趣，培养企业家精神，注重创造性思维的培养，开阔学生视野等方面。同时，在改变创业辅助课程体系时，可以结合学校的师资力量，充分合理运用现有的师资资源。考虑到我国创业教育专业教师师资严重不足的现状，可以在学校现有师资基础上经过适当的培训来培养创业教育专业教师。如外语教师可充分利用他们的语言优势，给学生传授国外先进的创业教育理论及优秀的成功案例，管理学教师则可以为学生们讲解企业家精神、各地管理基本理论等相关知识。创业辅助课程体系在全校内以选修课的形式开展，创业学生可以根据自己的爱好选择不同的课程来学习，以期达到提高创业教育质量的目的。

二、创新创业教育的活动课程设置

创业教育本身是一门实践性很强的课程，因此，创业教育课程改革中活动课程的设置尤为重要，创业教育的活动过程旨在让创业学生通过具体实践，了解创业活动的整体流程，并在具体创业活动中找到自己感兴趣的方向，能够将自己所掌握的知识、信息、技能和资源具体运用到一项实实在在的创业活动中去，真正实现创业的意愿，在此过程中能够了解和掌握创业活动的基本细节，为真正开展创业活动奠定坚实基础。创业教育的活动课程可以从以下四方面来衡量：

1. 创业教育集体活动课程

创业教育集体活动课程具有广泛性的特征，该活动课程应根据学校的总体创业教育目标，面向全校创业学生而设置，旨在达到全面认识创业活动，了解企业真正运作的流程和目的。其开展形式可采用报告或讲座形式，由学校出面，在规定的时间段邀请创业教育专家或成功创业者与创业学生开展面对面的交流，使创业学生能够从他们的亲身创业经历中获取所需，起到培养创业学生创业精神和提高创业素质的作用。

2. 创业教育专题活动课程

创业教育专题活动课程是在创业教育集体活动课程的基础上，专门针对创业活动中某个环节而开展的创业教育实践活动。创业教育专题活动课程所选择的专题环节一般是创业活动中重要的环节，如营销环节、决策环节。当然，也可根据创业学生的要求，就某一个他们感兴趣的环节或是他们认为困难的环节而展开主题活动。创业教育专题活动通常采用商业计划竞赛的形式组织开展活动，而且还能培养和锻炼创业学生的团队合作意识、竞争意识等。常见的创业教育专题课程有模拟营销大赛，参观企业、了解企业文化和企业运作流程等。

3. 创业教育项目活动课程

创业教育项目活动课程是按照高等学校开展创业教育的目标，在创业教师的引导下，创业学生在明确自己创业活动的主题下，自行设计创业活动项目。并且在学校的支持下，亲自实践自己的创业活动，最终完成整个创业活动，然后再对自己的创业活动全过程进行自我批评、自我总结，以期来丰富创业学生的创业经验。通过对创业教育项目的实施，强化创业学生在创业过程中的独立判断能力、自我管理能力，培养创业学生企业家的基本素养，使学生在项目活动过程中得到锻炼。

4. 创业教育项目潜在课程

创业教育项目潜在课程强调的是在高等学校里营造一种创业活动氛围，通过这样的创业活动氛围来潜移默化影响创业学生，以达到培养学生的基本创业品质，提高学校创业教育发展水平和质量为目的。创业教育项目潜在课程手段可通过学校已有的条件，如开展企业家校友事迹展，邀请知名企业家定期开展交流会等，激励学生开展创业活动，培养学生的创业精神。

三、创新创业教育的实践课程设计

创业教育实践课程有利于提高大学生对企业知识的运用，培养大学生的创业技能，有利于开拓大学生的视角，发挥大学生个人技能。创业教育实践课程主要分为创业模拟实验和创业实践两种形式。

1. 模拟创业实验

模拟创业实验过程是一种创新仿真实验，学生可以模拟体现创业者经历的各个阶段，体验创业决策、创业项目选择、团队组建、如何管理企业、产品如何推广的整个创业历程。模拟创业实验还可以通过案例分析形式进行，使学生身临具体案件之中，将自己想象成创业者，并且分析自己在解决创业过程中出现的问题的各种做法。模拟创业实验要开设《沟通技巧与训练》《商业营销模式》《商务案件分析》《商业计划与培训体验》等课程。

2. 创业实践

创业实践是为了将创业理论与实践结合。大学生创业实践可以通过两种方式进行：一方面可以利用校内的专业实习平台，让学生进入学校的后勤、投资等部门进行体验，使其能够积累丰富的与人交往的社会经验，另一方面可以开展校企合作方式，通过与企业的沟通和洽谈，让更多的学生进入企业内部实习，能够了解企业的经营与发展模式，积累处理各种问题的经验，为其创业打下坚实的经验基础。

第四节　高校大学生创新创业教育的学科化发展取向

当前，高校创新创业教育深化改革呈现出向纵深发展的良好态势。但是，进一步深化改革既存在"中梗阻"，也存在"最后一公里"的问题："一些地方和高校还只是停留在会议、文件和口头上，没有真正落实到教学观念、培养模式等教育教学的关键环节中，尚未落实到教师学生的教学和实践上。"如何切实增强高校创新创业教育发展的内生动力，防止出现名义上"加强"，实际上"虚化"乃至"落空"的现实问题，根本途径是切实加强创新创业教育学科建设，厚植创新创业教育在高校的学科基础。正如纽曼所言："大学要么指学生而言，要么指学科而言。"高校内部的学术发展细分为不同学科，学科建设是大学建设的基本单位，任何一门学问都要找到自己的学科依托。由于当前中国高校创新创业教育还不是一个独立学科，正在为建设一个成熟的学科体系积累前期条件，本研究选择使用了"学科化"的提法。所谓"学科化"，就是一个走向"科学化"的过程。"学科化"更加关注过程而不是结果，针对研究过程中存在的研究方法和研究程序不规范或规范性不够的问题，更加关注建立研究的相对独立规则，引导研究走向规范化；针对研究过程中产生的业余性、感悟性和议论性成果，更加关注专业精神和专业态度的培养，推动研究走向专业化；针对研究过程中普遍存在的宏大叙事和主观臆测，更加注重获得相对精确的知识和构建相对系统的理论，确保研究的科学化。当前形势下，学科化是明确一线工作者和专业教师学科"归属感"，促进"学术职业"发展的有效载体；是明确创新创业教育目标定位，有效克服功利主义价值倾向的重要途径；是推动创新创业教育与实践走向规范化、专业化和科学化，"使创新创业成为管理者办学、教师教学、学生求学的理性认知与行动自觉"，进而实现持续发展的内生动力。

一、中国高校创新创业教育的学科化特性

全面准确把握高校创新创业教育的学科化特性是加强学科建设的基本前提和科学基础。高校创新创业教育学科建设要在纵向上贯通大中小学，在整体上实现有效衔接；要在横向上联结政府、企业和社会，建设开放的协同育人机制；要主动顺应大众创业、万众创新的时代潮流，以人才驱动实现创新驱动，培养造就适应时代需要的创新创业人才。这就使得整体性、开放性和时代性成为当前中国高校创新创业教育学科化的基本特性。

（一）创新创业教育学科化的整体性

实现创新创业教育学科化是一项系统工程，需要综合考虑构成影响和制约的各种社会、心理因素，统筹把握创新创业教育与政府政策、经济发展、社会进步、科技创新及文化嬗变等外部诸要素的复杂关系。理顺这些关系需要兼收并蓄相关学科的原理和知识，实现不同学科概念、方法和技术手段融会贯通，逐步构建高校创新创业教育的原理体系、知识体系、方法论体系、比较研究体系。这就要求我们高度重视创新创业教育的整体性

特征。创新创业教育绝对不是市场营销、金融财务、运作管理、人力资源、质量控制方法等管理课程简单相加的结果，它需要"围绕着一个企业的生命周期"将这些知识构建为一个体系，以"基于创业过程模型的全新方法"将独立分散的职能性课程加以整合，从而"有助于读者对通常来说混乱和不可预测的创业过程形成全面而深刻的理解"。这就是为什么很多大学的商学院或管理学院虽然有着雄厚的学术基础，但在开展创新创业教育时却无法得到应有效果的原因所在。正如有学者所指出的："到目前为止，管理学院面向本科生、研究生开设的管理课程仍然以职能性课程为主，对创新与整合性课程重视不够，与时代发展的要求不一致。"也正是基于这一高度注重整体性的指导思想，杰弗里·蒂蒙斯发明了基于"商机驱动""团队驱动"及"资源驱动"三个核心要素匹配和平衡的"蒂蒙斯模型"。这一创业过程模型解决的"中心问题就是通盘整体的平衡"。注重整体性成为蒂蒙斯创业教育理论和实践课程体系的突出特点，这种从整体上构建创新创业教育体系的发展趋势也是近年来高校创新创业教育研究与实践的重要发展趋势。

（二）创新创业教育学科化的开放性

创新创业教育的主要任务在高校内部完成，但教育的平台和资源却要依靠政府、社会、企业共同提供。如何协调和汇聚资源使其形成合力，共同为学生的全面发展服务，是创新创业教育必须解决的关键问题。所以，创新创业教育成为联系各方关系的桥梁和纽带，以此为中心，大学与政府、企业、社会其他部门及个人建立起密切而广泛的联系，形成一个全社会支援大学生创新创业的网络。创新创业教育具有的开放性特征对于学科发展取向、教师素质要求和教学方法改革都提出了新的更高的要求。

首先，创新创业教育的学科发展取向不能指向纯粹的高深的理论探究，也不能停留于对未来美好教育理想的描述，而要"直通"现实地培养开创性个人的"教育工程"，对于创新创业教育不能"只会说应该是什么，不知道究竟应该做什么、怎么做"。这就是创新创业教育面向国家需求的开放性，既要对新的教育取向进行"指向"，又要在从教育取向到教育工程的技术转换过程中进行"示范"，实现理论和实践的统筹兼顾，设计与实施的紧密结合。其次，需要从事创新创业教育的教师成为一个优秀的社会活动家，既要脚踏实地，从高校所在的社区、所在城市做起，获得支持、汇聚资源；也要以国际的视野和胸襟，立足中国、面向世界，熟练运用请进来、走出去、全面掌控前沿信息的方法，面向全球确立发展策略，搭建大平台、汇聚大资源，为学生的长远发展奠基。再次，开放性的学科化特征要求创新创业教育的主要任务不是解释"是什么""为什么"，而是着重解释"做什么""如何做"，这种全新的教学任务需要我们重新思考"教什么"和"如何教"的问题。创新创业教育不能只局限于传统的"粉笔加讲授"的教育形式，要充分考虑到创业教育领域"缄默知识"大量存在的事实，要求创新创业教育回归到它的来源，也就是人类创新创业实践活动，汲取力量，而不是归隐于纯粹空想思辨、形而上的玄学抽象;学习和研究创新创业教育也必须面向丰富多彩的创新创业实践，使之在"改造世界"的过程中接受检验，并随着实践的发展而发展。

（三）创新创业教育学科化的时代性

高校创新创业教育理论研究和实践活动的深入开展与我们所处时代的主体特征有着密切关联。曾任芝加哥大学校长的赫钦斯在 1953 年大胆预测，"如果我们得以幸存，我们将活在衣食无虞却工作短缺的世界，机器将代替我们工作。"这一伟大的预言就是对我们当今时代的真实写照，"衣食无虞却工作短缺"成为世界各国政府最为头疼的社会问题。这既是当今时代各国政府高度重视创新创业教育的根本原因，因为传统产业创造的工作岗位已经被"机器"侵蚀掉了，为了工作，当代人只有自己创造工作岗位；也是提出"就业友好型"增长的主要原因，因为国家投资建设资本密集、技术密集的大企业，难以提供大量的就业岗位，出现所谓的"奥肯悖论"，即经济增长与就业增长不平衡，经济增长并不一定带来就业岗位的增加。强调"就业友好型"增长，就是要在保持增长的过程中特别注意就业岗位的开发，对就业吸纳能力强的中小企业加大支持和扶持力度。这就使得当今中国高校的创新创业教育理论研究和实践活动表现出明显的时代性特征，对当前中国大学生就业难的现实关切，要求中国高校创新创业教育走一条具有中国特色的发展道路。

当然，"工作短缺"并非当今时代的唯一特征，以知识经济为主导的世界经济形态更加突显了创新创业精神的重要性。知识经济时代以经济知识化和社会信息化为主要特征，"大学必须改变传统的只传授现成知识的教育模式，而要树立创造性的教育思想，尤其像清华这样的重点大学，培养学生的创新精神应该是最重要的。"知识经济时代的大学已经从社会的边缘转移到中心，直接成为催生新兴产业和推动经济发展的主导力量。大学培养的创新创业型人才成为知识经济时代社会发展的重要推动力量，他们不再是工作岗位的搜寻者，而是工作机会的创造者。正是他们创造的新兴产业为以高校毕业生为主体的青年就业群体创造了实现人生价值的平台。正是基于这一鲜明的时代特征，党和国家领导人高度重视青年创新创业："青年学生富有想象力和创造力，是创新创业的有生力量。""青年愿创业，社会才生机盎然；青年争创新，国家就朝气蓬勃。"当今时代，创新成为社会进步的灵魂和引领发展的第一动力，创业成为推动经济社会发展、改善民生的重要途径。创新创业成为驱动经济发展的动力引擎，必须通过创新创业教育加快培养规模宏大、富有创新精神、勇于投身实践的创新创业人才队伍。

二、中国高校创新创业教育的学科化道路

中国高校创新创业教育走过了一条政府驱动的快速发展之道，政策导向经历了从"以创带就"到"大众创业、万众创新"的拓展，创新创业成为驱动经济社会发展的动力引擎。这就要求我们深刻认识到创新创业教育不是添加在高校身上的临时任务，不是应对当前经济下行压力加大的紧急措施，也不是解决高校毕业生就业难的权宜之计，而是找准高等教育改革发展定位，全面提高人才培养质量，努力造就"大众创业、万众创新"生力军的战略选择。中国高校创新创业教育学科建设需要结合中国国情，走一条"专业式"与"广谱式"双轨并进、"问题导向"与"学科导向"统筹兼顾、"政府驱动"与"高

校需求"上下互动的特殊道路。

（一）"专业式"与"广谱式"双轨并进

"专业式"创新创业教育形成于美国。1947年2月，哈佛大学商学院的迈尔斯·梅斯（Myles Mace）教授为MBA学生开设了"创业企业管理"（Management of New Enterprises）课程。这一历史性事件奠定了美国高校创业教育的三个传统：一是商学院（管理学院）成为高校创业教育的主体；二是创业教育与MBA学生培养紧密相连；三是创业教育的目标指向"新创企业管理"。"专业式"创新创业教育传统在哈佛商学院得到了传承和坚守，直到现在，它的教育对象仍然仅针对MBA（工商管理硕士）。"专业式"创新创业教育积累了教师、教材、案例、基础理论等"原始资本"，使得创新创业教育在商学院内部完成了"自生长"和"自成熟"的专业发展历程。与"专业式"相对应的是20世纪90年代发展起来的"广谱式"。"广谱式"创新创业教育课程要针对全校学生，采取以提升全校学生创业素养和创业能力为本位的发展路径。近年来，"广谱式"创新创业教育发展势头强劲，高校创新创业教育普遍向着"广谱式"模式发展，在商学院以外的地方教授创业开始变得流行，"科学研究者学习商业知识，商人学习科学知识"变得越来越普遍。当前高校创新创业教育学科化要努力创造"专业式"与"广谱式"创新创业教育"双轨并行"的条件，切实实现二者的"相互助力"。

"广谱式"创新创业教育的突出优势是理念先进，既考虑大多数，也不忽略极少数，实现了"全覆盖""分层次"和"差异化"的统筹兼顾；"专业式"创新创业教育的突出优势是目标明确，在培养学生实际创业能力方面基础雄厚。高校创新创业教育的学科化就是要以"广谱式"创新创业教育的先进理念为指导，以"专业式"创新创业教育的专业实力为依托，确保二者"相互助力"：既要充分发挥"专业式"创新创业教育在提升学生创业实战技能等方面积累的优长；也要积极推动创业教育项目向商学院之外的工程、艺术、科技等专业广泛拓展，全面融入学科专业教育之中。既面向全体学生开展"广谱式"教育，广泛地"种下创新创业的种子"，为高校毕业生设定"创业遗传代码"，普遍培养和提高所有专业大学生创新意识、创新思维和创新能力；又面向少数有创业意向的学生开设创业实验班，为这些学生在大学期间或是毕业之后创业提供切实的教育咨询援助。通过整合构建"专业式"与"广谱式"创新创业教育"双轨并行"的运行机制，以此来促进教育质量的整体提升和学科建设的共同进步。

（二）"问题导向"与"学科导向"统筹兼顾

中国高校创新创业教育研究与实践始于"问题导向"。2007年，党的十七大报告明确提出了"实施扩大就业的发展战略，促进以创业带动就业"的战略方针，指出："完善支持自主创业、自谋职业政策，加强就业观念教育，使更多劳动者成为创业者"。在"以创带就"政策导向下，高校创新创业教育研究与实践立足于解决就业难这一最大的民生问题展开，围绕社会和谐与政治稳定，将"自主创业"作为灵活就业的两个方式（另一个为"自由职业"）之一，千方百计解决大学生就业问题。在此过程中，高校创新创业教育研究与实践的重要目标就是缓解就业压力，创新创业教育研究采取典型的"问题导向"研究模式，尤其注重应用性和对策性研究。对于这种研究导向，我们不能因为它没有给予学科建设以足够的重视就简单地加以否定，而是要协调处理"问题导向"与"学科导向"的辩证关系，实现二者的统筹兼顾。

一方面，"解决现实问题"和"进行学科建设"是一件事，二者可以内在地统一于整体的学科化进程之中。我们从事创新创业教育的专家如果不去积极关注大学生就业问题，只是将创新创业教育纳入学院知识生产的流水线，以僵化的学科分界画地为牢而将很多重要的现实问题排除在研究的范围和视界之外，那么，这种研究存在的理论和实践基础又在哪里呢？以此为旨归所形成的研究成果与自说自话、自言自语又有何区别呢？另一方面，热点问题研究固然重要，但学科建设不好，长此以往，热点问题研究缺乏坚实的学科支撑，也只能浮于问题表面。为此，高校创新创业教育既需要"仰望星空"，围绕大学生就业难等重点难点问题进行深入研究；也需要"脚踏实地"，对于事涉长远大计的学科建设问题进行整体规划和设计，为创新创业教育确立坚定正确的价值取向，为科学体系和模式的构建夯实基础。这就是"问题导向"和"学科导向"的辩证关系，以问题为导向看似忽略了学科体系的构建问题，而实际上解决问题的过程也就是学科化的过程；反之，如果简单地以学科为导向，在条件尚不成熟的情况下就展开"划界运动"，只能使学科走入死胡同。

（三）"政府驱动"与"高校需求"上下互动

当前，国家高度重视"大众创业、万众创新"，明确指出：大众创业、万众创新既可以扩大就业、增加居民收入，又有利于促进社会纵向流动和公平正义。个人和企业要勇于创新创业，全社会要厚植创新创业文化，让人们在创造财富的过程中，更好地实现精神追求和自身价值。2015年5月，国务院颁行《关于深化高等学校创新创业教育改革的实施意见》，站在国家实施创新驱动发展战略、促进经济提质增效升级，推进高等教育综合改革、促进高校毕业生更高质量创业就业的高度，明确了深化高等学校创新创业教育改革的指导思想、基本原则、总体目标，提出了9项改革任务、30条具体举措。由国务院发布文件推进深化改革，标志中国高校创新创业教育已经由"以创带就"拓展为以"大众创业、万众创新"驱动经济社会发展的新阶段，高校创新创业教育的实质拓展为以创新为基础的创业，支持创新者去创业，使创新创业成为驱动经济社会发展的引擎。

"政府驱动"使得高校创新创业教育学科发展在资源汇聚、平台搭建和成果产出方面都有政策和资金保障，使创新创业教育研究可以在短时间内兴旺起来。基于这一现状，创新创业教育研究必须遵循政府设置的导向，才能使自身的理论体系更趋完善。但是，仅有这些还不够，创新创业教育需要在政府的推动下以高校为主体来具体落实，将"政府驱动"与"高校需求"紧密结合，实现上下互动。当务之急是以高校为主体建设创新创业教育的生态系统，这个生态系统的指导思想是"高校主体、企业参与、社会支持"。"高校主体"重在加强三方协同，以高校为主体建立大学生创业平台，一方面是协同各方，汇聚资源为大学生创新创业所用；另一方面是积极推动知识资本化和技术市场化，成为联结政府和企业的桥梁和纽带，"真正发挥出高校作为创业型人才培养实施者、智力型资本激发引导者、新创型企业资源融合者的主体作用。""企业参与"重在提供服务，在系统中起到支撑辅助作用，需通过完善民间融资体系，建立非营利性第三方组织等方式，尽可能地提供包括资金、技术、评估和认证等方面的专业化服务。"社会支持"重在厚植创新创业文化，浓厚崇尚创新、宽容失败、鼓励个性的社会氛围，使创新创业成为新的价值追求和社会取向。

三、中国高校创新创业教育的学科化发展取向

科学把握中国高校创新创业教育学科化发展取向，必须把握主流和主线，分清主流和支流，主线和分线的区别。在学科化进程中，必须抓住主要矛盾和主要问题，为创造更好的发展趋势创造条件，为此就要在构建共同的教育哲学基础、明确学科边界和主体领域、加强平台建设和人才培养三个方面集中力量，实现突破。

（一）构建共同的教育哲学基础

教育哲学最为根本的问题就是本质论、目的论和价值论，作为创新创业教育，基本的教育哲学问题也是这"三论"。当前，创新创业教育哲学存在的主要问题是与教育哲学高度重合。将"培养人"这一教育的本质作为创新创业教育的本质，将"培养社会主义合格建设者和接班人"这一教育的目的作为创新创业教育的目的，将"人的自由而全面的发展"这一教育的价值作为创新创业教育的价值，这在根本方向上是正确的。但是，这种高度重合就会引发我们深入思考：创新创业教育的特质在哪里？它的不可替代性在哪里？不能在这些问题上形成深刻认识，创新创业教育就失去了存在的前提和基础，终将淹没在一般教育的汪洋大海之中。这就现实地要求我们必须结合高校创新创业教育独有的理论特质，在宏观教育规律的指导下深入思考专属于高校创新创业教育的本质、目的、价值，以此作为高校创新创业教育学科化的出发点和落脚点。首先，创新创业教育具有"主动性"的本质。认为"主动性"是创新创业的突出特质，就是要把创业作为一种生活方式和人生态度，转化为学生的主体行为。主动性就是要充分发挥人的创造性的潜力和本能，培养"创业自觉"。其次，创新创业教育具有"超越性"的教育目的。"超越性"包括对传统的超越和对自我的超越两个方面，超越性的创新创业教育就是要"培养具有开创性的个人"。再次，创新创业教育具有"转化性"的终极价值。认为从教育过程来看，创新创业教育是一个艰难的转化过程，从接受创新创业知识到形成创业智慧，从新发明、新发现、新创造到知识资本化，从具有创业意向到采取创业行动，需要付出艰辛的努力。包括"转识成智"（知识转化为智慧）、"转知成资"（知识转化为资本）和"转意成行"（意向转化为行为）三个方面。

共同的教育哲学基础是确保高校创新创业教育科学设计、顺利实施的根基，在"三论"的统合下，协调多学科研究在共同的概念和术语方面取得多方共识，消弭各学科原理和

方法的矛盾和冲突，努力达到整体和谐。只有创新创业教育在本质论、目的论和价值论方面实现了高度认同，才能为以不同学科知识为基础、从问题的不同方面展开的多样化探讨奠定坚实基础，才会走出"'自己出题目，自己封闭做研究，自己欣赏自己成果'的自娱自乐的窘迫处境"。在此基础上，把创新创业教育置于国家发展战略与现代化建设发展体系中，提升到高等教育办学理念和教育体制改革的高度，立足于学生能力素质的培养和提高来切实加强创新创业教育课程设置、教材建设、教师培训及评价体系等具体问题研究，形成血肉丰满的创新创业教育学科群。

（二）明确学科边界和主体领域

当前，每年发表的创新创业教育研究文章已近3000篇（CNKI），在数量上蔚为可观，但是整体质量仍有提升空间。"很多文章是大同小异，可以说，研究方法基本雷同，研究角度基本相似，大致上是'意义——内容——途径'三段式。"正像有学者所言：对创新创业教育的研究基本上是一种思辨性的研究，流于肤浅的现象描述，研究成果主要是一种研究者想象力和生活阅历的呈现，大部分成果不仅文章结构窠臼化（原因、特点、对策）、论述枯燥化（家庭、学校、社会），而且结论也大都是"正确的废话"（加强、提高、重视）。这种发展现状严重阻碍了创新创业教育的学科化进程。作为一个研究方向，必须有属于自身的学科边界和主体领域，围绕这些主体领域有一批学者长期深入地研究。漫无边际的研究领域，就会使得这个研究方向缺乏总体上的学术认同感，缺乏严格意义上的专业积累和进步。

为了明确学科边界和主体领域，当前，亟须做好四方面基础工作。一是创新创业教育的基础文献研究。作为一门新兴学科，创新创业教育研究尚无重要文献汇编和导读，这使得广大研究者缺乏必要的共同学术积累和共通话语体系，既降低了学术群体的整体学术认同感及同行感，也在一定程度上影响了学生培养质量。二是中国不同类型高校开展创新创业教育的成功案例。由于创新创业教育发端于美国，所以国内学术界对于创新创业教育研究言必称美国，而且多是介绍美国的成功经验，这种研究当然必要。但如果缺少对于国内高校创新创业教育实践的关注，这种比较研究也就缺少了本土基础。所以，需要关注国内高校对创新创业教育的实践创新，特别是这些高校在全校范围内推进创新创业教育的体制、机制和队伍建设的实践创新；以创新创业教育理念指导高校教育教学改革，提高教育质量的实践创新；以创新创业教育为核心和纽带，协调政府、企业和社会资源，促进高校走开放之路的实践创新。三是世界各国高校创新创业教育的比较研究。学术界对美国、英国和日本创新创业教育已有深入研究，对印度、俄罗斯等国则缺乏应有的关注，对欧盟成员国如芬兰、瑞典、丹麦、法国、德国在创新创业教育方面的积极实践缺乏持续追踪。四是创新创业教育与不同学科专业相结合形成的全新教育模式。在很多高校，目前依然只有专业教育这支"正规军"单兵推进，而创新创业教育则像"游击队"，打一枪换一个地方。尽管有教师尝试将创新创业教育融入日常教学，但因没有成建制的课程规划，专业教育和创新创业教育成了"两张皮"。这就迫切需要探索将"两张皮"

如何拧成"一股绳",并实现水乳交融的教育模式,重点加强这方面的案例积累和经验总结推广,为创新创业教育与不同专业相结合提供范例,为在更大范围内推广创新创业教育起到应有的示范作用。

(三)加强平台建设和人才培养

平台和人才对于学科建设至关重要,二者相互依存、相互提升。有了平台,可以招揽人才;有了人才,可以创建平台;人才和平台结合,就会汇聚资源、产出成果、壮大平台。平台建设成为现阶段高校创新创业教育获得全面发展与进步的基本保障。一是采取"专业模式",所有日常管理、师资培养、经费筹措、课程设置等资源都由商学院或管理学院调配,教学对象和教学活动集中在商学院或管理学院,目标是培养专业化的创新创业人才、创新创业教育师资和研究者;二是采取"广谱模式",成立全校性的创新创业教育中心(学院),整合校内校外各方面资源,加强顶层设计,面向全校学生开设创新创业教育课程,全方位推进创新创业教育;三是整体设计创新创业教育学科建设方案,分三步解决创新创业教育学科归属问题。第一步将创新创业教育发展成高等教育学、教育经济与管理学或比较教育学二级学科下的研究方向;第二步应该加强创新创业教育的相关研究,融合就业教育、职业生涯规划教育内容,开辟出原理、史论、方法、比较等主流研究方向;第三步将创新创业教育相关研究方向进行整合,并正式在教育学一级学科下设创业教育学,或在管理学门类下建立创业学一级学科,下设创新创业教育学二级学科,最终建成创新创业教育学科。

在人才培养方面,首先注重的是教师培养。当前从事创新创业教育的教师有的来自商学院或管理学院,由于在学院内部,创新创业教育并不是"主业",处在边缘状态;有的来自就业中心、校团委等学生工作部门,由于不是"科班出身",有些底气不足;有的来自各个专业,结合本专业教育进行创新创业教育,由于无法进入专业主流,况且短期内不能取得应有的效益,常常是单枪匹马、孤军奋战。这些教师以自己的原专业获得职称晋升,申请国家科研项目时很难找到准确的学科归属,经常在管理学、经济学、教育学、社会学等学科之间徘徊。学科"漂泊"状态使得从事创新创业教育的教师缺乏学科归属感,对于学者而言,学科就是学术职业,没有学科归属就意味着学术职业失败。因此,迫切需要建设专属的发展平台。针对从事创新创业教育的"学院型""兴趣型"和"公益型"教师,需分别建设相应的发展平台。对于"学院型"和"兴趣型"教师,由于他们都是高校教师,要重点建设培训基地等实践平台,提供实训资源;对于"公益型"教师,由于他们都是来自企业和社会的兼职教师,要建设帮助其提升理论水平的学术平台,使得实践经验得到应有的学术化。

第八章　信息时代高校创新创业教育实践教学体系的构建

第一节　我国高校创新创业教育实践教学体系建设现状分析

一、创新创业能力培养与实践教学体系

目前，学术界相对来说，较为重视高等教育中基础教学、科研培养等方面的研究，而实践教学这种培养大学生创新创业能力的教育模式的研究则较为薄弱。总体来看，无论是从研究广度、研究宽度还是研究深度方面，都比较欠缺。多数研究显得零散、单一，局限于传统的视角和领域，一般性、普遍性问题研究较多，缺乏系统性、普适性的探讨。尽管如此，随着近年来学者们的不断探索，创新创业人才培养问题和实践教学中体系的构建逐渐成为研究的热门问题，积累了此领域相当丰富的知识与经验，产生了许多值得借鉴和参考的有价值的研究成果。

（一）创新能力、创业能力的含义

1.创新能力的含义

创新的社会学解释是指，人们为了发展的需要，在前人已经发展或发明成果的基础上，不断突破常规，提出新的见解、开拓新的领域、解决新的问题、进行新的运用、创造新的事物。创新能力是实施创新行为所具备的本领或技能。在现代汉语词典里，创新能力被解释为：努力创新的思想和表现。

对于创新能力的含义，国内不同的学者对其的理解和使用有很大的差异。有的学者指出创新能力是指利用已积累的知识和经验经过科学的思维加工和再造，产生新知识、新思想、新方法和新成果的能力。有的学者认为，从创新能力表现形式来看，创新能力的本质在于创新，具体表现为产生某种新颖独特、有社会价值或个人价值的思想、观点、方法和产品的能力。还有的学者认为从整合的角度来看，创新能力是个人知识储备、创新思维和创新个性的多维、多层次的综合表征，其中知识储备是创新能力的基础，创新思维是核心，创新个性是保障。尽管不同学者从不同的角度理解创新能力，给出的定义差别也比较大，但它们都有助于人们科学理解创新能力的含义。

综上所述，在本研究中，笔者理解的创新能力含义为：创新能力是指创新主体利用已有的知识和经验，具备能从事创新活动的思维和能力。

2. 创业能力的含义

创业能力，是在 1989 年 12 月，联合国教科文组织亚太地区会议期间提出的。会议指出："要求把创业能力教育提高到目前学术性和职业性教育护照所享有的同等地位。创业能力教育要求培养思维、规划、合作、交流、组织、解决问题、跟踪和评估的能力。"

对于创业能力的含义，国内学者主要有以下几种认识和表述。有的学者认为，创业能力不仅暗含很强的实践性，需要有一定的实践经验，同时也包括了较强的综合能力，需要具备较高的综合素质；它是集创造性和自我开发与实现的一种特殊的创造力；它是三种能力的结合：专业职业能力、经营管理能力、综合性能力。有的学者认为，创业能力是指一种主体的心理条件，它可以影响创业实践活动效率，促使创业实践活动顺利进行。换一种话说，创业能力是一种以人的智力发展为核心，兼具较强综合性和创造性的心理机能；是经验、知识、技能经过类化、概括化后形成的，后在创业实践活动中反映为复杂而协调的行为过程。还有的学者认为，创业能力狭义上指自主创业能力，即除工资形式就业以外的自我谋职的能力，顺利实现自主创业的特殊能力，包括个体自身的一些特质，例如创业品质、专业技能、信息处理能力、决策应变力、环境适应力。

从以上关于创业能力的观点来看，不少观点都值得我们借鉴。笔者比较赞同的是，创业能力是一种实践性、综合性很强的，有创造性特征，自我开发、自我实现性质的，以智力为核心的特殊能力。

（二）创新创业能力的培养

1. 创新创业能力的内涵及构成

以"创新创业能力"为主题的学术论文有很多，但是学者们在学术论文中很少提到创新创业能力的内涵，大多数是从创新创业教育角度来看的，主要有三种看法：

第一种理解的是将创新创业能力等同于创新教育中培养的创新能力；

第二种理解的是将创新创业能力等同于创业教育中培养的创业能力；

第三种理解的是将创新创业能力理解为创新能力与创业能力的结合，是一种兼顾创新能力和创业能力并以创业能力为落脚点的能力。

笔者认为这样理解"创新创业能力"是不够全面的。根据本文的特点，对上述关于"创新能力""创业能力"的含义进行归纳和总结，笔者认为，"创新创业能力"强调的是学生的基本素质、创新精神和创造性思维，同时注重学生的理论知识和实践能力，尤其是自我创业意识和创新操作能力，具备能够独立自主的发现问题、解决问题，并提出自己新观点的能力，同时又具备创业意识、对创业有所追求的能力。简单地说，创新创业能力指的是一种既具有实践能力、创新能力又具备创业潜能的复合型能力。

人们从事创新创业活动，需要各种能力，绝不是单凭一种能力或某几种能力，就能达到预期目标的。要使创新创业主体能发现问题、解决问题，提出自己的新观点、构思和创造有价值的东西，就必须使创新创业能力各要素联合成一个整合体，发挥创新创业综合效应。

（1）智力是创新创业能力的基础。智力是人认识客观事物并运用知识理解解决实际问题的能力。知识是对事物属性与联系的认识，是人们在社会实践过程中积累起来的经验。智力包括很多方面，如观察力、记忆力、思维能力、应变能力和分析判断能力等。这些都是认识活动所必须具备的一般能力。一般的智力转化为创新创业能力，要求主体在创新创业活动中对智力因素实现有机整合。主要包括信息获取能力、创新操作能力和开创事业的能力等。

（2）创新素养是创新创业能力的核心。丰富的知识要转化为能力，在实践中产生新的成果，就在于创新素养。创新素养包括创新意识、创新精神和创新思维。创新意识指的是创新思维活动的起点，是使个体产生创造行为的内驱力，是创造的意图等思想观念。创新精神，指的是创新者所具备的智力与非智力心理品质的有机结合与升华而产生的实际创造动力。创新思维是指一个人在创新过程中，所产生的新事物的认识活动，它具有多向性、形象性、突发性等特点。

（3）创业潜能是创新创业能力培养的动力。创业潜能存在于创业意识和创业精神层面，是在一定社会环境和教育条件影响下，形成的与他人不同的较固定态度和行为特征，是思维和行为相结合的体现。培养创业意识，主要包括形成创业需求、动机、兴趣、信念等。培养创业精神，主要包括形成自信心、坚韧性、敢为性、独立性、合作性等心理品质。

2. 大学生创新创业能力培养的内容和意义

中共十八大报告明确提出了"建设创新型国家""以创业带动就业，提高创业能力"和"创业中离不开创新"等内容。大学生是最具有创新创业潜力的群体之一，高校应该深入学习科学发展观和建设创新型国家战略，深化教学改革，培养大学生创新创业的能力，这是落实"以创业带动就业，提高创业能力"，促进高校毕业生充分就业的重要措施。

基于上述创新创业能力的内涵及构成的分析，笔者认为培养大学生创新创业能力应包括以下几个方面的内容：

（1）实践动手能力：使自己面对问题时，具备发现问题、分析问题和解决问题的能力。

（2）创新性思维能力：能用专业术语表述新问题，发现事物的规律性的能力，具备发散性思维和非逻辑思维能力等。

（3）能独立思考、独立判断和独立从事科研活动的能力。

（4）学术交流能力：能将研究成果以专著或学术论文的形式表达出来，将新的思想或知识传递给他人的能力等。

（5）创业潜能：在使自身的实践能力和创新能力有一定高度的时候，具备能激发自身创造力来开辟新事业、新行业的潜在能力。

对于大学生创新创业能力培养的意义，可以概括为以下几个方面：

（1）培养大学生创新创业能力是国家战略的需要

21世纪，各国竞争的重点已转化为经济和综合国力的竞争，归根到底是科技和人才的竞争。谁拥有具备创新型的人才，谁才能在这场激烈的国际竞争中取得更大的优势。

创新是一个民族进步的灵魂，一个国家兴旺发达的动力。党中央、国务院做出的建设创新型国家的决策，是事关社会主义现代化建设的重大战略决策。创新型国家的建设需要具有创新创业能力的人才。培养创新创业人才，大力推进理论创新、制度创新、科技创新，不断巩固和发展中国特色社会主义伟大事业。所以说大力培养大学生创新创业能力是高校的首要任务和关键措施，能够有效地推动创新型国家的建设。

（2）培养大学生创新创业能力是缓解就业压力的需要

随着高校的扩招，我国大学生就业压力越来越大，就业形势相当严峻。通过创新创业教育能够有效缓解社会就业压力。因此高校全面开展切实有效的创新创业教育，培养大学生创新能力，激发其创业潜能，引导和帮助越来越多的大学生加入创新创业队伍中来，使大学生成为为社会创造价值的创业者，由寻求就业岗位的就业者变成提供就业岗位的创业者，有效缓解大学生就业难题。

（3）培养大学生创新创业能力是大学生自身发展的需要

敢于思考，追求个性，有着强烈的自我意识，渴望实现自我价值，是当代大学生的时代特征。培养大学生创新创业能力，使他们更加注重自身综合素质和能力的提升，为他们实现自身的发展提供了条件。大学生通过创新创业活动，选择适合自己发展的领域，突破和创新自己的思想，实现自己的人生价值。

二、实践教学体系

1. 实践教学与教学体系

顾明远编著的《教育大辞典》中，对实践教学有一个明确的解释："实践教学是相对于理论教学的各种教学活动的总称。包括实验、实习、设计、工程测绘、社会调查等。旨在使学生获得感性知识，掌握技能、技巧，养成理论联系实际的作风和独立工作的能力。"这种对实践教学的定义，是从其内涵和外延来理解的。

按照系统论的思想，教学体系是指为了达到教育目的，而由教学活动相关要素构成的，并以一定稳定结构形式存在的，实现特定教学功能的，相互影响、相互作用的有机整体。对于教学体系的构成要素，有经典的三要素说，即"学生、教师和教材"，但是现状大部分学者认为教学体系的构成除了学生、教师和教材外，还包括教学目标、教学内容和教学环境。

2. 实践教学体系的内涵

实践教学体系是一个有机的整体，大部分学者都认为其有狭义和广义的内涵之分。总的来说，由目标、内容、管理、评估体系等要素构成实践教学体系整体，这是按照其广义层面来描述的。而狭义的实践教学体系是指实践教学的内容体系。本文是以广义的实践教学体系内涵作为参照，但并不局限于其设定的目标、内容、管理和评估四大要素。笔者把实验、实训、实习、毕业论文等环节作为实践教学活动，把体系的管理、评估、条件保障作为实践教学体系的环境资源来加以重新认识。所以笔者认为，实践教学体系是以实践教学人才培养目标为核心前提，以实践教学活动为主体内容，并以相应环境资源作为支持条件的一个有机联系的整体。

三、实践教学体系构建的理论基础

实践教学是和社会诸多领域有着紧密联系的实践活动，实践教学体系的构建也涉及各种与之相关的要素。在综合考察实践教学内涵的基础上，笔者认为实践教学与学习论的思想密不可分。它们不仅为实践教学体系设计提供理论指导，也为人们认识教育本质、确立教学目标、选择教学内容等教育问题提供重要的理论依据。

学者们对学习的探讨从未停止过，无论是行为主义心理学创造的"刺激——反应"学习理论，还是认知主义心理学家对人类认知过程及组成因素的研究，社会因素和个体因素已经成为学者们关注的焦点，特别是建构主义学习理论对教育思想产生了重大的影响。

建构主义学习理论认为，知识、技能不是被动积累的，而是学习者积极实践的结果。知识、技能的建构必须从激发学习者学习动机开始，而传统的教育模式往往是先理论后实践，实践能力弱的学生在社会上缺乏核心竞争力。因此，必须确立实践教学在创新创业人才培养过程中的主体地位；学习者的学习过程要关注知识、技能的连贯性和教学内容的情境性。使用情境教学方法，使学习内容具有真实性任务，使学习行为在与现实情境相似的情境中产生。实践教学是符合情境教学要求的，使学生通过具体的社会实践、实训、实习等实践环节，在解决具体问题情景中，积极主动地建构自己的理解过程、创造过程。

四、实践教学体系在创新创业能力培养中的重要作用

高校通过实践教学，培养的是学生实践动手能力和发现问题、解决问题的能力，在21世纪创新创业人才培养的要求中，学生创新创业能力的核心就是创新，创业是在具备一定程度创新的基础上升华得到的。实践能力是创新能力发展的基石，高校构建面向创新创业能力培养的实践教学体系是符合现代教育要求和社会人才需求的。

1、构建实践教学体系是连接学生理论知识和实践能力的重要手段。学以致用是从古至今都崇尚的获取和使用知识的目标，实现学以致用目标的过程就是实践教学。实践教学培养学生运用知识、创造知识的能力，使学生能真正发挥用理论指导实践的作用，为学生毕业后进入社会工作创造必要条件。

2、实践教学体系是本科教学体系的重要组成部分。高校本科教学的培养目标和专业人才的培养目标的实现，都离不开实践教学这一关键环节。实践教学培养的是学生的实践能力、创新能力和创业潜能，而只有通过实践教学体系才能更加系统化地实现实践教学的作用，是学生能力发展的必要条件。

3、实践教学是学生创新能力培养的基石。学生创业潜能的激发离不开创新能力的积累，创新能力的积累离不开实践能力的提升。没有实践能力，创新能力是不可能得到发

展的。学生在实践中不断积累自己的实践能力，形成良好的创新意识，无形中就会使自己的创新能力逐步提升。

4、实践教学更深远的意义在于学生个体的全面发展。21 世纪，国家的发展靠人才，人才综合素质的提升是一个国家综合国力提升的表现。国家培养学生的综合素质，正是由在学生进入社会前，通过实践教学逐步使学生获得全面发展来实现的。

第二节　高校创新创业教育实践教学体系建设策略

一、面向创新创业能力培养的实践教学体系模型构建

1. 当前高校实践教学体系存在的问题分析

近年来，我国各大高校纷纷加大对实验室的建设投入以改善实践教学条件，积极开展实践教学改革，这不仅有效促进了学生实践能力和创新能力的提升，还为实现创新型人才的培养目标奠定了坚实基础。然而，在高校实践教学改革的探索阶段，仍然存在着一些问题。

第一，对实践教学的充分认识和重视程度还有待进一步提高。

目前一些高校受传统教学模式的影响，重理论轻实践、重知识传授轻能力培养，实践教学长期处于高校教学活动中的次要地位。在高校目前制订的人才培养方案中，以理论课程的知识能力培养为主，以实验环节的实践能力培养为辅。这种实践教学定位和人才培养模式已经难以满足学生实践能力和创新能力培养的需求。实践教学活动一方面使学生将理论知识联系到实践中解决实际问题；另一方面锻炼学生发现问题、分析问题和解决问题的能力，这些是理论教学难以替代的。因此，高校需要尽快转变教学观念，确立实践教学在创新型人才培养过程中的主体地位。

第二，高校实践教学改革缺乏整体规划。

很多高校把实践教学体系构建的重点放在了实践教学活动上，虽然开设了实验、实训、实习等多种实践教学环节，且各个环节具有一定的时间保证，但是各环节之间缺乏有效的内在联系和有机结合，这种无序的状态，与创新型人才培养目标有较大的差距。实践教学体系作为相对完整的教学体系，具有相对独立性。在建设、实施的过程中，应避免孤立性、片面性，需要紧紧围绕专业人才培养目标，运用系统性思维和整体优化思想指导实践教学体系的构建。

第三，实践教学体系构建需要挖掘与之相适应的环境条件。

与高校理论教学相比，实践教学活动的开展需要投入更多的人力和物力，不仅受到实验设备、实验场所和实践教学师资等条件的限制，而且还需要得到社会、企业的支持，操作起来难度较大。在师资队伍培养方面，缺乏具有过硬操作、技术经验的实验老师；在实践教学硬件设施的建设方面，实验室建设、设备更新、实验条件改善都需要大量的

资金投入，一些有能力的高校虽然建设好了实验室，但是缺乏合理的运行和共享机制；在实践基地的建设方面，许多高校建立的校外实践基地数量不足，而且其中有相当一部分稳定性不高，难以使实践基地发挥最大的效用。

二、实践教学体系的理论构建原则

实践教学体系的高效运行，必须考虑到多种要素间的相互作用。在综合了创新创业人才培养范畴和实践教学体系特征的基础上，笔者提出了构建实践教学体系过程中需要遵循的一般性原则。

（1）目标性原则

高校实践教学体系的建构必须紧紧围绕培养大学生创新创业能力这一人才培养目标来进行，要把培养既具有扎实的理论基础，又具有较高创新素养和较大创业潜能的人作为实践教学体系的出发点。制订的实践教学体系人才培养目标应该根据高校人才培养规格、专业学科特点及发展规律以及社会对人才的需求，来进行明确的、有针对性的具体设定。

（2）系统性原则

高校实践教学体系的构建，应该根据高等教育的规律，人才培养特点，按照各个实践教学环节的地位、作用及相互之间的内在联系，运用系统科学的方法进行统筹安排。实践教学环节的时间安排上要保持连续性，要处理好实践教学与理论教学的关系，合理分配课时比例，保持整个教学过程的系统性。实践教学与理论教学的相互衔接，相互渗透，使体系内的各个环节协调统一，贯穿于高等教育的全过程。

（3）层次性原则

大学生能力的发展，是一个循序渐进的过程。遵循这一客观规律，实践教学体系也应分阶段、分层次逐步深化。其实践教学目标要由易到难，实践教学环节由简单到复杂，实践教学方法由单一到综合，分阶段、分层次，循序渐进的加以构建。

（4）实践性原则

实践出真理。因此，对实践教学体系的构建要有利于学生实践能力的培养，主要体现在实践教学目标要符合社会发展和人才需求，除培养学生的应用实践能力外，还应注重创新创业能力的培养，以满足学生自主发展的需要。在教学内容上，应突出知识更新的要求，以实践、实训活动为主导，模拟真实的环境来开展实践教学。

三、面向创新创业能力培养的实践教学体系

1. 实践教学体系的结构

实践教学体系的构建是以实践教学人才培养目标为核心前提，以实践教学活动为主体内容，并以相应环境资源作为支持条件的一个有机联系的整体。所以在构建面向创新创业能力培养的实践教学体系时，培养大学生创新创业能力作为实践教学人才培养目标，

与实践教学活动和配套的环境资源构成了体系中三大要素。这三大要素各有内涵又相互联系、相互促进。具体的体系结构图如图 8-1 所示。

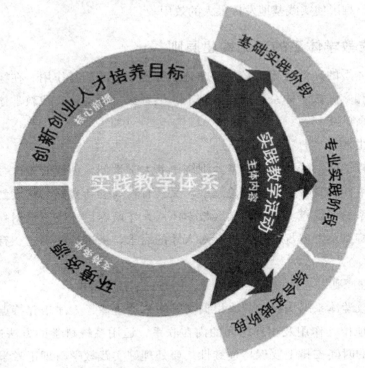

图 8-1　实践教学体系结构图

2. 实践教学体系构建的目标导向

创新创业人才培养目标是高校实践教学体系构建的目标导向，也是其核心前提。指的是在实践教学体系的构建中，要把培养学生创新创业能力作为实践教学人才培养目标，把创新创业人才培养目标贯穿于实践教学体系的每个环节中，通过实践教学活动培养学生的实践能力、创新素养和创业潜能，使学生实际问题的解决能力和综合素质得到提高，使学生做到德、智、体、美全面发展。

（1）培养学生理论联系实际的能力

实践教学的首要任务就是要求学生能将理论知识与实践动手能力相结合，将课堂教育与社会实践相结合。这样在学生进入工作以后，学会理论联系实际，充分利用理论知识、指导思想，去观察、处理问题，解决实际工作中遇到的现实问题。

（2）培养学生发现问题、解决问题的能力

在用人单位看来，现在的大学生发现问题、解决问题的能力并不理想。因为实践经验的缺乏，在工作中很难发挥高学历知识教育的优势。因此，通过实践教学，积极调动学生的观察力、理解力和思考力，

（3）培养学生创新能力、激发学生创业潜能

创新，对 21 世纪人才培养的意义尤为重要。在不断变化的世界环境中，只有具备创

新能力的人才才能发挥举足轻重的作用,为社会发展做出贡献。通过创新能力的不断提升,使学生富有创造力,激发创业潜能,开辟新的行业和领域。

高校要依据自身的学校定位,适当调整各学科教学计划,以培养学生创新创业能力的教学理念为指导,突出实践教学体系各环节的连贯性和整体性,完善实践教学内容,积极培养学生实践能力,满足新时期学科专业发展对专业人才的需要,力争实现创新创业人才培养目标。

四、实践教学体系构建的主体内容

如实践教学体系结构图所示,按照不同的教学目标,遵循实验内容深度的递进,实践技能层次的递进,综合应用水平的递进原则,实践教学活动主要包括基础实践阶段、专业实践阶段和综合实践阶段三个层次阶段。通过这三个实践阶段,学生可以合理地、循序渐进地安排实践教学活动,将创新创业人才培养目标和实践教学内容具体落实到各个阶段中,达到学生实践能力、创新能力的培养要求。其中每个层次阶段有不同环节的实践教学活动,如图 8-2 所示。

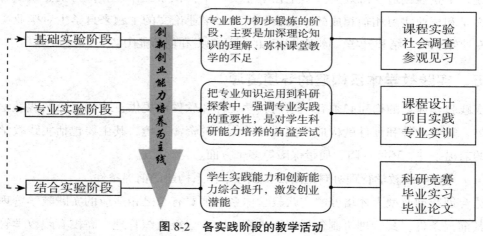

图 8-2　各实践阶段的教学活动

基础实践阶段是在专业能力初步锻炼的阶段,对加深理论知识的理解、弥补课堂教学的不足起着重要作用,是专业实践阶段的前提。基础实践阶段主要包括课程实验、社会调查和参观见习三部分,重点培养学生基本技能和基础实验能力。课程实验的教学目标是以理论知识为支撑,使学生具备以操作能力为主的基础实践能力,通过实际操作和应用来发现和解决问题;社会调查通过实地调查研究,促使学生去验证和解决课程中遇到的理论性问题;参观见习的目的是增长自身专业知识的见识,主要通过老师带团参观与专业相关的校外单位等方式进行。

专业实践阶段是在经过专业知识的系统学习之后,开始把所学知识运用到科研探索中,强调专业实践的重要性,是对学生科研能力培养的有益尝试。专业实践阶段主要包括课程设计、项目实践和专业实训三个部分。课程设计对培养学生提出、分析和解决问题和初步形成科学研究的专业综合能力起着重要的作用,是巩固所学理论知识的重要途径。学生在课堂学习时间有限，不可能完全掌握学科专业知识，所以项目实践环节可以使学生根据自己的特长，选择感兴趣的某一专业项目，在教师的指导下，以项目小组的形式组合在一起学习和研究，通过互帮互学，培养团队精神和融汇多学科知识的能力，培养学生设计实验的能力。专业实训主要采用校企结合的形式，由学校老师和企业老师带队，走到实际的工作环境中去，让学生亲身体会到未来的工作状态，帮助学生及早地适应工作环境，使其满足行业需求，是连接校内学习和企业需求的桥梁，是毕业实习的一个提前模拟。

综合实践阶段主要包括科研竞赛、毕业实习和毕业论文三个部分，重点培养学生综合实践能力和创新能力。在科研竞赛中，学生在学校指导教师的辅导下，参与老师的课题研究、科研立项和大学生创新性实验项目等学术活动，也可以参加本专业的各项竞赛活动等，锻炼学生把理论知识与实践能力相结合的能力。为了能让学生在毕业实习的时候尽快进入工作状态，适应真实的工作环境，毕业实习是学生自己参加到相关企业部门中去，并没有教师从旁指导，学生真正地投入到实际工作中，发挥自己的综合能力，解决问题，给企业创造经济效益。学生在毕业实习中，积累工作经验，为就业做准备。毕业论文是和毕业实习相辅相成的一个实际活动，毕业论文的主题来自学生对毕业实习过程中专业知识的总结和升华，体现出学生的科研能力和创新能力。

五、实践教学体系构建的环境资源

实践教学体系的构建必须有一系列教学硬件和软件地提供，才能保障实践教学的顺利开展，这些软件和硬件就构成了实践教学体系的资源环境。其主要包括实践教学体系构建的前提条件、环境保障、质量保障等多个方面。

（1）完善实践教学管理机制是高校实践教学体系构建的前提条件

适合创新创业型人才培养的实践教学体系必须要有与之相适应的实践教学管理机制作为其前提条件。其管理机制包括以下内容：一、分级组织管理。高校实践教学管理实行校、院二级管理体制，由学校负责对实践教学制订相应的管理办法和措施，各二级学院作为办学实体负责实践教学的组织和实施；二、教学制度管理。目前大部分高校的学生必须按照专业教学计划，接受与其他专业同学相同的教学内容，而不能自主选择个性化的课程，这样并不利于大学生实践创新能力的培养。完善实践教学制度，需要实行"弹性学分制"，保证学生获得学分途径的多样性和灵活性，促进学生创新能力的最大化发展；三、运行评价管理。建立起包括学科专业资源、软硬件条件、校内外实训实习基地等实验教学资源有效利用和共享开放的机制，保证实践教学资源得到最大地有效利用，为实践教学活动的开展提供可靠的保障。同时，需要对实践教学的各个环节制订相应的评价反馈机制，利用这种机制来促进实践教学质量的提高，通过评价反馈保证实验教学改革的机制对实验教学资源的有效配置与利用起到良好的监督与指导作用。

（2）实践教学基地建设是高校实践教学体系构建的环境保障

实践教学基地建设可分为校内实训基地建设和校外实习基地建设两个方面。校内实训基地主要是面向本校师生，采取校企结合的模式，在校内开设企业培训课程，进行企业模拟实践项目的，能体现学校管理和专业特色的实训场所。校外实习基地需要依托企业的老师，按照企业生产实践的真实需求，参与学生的校外实习教学环节的管理和指导工作。良好的实践环境是培养学生实践能力和创新能力的重要基础，所以高校应该确立以校内实训基地发展为核心，稳定与扩展校外实习基地建设，采取校内外共建相结合的思路，来为推进高校实践教学改革的基本环境建设提供保障。

（3）高素质的实践教学师资队伍是高校实践教学体系构建的质量保障

近年来，很多高校开始认识到，实践教学人员已不再是传统观念中的教辅人员，而是教学活动的主体。实践教师队伍素质的高低，直接关系到学生实践能力、创新能力培养的好坏。因此高校要加强实践教学师资队伍的建设，以适应新的实践教学体系要求。高校要抓好"双师型"实践教学师资培养工作，通过各种培训、培养途径，使他们既具备扎实的基础理论知识、较高的教学水平，又具有很强的专业实践能力。同时，建立完善的考核体系，鼓励教师参加实践教学工作。

第三节　"互联网+"背景下大学生创新创业支持体系构建

一、基本思路与原则

在信息时代，"互联网+"快速发展的今天，大学生创业遇到了许多困难，有资金方面的、有政策方面的、有技能方面的，还有服务方面的等等。虽然一些高校开展了大学生创业培训，但是仅靠这些是不能很好地为大学生成功创业服务的。支持服务高等学校毕业生创业是一项系统的工程，需要一个完整、成熟的教育服务支持体系。目前我国尚未形成一个完整的创业支持体系，而在发达国家尤其是美国除了有先进的创业教育体系和完善的理论支持外，还有一套比较系统完善的支持大学生创业政策，为大学生创业提供了有力的保障。因此，我们可以借鉴发达国家的经验，并结合目前我国大学生创业服务体系中存在的不足来完善创业支持体系。完善大学生创业体系是一个漫长艰辛的过程，我们绝不能为了求快求方便而照搬照抄国外先进的创业支持体系，忽视我国的具体国情。我们应该本着实事求是的原则，吸收他国经验，在实践中不断完善大学生创业体系，以切实保障和落实大学生创业相关服务工作。

二、大学生创业支持体系的构建

建立一个以家庭、社会、国家为基础的，适合中国国情，符合大学生当下要求的，较为全面的创业支持体系。以帮助大学生更好地认识创业的方方面面，帮助大学生克服在创业过程中所遇到的困难，全面支持鼓励大学生充分发挥自己的主观能动性，创新思想，突破自我，积极创业，为展现我国大学生自身的真正价值、促进我国经济快速腾飞而努力。

1. 构建完善的创业政策支持体系

我国改革开放 30 多年来，经济增长速度保持在 10% 左右，在这样良好的经济环境中，有着潜在的、巨大的创业机会。然而在我国现行的市场经济体制下，仍然有许多不完善的地方，大学生创业如果一味地像美国一样靠市场去主导，初出茅庐的大学生企业势必会举步维艰，从而影响到大学生再创业和其他大学生创业的信心和积极性。我国政府和社会组织应该从各个方面制订一系列政策和措施来鼓励大学生创业，方便大学生创业，保证大学生创业，使大学生企业今后真正成为我国经济前进的重要力量。

（1）创业鼓励

政府、高校、社会组织在制定各项政策鼓励大学生创业的同时，要让尽量多的大学生了解和知道这些政策的存在。以前的情况往往是政策虽在，但无人知晓，有些大学生会因此放弃创业的念头。社会各界应该通过各种媒介深入宣传鼓励大学生创业的基本政策和措施，让广大有潜在创业想法的大学生通过了解这些鼓励政策来产生其心灵上的共鸣，从而将创业理念转化成创业现实。同时，要深入报道大学生创业成功的典型案例，树立创业者在大学生心中的典型形象，建立一个十分轻松、友好的创业氛围。社会各界也应该加强合作，开展一些适合大学生创业的社会活动，给予大学生一些创业奖励，增强他们的创业积极性。

（2）税费减免

政府和社会各界要方便大学生创业，就要在税费上下功夫，简化大学生创办企业和企业运营中的各项程序，减免相应的行政管理费用，减轻大学生企业的负担，同时在各项税收中给予大学生企业更高比例的优惠。

（3）技术支持

大学生企业在创办后很可能会遇到一些核心的技术问题而阻碍其进一步发展，这时候政府需要制定相关的法律法规保证大学生企业核心技术的获得，特别是要求国有企业和知名企业在条件允许的范围内尽量和大学生企业进行技术交流，在技术层面给予大学生企业一定的援助。而高校的科研力量也可以成为帮助大学生企业改良技术的有力平台，像日本经济产业省那样将高校老师和同学的科研成果转化成产品。同时大学生企业在产品获利后反哺学校的科研力量，进一步促进高校的科研水平，从而形成一个教学—科研—产出的良性循环。

（4）项目支持

大学生企业在创办之初尽管有好的发展前景、运营模式，然而如果没有好的项目，不能盈利，仍然不能使其长久地生存发展。大学生刚刚毕业必然没有足够的关系网和社会网，市场渠道的不畅也就会导致大学生创业的失败。政府和社会组织应该正确、合理、积极地引导，分配一定比例的政府采购项目和社会采购项目给大学生企业，帮助其顺利拿到订单和合同。

2. 构建完备的创业教育支持体系

高校作为大学生创业前期理论学习的基地，对于培育大学生相关的专业理论知识、创业基本技能以及大学生的艰苦奋斗、持之以恒、敢于创新的企业家冒险精神有着十分重要的作用。尽管我国政府相关部门对高校的创业教育十分重视，1999 年 1 月教育部就颁布了《面向 21 世纪教育振兴行动计划》来构想适合我国国情的高校创业教育，并且教育部高教司于 2004 年确定了清华大学、中国人民大学、武汉大学等全国 9 所高校作为创业教育的试点学校来真正实施我国的创业教育。然而由于各方面的原因，这些举措都没有很好地执行和推广下去，导致我国大学生创业积极性不高，创业理论知识储备不够，创业者基本素质没有得到很好的锻炼。创业教育是成功创业的重要因素，有必要大力开展创业教育，为大学生创业奠定理论基础。

（1）纳入学分

高校要把创业教育纳入学分体制，使创业教育成为如同专业课一样的必修课，使尽量多的大学生接触到高校的创业教育。对创业教育任务的评估也会使高校的创业教育更加灵活丰富，各种创业技能、创业培训、创业活动的开展都将是大学生拿到学分毕业的必要环节。因此，将创业教育纳入学分是高校进行创业教育的有效前提，有利于创业教育的普及。

（2）课程设置

在成功将学生拉到创业课堂里后，如何让参加创业相关课程的大学生保持兴趣、积极投入从而能够真正掌握相关的创业理论、创业想法就成了高校创业课程设置所要关注的问题。课程设置的核心问题一方面是在各个高校的各个特色专业和相关专业开设渗透性的创业课程，使类似于化工、机械、生物等理工科的专业和法律、文史、会计等文科性的专业都有可以创业的切入点，并能够有机地结合文理专业，使学生和老师能够充分地交流，释放全面特别的创业理念；另一方面考虑到在调查问卷中绝大多数大学生更在意的是创业相关课程的内容和形式，我们可以摒弃以前传统应试教育老师讲课、学生听课的死板模式，借鉴如美国百森商学院的圆桌会议、MIT 的创业课程试验、斯坦福的模拟商业谈判等等这样的创业课程形式，使学生能够充分地了解和模拟今后的创业流程，并在此过程中结合灌输相关的创业知识，使其在模拟试验中自觉地克服创业困难，培养冒险精神和创业品质。这不仅仅使高校的创业相关课程更加灵活生动有趣，也起到了培育大学生创业者素质的作用。

（3）创业竞赛

美国百森商学院和德州大学奥斯汀分校最早于 1984 年在高校内开展创业计划大赛（Business Plan Competition），后来美国的多所高校如纽约大学、斯坦福、芝加哥大学等都开展了相应的创业计划大赛，来鼓励大学生创业。我国清华大学也于1998年开展"清华大学创业计划大赛"，之后的"挑战杯""大学生创业求实杯"等多项创业大赛也相继开展，并取得了一系列成果。

3. 构建强有力的创业资金支持体系

企业的创建、运营、维系都需要资金的注入，资金链状况的良好对于一个企业正常健康的发展有着相当大的作用。资金困难是大学生创业的第二大难题，只有有效地通过各种渠道来引入资金，才能支持大学生将创业构想转化成创业成果。因此，建立和完善以家庭、学校、政府、社会为基础的资金支持体系对于大学生创业有着极其深远和实质性的影响。

（1）家庭支持

从对大学生创业基本状况的调查来看，超过70%的大学生的创业原始积累，也就是我们常说的"第一桶金"是来自于家庭、亲戚、朋友。这一方面说明在现行的金融市场上，想要通过商业信贷来支持创业还十分困难；另一方面也说明相关的法律法规和优惠大学生创业的资金政策还不完善，亟待出台。家庭资金支持除了指大学生的自有资金和通过亲戚朋友的帮忙所获得的资金和物资外，还包括家庭对于大学生创业的精神支持，精神支持是指家庭赞同大学生的创业行为，减轻大学生毕业后对其成家立业、赡养父母等经济负担的精神压力，能够容忍创业所抛弃的机会成本和创业失败的损失，相当于减轻了大学生创业负债的压力。这两方面的结合对于大学生创业初期生理和心理的压力有极大的缓解作用。

（2）学校支持

高校的资金支持可以有效地减轻大学生创业的时间成本，缩短创业周期，使其在高校内专心于理论知识的学习、创业技能和创业品质的培养以及创业计划和创业构想的实施。高校的资金支持可以从三个方面去实施完成：一是将科研成果进行商业化；二是举办高品质的创业竞赛进行创业奖励；三是直接设立创业种子基金。我国很多大学也相继设立了创业基金，这都使其成为创业教育和创业支持工作的示范学校，有力地支持了大学生创业。

（3）政府支持

大学生在创业初期遇到困难时最希望得到高校和政府的援助，政府对大学生创业的资金支持也可以从以下几个方面去入手：第一，相应的资金政策。除去对大学生创业减免相关的税费，降低大学生创业的门槛，提供相应的资金政策也是一种很好地减轻其创业负担的办法。第二，银行贷款。政府可以硬性规定国有商业银行设定一定比例的商业贷款给大学生企业，贷款利率在各地做相应的调整，同时建立适合的担保预约制度，保证大学生可以相对容易地进行融资。第三，政府设立创业基金。

（4）社会支持

社会的资金支持主要是指通过市场上的一些民间组织及市场力量来帮助大学生企业

融资，这是对大学生创业融资的一个补充。整合各方力量，对大学生企业进行融资援助，具体有以下三个方面内容：第一，我国的民间NPO（非营利组织）可以联合一些专门的机构投资者对项目较好的大学生企业进行风险投资，这也是国外比较常见的一种投资方式，尽管是带有股权性质的投资，但机构投资者会在咨询、财税等各方面对大学生企业进行援助，这也是本章比较推荐的融资模式，增强了大学生企业的存活率；第二，我国民间NPO可以组织一些企业来投资与其发展方向相关的大学生企业，作为加盟公司、旗下公司、技术联合等，这将对双方的发展起到积极正面双赢的效果；第三，民间NPO直接资金援助或者直接贷款，但是可能由于资金数量小、利率高，所以贷款的大学生需要反复斟酌，有一定的局限性。

4. 构建完善的创业服务支持体系

助力大学生创业获得成功需建立一套完整的服务支持体系，这为大学生创业起到润滑剂的作用。

（1）创业基地

大学生在获得了创业资金、创业项目之后，往往需要一个固定的办公场地进行日常的管理办公、生产办公、科研开发办公等，而创业基地，有时候我们也称"孵化基地""孵化园"就能够满足大学生这样的需求。这种创业基地往往固定建在大学校园或经济产业园中，在起到很好的作用之后，需要将自己的创业构想转化为创业产品并在市场上销售，如果不能将创业构想进行盈利化、市场化，那么大学生创业的失败则不可避免。由于缺乏市场经验和营销渠道，大学生创业需要政府、高校、社会的市场导向支持，除了在政策支持中提到的政府要拿出一定数量的政府采购合同给大学生企业，帮助其拿到订单外，也需要广大的社会力量将大学生企业所在领域的相关信息进行资源共享，最大程度降低信息不对称的程度。大学生创业者要在政府、高校、市场的引导下更好地了解自己从事的相关行业信息，确认自己的客户资源，完成市场细分，对自己核心的领域有的放矢，成功创业。

（2）管理服务

创业支持体系不但要让大学生企业成功地建立，而且更重要的是如何让大学生企业健康成长，不断壮大。因此，管理服务水平的高低将直接影响大学生企业的后期存活率和发展状况，本文也从以下三个方面进行概括：第一，在创业基地、大学创业园等设立专门的管理服务部门，对大学生企业所遇到的法律、财税、会计等相关的企业基础常识提供咨询与援助，使大学生企业尽量少走弯路。第二，内部管理。内部管理是要让大学生创业者了解企业的产权结构和现行的企业组织结构，在合理的分配和设计下，能够让企业避免产生一些不必要的纠纷和问题，从而让企业在创办后能够较为良好地运转。第三，对大学生企业的相关人员进行再培训。培训的内容不再是创业的相关问题，而是关于行业内的基本问题，包括在企业内任职不同的员工应该承担哪些相应的权利和责任并具备怎样的素质和能力，努力提升企业的核心竞争力，使大学生企业能够尽快做大做强。创业集群辐射效应使创业的大学生都在这个孵化基地进行创业，相互交流，提高了大学生企业的存活率。

三、"互联网+"背景下大学生创业支持体系的对策建议

这些年来，从中央到地方，政府对大学生就业创业给予了高度关注，纷纷出台了各种措施鼓励和引导大学生就业创业，这也是一项民生工程，关乎千家万户，关系每个毕业生家庭的幸福，关系社会的和谐稳定。随着政策效应的产生，大学生创业的热情不断高涨，这为政府、高校、社会完善和实践大学生创业支持体系提供了实践平台。

1."互联网+"背景下创业形势分析

互联网能使创业成为一种生活方式，让创业教育成为一种思维，具有开发性、包容性；利用互联网技术平台可以实现不受时间、空间约束的立体式教育。

（1）政府政策制度体系的支持

随着社会经济的发展，国家越来越重视创业和创新，正在加快改革科技成果产权制度、收益分配制度和转化机制，让科研人员取得更多股权期权等合法权益，更好体现知识和创造的价值。同时，不断简化创业行政审批手续，降低创业门槛，提高对创业和创新的扶持力度。另一方面，也正在大力破除技术壁垒、行政垄断的藩篱，营造公平竞争的市场和法治环境，构建支持创业和创新的制度体系。

（2）经济发展的内在需求

大众创业、万众创新是经济增长的新引擎。当前，我国经济从高速增长阶段进入中高速阶段，传统依靠丰富廉价的劳动力发展经济的方式已经无以为继，经济增长动力不足是经济发展最为核心的问题，必须要为经济找到新的引擎。随着经济向形态更高级、分工更复杂、结构更合理的新常态过渡，增长驱动力必须由要素驱动、投资驱动转向创新驱动，这既是经济发展的阶段性特征，也是现实选择。

（3）全民创业的文化环境

80后这一批受过高等教育的年轻人正在成为社会劳动的主力军，他们思想上更开放，更具有国际化的视野，也深受互联网的影响，创新创业文化已经深入到他们每一个人的内心深处。创客文化也成为现今年轻人中流行的文化。随着国家的鼓励和推动，全民创业的文化氛围正越发浓厚。

（4）个人价值实现的重要方式

创业创新为每个人提供了一个以勤劳致富实现梦想的公平机会。创业创新正在成为实现个人价值的重要方式。

2."互联网+"背景下大学生创业方向建议

（1）利用电子商务线上创业

"互联网+"为大学生创业提供了巨大的、方便的平台，大学生可利用网络平台创业。大学生开店，一方面可充分利用高校的学生顾客资源；另一方面，由于熟悉同龄人的消

费习惯，因此入门较为容易。比如淘宝、微商。

（2）利用网络技术、技能创业

大学生群体不乏网络高手，又身处科技前沿，有近水楼台先得月的优势，百度、网易、腾讯等大学生创业企业的成功，就是得益于创业者的网络和技术优势。有意在这方面创业的大学生，可积极参加一些创业大赛，获得更多的机会，以便吸引风险投资和慈善投资的关注。比如软件编程、网络服务、动画开发等。

（3）利用互联网进行在线智力服务

在智力服务领域创业，大学生游刃有余。智力是大学生创业最丰厚的资本。智力服务创业项目门槛较低，投资较少。比如家教、程序检测、设计、翻译等，一张桌子、一台电脑就可以开业。

（4）连锁加盟领域

据调查，在相同的经营领域中，个人创业的成功率低于20%，而加盟创业的成功率则高达80%。对创业资源十分有限的大学生来说，借助连锁加盟的品牌、技术、营销、设备优势，可以以较少的投资、较低的门槛实现自主创业。比如快餐业、家政服务、校园超市、数码快印等。

3. "互联网+"背景下大学生创业支持体系对策建议

大学生创业的培育和引导，是一个长期的过程，除需要政府、社会等各个方面的共同努力外，更需要充分利用当下互联网经济发展势头，以"互联网+"思维促进大学生成功创业。

（1）以"互联网+"为载体构建高校创业教育体系

一是利用"互联网+"技术构建适合各区域的创业教育课程体系。创业教育课程是创业教育理念的主要载体和实现创业教育目标的重要手段，是创业教育实施的主要途径之一。需根据高校所在区域学生的特点和需要，利用"互联网+"技术构建立体式、全天候、高覆盖的自助课程体系，如开发专门的创业教育网站，网站涵盖创业经典故事、创业网络课堂等；制作"碎片式"手机APP移动创业课堂，给予一定的流量补贴，鼓励学生随时随地学习创业课程；建立校方创业微信群，让创业者有问题随时得到解答等。

二是基于"互联网+"技术构建高校创业教育实践体系。创业是一种实践性强的活动，要利用"互联网+"技术设置一系列创业实践活动，改变传统的实践方式。如构建线上线下创业实践平台体验、网上模拟创业；校方可利用"互联网+"技术建立网上大学生创业园，组建虚拟学生创业公司，线上线下实战经营；建立远程创业视频系统，与创业教育专家和创业成功人士互动交流，创业实践活动要突出"创造性、实践性"特色。

三是以"互联网+"技术为支撑建立高校创业教育评价体系。创业综合素质、创业能力的提高、创业学生的数量等方面指标不能全面反映创业教育状况的实际，为更好地确定创业教育实施情况和最终效果，需利用"互联网+"技术建立以创业率、创业成功率、创业教育影响力等因素为核心指标的创业教育评价体系；建立相关模型，用大数据分析法，得出科学结论，以推进创业教育健康持续发展。

（2）强化学生创业教育和指导，培养大学生创业理念和创业能力

传授专业知识的同时，应将创业教育纳入高等教育的课程体系，改革人才培养方案，使创业教育成为大学生的必修课程，进行系统的传授，培养大学生的创业意识和创业能力；在大学生实习阶段，对有创业意愿和创业能力的大学生，高校就业指导部门应及时将其推荐到大学生成功创业的企业或其他创业型企业中进行学习交流和实习实践，增加大学生对创业的感性认识，积累创业经验，增强创业自信。

（3）为大学生创业提供个性化扶持，提高首次创业成功率

政府部门在简化大学生创业审批程序，放宽对创业的注册资金和场所的限制，减免创业行政收费，落实税收优惠政策等基础上，还要结合大学生文化水平高、综合素质高、社会经验少的特点，引导其从事与所学专业或兴趣对口的创业项目，将个人兴趣、专业与创业方向结合起来。并成立由高校专业教师和创业企业家组成的"创业导师团队"，对刚起步的大学生创业企业进行一对一的帮扶。

（4）大力开展创新创业竞赛活动

社会和科技部门应通过开展"大学生创业创意大赛"和"大学生创新创业分享沙龙"等活动，鼓励和引导大学生将创新创意转化为创业项目，营造大学生创业的良好氛围，并以此活动为契机，搭建大学生与创业伙伴及创业投资人的线下沟通交流平台；高校或相关政府部门应针对大学生缺乏社会经验、人脉资源、企业管理经验和销售渠道等情况，根据不同创业大学生的专业优势和性格特点，积极组织协调多个大学生进行共同创业，各司其职，优势互补。政府应开展创业实训、模拟运作、孵化培育等公共服务，并鼓励和引入民间、社会力量组织专门的创业指导机构，为创业者提供法律、投资、财会等专业服务。

（5）充分运用"互联网+"新理念，打造大学生创新创业新模式

对大学生创业企业，特别是传统产业的企业，应充分运用"互联网+"新理念，将传统企业与互联网完美融合，走信息化与工业化相融合的路子。对于大学生创立的小微科技企业，应充分利用互联网优势，为企业打造一个开放式创新平台，采取"众包"模式，汇聚全社会的创新力量，并以此为载体，为客户提供各类个性化的服务和体验，加快企业创新和个性化发展步伐。

（6）基于互联网技术搭建众创服务平台

政府应适应新型创业型孵化平台的特点，简化登记手续，对"众创空间"的房租、宽带网络、公共软件等给予适当补贴，尽量降低搭建平台的成本。让青年人特别是大学生的兴趣与爱好转化为各种创意，通过网上"创客联盟"、网下"众创空间"等平台将其汇聚起来，逐渐把孕育于移动互联、根植于创业草根、适用于创新创意的空间，打造成培育各类青年创新人才和创新团队的空间，在创意者、创新者以及投资人之间实现信息对称、项目对接、资本对接的创新型创业孵化综合服务平台，努力把各种创新创意转变

为现实。鼓励科技创业企业充分发挥网上"创客联盟"和网下"众创空间"平台的优势，集中开展技术难题攻关和创新创意研发，这样不仅能降低企业科研成本，而且有利于营造"万众创新"的社会氛围。

（7）积极搭上互联网经济发展势头，引导大学生开展电子商务创业

开展大学生网上创业模拟实训，提高创业人员的操作能力。打造大学生电子商务创业实践基地。积极引导大学生电商企业进驻电商创业园，为大学生电商企业提供电商培训、电商企业孵化和运营的一体化服务。对大学生电商创业实行以奖代补，并对创业初期的小微电商企业实行社保补贴和场地租金补贴。

（8）加大资金扶持力度，创新创业融资形式

目前，我国高等学校毕业生创业的特点决定了毕业生们更需要风险投资，因为他们是刚毕业的学生，资金缺乏，我国的风险投资体系不够完善，信用制度很不健全，融资是高等学校毕业生必须要解决的问题，不然创业就无法进行下去。为此，政府应该主动牵头，搭建大学生创业的融资平台，为其融资创造有利的环境，建立大学生信用体系，加快和完善资本市场体系建设，为大学生创办的中小企业建立成熟的融资、投资体系。另外，政府可以对帮扶大学生创业的社会企业给予一定的奖励，引导社会力量支持大学生创业发展。

各级政府应设立专门的大学生自主创业储备基金，重点资助本地区具有一定科技含量与良好发展前景的大学生创业项目。同时，可考虑将下岗失业人员小额担保贷款的申请对象扩大到创业的大学生，扩大大学生创业扶持资金的来源渠道。另外，充分发挥"种子资金"的带动效应，由政府出少量资金，带动社会和民间资金，成立"大学生创业风险基金"，再由第三方专业机构对申请资金的创业项目进行风险评估，通过评估后的创业企业可获得基金支持。最后，政府和金融系统应支持大学生创业企业通过成熟的金融市场获得更多的资金，发展多种融资渠道，如以大学生申请的专利或其他知识产权来进行融资，为大学生创业提供更多资金支持。

在推进小额贷款公司时明确小额贷款毕业创业贷款的比例；制定政策规定各商业银行对高校学生创业贷款计划单列，加强贴息贷款力度。建立中小企业信用担保体系，促进银行贷款向高校学生创业企业的倾斜。设立高等学校毕业生投资机制，形成大学生创业的助推器。

（9）整合社会创业政策，提高大学生创业的服务保障能力

梳理政府对社会各类群体的创业优惠政策，实现政策的普惠性，放宽对大学生创业的注册资金和场所的限制，落实税收优惠政策；加强大学生创业园建设，建立创业园人才信息库，提供园内创业大学生的信息交流平台。建立定期为创业企业提供与园外企业学习交流机制，全方位、多层次地为大学生创业服务；依托大学生创业园和创业孵化基地，对有创业意向的大学生免费提供创业指导、创业培训、税费减免、小额贷款等"一条龙服务"，切实提高对大学生创业的服务保障能力。

（10）建设创业实践基地，激励和满足大学生创业需求

创业环境通常指的是围绕创业成长发展而变化的，并对企业实时产生影响的一切因素的总和。创业环境具有区域性，不同的地方，社会结构、经济发展水平不一样，给予的优惠帮扶措施也不一样，这些因素都将对创业企业产生重要影响。

大学生创业基地具有社会公益事业性质，政府应在资金上、政策上给予支持。但从国家和目前一些地方财政的承付能力看，不能完全依赖于政府的支持。创业基地要通过探索和开发满足市场需求的服务产品、服务方式，不断提高创业基地的自我生存能力和自我发展能力。要把承担政府政策性、公益性目标与基地的自主发展结合起来，积极寻求自主经营和可持续发展空间。

政府要加强大学生创业基地建设和高科技创业孵化器的建设。要建设专门的创业园，通过集聚效应降低大学生创业风险，提高其创业成功率，在大学生创业园区内建立完善的帮扶机制，引导社会力量、民间资本参与大学生创业。另外通过孵化科技产品，加快项目转化，从而帮助大学生创业的成功，促进大学生创业。要整合有限资源，有针对性地支持创业项目，形成规范的、科学的支持体系，从而为大学生创业搭建一个合理公正的支持帮扶系统。

（11）提供完备的创业指导咨询服务

建立与完善中小企业社会化服务体系是《中华人民共和国中小企业促进法》的规定。中小企业社会化服务体系是以服务社会各类中小企业为宗旨，以营造良好的经营环境为目的，为中小企业的创立和发展提供多层次、全方位、网络化、社会化服务。高校学生创业支持体系就是这个网络的一部分。构建一个好的网络，才能够提供好的服务。

构建高校学生创业支持体系，一是要树立以人为本的服务理念，从高校学生创业的实际需求出发，不断完善和创新服务内容。服务的重点包括：为有意创业的高校学生提供创业咨询、创业指导与策划、创业培训等服务；为注册登记两年内的新创办的高校学生创业企业提供财税、法律、劳保、外贸等代理服务，政策与信息服务，管理咨询服务，技术服务，融资指导服务，人员培训服务等。二是鼓励各类服务机构多渠道征集、开发创业项目，建立"创业项目信息库"和"创业者信息档案库"，及时为高校学生创业提供服务，帮助高校学生掌握基本创业技巧，指导制订创业计划书，规划创业项目，帮助其实现创业。通过多方面的指导帮助，采取多种形式来帮助高等学校毕业生创业，构建合理的支持服务体系，使学生能成功创业。

建立高素质的创业教育培训的辅导员队伍是创业教育服务支持工作的基础。各级政府和相关职能部门要把当地各行各业有经验的人组织起来，比如，优秀的企业家、法律专家、管理咨询专家等，为高校学生创业服务。要创立创业辅导员选聘及管理制度，使其成为地方创业服务的重要力量。有条件的地区可以组织"专家咨询学生""创业服务志愿学生"深入实际开展高校学生创业服务。

（12）多措并举提升大学生创业能力

长期以来，由于传统的观念，大学毕业就是读研，或就业、出国等，这样的培养模式束缚了大学生创业的思想和行为，创业教育和培训严重缺乏。为此，对大学生进行创业教育培训势在必行。创业培训教育是激发和提高大学生创业能力的重要环节，家庭教育同样缺乏对大学生创业进行教育。因此，为培育大学生的创业精神和理念，使其树立一种创新意识，高等学校必须改变传统的教育模式，转变职业观念，加大创业教育的力度，不断根据变化的形势，实时设置创业教育课程，把创业教育纳入教学计划，形成一个完善的创业教育课程培养体系，使学生的创业能力和潜力能充分得到发挥，形成良好的创业教育氛围，促成大学毕业生积极创业。学校应该设立有关创业教育的激励机制，把教师的积极性也充分调动起来，不断指导帮助大学生创业，建立一套合理的、有效的目标体系，保障创业教育的顺利进行。

大学生创业教育是多方面的，仅靠高校本身是远远不够的，必须得到政府的大量支持、企业的鼎力相助。企业家走进校园为学生授课，讲授实战经验，为大学生创业进行指导；政府整合有限资源，有针对性地帮助大学生创业。只有在全社会营造良好的创业支持氛围，从支持大学生创业中受益，才能真正建立起社会的支持体系，高校学生创业教育才能得到长足发展。

（13）为大学毕业生创业配备"师父"

大学毕业生刚创业，一个很重要的方面就是缺乏实践经验，给他们配备创业导师是十分必要的。导师是校外的有实战经验的企业家或职业经理人等等，对他们创业过程中遇到的问题能及时解决，使学生少走弯路，提供必要的帮助，这样能提高其创业成功率。具体措施如：举办拜师会，学校聘请相关项目的企业家，学生和导师相互了解，双向选择，这样就可以加强对学生创业实践的针对性指导。

（14）建立挫折"发泄坊"

学校不仅要对创业成功的学生进行表彰，大力宣传，也要为创业受挫的学生营造包容鼓励的良好氛围，这样大家才不会害怕创业，对创业就不会恐惧，就会把其当作一件平常的事情来做，这样压力就更小了，更有利于全心投入到创业项目中，就会有越来越多的人加入创业的大军中来。如举行创业经验座谈会、创业失败总结会，对创业失败者进行"把脉"，疏导其情绪，加强再培训等；建立创业受挫"发泄坊"，让其在一定范围内充分释放情绪，然后再重新整装出发，改进不足，完善手段，继续创业的项目。

第九章 高校内科技创新的引导和驱动探索

第一节 高校科技创新的组织

一、科技创新的概述

（一）科技创新的内涵与过程

1912年熊彼特（Schumpeter）在《经济发展理论》中首次提出创新（innovation）的概念，认为创新是经济发展的动力和源泉，开创并完善了创新理论体系。20世纪50年代以来，随着科技进步对经济增长的贡献日益明显，创新研究集中在技术创新和制度创新两个主要方向。在当代研究中，创新的概念有泛化的倾向，现实中的创新包括制度创新、管理创新、战略创新、市场创新、观念创新等。狭义的创新主要指科技创新，倾向于围绕发明的开发和实施过程，包含把新颖的和改进的物料、流程、产品和服务开发并转移到它们相适宜的工厂或市场的过程。科技创新是科学创新和技术创新两部分的总和，科学创新包括基础研究及其应用方面的创新，技术创新是包括应用技术研究、实验开发和技术成果商业化、产业化的创新。它被认为是对经济增长和产业发展起到关键作用的重要创新。

从宏观上来讲，关于科技创新的运行规律，经济学家试图用多种理论加以描述。1890年马歇尔提出用生物学概念分析经济现象，熊彼特也从进化的角度探讨了经济生活如何在社会环境和自然环境中进化。纳尔逊和温特奠定的自然选择论认为，一个进化的经济系统能够为经济实体指明选择的决定因素、动力机制。在科技创新的过程中，选择和搜寻是两个关键要素，搜寻体现技术进步的累积性，选择决定不同科学技术被采用的方式。另一些学者在路径依赖理论中指出，技术发展的历史因素影响未来的技术变迁。市场、技术管理、制度、规则、消费者预期等都会影响科技创新，而成功的创新和采用的新的科学技术取决于现有技术的发展。科技创新的运行规律昭示科技创新能力是能够被引导、驱动和管理的。

从微观上来讲，科技创新是一个持续循环的过程，图9-1展示了一个企业、科研部门、科学工作者进行科技创新的循环过程。

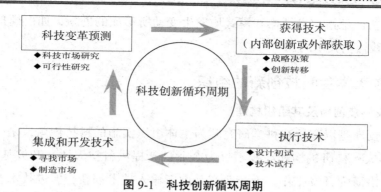

图 9-1　科技创新循环周期

（二）科技创新的类型

1. 根据 SPRU 研究进行分类

20 世纪 80 年代，英国萨塞克斯大学（Sussex）大学科学政策研究所（Science Policy Research Unit，SPRU）提出了基于科技创新程度和影响范围的创新分类。

渐进型创新（incremental innovation）是一种不断进行的累积性改进。虽然创新程度不大，但是对提高生产效率、降低劳动成本、提高质量有很大作用。渐进型创新是数量最多的、最常见的创新，利用资源不多，对企业发展和成功很重要。

根本型创新（radical innovation）是一种在科技突破或市场需求吸引下完成的研究开发。这种创新是不连续的，偶然发生的，其成果通常导致产品的性能与功能，生产工艺发生质的变化。根本型创新数量较少，所需资源多，对企业发展、行业变化作用很大，甚至导致新产业的出现，对经济发展的影响较大。

技术系统的变革（change of technology system）是一种在严密组织和计划下，耗费大量资源，有目的地完成现有技术的改进和复杂技术系统的建立。一般是在国家计划和推动及行政干预下进行的，高度依赖杰出的科学家和出色的工程技术人员。这类创新虽然有限，但创新成功往往带动相关产业的重大变革。

技术范式的变革（change in technology paradigm）是一种既包括根本型创新，又伴随技术系统变革的一种科技创新。这种创新影响多个经济部门甚至整个经济环境，并改变人们对科技、经济和社会的认识及行为方式。

2. 根据技术变动方式进行分类

清华大学教授吴贵生提出技术变动的方式包括两种：一种是结构性变动，另一种是模式性变动。结构性变动是指技术要素结构或联结方式的变动。模式性变动是指技术原理的变动。根据技术变动方式的不同，可以将科技创新分为四类：

局部性创新，指在技术结构和模式未变动的条件下的局部技术改进或形成的创新；

模式性创新，指技术原理变动基础上的技术创新，如通信技术中由模拟交换到数字交换的创新就是模式性创新；

结构性创新，指技术模式未发生变化，技术结构的变动形成的技术创新，如有线电话到无线电话的创新，通信原理并未改变，只是在一定程度上改变了通信连接方式；

全面性创新，是指技术结构和模式均发生变动所形成的创新，如由模拟式有线通信技术到数字无线通信技术的创新。

二、高校大学生科技创新的组织

（一）高校科技创新及其组织构建

高校科技创新是以高校和科学研究院为主体组织实施的科技创新，是一种重要的科技创新组织形式。科研机构和高校不仅为企业创新提供科技人才、开放基础研究设施，还通过从事前沿研究开发工作，为企业产品创新输入技术创新，促进技术产业及其相关知识服务业发展，最终带动经济发展。

高校科技创新的组织，首先要着手科技创新的组织体系的建设，为高校创新活动提供目标引导、组织程序，更好地控制与引导校内创新，为获得更多更成功的科技创新提供保障。高校科技创新体系包括重视创新的学术研究氛围、团结协作的科技创新组织、优秀的科研项目带头人、合理有效的激励机制，以及通畅的信息传递渠道和有效的组织协调机构。

1. 高校科技创新的研究氛围

高校科技创新受到校内领导的重视程度、文化环境、学术氛围等的影响较大。按照科技创新的路径依赖理论，现有的科技创新影响未来的技术变迁。营造良好的创新文化氛围应容忍创新过程中遭遇的失败，培养科技创新组织的专家意识，应给予科技工作者良好的研发环境和极大的信任与支持，鼓励科研部门间的横向交流、跨学科合作，提供给青年学生更多参观、见习的研究机会。

2. 高校科技创新的组织

高校科技创新组织是高校科技创新体系最主要的组成部分，组织成员性格特质、科研水平、风险意识、责任感和归属感、团队协作能力、共同的价值观等决定了科技创新组织的成熟度，对科技创新的成败起到至关重要的作用。高校科技创新组织根据不同的目的组建而成，包括响应国家部委号召，集中学校科技力量组成的专项课题攻坚小组；为组建学校重点学科、优势学科成立的教研科研小组；为培养科技人才、参加"挑战杯"等大学生科技创新比赛而成立的学生科技创新兴趣组等。不同的科技创新组织各自拥有专门的管理审批部门，保证各个组织共同繁荣，创造更多的科技创新成果。

3. 高校科技创新的项目带头人

高校科技创新的项目带头人一般为在该领域深耕多年，具有很高学术造诣和实践经验的专家、学者。科研项目带头人对科技创新的研究方向、研究成果及科研资源的分配与利用直接负责，同时决定了科研团队能否发挥应有的作用，创新成果能否很好地实现商业化和产业化。科技项目带头人是校内科技创新体系的中坚骨干，是接受科技信息、沟通校内外组织成员的重要连接点，对科技组织绩效评估和奖励也发挥着主导作用。

4. 高校科技创新的激励机制

　　高校科技创新不仅要依靠科研技术工作者较高的学术追求和科学精神，也需要提供合理的物质、精神激励。由于科技人员在目标定位、价值系统、需求结构和行为模式方面都有很大不同，因此对校内科技人员的激励应有其独特性。物质激励应与相应制度结合，根据现实的创新目标与相应的社会和历史时期相比较，制订合理的绩效激励机制，使物质激励体制化，形成奖惩分明、赏罚有度的制度氛围。针对校内科技人员给予适当的精神激励尤为重要，主要的精神激励包括目标激励、工作激励、参与激励、荣誉激励和情感激励，鼓励科技人员最大限度地贡献自己的科研力量，提高科技创新给科研人员带来的满意感和成就感。

　　5. 高校科技创新的信息传递渠道

　　高校科技创新离不开对前沿科技信息的了解和深入分析，建立信息传递渠道必不可少，包括为校内科技创新专门购买的信息数据库、定期参与举办某一特定领域的科技研讨会、推选学者参与国际交流与合作项目、组织科技成员走进企业发现实际生产中的科技产品需求等。科技信息传递能够帮助校内科技创新团队成员及时了解创新课题的最新信息，相关领域的技术动向和进展，更好地完成高质量的科技创新。

　　6. 高校科技创新的组织协调机构

　　高校科技创新的有序进行需要健全的组织协调机构，处理和规范科技创新过程中的项目申请递送、经费管理、程序审核、项目审批等工作，协调机构将与相关部门分工配合，协调处理，保证科技创新程序的合理性与有效性。

　　高校科技创新组织体系如图 9-2。

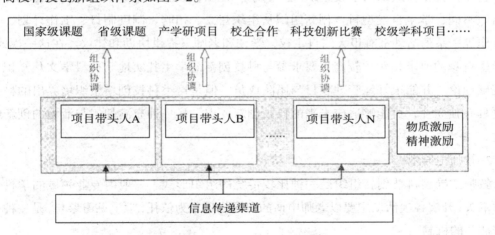

图 9-2　高校科技创新组织体系

（二）大学生科技创新组织形式

　　大学生科技创新的组织，以获得科技创新成果和促进科技创新为目的，通过获得科技创新资源，动员大学生参与创新的科学性、系统性活动。其中，优秀的科技创新组织在科技创新的组织工作中显得尤为重要。学生科技创新的组织形式有几种基本的分类方法：按照动力模式划分，可以分为学校推动型和自愿结合型；按照模式的功能划分，可以分为人才培养型和研究开发型；从主导模式的主体角度划分，可以分为学生主导型、教师主导型、学校主导型和社会环境主导型等。以下对几种基本的科技创新组织形式进行介绍。

1. 学校推动型

各高校在注重科技创新的同时，也越来越注重大学生素质的提高，特别是其创新精神和创造能力的培养。因此，学校会举办一些学生参与的课外科技活动，鼓励和促进学生参与到科技创新活动中，培养学生科技创新意识和创新素质能力。

在学校推动下形成的学生科技创新组织通常是由学校分管领导牵头，校团委、校科学技术协会、科研、学生工作部、教务处等部门负责科技创新活动规划，按班级、年级、团支部、党支部等为组织单位，成立专家指导委员会，负责学生科研项目的立项、评审。学校推动型科技创新有一定的强制性，组织形式和团队成员有一定的限制，与学校政策配合紧密。例如，大学生参与的科技创新活动被纳入教学计划，规定科研单位将科研项目交予学生与学生共同完成。这种形式的科技创新能够很好地将教学计划与科研计划相结合，便于学生对所学知识深入理解并在实践中进行检验。

2. 学生自发型

学生自发型科技创新组织是学生自发组织的，具有良好的组织结构和明确的科研课题，在学生中具有一定影响力，能够实现自我管理、自我培训、自我发展，并在各项创新科技比赛中取得良好成绩的科技创新小组。

这类科技创新组织与学校组织成立的学生社团，或者以导师牵头、项目为依托的创新组织不同，学生自发型科技创新组织从组织建立、招聘、制度制订、工作计划、与企业合作等一系列活动都有很大的自主权，学校和老师只提供协助和建议。在这一模式中，对学生自身的要求相对比较高，要求参与科技创新的学生扎实地掌握科学文化知识、夯实基础理论，并能很好地管理项目与团队成员。但是这类科技创新组织培养出的科技人才更具有独立性，更能够适应未来的科技创新要求，是一种充满朝气与活力的创新组织形式。

3. 教师主导型

教师主导型科技创新组织是一种比较传统的组织形式。一般由专业领域的学科带头教师牵头，开展各项活动主要以老师申请的课题或项目为依托,学生见习参与,是一种"导师带徒"的机制。

这类模式的形成是由于科技创新活动需要严格遵循科学性原则、实用性原则和适应性原则。科学性原则是指课题的内容、研究开发的计划及采用的手段和方法都应是科学的；实用性原则是指课题的内容和可预见的成果应具有现实针对性或潜在的应用价值；适应性原则是指课题要与学生已有知识水平、学校环境及学生精力相适应。这一类型的组织在校内科技创新组织中所占比例很大，既能够保证科研项目的顺利进行，科技成果的科学性、实用性和适应性，还能保证在导师的指导下，发挥学生主观能动性，培养学生的观察能力、创造性的思维能力和实践能力，在与导师的经常性的学习交流过程中得到启发，主动进行创新。

4. 企业开发型

企业开发型科技创新组织是在企业实际需求的基础上组建的，专门针对企业科技攻关、产品创新、科技成果商业化等方面进行的科技创新。

这类创新通常以产学研合作的形式开展，企业作为产学研合作的主体单位，学生创新组织就某一给定课题项目进行创新，能更好地把握技术创新的市场导向，迅速实现科技成果的产业化应用，扩大高校科技成果的应用范围和影响力。企业开发型科技创新组织是产学研合作的研发主力，要求科技创新组织不仅要考虑技术层面的情况，更应适应经济大环境和企业需求进行技术研发，以使技术创新成果能更好地适应市场，降低商业化风险，为合作双方带来更多收益。这类形式的学生科技创新是高校鼓励和支持的，培养这类既有专业技术，又熟悉市场和企业需求的复合型人才也正是高校的办学目的及培养人才的方向。

5. 社会导向型

社会导向型科技创新组织主要以适应就业环境为导向，旨在促进以适应实际需求为目的的科技创新，关注科技创新的市场化与产业化，是科技创业的主要源泉之一。

该种类型的学生科技创新组织能使学生了解到第一线对科技的需求，加深对"科技是第一生产力"的理解，增强掌握新知识、新技术、新成果的主动性，培养开拓进取的创新精神。社会导向型科技创新要求学生在坚实的理论基础上还要拥有较强的科技研发、市场开拓及工作适应能力。组织形式比较灵活，可以在导师的带领下，学生自发组织，也可以采用校企合作的模式，对学生的创新能力和实践能力的培养较其他创新组织形式更有成效。目前，全国高效已成立了多个大学生科技公司，大学生科技从立足校园到走向社会已经成为趋势，社会也将投资的目光投向校园，各界都对大学生科技创业给予极大的关注与支持。

以上几种组织形式的驱动力量各有不同，在组织过程中发挥主体能动作用的主体也不尽相同。表9-1主要依据各种组织方式的灵活性、科技成果的市场化能力、学生参与程度、研发成功的概率、对学生创新能力的培养，以及该类型在学生科技创新组织中所占比例几个方面进行比较。

表 9-1　学生科技创新组织类型比较

类型	组织灵活性	市场化能力	学生参与度	研发成功率	创新能力	类型所占比例
学校推动型	不强	不强	较强	较高	较弱	较大
学生自发型	较强	较弱	较强	较低	较强	较小
教师主导型	不强	较强	不强	较高	一般	很大
企业开发型	不强	很强	较强	较高	较强	居中
社会导向型	较强	较强	较强	一般	很强	较小

高校科技创新的组织不仅要建立起健康有序的科技创新体系，保证科技创新的良性发展和持续进行，还要求高等院校和科学研究院所发挥主观能动性对科技创新的不同组织形式进行理性选择、合理安排和优化组合，以确保高校内各个科技创新组织适度竞争、繁荣发展。

（三）高校科技创新的组织策略

高校科技创新的目的在于培养科技创新能力，提高科技创新水平和提供科技创新成果，高校科技创新的组织工作必须围绕科技创新的根本目的，从环境氛围、运作机制、主体能动性几个方面开展。

1. 扩大宣传范围，丰富活动内容，营造创新氛围

高校科技创新活动的组织要借助一切可以利用的资源进行包装、宣传和报道，拓宽信息渠道，利用网络、广播、宣传橱窗等载体，以图片、实物展示、现场比赛等方式进行多方位、多渠道的宣传，吸引学生科技创新的热情和积极性，鼓励学生投入科技创新活动。

积极开展多种科技创新的相关活动，如通过社会实践、志愿者活动，夯实科技创新活动，通过实践指导、帮助学生完成科技创新的构思，实现科技成果的转化。

充分发挥高校创新的优势资源，举办科技讲座、学术沙龙，组织科技竞赛、学术研讨等相关活动，拉近学生和科技创新的距离，形成人人关注科技、人人感受科技、人人参与科技的良好科技创新氛围。

2. 加强制度建设，完善激励机制，搭建创新平台

组织学生科技创新活动离不开健全的制度政策和管理规范。在科技创新组织架构的基本框架下，高校应形成权责明晰、职责清楚的各职能部门，确定管理层级和领导权限，并成立相应的协调机构和监督机构，认真贯彻、实施主要负责部门和院系制定的《大学生科技创新活动具体实施细则》《大学生科技创新专项经费管理办法》《大学生科技创新成果鉴定、转化实施办法》等具体操作层面的管理规范，以确保学生科技创新拥有良好的制度环境，为具体组织开展学生创新活动提供政策支持和制度依据。

组织学生科技创新活动离不开有效的激励机制。高校应积极出台学生科技创新奖励办法，对于参与科技创新和各类学科竞赛中获奖的学生，不仅可以给予适当的物质奖励，还可以奖励免修学分、研究生推免资格或国际交流的机会等，最大限度地调动学生的科技创新热情。

组织学生科技创新活动离不开创新平台的有力支撑。高校应不断提高自身平台的吸引力，组织、挖掘、整合校内科技资源，为学生科技创新组织提供坚实的基础，积累优势学科力量，提升高校科研实力。

3. 重视人才培养，发挥带头作用，塑造创新意识

学生科技创新的主要生力军是青年学生，科技人才的培养，特别是对高等院校在校学生的培养是组织学生科技创新的重中之重。这就要求学校一方面抓好学生队伍的建设，

加强"学生科研人才库"建设和创新促进委员会等协调组织的建设，对于重点培养的科技人才、优秀学生，提供活动的场地、组织经费，并积极提供学习机会和竞赛机会，并针对学生科研情况和科研水平进行考评和针对性的指导；另一方面，要求学校抓好指导教师队伍的建设。在科技创新组织体系中，与学生互动最多、影响最大的主要角色就是指导老师。要使得学生的科技创新成果具有高水准，就必须建设一支高水平的技术工作队伍，选拔和培养理论知识丰富、实践技能强，有耐心，有责任心的高素质导师，对学生科技创新发挥引导和带动作用。

组织学生科技创新活动的目的和最终落脚点即在于培养和提高学生科技创新能力。因此，能否成功塑造学生的创新意识成为组织学生科技创新的关键因素。高校应提升科技创新在高等教育体系中的重要地位，在其他学科的教育活动中渗透创新教育，加强思维创新方面的训练，帮助学生自发地形成创新意识，以更好地为高校学生科技创新贡献力量。

第二节　高校科技优势的挖掘

一、高校科技优势

高校科技优势是指在校内科技创新过程中具有的独特优势，能够对科技研发速度、创新水平和市场化能力等起到积极作用，是增强研发强度、提高研发效率，对实现科技创新具有重要影响作用的核心资源和整合能力。

高校科技优势主要可以从两个方面分析、理解和挖掘：一方面是高校科技创新具有的科技资源优势；另一方面是开发、利用和整合高校科技资源的平台优势。高校科技优势见图 9-3。

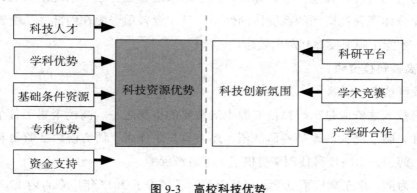

图 9-3　高校科技优势

二、高校科技资源优势

（一）科技资源的概念

科技资源（Science Technology Resource）是一种特殊的资源，是科技活动的物质基础，是创造科技成果的必要条件，是推动经济和社会发展的要素的集合。广义的科技资源是能够直接或间接地带动科技进步，而促进科技发展的一切资源，包括专门从事科学研究的人员、资金、科学技术存量、信息等。狭义的科技资源主要指科技人力资源和科技财力资源。

高校科技资源优势是指高校科技创新活动的物质基础和必要条件，能够促进高校科技创新，是高校科技优势的重要方面。

（二）科技资源的分类

科技资源主要可以分为科技人力资源、科技财力资源、科技物力资源、科技信息资源、科技制度资源和科技组织资源几个方面。科技资源是各要素及其相互联系、相互作用而构成的系统。

科技人力资源指从事科技活动的全部人员，包括直接从事科技活动的人员和为科技活动提供直接服务的人员。科技财力资源是指科技活动经费，主要来源有政府拨款、单位自筹资金、银行贷款和各种捐赠资金等。科技物力资源指直接用于科技活动的各种仪器设备和基础设施。科技信息资源指各种科技文献、科技期刊、专利、光盘数据库、档案和资料等。科技制度资源指由科技法规、政策与规章等构成科技活动规范的体系。科技组织资源指政府科研机构、企业研究机构、高等院校及研究机构、非营利机构、私营研究机构、科技中介机构等的总和。这些科技资源的质量和数量决定了一个国家、地区、组织的科技发展水平。

科技资源还有其他几种分类方法：按照资源的区域划分，可以划分为国际资源、国内资源；按照资源服务的科技活动内容划分，可以划分为研究与发展资源、科技成果转化和应用资源、科技服务资源；按照资源的形态来划分，可以划分为有形资源和无形资源。

科技资源是科学研究与技术创新不可缺少的重要条件，具有系统的协同作用，科技资源只有与自然资源、其他社会资源在自然生态系统和社会经济系统组成的大系统中有效协同，充分体现科技资源的系统协同性，并且注意各项资源在内部系统配置中相互协同的作用，才能正确地发挥其产出效能。

（三）高校科技资源

1. 高校科技人才资源

高校科技人才资源是高校科技资源中最重要的资源之一。高校聚集了各个学科的拔尖科技人才，除了庞大的教师科研队伍，还有科技工作者、研究院、实验员和在读的研究型硕士、博士，为高校科技创新提供了人才资源保障。

以广东为例，广东高校重点学科科技资源问卷报告了 2013 年广东省内 17 所高校，98个重点学科的科技资源。相关重点学科科技人员数量 6 105 人，其中科技特派员 474 人，从事高技术产业的科研人员居多，高达 2 152 人，其次为先进制造业，科技人员人数 1 164 人。在从事相关产业学科研究人员的职称分布中，有高级职称者比例达 58%，中级职称者比例为 32%。在调查的高校重点学科中，高级职称者为科研人才的主力。另外在调查的重点学科中，2009 年在校学生达 11 万人，其中博士生 4%，硕士生 7%，本科生 67%，各重点学科培养的研究生与本科生比例接近 1:4，超过全省平均水平，表明重点学科是博士、硕士研究人员的重要摇篮。

2. 高校优势学科资源

高等学校不仅为公平进行高等教育提供环境，还提供综合性的教学课程，也是重点学科教学研究的重要阵地。高等学校根据优势学科及所在领域、科技研究能力、研究生培养制度特点等，建设重点学科点，形成特色鲜明的学科发展研究方向，针对我国目前及长远经济发展、社会发展、科技发展具有重要意义的相关学科进行研究，并积极组织跨学科合作研究。学校已有的重点学科对未来在相关方面进行科技创新有重要意义，已经形成并趋于成熟的科研团队和已有的科研成果为进一步研究提供了良好的研究基础，是校内科技资源的优势之一。

广东高校重点学科科技资源问卷调查显示，广东省 98 个重点学科主要分布在 6 个主要领域：先进制造业领域 9 个，高技术产业领域 38 个，传统产业领域 10 个，现代农业领域 16 个，现代服务业 15 个，城乡建设与现代交通领域 10 个。重点学科对珠三角地区的改革发展、加快产业优化升级、促进经济社会科学发展起到很大作用。

3. 高校基础条件资源

高校基础条件资源是高校科技创新最基础的科技资源，包括校内实验室、工程（技术）中心、科研仪器设备、图书资料等。学校基础设施资源不仅对学校科研工作者、教职员工开放，为学生教学实验和科技研发服务，在审批下还能够面向企业开放，或者与兄弟院校合作建设。高校科技基础条件资源的利用率高，使用范围广，有较高的投入回报率。

广东高校重点学科科技资源问卷调查显示，广东重点学科都很重视基础研究，建设实验室多于工程中心，主要集中在高技术产业和传统产业。拥有与高技术相关的实验室 171 个，工程技术中心 29 个。在传统行业如轻工、食品、中医药等发展较为成熟的行业，工程（技术）中心较多，达 69 个，实验室和工程中心为新技术开发和优势传统产业的改造、提升提供了有力的科技支撑。科技仪器设备方面，广东省相关重点学科实验室、工程中心拥有固定资产 28.8 亿元，以及设备 36 万多件，价值 19.2 亿元。与高技术产业相关的设备价值最高，达 10 亿元。

4. 高校内科技成果、专利、知识产权资源

科技创新的能力着重体现在科技成果、专利和知识产权等方面，科技成果是产品创新、行业发展的重要推动力量。高校拥有众多可转让的科技专利、获奖的科技成果等，为科技创新提供了延续的基础，也是高校科研能力的体现，为学校获得更多其他科技资源提供条件。另外，校内科技成果、专利和其他知识产权资源在获得企业青睐，实现产学研合作双赢，扩大学校影响力等方面都具有重要作用，是校内科技创新的宝贵资源。

广东高校重点学科科技资源问卷调查显示，从 2007 年到 2009 年，调查涉及的 98 个重点学科共申请专利 3 267 件，获得授权专利 1 606 件，其中申请发明专利 2 377 件，授

权发明专利 915 件。其中高技术产业获得授权专利 1 001 件，先进制造业获得授权专利 748 件。同期，重点学科共转让专利 110 件，合同金额 3 920 万元。其中高技术产业转让 49 件，合同金额 1 461 万元；传统产业 41 件，合同金额 1 627 万元。

5. 高校科研经费支持

高校科研经费是高等学校开展科研活动的物质基础，是衡量学校科研工作规模、实力和地位的一个重要指标。科研经费主要根据高校申请课题数量、质量，科技创新平台规模和科研成果数量、水平，重点学科数量及其发展状况等因素进行划拨。拥有大量科研经费能够保障校内科技创新顺利进行，并且能够有效激励科技工作者投入到科技创新活动中。

广东高校重点学科科技资源问卷调查显示，从 2007 年到 2009 年，调查设计的重点学科科研经费投入达 28.81 亿元，其中政府投入 19.22 亿元，企事业投入 9.59 亿元。

三、高校科技平台优势

高校科技创新能够调动多方资源，提供丰富的活动载体，为科技创新提供良好的平台基础。通过高校的平台优势，学校可以组织各类科技前沿学术讲座、学术沙龙；在基础学术活动平台上为广大学生和科研工作者提供规范、正式的科研和创新训练平台，开展科研训练计划；充分利用学校的学术科技竞争平台，组织学生积极参与"挑战杯"、数学建模、电子设计等科技竞赛；充分利用校内学生科技创新组织之间的影响力，强化学生科技创新意识；借助产学研合作平台，连接校外企业资源，实现科技创新的商业化、产业化运作。

高校科技创新的优势之一是能够提供平台整合科技资源中的人力资源、信息资源、资金资源、基础条件资源等，更好地发挥校园科技创新优势，并在研发中培养，在培养中取得卓有成效的科技创新。高校创新的主要优势平台包括科研平台、学术竞赛平台、产学研平台。

1. 科研平台

科研平台是校内科技创新最重要的平台之一，是学校科研规模和研发实力的集中体现，科技创新平台多为在国家部委批准下，或者在教育局及学校的审核下，挂靠在院系，由学科带头人、指导老师作为负责人成立的某一学科领域或专业方向的专项研究室、工程中心、实验室或基地。一般而言，学校科研平台主要围绕该校重点学科展开，体现了科技创新的"路径依赖"，因此科研平台对校内科技创新具有很重要的作用。以华南农业大学为例，从 1980 年至今，已经成立了 176 个科研平台，涵盖农学院、园艺学院、兽医学院、食品学院、工程学院、生命科学学院等。

广东高校重点学科科技资源问卷调查显示，2009 年广东省 98 个重点学科中，拥有科研平台和基地 664 个，包括各类实验室 404 个。高校在光电材料、生命科学、轻工食品、建筑行业等多个领域拥有国家级重点实验室，在生物技术、环境保护、造纸领域、金属材料、医药等领域拥有国家工程技术研究中心。这些科技创新平台有力地促进了高校的科技创新，为稳定持续开展产业基础研究创造了条件。

2. 学术竞赛

高校作为提供教学和研究条件的教育机构，是参与各类学术竞赛的主体单位。作为学术竞赛的平台，可以激发学生对科技创新的兴趣和爱好，提升学生自主从事科技创新的意识。在学术竞赛的过程中，以竞争与合作中提升科技创新能力、创新思维、团队合作能力等，对高校发展和提升科技创新能力有很重大的意义，特别是对高校科技创新人才的培养发挥着引导和支持作用。

目前，高校科技创新组织、成员经常参与的学术竞赛有："挑战杯"全国大学生系列科技学术竞赛，是由中国共产主义青年团、中国科学技术协会、教育部和中华全国学生联合会共同主办的全国性的大学生课外学术实践竞赛，包括大学生创业计划竞赛和大学生课外学术科技作品竞赛；全国大学生数学建模竞赛，是全国高校规模最大的基础性学科竞赛，也是全世界规模最大的数学建模竞赛；以及各省市地方举办的各类科技创新大赛，旨在培养科技人才和科技创新能力，发现优秀科技研究成果。

3. 产学研合作

高校和科学研究院所是产学研合作中的重要部分，在产学研过程中，具有较强的科技研发能力，科技人才或科研设备、获得科研经费的能力都优于企业，对企业科技创新发挥重大作用。对于高校而言，获得产学研合作平台也是提升学科科研实力、积蓄科技创新力量的宝贵机会。企业和高校能在产学研合作中各取所需，同进共赢，获得资源与信息的交互合作，实现创新能力的共同进步。

广东高校重点学科科技资源问卷调查显示，2009年广东省98个重点学科中，各类工程、技术中心及产学研基地有141个，与企业共建实验室119个，其中省部级以上工程中心和产学研基地有110个。在这些产学研和实验基地中，高校重点学科发挥了现有科研条件，实现资源共享，将基础研究应用开发和产业化有机结合，为企业和地区产业发展注入强大动力。

四、高校科技优势评估与优势挖掘

（一）高校科技优势评估

高校科技创新具有很多共同的优势，包括高校拥有的高素质、技术熟练的科技工作者；设备齐全，研究条件良好的实验室、科研中心；来自政府、企事业单位充足的科研经费资助；学校历史积累形成的丰厚的知识产权和学科优势；还有学校拥有的众多科技平台、丰富的学术竞赛平台和充满活力的产学研合作平台优势。但是要深入挖掘效能科技优势就必须对众多学校科技优势进行科学合理的评估，并根据实际情况，制订相应的优势挖掘策略。

对高校科技成果的评价主要可以从科技资源的利用率、对科技成果成功转化的贡献、通过资源获得的科技成果价值几个方面考量，重点在于找到高校科技创新的突出优势，并努力挖掘尚未完全体现的优势。高校科技优势评估重点见图9-4。

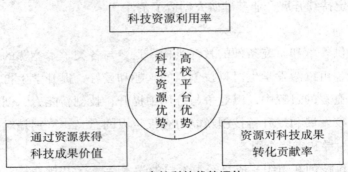

图 9-4 高校科技优势评估

通过对科技资源优势和平台优势的评估：一方面要锁定科技创新优势中的突出优势，给予重点关注，保证该方面的优势可持续发展，这类优势是校内创新优势的关键因素，一般体现为资源利用率高，通过资源获得的科技成果价值很大，对科技成果转化的贡献很大；另一方面，加强开发科技创新优势中的潜力优势，加大培养力度，促进潜力优势成为突出优势，提高校内科技创新整体实力，这类优势是校内创新优势进一步扩大的突破口，一般体现为资源利用率不高，通过资源获得的科技成果价值很大，对科技成果贡献明显。

（二）高校科技优势挖掘策略

高校科技优势资源的挖掘要结合高校科技资源的评估结果，适应学校学科发展和学生培养计划，加强资源利用率，促进科技资源向科技成果的有效转化，提高科技创新质量和价值。

1. 加强制度建设

加强对高校科技资源的管理力度，推动科技创新活动的制度建设，积极出台《高校科技创新实施办法》等制度，确保科技活动获得的扶持资金专款专用，协调基础设施、科技信息资源等其他科技资源的合理分配和充分利用。加强科技创新组织建设，形成个体实施与组织实施、课题指导与课题督导的综合监管体系，提升科技资源在科技创新过程的实际利用率。

2. 完善激励机制

对科技创新起关键作用的学科带头人或团队成员等科技人员予以合理的物质激励和精神激励。以课题、产学研项目或某项独立的科技创新活动为单位，就其科技创新活动中科技转化率、科技成果及科技资源利用情况进行评价、考核，鼓励科技创新负责人从项目本身出发开发、利用校内资源。

3. 注重人才培养

高校科技创新与企业、中介机构等其他科技创新主体的最大区别在于高校及其研究所是传授知识文化培养科技人才的主要场所。挖掘高校科技资源必须注重人才培养，提高科技创新优势的可持续发展。鼓励学生组织参与科技创新小组，发挥科技社团组织的作用，积极举办、推广科技创新比赛，利用科研平台优势，为学生营造浓厚的科技创新氛围。

4. 拓宽资助渠道

科研经费等资金支持是高校科技创新的重要保障，挖掘高校科技创新优势除了对自身资源的充分发挥，还需要采取积极措施，通过广泛寻求企业合作，争取社会赞助等方式增加投入经费总量，确保科技创新活动广泛、深入地开展，同时也是保证其他科技资源优势地位的有效途径。

5. 保障信息通畅

挖掘高校科技创新优势是长期的、系统的、艰巨的任务，需要全校上下共同努力，构建通畅的信息沟通和建议渠道。确保科技创新第一线的科技资源需求能够有效传递到管理层，能够更好协调各创新项目组对资源进行合理利用，这是系统挖掘高校科技创新优势的有效措施。

第三节　高校科技资源的整合

（一）高校科技资源整合的含义与特点

科技资源整合是科技资源管理的范畴之一，是使科技活动能够顺利进行统筹、协调、调整等活动采取的一种策略。科技资源整合是在特定区域、空间和时间范围内，以市场机制为主导，优化投资环境，合理动员、利用和科学有效地配置科技资源各要素，增强相互之间的关联与合作，使之在市场竞争过程中动态调节、相互补充、相互作用、相互协调，从而优化配置状态，产生整体涌现性和聚合能动效应，推动科技进步和社会经济持续、协调发展。

高校科技资源整合是在某一院校或院校科研机构内部进行的，促进各项科技资源要素有效配置，并通过增强相互关联与合作、竞争与协调，使各要素处于优化配置状态。

（二）高校科技资源整合的意义

科技资源整合是各国科技管理和科技政策优先关注的核心问题之一，也是社会资源配置的重要方面。科技资源的稀缺和期待效用最大化的特征，决定了当今各国都将科技资源整合视为重大战略。高校及其科研机构是科技创新的一个重要主体，高校科技资源整合是国家科技资源配置的合理举措。

1. 高校科技资源整合是促进科技发展的现实要求

科技活动的有效组合提高了科技活动的效率，提高科技资源整合效率、实现科技资源的优化配置是科技发展的客观要求。作为科技创新主体之一的高校，要最大限度地优化科技资源，提高科技资源的利用率，使知识的生产、分配和使用处于最佳状态。

2. 高校科技资源整合是推进创新体系高效运行的必然选择

科技创新在知识经济时代的重要性不言而喻，高校科技资源整合有利于促进产学研几个方面紧密相连，使全社会的科技资源在体系内各要素的功能间形成有效流动和合理重组，从而提高社会范围内的各要素和功能的科技活动效率，促进创新体系高效运作。

3. 高校科技资源整合是提高学校核心竞争力的重要手段

高校的科研水平和科研实力是评价高校的重要依据，高校科技资源整合有利于科技资源要素在校内分配和使用更为高效，还能通过与企业合作，促进科技研发和科研成果的产业化，提升学校核心竞争力。

（三）高校科技资源整合类型

科技资源整合的分类方法很多，有的按照科技资源使用主体划分为项目模式、机构模式、基地模式和个人模式；有的按照科技资源的层次分为微观、中观、宏观几种模式；还有的根据资源整合的主体和供给分为大学资源开放模式、行业资源集聚模式、孵化器整合资源模式和政府下设中介机构整合资源模式。

从这几类科技资源整合模式来看，高校科技资源整合属于机构模式，以科技研究机构为对象和经费载体；也可以划分为微观模式，即企业、高等院校、科学研究院所组织本着"平等互利、优势互补、资源共享、风险共担"的原则，结成联盟，实现资源整合；同时也是属于大学资源开放模式，主要是依托学校建立的科技园区、重点实验室、工程研究所等科技资源与相关产业相结合，实现科学研究院所与企业之间的优势互补。

高校科技资源整合是高等学校及其科学研究院所内部的资源整合，根据其驱动力来源可以分为以下几种类型。

一是政策驱动式。以国家政策为驱动力量，在相关学科、基础研究层面，利用专项基金，建设科学数据中心，推进科技信息共享，促进科技成果有效转化为生产力。

二是项目驱动式。以科研项目作为资源整合的驱动力量，鼓励不同机构就统一项目展开合作，促进科技资源在不同机构间的相互流动，促进学习型组织形成。

三是仪器驱动式。以提高校内科技仪器的使用率为主要驱动力量，保障投入使用的科学仪器"物尽其用"，促进兄弟院校科技交流，更好地进行产学研各环节的互动。

（四）高校科技资源整合策略

1. 科技基础条件平台建设

科技基础条件平台是运用信息网络等现代技术，对科技基础条件资源进行战略重组和系统化，建立以共享机制为核心、以资源整合为主线，促进高等学校及其科研机构科技资源高效配置和综合利用的有效方法。

高校科技基础条件平台应包括研究实验基地、科学仪器、设备共享平台，自然科技资源共享平台，科技文献和数据库共享平台，成果转化公式服务平台等。该科技基础条件平台的建设能够加强对科技资源统御管理的能力，促进科技交流的效率，扩大资源共享的范围，实现高校科技资源的有效整合。

2. 校际科技共建

高等院校及其科研机构之间是合作与竞争并存的关系，校际科技项目共建是科技资源管理的一种灵活互动机制，能有效地实现多所高校创新系统的协同，强调优势合作，共建重点实验室、培育基地、科研中心等，不仅能促进科技项目、科研设施的合理利用，还能促进科技人才的交流学习、共同成长。

校际科技共建是高校科技资源整合的重要方式，是在合作与竞争环境中实现资源突破的有效方式，能够有效提高校内科技资源的利用率，也能够突破资金限制合力建设大型实验室和研究基地，保证了拥有重点学科试点的高等院校集中精力投入某一专业领域、专项课题的科研中，对参与校际科技共建的院校而言能够分配更多的资源使用权，促进校内科技创新和科技成果转化。

3.推进产学研合作

产学研合作是企业与大学、科研机构之间进行合作研究开发。产学研合作是高校、科学研究院所将拥有的创新资源转化为现实生产力的有效途径，也是优化配置科技资源、经济资源和生产力要素，整合国家科技与经济系统结构的有力措施。推进产学研合作是整合校内科技资源、提高自主创新能力的必由之路。

产学研合作的一个重要功能是实现知识在组织间的传递和转移。高校主要通过提供有产权的知识服务企业，为经济发展做贡献。通过合作，组织科技生产力纽带，在实现科技资源重组和优化配置的基础上，畅通科技成果转化渠道，使合作成为研究者、生产者、经营者、调控者的实施运行枢纽。

4.提供市场化驱动

市场化驱动指充分发挥市场的导向作用，企业、高校、专业技术开发机构、科技中介机构按照市场需求进行资源整合，以促进科技资源配置与社会经济发展目标相适应，与产业基础相适应。通过科技资源的合理配置，提高校内科技资源的投入产出率。

通过提供市场化驱动，能够促进高校科技资源的整合。市场驱动导向可以为高校科技资金来源提供更多途径，使得校内科技创新经济目的性得到提高。对于一些基础性研究，因为具有一定的社会、学术效益，市场机制难以发挥效果，仍然需要由学校投入科技资源。

第四节　产学研模式的新探索

一、产学研合作的概述

（一）产学研合作的内涵与特点

产学研合作是以企业、高校和科学研究所及政府、金融中介机构等有关各方从各自的发展战略目标和战略意图出发，为实现在激烈的市场竞争中取胜，加快技术创新、实现共同愿景、争取最佳利益、提升综合优势等目标而结合建立的一种优势互补、风险共担、利益共享、共同发展的正式但非合并的合作关系。产学研合作是实现科技创新活动的一种新型组织方式。

产学研合作是参与合作的多方依据各自占有的优势资源按经济规律进行配置的经济活动方式，与一般合作的区别在于，合作要求成员之间实现风险共担和利益共享。

（1）产学研合作建立在市场需求基础上。一般情况的产学研合作最终目标是要实现企业的技术创新，这一合作应以企业为主导，在把握市场需求的基础上实现竞争，获得产学研合作的成功实现，保证产学研合作的经济效益。

（2）产学研合作建立在合理分配合作方利益的基础上。利益分配直接影响产学研合作的长期性和稳定性，决定了驱动产学研合作动力的强度和方向，因此，在产学研合作中注意合理分配、平衡各方利益至关重要。

（3）产学研合作要实现知识在组织间的转移。产学研合作模式的核心即是知识产权的转移，由于知识在技术创新中至关重要又具有隐形性，实现知识在组织间的转移面临很大的风险和调整。

（4）产学研合作成功的关键在于形成有效的合作机制。产学研合作需要具备合理的利益分配机制、动力机制、监督机制和更新机制。采取有效机制使得产学研有机结合，实现共赢。

（二）产学研合作的主体

产学研合作的主体主要包括企业、科研机构和高校、中介机构、金融服务机构和政府。

在产学研合作过程中，企业和高校、科研机构是产学研合作最重要的主体。企业是创新投入、创新运作、创新结果承担的主体，动员社会资源，并通过创新的方式实现生产要素的重新组合，最终获得潜在市场盈利的机会。高校是技术创新人才的主要培养基地，科研机构和大学集聚了大量优秀的科技人才，拥有先进和齐备的科研基础设施，是促进高技术产业和相关知识服务发展的摇篮。

产学研合作的过程中还涉及中介机构、金融服务机构和政府机构几个主体。中介机构包括提供各类科技中介服务的中介，包括技术开发中心、创新咨询公司、科技工业园区、孵化器等。金融服务机构指为企业创新活动提供融资支持的机构。政府是创新活动规则的制定者和创新活动的参与者。图9-5展现了产学研合作主体之间的关系。

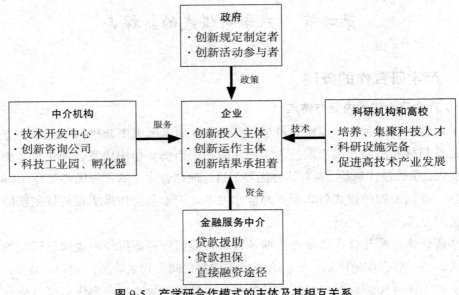

图9-5 产学研合作模式的主体及其相互关系

（三）产学研合作的意义

1. 增强技术协同效应

随着新技术复杂性的提高和不同学科、技术领域之间的交叉融合趋势日益明显，产学研合作显示出强烈的必要性。通过产学研合作，科技创新主体能够获得互补性的资源和知识，形成技术协同效应和技术组合优势。在产学研合作中充分发挥各自科技资源优势，能够有效促进产学研多方共赢，实现各自战略目标，共同促进科技创新。

2. 分担成本、降低风险

在许多技术领域，特别是高新技术产业和系统性基础研究领域，研究成本通常很高，超出单独某一个企业的承受能力，合作创新成为其完成科技创新的必须途径。与其他方式的创新合作相比，高校及科学研究院所因为需要承担完成科技研发、培养科技人才的责任，能更好地帮助企业分担成本，有效规避企业创新的不确定性风险。

3. 缩短研究开发周期

随着新产品生命周期的缩短和竞争的加剧，企业亟须加快科技创新速度，缩短研究开发周期。通过产学研合作能够集成各方资源和力量，采用并行作业方式，能大大缩短研发周期。

4. 便于技术转移、加强知识学习

产学研合作是建立在企业、大学、研究机构之间的合作，往往是为了将大学和研究机构中的科技成果转化为现实的生产力，是一种技术转移的过程。这些技术转移常会使企业实现跳跃式的技术发展，增强企业核心竞争力，带来社会福利的大幅提升。另外，产学研合作还能促进参与主体中的科技人才相互交流，实现知识的相互交流，特别为获得合作伙伴的隐性知识、技术和能力提供了便利条件。

5. 帮助科技成果转化与市场化运作

高校参与产学研合作能够促成其科技成果转向科技产品，开拓科技创新产品的市场。企业通过产学研合作能够拓展新产品范围，推动其开发的新产品进入新市场，实现市场的国际化、全球化扩张，影响市场结构，提高其竞争能力。

二、产学研合作模式探索

（一）产学研合作模式分类

根据目前对产学研合作理论的研究，对产学研合作的模式有不同的分类：从合作动力的角度，可以分为市场需求牵引型与政府引导型产学研合作模式；从合作的层次角度来看，可以分为技术协作型、契约型和一体化型产学研合作模式；从合作目标的角度，可以分为人才培养型、研究开发型、生产经营型及目标综合型产学研合作模式；从企业在产业链中与其他部门的关系角度，可以分为横向型、纵向型、混合型产学研合作模式。具体不同分类可见图9-6。

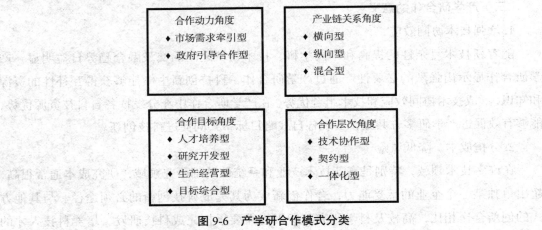

图 9-6　产学研合作模式分类

（二）产学研合作模式现状

目前发达国家有几种产学研合作模式值得借鉴。美国模式以大学为主组建的产学研合作模式，形成了"斯坦福研究园"，促进了"硅谷"的崛起。英国模式采取分层更加明晰的政府层面、中介层面和私人公司层面，有效地推行政府优惠产业政策，促进中小企业的发展。日本政府强调政府在产学研合作中的积极作用，引导产生了共同研究制度、委托研究制度，建立共同研究中心、创办促进科技成果转化的中介机构。德国模式高度重视企业、政府、大学和科学研究院所之间的密切关系，采取"创新网络计划""主题研发计划"并通过公共研究机构促进科技转移，不管是基础研究还是应用研究、产品开发、中间性试验生产的技术协作研究都形成了严谨、高效的科技创新体系。

我国产学研合作呈现出层次不断提高、形式不断创新等特征，合作的取向更加市场化，合作的途径更加多样化。目前，我国比较具有代表性的产学研合作模式主要包括科技攻关合作、合作创办高新技术企业和科技园区、共建研发平台、联合培养创新人才、校地合作等。

1. 科技攻关合作

联合开展科技攻关是一种以项目为纽带的产学研合作方式，主要包括产学研联合承接国家重大科研项目和围绕企业遇到的重大技术难题组织进行产学研联合攻关。资金来源主要是国家的投入和企业筹措。"十一五"以来，我国由产学研联合承担的国家科研项目比例明显增加。国家科技支撑计划首批立项项目，90% 以上为产学研合作项目，其中企业牵头的占 1/3。

2. 合作创办高新技术企业和科技园区

合作创办高新技术企业和科技园区是由高等院校及科学研究院所投入技术，企业投入资金共同创办高新技术企业的一种产学研合作模式，能有效促进科技成果的产业化。目前我国在产学研合作的基础上已建立 69 个国家大学科技园和 56 个国家高新技术产业开发区。"深圳虚拟大学园"就是根据深圳高新技术产业发展需求成立的科技园区，目前已成为参与合作的 48 所海内外著名高校科技成果转化和产业化基地。

3.共建研发平台

共建研发平台是指由企业和高校根据企业技术创新的需要共同建立实验室、工程研究中心或研究院等研发平台的产学研合作模式。其中高等院校和科学研究院所主要侧重建立基础性研究的研发平台，企业主要侧重产品技术开发平台。共建研发平台能够提供大型仪器设备和科技创新人才的共享，降低技术创新的成本，共担风险。广东省自2006年以来已经与全国200多所高等院校、科学研究院所长期合作，建立了多家研究院、研发基地、重点实验室和工程中心等科技创新平台。

4.联合培养创新人才

产学研目前已经扩展到人才培养领域，特别是企业亟须的创新创业型复合人才。产学研联合培养人才的模式主要由高等院校为企业定向培养专业技术人才或相关管理人才，或者与企业共建博士后科研工作站，培养科技人才，就企业的技术创新进行研究，研究工作有很强的针对性。联合培养创新人才的产学研合作模式突出企业和市场的导向，深受企业欢迎，目前我国数百家大企业已建立起博士后科研工作站。

5.高等院校与地方合作

高等院校与地方合作的产学研合作模式主要指高等院校或科学研究院所与一个地区乃至一个省的全面合作，是产学研合作由点到面扩展的重要标志，是产学研合作迈向区域性创新的重要部分。目前中华人民共和国教育部、中华人民共和国科学技术部、广东省人民政府已共同组织100多家著名高等院校参与校地合作，进入珠江三角洲进行产学研合作，不仅提升了广东企业的技术创新能力，还促进了高等院校自身学科建设发展。

（三）产学研合作模式发展趋势

我国产学研合作发展经历了由低层次向高层次，由点到线、面，由小规模到大规模的发展时期。未来，产学研将在科技创新活动中发挥更加重要的作用，产学研合作不断深化，结合领域不断拓宽，层次不断提升；产学研合作向深层次、紧密性、实体化方向发展，呈现出多形式、多方位、多层次和多元化的趋势。

1.产学研合作模式向战略联盟方向发展

未来产学研合作模式将会更加注重在战略层面的合作。产业技术创新战略联盟是一种新型的产学研合作组织形式，是以提升产业技术创新能力为目标，以契约为保障，由高等院校、科研机构等按照市场经济规律组建的产学研战略利益共同体。

与项目层面上的产学研合作相比，产业技术创新战略联盟具有战略性、长期性、稳定性的优势，能更有效地组织和配置联盟内各成员单位的优势资源。目前，我国钢铁、石油化工、汽车、新能源、生物、信息等产业均已逐渐形成技术创新战略联盟。

2.产学研合作模式向深层次和实体化方向发展

未来产学研合作模式将由表面合作、挂名合作转向有效踏实的实际合作，由突击式合作走向经常性合作，由偶然碰头合作转向网络系统合作，从单一的教学实践、人员培训和单项的技术联合攻关转向技术、资金、人才三项紧密联合的深层合作，加强共建多种经济实体。

主要的形式包括共建实验室、技术中心、联合创新平台等，这类产学研模式为产学研合作提供了技术交流的场所，并且集中了一个行业或者一个地区的技术研发力量，合作各方在资源、条件、信息等方面的依赖性更强，合作更加紧密，能够最大限度地利用价值并发挥合作的最大效用。

3. 产学研合作模式竞争性逐步加强

随着知识经济时代的到来，产学研合作各方的技术创新意识、商品意识和市场意识不断增强，在产学研合作中的竞争性关系也越来越明显，市场化的趋势日益明显。

具体表现为企业与院校的结合或者院校与企业的结合都考虑对方的选择性因素，能够有效避免单纯依靠行政力量的委派、撮合影响合作带来的弊端。企业对人才的培养意识也得到强化，越来越重视超前介入获得优秀的科技人才。另外，产学研合作模式趋向市场化模式，在合作对象的选择和能力考核等方面，会采用招投标的方式进行合理适度的竞争。

4. 产学研合作模式涌现跨行业运行

伴随着新科技的发展及跨行业的兼并重组，各产业出现融合现象，技术的适用性被极大地拓宽，某项技术不再单纯属于某一行业或者领域，一些基础性、共性技术研究变得越来越重要，产学研合作模式将会更加注重促进知识、信息在不同部门、不同行业之间的迅速流动，促进科技创新在不同产业发现历史机遇，为创新产品找寻不同领域的市场空间。

跨行业的产学研合作模式能够有效地分担基础性研究的高投入和高风险，并有机会享受技术在产业间扩散获得的收益，有利于科技成果在不同产业背景下的再度开发，促进行业交流，提升社会整体科技创新水平。

第十章 信息时代高校创新创业教育师资体系建设研究

第一节 我国高校创新创业教育师资体系建设现状分析

2012 年 8 月，教育部办公厅发布《普通本科学校创业教育教学基本要求（试行）》，要求各高校将创业教育"融入人才培养体系，贯穿人才培养全过程"。我国高校创业教育开始步入"全校性创业教育"的发展方向，高校创业教育的发展热情迅速升温。部分高校开始将创建"创业型校园"作为未来的发展目标。同时，创业师资队伍建设问题日益凸显。

从总体来看，我国高校创业教育师资建设现状可概括为以下四个方面。

一、队伍初步形成，结构比例失调

随着高校创业教育的广泛开展，创业教学从过去的自发教学，转变为有组织、有目的的教学活动，初步形成专门的教师队伍。以上海交通大学、温州大学、华南师范大学三校为例说明。

上海交通大学。2010 年 6 月，上海交通大学设立虚拟创业学院，明确了"面上覆盖、点上突破"的指导思想，以及"使创业学院成为培养未来产业巨子的摇篮"的发展愿景。在师资队伍上，学院设立了由 17 人组成的战略专家咨询委员会、14 人组成的教学指导委员会和完善的行政机构，构成了系统的三级管理体系。

温州大学。温州大学将"培养德智体美全面发展，具有创新精神、创业能力和社会责任感的高级应用型人才"作为学校人才培养目标定位，通过创业教育与专业相融合，拉动全校教师参与创业教育教学。2009 年 6 月成立的创业人才培养学院，负责全校创业教育规划与实施。学院有专职工作人员 8 名，同时组建由校内外专家、教授、教师等构成的师资队伍 70 余人，其中企业家创业指导师 32 人，KAB 项目师资 41 人。

华南师范大学。2009 年，华南师范大学成立创业学院，秉持"开放、实操、效果、可持续"的工作理念，面向全校研究生、本科生开展创新创业教育。现有师资百余人，其中 40 人具备 KAB、SIYB 资格证书，聘任 50 余名企业家作为校外创业导师。

我国高校创业师资研究结果显示，现阶段我国高校各类师资框架初现端倪。但是，由于师资队伍建设工作开展不久，缺乏明确的建设目标作为指导，呈现出师资结构比例失衡的状态。主要表现在以下两点：

一是师资课程比例失衡。高校创业教育课程通常有三个层次：学校层面的创业教育通识课，学院层面的创业与专业教育相结合的融合课程，专业层面的创业学专业的专业课程（包括从本科、硕士到博士的创业教育体系）。对应的师资为通识课程师资、融合课程师资、专业课程师资。对浙江省高校进行调研发现，创业通识性课程师资通常为高校团委、学工部人员，此类师资数量严重不足，缺口尤为明显。以浙江某一高职院校为例，全校数千名学生，但从教创业通识课程的师资仅有7名。由于师资不足，课时也由过去的8个课时缩减为6个课时。在另一所综合性大学，全校层面学制内的创业通识课程师资仅有1人。融合课程数量较少，到目前为止并未出现专门的教材，多由非专业教师施教。这些师资既没有受过相应的师资培训，也没有相应的教材做指导，数量不足与质量偏低状况并存。专业创业课程多由商学院、管理学院师资实施。现在仅有极少数高校提供了创业学位课程师资。

二是不同师资类型比例失衡。创业师资按照教学领域不同可以分为企业师资、专业师资、创业辅导员三类。创业教育导向的差异，决定了创业师资配置的差异。通常研究性高校与普通高等院校师资以"专业师资"为主，高职高专院校以"企业师资"和"创业辅导员"为主，师资缺失或极为薄弱的情况普遍存在。

二、组建方式多元，准入制度缺失

从师资选拔方式上看，我国现有的高校创业师资组建方式，较为典型的有以下三种：

第一，以创业教育项目为媒介，吸引师资参与创业教学或创业研究。例如，2012年温州大学推出"创业人才培养模式创业实验区"项目，各实验区自己组建教师队伍，以创业教育与专业教育深度融合为目标，探讨在专业教育中深入融合创业教育的途径。首批通过的3个实验区各获得6万元的项目资助。以服装设计与工程专业实验区为例，该实验区组建了8人构成的教学队伍，包括1名副教授，1名高级经济师，2名讲师和4名企业指导师。这一改革方式不仅调动了全校教师的创业教学积极性，还促进了创业教育的深入改革，提升了学校创业教育教学的水平。

第二，按照课程体系设置，从全校范围内为创业教育试点班级提供优秀的创业导师。温州大学的创业教学团队由校内优秀教师、校外企业导师和校友构成。创业学院根据各学院推荐的优秀教师，参考历年来学生对教师的评价分数，进行择优录取，最后由创业试点班学生确定最终人选；校外企业教师集中聘请优秀的职业经理人或知名企业的财务、人事、营销、管理等部门具有丰富实战经验和讲课感染力的一线精英为主。

第三，学校行政人员、教师、辅导员等各类群体通过参与KAB、SYB等创业培训，提升创业教育教学能力，承担创业教学任务。

然而，多元化的师资选拔方式，无法弥补师资准入制度上的制度漏洞。现有高校鲜有设置专门的创业师资准入制度。教育部虽然已就加强高校创新创业师资培养提出了指导性意见，但对"高校如何选择创业教师""创业教师应当具备哪些条件，才能指导大学生的创业活动"等问题，并未形成一个明确的标准和规范性文件。我国大部分高校，无论是对创业师资的专业类型、学历层次、从教年限，还是培训要求，都没有做出明确规定，师资准入制度不健全。尽管少数学校制定了相应的选拔制度，但是迫于创业师资匮乏的现状，只能依据教师专业教学水平的高低，而非创业理论或实践水平的高低选拔师资。呈现出"校外创业师资选聘标准不完善，已有师资利用标准不明"的怪象。

当前，我国部分高校已经从社会各界聘请企业家、创业成功人士、专家学者等作为创业教育兼职教师。但是，一方面这些兼职教师多缺乏教学经验，教学效果有待提高；另一方面这些师资多采用短期培训班、讲座、临时创业指导等方式参与创业教学，并未形成长期有效的教学关系。

三、创业学位初现，培训平台不足

在创业学位体系建设方面，我国部分高校也取得了一定进展。浙江大学管理学院在2006年实施了"教育部专业人才培养教学改革项目"——多通道、阶梯式、复合型高层次管理精英人才培养模式探索与实践，从三个不同层次（本科生，MBA，硕士研究生）组建"创业管理精英班"，成为全国首个获得国务院学位办授权的创业管理硕士点和博士点的办学单位，创业管理博士是全亚洲第一个创业管理博士点。2009年，浙江大学管理学院在创业管理精英班级的基础上，与创业管理全球排名第一的百森商学院、欧洲排名第一的里昂商学院合作建立全球创业管理培训的硕士学位项目（Global Entrepreneurship Program，GEP），引入国际顶级的教学资源与经验。

温州大学创业学院在2010年3月发布首届创业管理双专业、双学位班招生计划，从120个报名学生中选拔出50名学生参加创业专业学习。创业管理辅修双专业、双学位的学制为两年：辅修双专业为50学分，辅修双学位为60学分。修满50个学分并且考核合格的，颁发温州大学工商管理（创业管理方向）辅修双专业毕业证书；在此基础上，完成相应的创业管理方向毕业论文符合学校学士学位授予条件的，授予工商管理（创业管理方向）辅修双学士学位。

中南财经政法大学和共青团湖北省委于2011年12月联合创立湖北青年创业学院，设立湖北省首个创业学位班级，首批有10余名学生入学。参与学生在修满相应学分后可获得中南财经政法大学创业管理方向的双学位证书。

高校内从事创业教学的师资群体，根据师资群体的主动性不同，可以分为"自下而上"的创业师资和"自上而下"的创业师资。前者指对创业教育感兴趣或从事创业教育研究的教师。这类师资自主、自发地参与创业教育教学的实施，具有较强的创业理论背景，但缺乏创业实践知识，人数不多，是高校创业教育中的小众。后者往往是根据学校的教学要求，将创业教育知识或理念融入专业教育的师资。此类师资多是未受过任何创业培训的专业教师，对创业教育的认识仅停留在肤浅的表层，对框架性、层次性的创业知识知之甚少，对创业实践没有深刻的认识，市场意识和实践运作能力等明显不足，对政府、学校的各项创业政策尤为陌生，极大地制约了高校创新创业教育服务能力的提升。

由于专业的创业学位建设仍在初始阶段，教授创业课程的大部分是非专业师资。创业师资的成长主要依赖于KAB、SYB、中国青年创业国际计划（YBC）、清华大学DMC创新创业研修班等各种创业培训。与全国高校创业教育的需求相比，这些项目提供的师资培训机会显得杯水车薪。即便是走在浙江省创业教育前列的高校，每年参与此类培训的教师数量也十分有限，教师成长平台明显不足。

四、组织化程度提升，协调管理有限

我国高校创业教育在经历了十余年的发展后，制度化程度逐渐加强，师资管理稳步提升。高校创业师资队伍的专业化，有赖于创业教育相关的组织的制度化。综观我国高校创业教育，我们可以划分出三类主要的组织形式。

第一类：以创业人才培养为主的组织类型。主要负责学校的创业教育课程实施、师资管理和举办各类创业讲座。如温州大学的创业人才培养学院、义乌工商职业技术学院的创业教育学院等。

第二类：面向创业实践，以创业培训、创业实训为主要方式的组织类型。此类组织又可以分为：第一，以社会人员创业培训为重点的创业学院。此类创业学院，面向社会上的各类有志于创业的青年。学院力图通过完善平台、降低青年创业成本、铺设绿色通道等途径，为社会人员提供创业服务。如"中国青年创业学院""蒲公英青年创业学院"等。第二，提供创业实战的大学生创业园、创业中心、创业基地、科技园等，主要负责为大学生提供相应的创业场地、资助和物质支持。如我国现有的28个国家级大学生科技园，各大学设立的大学生创业园，以及各类大学生创业实践中心。

第三类：以创业研究或创业指导为核心的组织。一是创业研究中心，如浙江大学管理学院成立的"全球创业研究中心"，南开大学设立的"创业管理中心"，吉林大学设立的"创业研究中心"等。二是创业指导中心，如宁波大学的创业指导中心，浙江海洋学院机电工程学院2006年成立的以创业团队扶持、创业师资指导的方式推动大学生创业的"大学生创业中心"，宁波大学科技学院的"家族企业接力研究咨询中心"等。

总的来说，第一类具备统筹全校师资的职能；第二类以提供物质资源为主，师资调配能力有限；第三类以研究和创业实践指导为主，师资提供和管理受到限制。

调查发现，除了极少数高校通过建立创业学院等方式统筹管理全校创业师资外，大部分高校都存在不同程度的师资管理混乱，师资力量运用不足的情况。从横向上看，创业教育本身涉及经济学、教育学、管理学、社会学、心理学等多个学科；从纵向上看，创业教育包含了全校层面、学院层面和专业层面的创业课程。以浙江大学为例，仅参与创业教育建设的学院和相关部门就达十几个单位，但是并没有设立专门的机构对全校的创业教育活动和资源进行统筹管理和规划。

第二节　高校创新创业教育师资建设策略

科学的理念是保障行动质量的基础。创业师资与传统师资在教学技能与知识类型要求上存在根本差异，组建创业师资队伍本质上是一个破旧立新的过程。特殊的创业师资类型框架和目标要求，决定了创业师资队伍建设要避免随意性，必须以明确的目标作为指导，以一定的理论架构作为支撑。

一、设立分层推进的师资建设框架

（一）形成由企业、专业和创业辅导构成的师资框架

高校创业教育指的是高校利用课堂内创业课程和课堂外创业活动，培养学生创业精神和创业技能的教育。"实践性与理论性并存"是创业教育区别于普通教育的典型特征，促进自主创业又是创业教育的结果之一。因此，创业师资选拔与培养必须兼顾创业实践、创业理论、创业指导三方面的内容，对应师资为企业师资、专业师资与创业辅导员。

"全校性创业教育"是未来我国高校创业教育发展的总体方向。本研究结合国内外创业师资建设经验，从全校创业师资建设出发，提出如下师资结构图（见图10-1）。

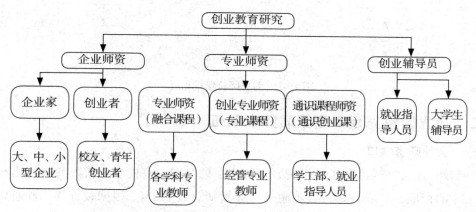

图 10-1　高校创业师资结构图

（二）制定实践型、双师型和咨询型的师资培养目标

目前有关创业师资培养问题的专门研究不多，缺乏前瞻性指导。面对创业学位体系尚未形成的客观现实创业师资队伍建设主要依赖于引入外部师资和师资培训。

鉴于创业教育实践性与理论性的特征，"双师型"教师是能够同时驾驭创业教育理论课和实践课的中坚力量，是师资培养的重点目标。"双师型"教师最早出现于职业教育领域。对"双师型"教师内涵首次做出明确规定的，是1998年国家教育委员会发布的《面向21世纪深化职业教育教学改革的原则意见》："要采取教师到企事业单位进行见习和锻炼等措施，使文化课教师了解专业知识，使专业课教师掌握专业技能，提高广大教师特别是中青年教师的实践能力……重视教学骨干、专业带头人和'双师型'教师的培养。"1999年，

《中共中央国务院关于深化教育改革全面推进素质教育的决定》中进一步明确指出：必须"加快建设兼有教师资格和其他专业技术职务的'双师型'教师队伍"。与职业教育相似，创业教育最终要回归创业实践。科学有效的创业技能培育离不开创业实践经验，急需同时具备创业实践与创业理论的创业师资。

具体到三类师资，企业师资以提供创业经验为主，需具备基本的教学技能以满足创业教育需求；专业师资需要将专业与创业融合，必须具备理论性与实践性的双重知识能力，即"双师型"教师；创业辅导员以创业咨询为主要任务，需要对创业法规、政策拥有基本认识，能够为学生提供创业支持。不同类型师资对应的具体培养目标应有所区别，如图 10-2 所示。

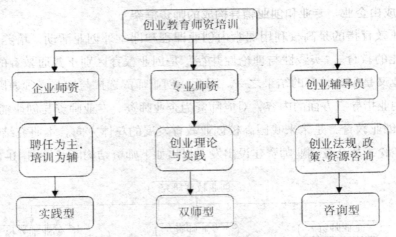

图 10-2　创业师资培训目标

二、建立数量充足的高素质师资队伍

（一）弥补师资缺口

依照教育部《普通本科学校设置暂行规定》的规定，高校专任教师的师生比不能低于 1：18 的标准，兼职教师人数不超过专业教师总数的 1/4。根据教育部《普通高等学校基本办学条件指标（试行）》对高校师生比的要求，各类院校的标准分别为工科、农、林院校 1：18，医学院校 1：16，语文、财经、政法院校 1：18，体育、艺术院校 1：11；高职学校中，综合、师范、民族院校 1：18，工科、农、林院校 1：18，医学院校 1：16，语文、财经、政法院校 1：18，体育、艺术院校 1：13。

依据法规规定，普通高等学校师生比例最低标准为 1：18。2012 年，教育部网站公布的数字显示，2012 年我国高校本科在校生人数 2 391 万余人，研究生在校人数 171 万余人。师资需求数量由受教人群决定。根据"全校性创业教育"的发展计划，师生比例的最低要求，高校在校生现有人数需求，创业师资的发展能力等因素，目前我国创业教育的师资缺口很大。

（二）建立创业教育协调机制

加强创业教育，管理是高校全面推进创业教育不可或缺的要素，更是创业教育制度化建设的一个重要标准。我国高校创业师资缺口大、质量低，存在师资管理混乱现象。扩建创业师资队伍，提升创业师资质量的首要任务就是完善创业教育协调机制。借鉴国外已有经验，我们必须着力加强管理，加强顶层设计，将创业教育规划融入高校整体发展战略，提出明确的师资队伍计划。

高校要组建有效的创业教育管理委员会等协调机构，统筹全校创业教育师资队伍的管理与分配；全面指导全校创业课程、创业教育项目、创业竞赛、创业训练营以及各种类型创业活动的开展等。

高校要成立由校内外人员构成的创业教育咨询委员会，着力解决创业教育实施过程中遇到的师资聘用、师资企业挂职、创业资金运用等实际问题。

（三）兼顾理论与实践的师资遴选标准

创业教育在本质上是一种素质教育，具有普适性。1999 年 6 月，《中共中央国务院关于深化教育改革全面推进素质教育的决定》，表明了素质教育包括提升"创新精神和实践能力"在内的两大核心，这与创业教育培养具有首创精神和创业能力的目标是一致的，创业教育反映了素质教育的核心与重点。实施创业教育，目的不只是帮助学生走上独立创业或自谋生计的道路，更重要的是帮助学生将创业精神和能力迁移到各项工作与活动中，适应瞬息万变的社会。

素质教育理念下的创业教育，要以创业理论知识为基础，以创业实践知识为重心，要求教师具备先进的创业教学理念和实践导向的教学素养。在师资选拔上，要避免过去单纯以高学历、高职称作为选择标准，树立以教师素质与创业人才培养相契合的选聘导向，避免将"纯粹知识教学"的教育痼疾带入创业教育。

（四）制定灵活的兼职师资选聘制度

制定灵活的企业师资选聘制度，提升企业师资的参与力度和质量，对专业需求、教学任务、薪金制度、项目参与需求、企业师资与专业师资合作做出合理安排。

企业师资选聘应兼顾创业教学的多层次需求。以不同教学时长的教学任务为例，第一个层面是学校层面的创业通识课，应采用校内辅导员、研工部、学工部等教师为主，兼职教师为辅的师资组成结构。每门课程选配一位或数位能够担任短期课时的兼职教师，采用讲座、互动、专题讨论的方式开展创业教学，作为入门创业知识的补充。第二个层面是学院层面的创业融合课程，应采用专业教师与兼职教师一对一的协作模式，选聘能够担任半个学期或一个学期时长的校外兼职教师，与专业教师共同授课，结合理论与实践提供系统的创业课程。第三个层面是专业层面的创业课程，应选用兼职教师独立教学的组织方式。根据创业学课程人才培养的需要设立专门的创业课，选聘创业学领域的专家，专门开设一门或数门相关的创业课程。

高校要着力完善企业师资选聘制度。根据三个层次课程的不同需求，真正将校外兼职教师融入创业教学中来，改变过去蜻蜓点水式的教学辅助，真正对学生的教学与创业实践起到有效的指导。

三、形成结构合理的师资结构

（一）组建结构合理的教师队伍

创业师资由企业师资、专业师资和创业辅导员三部分人员构成。各高校应根据国家规定，以及实际课程的教学需求，建设师资规模与结构合理的教师队伍。

鉴于现阶段创业师资严重匮乏的现状，在实际操作中，高校一方面要坚守师资选择标准的原则底线，扩大师资选择的范围，从参与 KAB、SYB 等培训人员扩大到创业教育的实践者和研究者，乃至各院系不同专业的专业人才，不拘一格地选拔人才，形成稳定的校内教师队伍。另一方面还要设立一条或多条优秀师资的绿色通道，广泛吸引海内外创业学专家，建立创业教席。与此同时，高校还应当与当地产业相结合，吸引成功的企业家、风险投资商、律师、政府官员等不同领域的人才系统地参与高校创业教育，并根据教学层次的需求建立结构合理的教师队伍。

（二）统筹优化现有师资资源

院系壁垒成为阻碍高校内创业师资相互沟通与成长的主要障碍。各高校可以结合现实需要，参照三个层次的创业课程设置，开展不同层次的创业教育，打破学院的制约，重新整合师资力量，形成通识教学、融合课程教学、创业学教学三种不同的教学模块。通过课程体系的构建，将创业师资组合成密切联系的教师网络。

根据完成的实际创业过程，形成不同的师资合作模式。第一，组建一主多翼的师资团队。此类型师资团队以一次完整的创业项目或创业活动为依托，能够满足整个创业过程需求，由不同专业的专家构成的师资队伍，推举一位贤才作为统筹者，组织相关教学活动的讨论、教学内容的选择，制订阶段性的发展目标。第二，根据创业不同阶段或专业领域的需求组建师资队伍。高校可以将不同领域的专家根据创业不同阶段或专业领域的需求，形成特定的师资队伍。学生根据自身能力需求与创业发展需求，选择相应的师资咨询。

统筹优化现有的师资资源，形成不同形式的师资团队合作方式，最终目的在于充分发挥每一位成员的优势，更好地为创业教育发展服务。

（三）制定科学的教师协作教学制度

大量引入高校外部兼职教师是我国创业教育发展的现实需求。专业师资主要依赖校内师资，师资流动稳定。而企业师资主要依赖于高校外部的企业人士的引进，流动性大。

随着"全校性创业教育"理念的推广，专业教师的人数在大幅度增加，而且不同师资类型、不同课程专业类型、不同课时长度的兼职教师也使得师资管理工作变得更为烦琐。在此状况下，没有完善的师资衔接制度作为保障，一旦出现教师离职的状况，必定导致师资链条断裂，破坏教育教学的整体性。为此，高校必须在创业教育管理部门的统筹规划下，在紧密联系社会、主动挖掘不同领域的优秀人士的同时，制订严密的师资衔接制度，做好短期、长期师资聘任规划，与应聘师资之间保持密切联系。

（四）完善创业师资的激励机制

忽视以人为本的师资管理模式，必然导致选人、用人、育人和留人各环节衔接的断裂。在创业师资管理方面，高校应明确树立"以教师为本"的管理理念，确保教师在创业教学中的主人翁地位，帮助教师树立正确的创业教育价值观，认识到创业教育对教师自身和学生成长的重要作用，建立能够促进教师个体发展的激励体制和管理体制。

具体到实际操作层面，高校要努力将教师的个人发展目标与创业教学发展目标相统一，引导教师根据学校创业教育发展的定位和实践型人才培养需求组织开展教学活动。对教师在科研、教学、实践等不同领域所取得的成绩，给予科学的评价和合理的回报，努力实现管理方式从压力的传递向内在激励方式的转变。

成立创业师资发展基金，奖励在创业课程建设、教学方法革新、创业实践以及创业研究等领域做出显著成绩的教师。一方面，制订符合教师劳动投入的薪酬制度，落实创业师资的工资、福利等各项政策，切实保障创业师资的利益。另一方面，努力营造一种宽容失败，推崇创业，鼓励冒险的宽松、自由环境，为教师提供良好的创业教学氛围。

四、建立形式多样的师资培养体系

（一）加大创业学学位体系建设

高质量创业师资短缺已经成为阻碍我国高校创业教育发展的主要瓶颈。短期速成的创业师资培训既不能达到较高的质量标准，也无法满足不断膨胀的创业教育师资需求。解决这一问题的根本在于构建系统化的创业学学位体系。通过创业学学位体系培育大批创业教育师资，迅速提高创业师资的素养，达到提升创业教育质量的目标。

创业学学科的发展和创业学学位的设立，不仅有利于吸引优秀的企业与管理人才加入创业研究的阵营，提高创业研究的质量与效果，而且有助于创业师资的长期发展，形成师资供给的良性循环。近年来，我国在创业学学位体系建设方面已经取得初步成效，有的高校已经设立了本科阶段的创业学学位，甚至出现了创业学的硕士和博士学位。但现有的教育资源远远无法满足创业教育的教学需求，必须继续加大创业学学位体系的建设力度。有条件的高校必须加强创业学学位建设，有计划、有步骤地开发创业课程，逐步设立完整的创业学学士学位、硕士学位、博士学位培养体系。

（二）提升双师型教师培养力度

加大"双师型"创业师资培养力度，必须保障充足的培训资金和合理的师资培训平台。各高校应设立专门的创业师资培训基金，吸引资金赞助。以产学研为依托，将高校的知识优势与企业的实际操作优势相结合，制订校企合作师资培训计划。培训内容要以企业管理、项目运营、危机处理为核心，强调师资的创业感受与体验，提升师资的创业认知。此外，高校还应逐步制定"双师型"职称认定制度，积极引入具备"双师型"条件的创业人才。

在"双师型"创业师资培养过程中，还应秉持以下原则：尊重师资职业发展意愿的原则、师资专业领域与企业领域相匹配原则、兼顾高校与企业双方利益原则、理论与实践相协调原则。

（三）拓展创业师资培训渠道

政府可以开展"千人创业师资项目"等培训项目，大力推进创业师资培训工作。高校在经过 10 余年的创业教育发展历程后，已经积累了相当的师资培训经验，形成了一定数量的优秀创业教育团队和创业研究团队。未来高校可以尝试将市场竞争机制引入高校创业师资培训，增强高校在师资培训方面的主动性，提供多样化的培养方案。培训过程要着重开展体验式、活动式的培训方法，在改善教师创业知识结构的同时，更要提升教师的创业能力。

培训渠道要与相关国际机构结合。有条件的高校应当有目的地选拔部分优秀教师参与国际上声誉较好的师资培训项目，学习先进的培训理论和内容，了解国际创业教育的前沿动态。除了参与创业师资培训外，鼓励并支持教师参与创业教育国际交流，与世界顶尖学者充分沟通，吸收先进的经验，促进全国高校创业教育理念和方法的发展。

（四）构建创业学习平台

建立创业网络学习平台，加强经验交流与资源共享。尝试在区域层面建立统一的创业学习网络虚拟平台，鼓励各所高校潜心学习、研究、借鉴各种培养模式，拓展创业教育师资培养渠道。

五、组建适应区域发展的创业师资

（一）适应区域市场发展的师资培养导向

金融危机之后，世界产业格局体现出两大特征：一是国际产业转移向纵深进行；二是新兴产业的重要性日益凸显。2011 年我国国家发展和改革委员会发布《中华人民共和国国民经济和社会发展"十二五"规划纲要》，强调一方面要求改造提升制造业，培育发展战略性新兴产业，另一方面指出要营造环境，推动服务业大发展。2012 年，我国国务院印发《服务业发展"十二五"规划》，要求"到 2015 年，服务业增加值占国内生产总值的比重较 2010 年提高 4 个百分点，成为三大产业中最高的产业"，推动各省形成以服务业为主的产业结构，产业重点从传统的第二产业转向第三产业。2013 年，转移和升级传统制造业、培育和发展新兴产业、提升服务业规模和效率成为我国各省产业结构调整和发展的三条主线。

区域产业结构变化势必引起经济发展重心的转移，必然需要创业者对社会环境的变化保持高度敏感。创业师资培养，必须考虑到区域未来市场发展需求，基于"三二一"的产业格局，调整专业"双师型"创业师资的培育重点。尤其要注重结合各地区的重点发展产业、带动产业需求。

（二）利用区域企业优势选聘企业师资

在创业定位上，高校创业教育主要面向中小企业。各高校要充分利用区域优势，尤其要结合不同区域的企业优势选聘企业师资。

以浙江省为例，浙江已经形成四大经济发展模式。"民营经济为主，公有经济为辅的'温州模式'；变小公有经济为民营经济的'杭州模式'；国有、集体、民营、外资经济四轮驱动、混合发展的'宁波模式'；以及市场先发、商贸主导的'义乌模式'。"其中，区域性与国际性并存是义乌中小企业一个显著特征。该地区拥有全球领先的小商品批发市场和遍布世界的商贸经销网络，以及由此带来的巨大商流、物流、资金流和信息流。十多个本土企业的销售范围涉及中东、欧美等多个国家。伴随中小企业成长起来的本土企业家，不乏国际化的视野和气魄，是最佳的创业师资来源。高校要充分利用区域企业所能提供的企业家优势，采取多种措施，吸引企业家参与创业教学。

在高校与企业之间建立长期的、制度化的合作机制，力求在师资训练、专业互助、产业转化、资金、创业咨询等方面达成共识，重点强调学术型教师参与挂职，深入高新技术企业体验创业过程，研究创业案例，提高创业能力。

（三）运用产业集群开展师资培训

产业集群是一组在地理上靠近的相互联系的公司关联机构，它们同处或相关于一个特定的产业领域，由于具有共性和互补性而联系在一起。其主要特征表现为：第一，相关产业在空间上高度聚集，形成网络化的空间联系；第二，集群内核心产业与辅助产业相互促进、学习、竞争与合作的经济功能联系。

产业集群的产生为创业师资培育带来了极大便利。一方面各产业呈块状分布，高校教师可以依据产业分布，划分不同专业的师资培训模块，提升不同专业师资培训的区分度。另一方面，产业集群的集聚标志着相同企业专家的集聚，企业家资源的集聚标志着知识集聚，为同类师资培训提供了大量知识与技术支持。

我国不乏结构完善、资源充足的产业集群。政府和高校可以发挥其在创业师资培训中的统领作用，分专业、分模块、分区域统一开展高校创业师资培训。

第十一章　高校创新创业教育外部环境建设研究

第一节　高校创新创业教育外部环境支撑体系现状分析

自从 1998 年清华大学科技创业者协会引入 MIT 创业竞赛模式，成功举办我国首个创业计划大赛以来，我国高校创业教育事业呈现出蓬勃发展之势。然而，由于受到多种因素的影响，高校创业教育外部支撑体系的构建还面临着诸多现实困境。

高校创新创业教育外部支撑体系的构建需要考虑到该体系构建的供应方意见和需求方意见。高校、政府及其他社会组织是该体系构建的供应方，而高校大学生是主要的需求方。只有兼顾双方才能正确并顺利地建构该体系，缓解供需矛盾。因此，本研究选取了若干高校创业教育负责人、专业师资和研究学者，以及创业成功的大学生、正准备创业的大学生和正接受创业教育的大学生作为访谈对象（共 10 人），访谈时间为 2013 年 5 月，本次访谈均采用半结构访谈方法。在吸收创业投资者、创业教育专门师资、不同类型创业学生等相关利益者对高校创业教育外部支撑体系发展现状所提出的合理建议的基础上，采用 NVivo 8.0 软件对质性访谈材料进行分析。在对高校外部支撑体系发展现状进行开放式编码的过程中，共得到了 4 个主题，30 个开放式编码。围绕 4 个主题对 30 个开放式编码进行轴心式编码，并建立树节点和关系，得出高校创业教育外部支撑体系发展现状的轴心节点，如表 11-1 所示。

表 11-1　创业教育外部支撑体系发展现状访谈的轴心节点

轴心节点	参考点	陈述举例
创业氛围	9	●华东区域创业文化氛围比较浓，尤其在温州、宁波地区，有很多创业案例 ●创业文化氛围很好，不仅体现在创业商业传统、政府政策支持，还体现在前卫的、开放的创业文化创业观念 ●与全国其他地区相比，东南沿海一直有着浓厚的经商文化和创业传统 ●不利因素是部分人的问题，他们眼光比较短浅，诚信度不够 ●创业的目的不能简单归结于对财富的追求，更应聚焦于社会效益
创业协作	6	●在技术创新上还不够，对政府来说吸引力也不强，这就造成了双方没有合作的基础 ●我们目前还没有形成大学—企业—政府之间紧密联系的创业教育合作网络，创业教育基本上还是依托高校展开，没有形成社会不同组织之间的合力 ●以10分为限，我给这个协作力度打6-7分 ●在科技园等方面的协作程度非常好，可以说是无缝对接。有个科技园即将和我们有合作，通过设立团队孵化基金等实现资源共享；但也要看到其他地方，比如企业想和我们合作，不同的企业各怀鬼胎，很多时候学生是"斗"不过企业的

轴心节点	参考点	陈述举例
创业政策	10	●我只知道政府政策会在贷款和税收方面给大学生提供便利，但也只是模糊了解，说不出具体政策 ●我觉得政策对大学生创业的支持力度尚不够大。我更希望接下去的政策更关注资金这个方面，切切实实帮助大学生解决这方面的问题 ●我知道政府对大学生创业是出台过一些政策的，主要是贷款免息、免收税三年等，其他不是很了解。不过据说程序比较复杂，要出具各种证明才能真正拿到政策优惠 ●高校大学生创业扶持力度合适，对于有志创业的大学生已有较多优惠和便利 ●政府的政策扶持力度很大，但是在实际推行过程中效果却不明显
创业政策	10	●我们还是靠自己比较多，政府政策条条框框比较多，比较难申请 ●对创业的重视不够，创业政策约束力较弱，落实不够，缺少评估环节 ●政府支持资金少，省里没有相关支持，市里更少。学校没有专项资金支持，缺少相关政策支撑 ●今后，我们的政策应该要向鼓励、培训和服务方面倾斜，而不是资金 ●政府出大量的资金是不太可能的，出一部分还是有可能的，但是即便如此，大学生面临真空环境这个现状并不能扭转 ●创业和创业教育不能由政府牵头主导，政府更应该坚持无为而治的思想
创业基金	5	●我身边的创业者很少会去考虑创业基金，无论是风投还是天使投资，来投资初创团队的可能性不大 ●创业基金有很多，比如赛博也会提供，其他的诸如真格基金等。主要是我觉得这个不是很靠谱。据我了解，申请难度挺大的，以后创业我主动去申请的可能性不是很大，就算申请了，我想成功的概率也不会很大 ●我稍稍了解过创业基金，如果可以，我想我还是会去申请这个基金。因为如果能申请成功，那说明别人对我的创业项目是认可的，是有前景的，对我也是一种肯定。我觉得申请这个天使基金或者风投应该是比较难的，流程也比较复杂 ●我想过申请，但是没实践过。天使基金投钱的目的是盈利，想要获得天使基金比较难，因此，我主张更多还是靠自己努力

一、亟须完善的创业政策

在将轴心节点进行数节点关联之后，运用 NVivo 的模型功能（mode）将创业政策这一轴心节点的核心进行可视化呈现，具体见图 11-1。

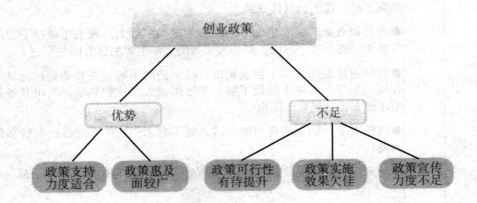

图 11-1　高校创业教育外部支撑体系——创业政策现状图

创业政策这一轴心节点的可视化呈现清晰明确地勾勒了当前创业政策的发展现状：具有一定的优势，然而也面临可行性不足、效果较差、宣传力度小等问题。这些问题在不同的省份都有不同程度的映射。下文将以两个省份的创业政策为例，分析我国创业政策实施效果不佳的现实原因。

广东省近年来相继出台了《关于贯彻落实（广东省人民政府办公厅关于促进普通高等学校毕业生就业工作的通知）的意见》《关于鼓励创业带动就业工作的意见》《关于进一步做好小额担保贷款推动创业促就业工作的通知》等创业政策。此外，自 2009 年开始，广东省财政每年安排 5 000 万元专项资金，支持科技型中小企业发展，其中大学生创业项目作为重点支持专项，也被列入支持项目。另外，广州、深圳、佛山、东莞、中山等城市也分别在部分免费服务、申请小额贷款、财政贴息贷款、成立创业园等方面享有社会保险补贴，对高校毕业生在自主创业咨询的服务、相关登记、证件费用减免等方面给予了优惠政策。然而，创业政策之间不成体系，没有形成良好的联动与配合效应，加之存在成果转化等方面的政策空白，广州这一经济大省的学生创业率并不高。

再以浙江省为例，关于创业教育的微观政策在各地市、各高校都存在差异，宏观的引导性政策可以追溯到 21 世纪初。2000 年，浙江省制定颁布了《浙江省教育现代化建设纲要（2000—2020 年）》，其中明确指出，高等教育要重视培养大学生的创新能力、实践能力和创业精神，在随后的 2001 年，《浙江省教育事业发展"十五"计划》提出"转变教育思想、教育观念，改革教学方法，采取多种形式培养学生的创新意识、创新能力、创业精神和实践能力"，创业精神的培养再一次得到强调。这些政策为后来各项创业教育事业的开展指明了方向。2006 年以来，浙江省有关大学生创业的政策梳理如表 11-2 所示。

表 11-2　近年来浙江省出台有关大学生创业政策梳理（政策的主要内容详见附录）

时间	政策名称
2006年4月	《关于加快提高自主创新能力建设创新型省份和科技强省的若干意见》
2006年6月	《关于引导和鼓励高校毕业生到农村和社区工作的实施意见》
2007年1月	《关于切实做好2007年普通高等学校毕业生就业工作的通知》
2007年11月	《中共浙江省委关于认真贯彻党的十七大精神扎实推进创业富民创新强省的决定》
2008年1月	《关于做好就业工作促进社会和谐的实施意见》
2009年4月	《关于积极应对当前经济形势做好稳定和促进就业工作的实施意见》
2009年6月	《关于对普通高等学校毕业生从事电子商务（网店）进行自主创业认定的通知》
2010年1月	《关于促进中小企业加快创业创新发展的若干意见》
2010年6月	《关于实施高校毕业生就业推进行动大力促进高校毕业生就业的通知》
2011年5月	《浙江省促进就业资金管理办法》
2011年8月	《关于进一步做好普通高等学校毕业生就业工作的意见》
2013年7月	《浙江省人民政府办公厅关于促进普通高等学校毕业生就业创业的实施意见》

　　从上表可以发现，浙江省在扶持大学生创业上政策较详细。通过对政策文本的详细研读，我们可以发现，该省的鼓励措施较多，优惠力度较大，在创业教育政策支持方面走在我国前列。然而，通过访谈我们发现，很多学生由于没有创业计划，对创业政策关心不够，即使计划创业的学生也仅仅了解政府政策给予大学生在税收和贷款方面的优惠，对于减免力度、年限范围、申请手续等知之甚少。教师一般认为创业政策扶持力度合适或较强，对有志于创业的大学生提供了较多便利，如免征企业所得税和支持贷款项目。然而学生一般认为创业支持力度远远不够，政府会因为某些创业项目有风险，或是创业项目不能创造丰厚社会价值而不扶持，政府对知识产权的政策不够明朗等。这从另一个侧面反映出创业政策在潜在创业学生群体中的宣传力度不够。

二、褒贬不一的创业基金

　　在将轴心节点进行数节点关联之后，运用 NVivo 的模型功能将创业基金这一轴心节点的核心进行可视化呈现，见图 11-2。

图 11-2　高校创业教育外部支撑体系——创业基金现状图

该图体现出目前创业基金的发展现状：由于申请难度较高、认同度低以及基金提供方与申请方信息不对称等原因，导致创业基金发展面临窘境。

因申请创业基金的门槛较高，大学生对其认同度较低。相比于创业政策，访谈者体会到受访者对创业基金更为陌生，较多人表示对创业基金只有间接地了解，只能说出创业基金的主要功能，而对于创业基金的种类、申请流程和成功概率等了解不足。这从一个角度说明了目前创业基金的市场覆盖面不大，支持大学生创业的项目并不多见。另外，学生对创业基金已经形成一种共识：基金的利益导向非常明显。即使是天使基金，在大学生中口碑也并不好，他们往往认为申请这些基金门槛较高，通常是互联网领域中有较好创业前景与潜力，或者是该行业即将迎来行业高峰的项目才会得到创业基金的青睐。

以浙江省为例，目前活跃度较高、知名度较广的创业基金主要有浙江省青年创业就业基金、浙江省大学生科技创新基金、西湖——星巢天使投资基金等（见表 11-3）。浙江省不同地区都有出台相关政策，提供创业资金，一些高校也与企业建立合作关系，获得部分资金支持。以下表格列出了其中较有代表性的几项创业基金。综观浙江省的创业基金，我们可以发现较多的创业基金具有一些共同之处：一方面是官方色彩浓厚，缺乏市场活力，大部分创业基金受政府和党委、团委管辖，相比较而言，市场气息体现不足；另一方面是起点较高，偏爱高科技研究型创业项目，普通项目难以获得创业基金的青睐。

表 11-3　近年来浙江省出台有关大学生创业政策梳理（政策的主要内容详见附录）

创业基金名称	设立时间	主管（办）单位	主要特征	主要投资措施
星巢青年创业基金	2006年	飞耀控股集团	与共青团浙江省委、省政府、省学联、共青团杭州市团委等多家单位联合管理	◆无息借款形式发放创业基金，不超过一年返还，额度不超过30万 ◆提供创业导师、媒体支持、法律等各方面资源
浙江省大学生科技创新基金	2008年7月	浙江省政府	青睐科技创业团队和高水平创新研究团队	每年500万元用于： ◆600个大学生科技创新项目遴选 ◆200个大学生创新项目进行孵化 ◆200个大学生科技创新推广项目

续　表

创业基金名称	设立时间	主管（办）单位	主要特征	主要投资措施
浙江省创业风险投资引导基金	2009年3月	浙江省政府	扶持创业投资企业，即引导创业投资基金的基金	已参与投资合胜基金、赛康基金、浙大创新等10个项目
浙江省青年创业就业基金	2009年12月	共青团浙江省委	由浙江省青少年事务所发起，原始基金由15家企业共同出资	◆"创业浙江"青年创业创新项目竞赛 ◆浙江青年创业创新行动扬帆工程 ◆建立大学生创业实践基地 ◆设立浙江省供销创业合作发展基金
西湖——星巢天使投资基金	2010年1月	共青团浙江省委、杭州市西湖区人民政府	浙江省首个大学生创业天使投资基金	◆投资有比较好的商业模式，科技含量高，并且有良好市场可行性的项目 ◆推荐资深的创业导师担任营运辅导工作
杭州市科技创业种子资金	2010年4月	杭州市政府	资助经市级以上科技行政部门认定的科技企业孵化器内的孵化项目	每年度1-2批科技创业种子资金发放

　　上海市大学生科技创业基金会，是目前全国最大的扶持大学生创业的天使机构。自2006年成立以来，一直秉承"鼓励创新创业，完善创新环境；推动成果转化，促进教育改革；激发创新潜能，造就创新人才"的宗旨，运用专业化团队，汇聚社会资源，在创业文化、创业研究、创业教育、创业项目等领域开展重点工作。通过"创业雏鹰计划"和"创业雄鹰计划"，目前已经资助创业项目700余项。该基金允许在校生和毕业五年内的学生申请，700余项的天使基金难以满足众多创业团队的资金需求。据该基金会官方统计，目前资助项目不到受理项目的四分之一。

　　从该基金投资的项目行业来看，IT技术与互联网行业最受青睐，相对贸易等传统行业，新能源、新农业、新材料以及生物医药等行业更容易获得天使基金。目前PE（私募股权投资）和VC（风险投资）对大学生创业项目几乎不感兴趣，然而众多大学生创业者希望创业基金能够降低门槛，兼顾科技创业与非科技创业，互联网领域与传统领域。

　　总之，目前创业基金的发展境遇不尽如人意。创业基金与大学生创业团队之间存在着无形的障碍，譬如大学生创业者对创业基金的途径与申请流程不熟悉，对创业基金的价值认同度小，创业基金的市场活力尚有提高的空间，创业项目的档次和水平与创业基金的准入条件不匹配等。大学生创业团队面临着创业基金的真空环境，能看到上面的空气却难以呼吸到。事实上，最终能够获取基金的团队并不多，很多大学生创业项目就因为呼吸不到这能看到的空气而失去了生命力。无论是政府、高校还是创投，都应该去思考如何打破瓶颈，为大学生创业团队提供更多机遇。

三、优劣并存的创业文化

在将轴心节点进行数节点关联之后，运用 NVivo 的模型功能将创业氛围这一轴心节点的核心进行可视化呈现，具体见图 11-3

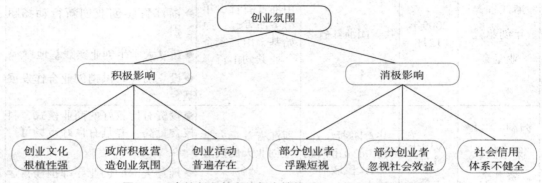

图 11-3　高校创业教育外部支撑体系——创业氛围现状图

创业文化氛围的浓郁主要体现在创业传统文化的积淀、开放创新的观念、自力更生的民企和政府政策的支持。此外，也有少部分受访者谈到资金扶持和创业孵化支持是创业文化氛围浓郁的重要因素。从访谈材料中，我们也可以发现创业文化氛围的现实障碍包括：较多的大学生创业将视野锁定和局限在物质层面，注重个人收益，忽视社会效益；创业项目缺少技术支撑，创业总体水平较低也给整个文化氛围降低了层次；社会信用体系不够健全，知识产权保护力度不够。

目前创业文化氛围对创业教育体系的构建与高校创业教育发展的支撑作用并没有达到最大效益。整个社会对创业的风险性不能认同，对创业的认知度严重不足。相较于稳定安逸的公务员岗位，众多的家长和学生都不会将创业作为毕业后的选择。据统计，高校学生对公务员岗位十分热衷，国家公务员报考人数从 2003 年的不到 9 万猛增至 2013 年的 112 万。整个社会过多鼓励成功，不提倡对失败的容忍。而创新与创业意味着"创造性破坏"（creative destruction），承受风险与遭遇失败是"兵家常事"。一面是创业的风险和艰辛，一面是公务员的稳定和权力，一冷一热现象背后便可对当下盛行的社会观念略窥一二。

我国传统文化强调"学而优则仕"，而商人的社会地位不高。《管子》一书中就记载着春秋时期齐国军事家、政治家和思想家管仲及管仲学派关于"四民"的言行事迹，将商排在四民中的末位。世人对商人的贬低在传统文化现象中也俯拾即是，"无商不奸""见利忘义""唯利是图""商人重利轻别离""老大嫁作商人妇"等文学语言表达出抑商思想。不过，不同地区受到这种文化影响的程度不尽相同。譬如华东部分地区相比于其他地区，较早地冲出这种传统文化的桎梏。尤其是改革开放以来，以温州为代表的浙南"艺商"

在人多地少、抢工分的历史时期下搭建了一个民间自发的遍及全国的小商品大市场，直接在生产者和消费者之间建立起一个无孔不入的流通网络，活跃了整个小商品市场。然而，在现代社会发展进程中，区域型的创业文化与商业精神并没有辐射到更广泛的范围，譬如有"丝绸之府，鱼米之乡"之美誉的浙北地区，以享乐和安逸为代表的地区文化在一定程度上阻碍了奋斗拼搏的创业商业文化的发展。

校园是大学生学习与生活的主要场所，校园文化对大学生价值观的形成具有重要意义。校园文化是以校园为空间，以育人为导向的精神环境和文化氛围，例如学校建筑景观、校史校歌校训、学生活动等。校园文化潜移默化地影响着大学生的世界观、人生观。完善校园文化建设，引导形成团结合作、开拓进取、乐于奉献、鼓励创新和容忍失败的文化氛围将有助于校园创业文化的建设。校园创业文化是校园文化中有关于创新创业活动的有机部分，包含创业物质文化、创业行为文化、创业制度文化和创业精神文化四个部分，对于塑造主体追求创新的品格、促进主体的社会化、培养主体富于开拓的精神风貌以及健全积极的心理、培育主体的风险承担意识、增强主体的社会责任感等方面都有着独到的作用，对于培养主体的创业精神、创业意识、创业能力更是有着不可替代的功用。然而，我国高校并未充分认识到这一点，校区的物质建设往往考虑实用性较多，考虑文化性较少。校园文化的建设也往往处于高校治理中极易被忽视的边缘区域。

总的来说，东部沿海部分省市的创业氛围相比较于其他省份具有天然优势和传统优势，思想开放、敢于接受新鲜事物的创业精神也给这些地区的创业文化氛围奠定了雄厚的社会背景。但从总体上来说，贪图安逸、追求稳定、缺少拼搏精神与吃苦精神的社会文化普遍存在，高校对学校的创业文化氛围重视不够，并且整个社会的诚信度也不尽如人意，这些都不利于全社会创业风气的形成。

四、有待深入的创业协作

在将轴心节点进行数节点关联之后，运用 NVivo 的模型功能将创业协作这一轴心节点的核心进行可视化呈现，如图 11-4 所示。

图 11-4 高校创业教育外部支撑体系——创业协作现状图

探讨创业协作网络的视角主要集中于高校与企业、高校与政府、高校与校友资源、高校与创业园的协作。目前高校与社会力量之间合作薄弱，没有形成合力，某种程度上来说是有形而无质的合作。

　　创业教育是一个需要全社会共同参与，社会组织与个体之间合作共存、共生演进的系统。目前高校创业教育已有企业力量的介入，学生一般通过创业讲座、创业沙龙等社团活动，以及暑期见习等途径获得企业资源，但这免不了具有间断性、偶然性和不确定性。相对来说，浙江大学"求是强鹰实践成长计划"采用"师徒行"和"兄弟行"并举的措施，邀请浙江省内外知名企业家和浙江大学十年来走在创业路上最前列的校友，分别担任浙江大学学生创业实践导师（求是强鹰导师）和求是强鹰会员的做法较为成熟，效果明显。但目前这种培养方式和协作方式并未推广到更大范围。

　　合作形式单一是指目前高校与社会的合作基本以"创业人物进高校"的方式为主，缺少多元的合作模式，在美国和日本比较常见的基金会、NGO与高校的合作在浙江省还尚未崭露头角。如果能充分利用基金会的资金资源和NGO的人力物力资源，以设立创业基金、建立技术转让机制、设立创业指导中心等形式展开与高校的有机协作，更多的创业大学生将受益，高校创业协作也将更上一个台阶。

　　协作力量弱小是指目前高校与企业、孵化器等的合作还只是零星的、不系统的，并未形成固定的模式或常态的机制。企业与高校的合作一般也仅限于提供实习岗位或邀请企业领导举办校园讲座、沙龙，而且这种合作很大程度上是基于人际关系而形成的。这种往往由高校负责创业教育领域的教师，或创业类社团学生与企业形成的不稳定合作关系，很有可能因为人际关系的紧张或是人事调动等其他原因而破裂。由于协作力量的弱小，以及形式的单一，协作机制的建立健全恐怕尚需时日。

　　有的学者概括我国当下高校创业教育整体上面临的问题有校外热，校内冷；课外热，课内冷；研究热，实践冷；氛围热，教师冷；外在压力多，内在动力少；社会价值多，教育价值少；文件多，实施少。"几多几少"与"几热几冷"深入浅出地描绘了当下创业教育面临的窘境。综观对高校创业教育外部支撑体系发展现状的研究，高校创业教育所遭遇的困难本身具有复杂性，图11-5表现出了高校创业教育外部支撑体系中四个维度所面临的共性与个性的阻碍因素。

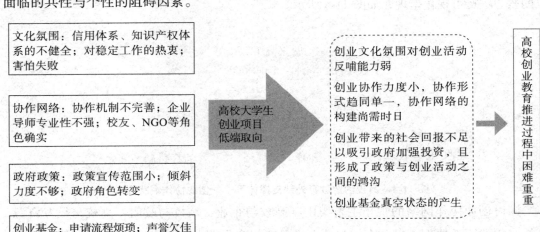

图 11-5　四个维度所面临的共性与个性的阻碍因素

可见，创业政策、创业基金等不同高校创业教育外部支撑体系的维度面临着各自不同的困难，然而高校大学生创业项目的低端取向给整个体系造成了巨大的影响。由于高校大学生的创业项目多选择教育培训、餐点饮品、书报快递等生活类行业，很难体现大学生素养与特色；创业文化氛围不浓，从而也削弱了创业文化氛围对创业活动的反哺效果。高校大学生创业项目低端化，还体现在科技与创新含量少、社会回报小、项目生命力不强等方面，难以博得政府、企业和投资人的青睐。这也是造成当下创业基金活跃度不足，政府政策与现实需求之间产生距离等问题的关键因素。

第二节　高校创新创业教育外部支撑体系的构建

依据高校创业教育事业发展趋势，高校大学生对其创业活动扶持的需求以及国际经验，我国高校应当建立具有三重目标，能够发挥三元主体和二维内容作用，并且各主体间互相协作的高校创业教育外部支撑体系，这对推动高校创业教育的发展具有重要的现实意义。

一、建立三重目标

高校创业教育外部支撑体系的目标是多重的。

从宏观上看，作为整个高校创业教育体系的一部分，高校外部支撑体系的目标要与整个高校创业教育体系的目标保持高度一致。体系的构建与完善旨在推动创业教育自身发展并缓和我国高校创业教育供需矛盾，充分发挥创业教育在新的历史时期下特有的教育价值、经济价值和社会价值，助力创业型大学和创新型社会的建设，缓解和克服产业转型升级带来的问题，以及民营企业创新力度不足、人口老龄化等诸多现实社会发展问题。

在中观层面，高校外部支撑系统的构建需要明确参与角色的主次关系，解决矛盾的主体力量与客体力量。在高校创业教育外部支撑体系构建中，主要参与者是高校、政府和市场。高校创业教育外部支撑体系是依据高校需求、为高校服务的，因而高校必定是该体系的主体；在公共治理视野下，转变政府角色已成为许多国家高教管理改革的重要内容，政府应该成为为高校创业教育保驾护航的使者与坚实的后盾力量；高校创业教育的市场导向要求我们的创业教育外部支撑体系必须要和市场保持良好的共生关系，应该将市场视为高校创业教育的伙伴。因此，在高校创业教育外部支撑体系的构建过程中必须坚持以高校为主体，以政府为后盾，以市场为伙伴，形成合力，协同创新。

从微观上说，高校外部支撑体系的目标是体系中各个要素的协调发展。根据对国内外经验的分析，目前创业文化氛围还需要进一步营造和优化，发挥社会文化的引领作用；在创业政策制定与维度上，尚需进一步减少大学生获取政策支持的障碍；在创业基金方面，需要走出其对大部分大学生创业项目与团队来说"近在咫尺却难以获得"的尴尬境地；在协作网络的建设上，建立适切的机制，满足各方需求，协同创新，共同致力于将知识技术转化为社会资本。因而，当前微观意义上的目标应该是构建具有"创业文化转浓郁、创业政策减障碍、创业基金添活力、协作网络建机制"等特征的高校外部支撑体系。

二、发挥三元主体与两维结构作用

（一）三元主体

大到整个创业教育的发展，小到高校创业教育外部支撑体系的构建，都离不开高校、政府与市场这三个主要角色。其中，高校是实施主体，政府是责任主体，市场是供给主体。

高等教育机构是培养人才，为社会输送人才的重要部门，培养创业者和具有创业精神的大学生是高校在世界发展新形势下的天职。高校是创业教育的实施主体，应该掌握创业教育发展的主动权，在完善创业教育师资、课程等内部系统工作的同时，主动承担高校创业教育外部支撑体系构建的组织工作。高校承担这方面的责任还具有天然的优势，师、生、课程作为创业教育教学的主要元素都来源于高校，高校自然是高校创业教育内部体系的主体，这种双主体身份能够大大加强高校工作的能动性和高效性。

政府通过政策与资金支持等途径为高校创业教育提供有力保障，进而成为责任主体。显然，如果没有政府长期支持而光靠市场经济的推动，高校创业教育的普及和成效恐怕都要大打折扣。政府的这种支持一般包括政策倾斜、税费减免、基础建设、环境营造等，如果说高校为创业者埋下了创业的种子，那么政府就为这颗种子的出土和成长营造了一个温室。诚然如此，政府并不能代替高校在创业教育外部支撑体系中的角色。因为关于政府职能边界的理论研究表明，政府应该提供那些市场失灵无法有效提供的，但对社会有益的、必需的产品和服务。这种产品和服务体现在教育、医疗、住房等诸多方面，任何一国的政府都是一个有限政府，其对创业教育的支持力度都是很有限的。特别是在大众化高等教育规模迅速膨胀，高等教育经费紧张的情况下，政府在满足正常的高等教育发展方面都有点力不从心，创业教育想获得更多的政府支持是很难的。这表明，政府在高校创业教育外部支撑体系中应该充当大学生创业者的"监护人"，为创业者提供一个适合创业、鼓励创业的温室环境，并为大学生的创业活动保驾护航，从管理者走向服务者，从台前走向幕后，从创业教育的主政者走向创业教育基础设施的建设者、创业信息交流平台的搭建者。

市场导向是创业教育与创业活动的显著特征，市场是高校创业教育的供给主体。大学生创业活动是一种市场行为，只有敏锐地捕捉到市场的需求才有可能取得创业活动的成功。可见，高校创业教育活动的展开不能和市场方向背道而驰，高校创业教育外部支撑体系的构建也不能失去市场的活力。企业、基金会、NGO等是高校创业教育外部支撑体系中与市场结合最为紧密的组织机构。市场所蕴藏的资源是巨大的，一方面，高校要利用企业资源，与企业建立密切联系，谋求与优秀企业在人力（企业导师）、物力（资金与设备、场地等）方面的合作；另一方面，对市场力量的利用也体现在高校对社会可利用资源的充分利用。这类资源包括媒体资源、家长资源、校友资源、各种慈善基金和公益团体等等。大学与企业的合作已经让双方受益匪浅，增进大学与企业、NGO 等社会机构的合作与交流，形成伙伴关系与双赢局面，在创业教育外部支撑体系构建过程中也将凸显出其价值。

总的来说，根据不同主体的角色，高校创业教育外部支撑体系的建构应力求各个主体身份特征明显、分工有序。以高校为实施主体，以政府为责任主体，以市场为供给主体，形成合力。见图 11-6。

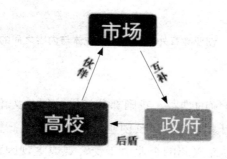

图 11-6　高校、市场与政府在外部支撑体系中的角色

（二）两维结构

高校创业教育外部支撑体系应该至少包括两个层面。如图 11-7 所示。

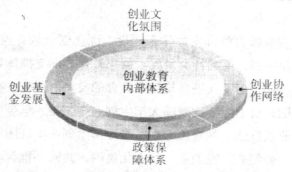

图 11-7　内容视角下创业教育外部支撑体系的结构

首先，通过提供稳定的政策保障、多元的基金支持以及营造鼓励创业的文化氛围，为高校创业教育奠定外部环境基础。其次，促进高校、政府和企业间的协同发展，搭建协作网络和平台，促进高校创业教育的有效开展。政策保障体系、创业基金发展、创业文化氛围和创业协作网络四个维度即是在以上两个层面的展开。

高校创业教育外部支撑体系是一个复杂的系统，不仅参与主体多元，涉及的范围广泛，而且主体与内容之间还存在着复杂的对应关系。图 11-8 显示出彼此之间的对应关系。例如，创业基金的发展，很大程度上依靠着市场，尤其是基金公司和一些私立非营利性机构；创业文化氛围既需要靠政府在全社会范围内鼓励个人奋斗和追逐梦想，也要依靠高校营造讲创业、尚创业、尊创业的校园创业文化，从而形成创业教育的内生文化环境。

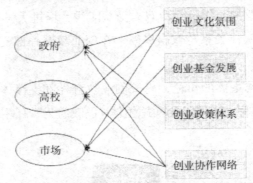

图 11-8　创业教育外部支撑体系主体与内容之间的对应

三、形成协作体系

创业教育正面临亟须破解的难题。我国部分省份的创业文化氛围相对来说较为浓郁，但创业文化氛围中的消极因素遏制着高校创业教育的发展。高校中实际创业的学生人数也并不多，许多由学生创办而兴起的企业由于受客观或主观因素的影响，面临举步维艰的局面。政府出台了不少支持政策，但效果仍不明显，推动大学生创业还需要政府做出更多的努力，创业基金作为大学生创业团队最想获得的支持条件，却让大学生"可望而不可即"。因此，要真正发挥创业教育促进经济发展，维护社会稳定的功能，实现创业教育在教育、经济、社会方面的目标，必须构建高校创业教育外部支撑体系，将社会所有力量拧成一股绳，形成合力。

高校要主动协调创业教育外部支撑体系建设，优化创业教育模式，促进技术转化，营造良好校园创业文化氛围，反哺社会发展。创业教育外部支撑体系与内部体系目标是一致的，其建设与完善都是为了促进高校创业教育的发展。首先，高校自身应该营造健康积极的创业文化氛围，自上而下地鼓励大学生创业：团委、学生工作部、就业指导中心等职能部门加强创业教育活动的宣传力度，指导学生创业类社团的健康成长，倡导在校园内形成"讲创业、要创业、能创业"的文化氛围，共同助推大学生创业；主动营造鼓励尝试、尊重冒险、不以失败为耻的社会舆论氛围，使更多的大学生放下顾虑，选择以创业作为事业。其次，高校应该积极挖掘和拓展政府及市场资源，努力建设前瞻性的创业教育，反哺社会走向良性发展。高校与外部力量努力构建创业教育不同层面的协作，如创业基金的设立、创业课程的合作、创业师资的"1＋1"配置、创新创业奖学金的设立等。最后，设立技术转移办公室，一方面鼓励提升大学生创业项目水平和科技含量，将具有市场前景的创新项目的技术转化发展为创业项目。另一方面，加强对知识产权的管理，保护师生利益。

政府应该充当高校创业教育发展的后盾，完善政策长效机制。目前，我国政府高度重视创业教育作用，制定相关创业政策、税收政策、提供创业基金和场地，鼓励和推动大学生创业。中国高校创业教育尚处于起步上升阶段，持续与有力的政府支持显得格外重要。政府要围绕以下几个方面为创业教育的蓬勃发展铺平道路：实现从管理到服务的职能转变；引导积极社会创业文化氛围的形成；完善创业基础设施投资建设；加强相关税收、资金与信用制度建设；提供足够的创业项目经费；建设省、市、校三级联动机制。

市场是高校创业教育的伙伴，应该努力营造良性社会创业环境，开放企业与其他各类资源，降低创业基金门槛，推动创业项目尖端化与科技化发展。高校要利用企业资源，有效加强高校与企业之间的联系，使学生真正在市场中"游泳"。

高校创业教育外部支撑体系的构建实际上是高校与政府、市场之间协同创新的过程。高校创业教育外部支撑体系的构建关键是如何保障高校、政府和市场力量既各司其职，独立发挥原有作用，又互相配合，形成非加入性关系，创造新质。只有坚持目标趋同，鼓励能量互补，强调运作配合，才能真正促进企业、大学、社会力量发挥各自优势，整合互补性资源，实现各方的优势互补，才能实现协同创新，实现收益共享，持续有效促进大学生创业，办好社会需要、学生渴望的创业教育。

第十二章　高校创业孵化基地的构建和运营

当前，大学生创业的大潮涌动，随着社会创业环境的进一步完善，大学生自主创业将成为大学生就业的一个重要发展方向。

在校大学生创业的热情也呈现增长趋势。2011 年 3 月，中国青少年网络协会联合中国传媒大学调查统计研究所、中国青年网、中国共青团网等在北京共同发布《全国大学生创业调研报告》，报告显示，76.7% 的在校大学生对创业感兴趣，并有 26.8% 的大学生打算今后创业。但无论是在校大学生还是大学毕业生，在创业过程中都不可回避一些现实的问题：没有合适的经营场地，缺乏开办企业的知识，创业初期没有足够的资金，难以建立市场等。一般认为，新成立的中小高新技术企业资金短缺，缺乏有知识和有经验的企业家，还会存在企业管理、市场营销能力等问题，成活率一般不高，3 年内新中小企业生存率在 30% 左右。

创业孵化基地，也称为创业服务中心或者"孵化器"，起源于美国 20 世纪 50 年代。它是一种特殊的经济组织，通过提供研发、生产、经营的场地，基本的办公条件，咨询、培训服务及在政策、融资和市场推广等方面的支持，降低创业的门槛和风险，提高创业的成活率和成功率。1987 年 6 月，武汉东湖新技术创业中心成立，标志着我国第一个创业孵化基地正式诞生。此后，大学科技园、科技创业园、高新技术开发区等各种形式创业孵化基地在全国各地迅速兴起。

大学生创业孵化基地是创业孵化基地的一个重要组成部分，是大学生成功创业的重要保障措施。经过多年的发展，我国多个地区都建立起各具特色的大学生创业孵化基地。

第一节　苏州模式

一、苏州科技创业园的发展现状

从 1994 年苏州第一高新技术创业服务中心在高新区成立以来，苏州创业孵化基地经历了从无到有、从小到大、从弱到强的建设发展阶段。1998 年，以创业园为主要形式的创业孵化基地进入快速发展期，2001 年开始出现明显高峰期。发展至今，苏州各级科技创业园已达到31家，质量和规模居江苏省之首。近年，苏州的创业孵化基地无论是在数量、规模、种类、条件设施，还是在服务功能、孵化质量和效果等方面，都得到迅速突破与提升，形成了综合性企业孵化器、专业性孵化器、大学科技园、民营孵化器等多类型、多性质孵化器竞相发展的新格局，先后帮助 1 200 多家企业迈过创业第一关。苏州已成为全国科技创业园密度最高、场地最大、成效最为显著的城市之一。经过近 20 年的发展，苏州科技创业园呈现以下特点。

（一）创业园由高新区等开发区向全市辐射，并逐步形成产业集群

苏州各孵化基地大都立足于产业特色发展自己的相关服务产业，已有多家发展为专业科技孵化器。其中，国际科技园同园区产业结构相适应，将孵化培育重点集中在计算机软件和集成电路设计领域；江苏新药创制中心，成为生物医药企业的孵化和公共技术服务基地；高新创业园则成为吸引和集聚外资研发机构的平台；中科昆山高科技创业服务中心是为中科昆山传感器产业基地培育产业新生力量和配备合作伙伴。

（二）创业园的功能从基本的物业管理向全方位服务转变

目前，苏州各科技创业园在原有的工商注册、税务登记、项目申报、会计统计、信息网络等基本功能基础上，逐步增添了与创业孵化配套的创业投资、国家中小企业创新基金小额资助，新产品设计、测试、实验和试制，人才培训、知识产权服务等专业服务，使创业科技园的创业环境进一步优化。

（三）创业园的服务对象从创业人员向开放型经济组织转变

创业园的服务对象由原来以国内科技人员和归国留学人员为主，逐渐转向为推动国际科技、资本合作服务。目前，苏州科技创业园与日本、美国、加拿大、英国、芬兰等国家的孵化器开展了国际合作。

（四）创业园与国内大学和科研机构合作，不断提升科技创新的质量和能级

苏州市政府及有关机构已与中国科学院、南京大学、东南大学、华中理工大学、武汉大学、华中科技大学、中国科学技术大学、西安交通大学、中国工程物理研究所等多所高等院校、研究院所建立了产学研合作关系，有效地加快了具有自主知识产权的技术和产品的开发。

二、苏州科技创业园的运作模式

不同投资主体决定了创业园的运作模式。苏州现有的科技创业园分为政府主办型、大型企业主办型、风险投资主办型和科研机构主办型。

（一）政府主办型科技创业园

苏州的政府主办型科技创业园占到了苏州市总量的3/4，这些创业园大多属于非营利公益性的科技服务机构，由区一级、市一级的政府科技部门或各开发区的管委会管理。这些机构大多按照事业单位模式运作，工作人员由政府派遣，运作经费除了在孵化企业所交的租金和服务费，另外重要的来源是政府财政补贴。这些机构一般都配套相应的扶持政策，如低于市价的场地费和其他各种免费服务等。

政府主办型科技创业园的优势：一是政府可以从地区发展的战略高度来配置孵化项目，有助于优化区域产业结构；二是政府能够提供公共资源，在场地、资金、政策等软硬件设施上为孵化对象提供各种优惠措施；三是政府能有效地吸引社会资金和科技人才，在整体上推动创业孵化基地运行。但政府主办的科技创业园也存在明显的不足，科技创业园的运转依赖于政府，在管理方面行政色彩过浓，在资金方面依靠政府补贴，缺乏市场竞争和激励机制，导致创业孵化效果达不到应有的效果。

（二）大型企业主办型科技创业园

大型企业主办科技创业园一般有两种目的，一种是作为单纯的市场投资，实现资产的保值、增值；另一种是为自身产品提供上游、下游及其相关支持的产品，以增强其主导产品的市场竞争性而获得新的盈利增长点。这类企业主办的科技创业园共同的特点是按企业方式经营运作，重视项目的市场前景。

大型企业兴办的科技创业园优势：一是大型企业具有健全的现代企业机制，有助于创新项目迅速转化为产品。二是大型企业拥有技术、管理人才资源，保证科技创业园运作和发展。三是这类创业园按企业运作，有效地激励管理人员的积极性，从而提高工作效率。

这类科技创业园也有比较明显的不足，科技创业园完全按企业运作将会导致入孵企业创业成本增加，另外企业对孵化对象的选择性不利于新型产业的发展。

（三）风险投资主办型科技创业园

单纯的风险资本直接出资创建科技创业园，为了规避风险和最大化回报，在选择孵化对象时非常谨慎，一般不投资处于种子期的项目，而且分散投资于多个项目，在选择项目标准方面除了市场前景外，更注重所孵企业现有条件。

风险投资建立的科技创业园的优势在于：一是遵循市场规律运作；二是能为在孵企业提供有效的资金支持，有助于新企业迅速成长；三是项目选择上积极而谨慎。风险投资主办创业园的不足在于：一般不是以区域发展为目的，多为短期行为；入孵条件苛刻，不利于种子期的项目孵化。目前，在苏州单纯风险投资建立的科技创业园数量很少。

（四）大学或科研机构主办型科技创业园

跟风险投资主办型科技创业园类似，单纯的科研机构主办的科技创业园并不多，更多的是大学或科研机构加企业型的科技创业园，其运作模式类似于大型企业型的科技创业园，但相对能为创业孵化提供较多的技术方面的支持。这类科技创业园在大型企业主办的科技园的优势基础上，能聚集丰富的人力资源和先进的仪器设备与实验基地，为入孵企业提供强大的技术支持，有助于提高在孵企业的成功率。科研机构主办创业园主要的不足在于其创新构想常过于超前，缺乏上下游产业配套，无法迅速孵化。

三、苏州大学生创业孵化的政策措施

苏州市大学生科技创业孵化基地的整体规划是在市级科技创业园中专门划分出来的，除了具备一般科技创业园的功能，还专门服务于大学生科技创业孵化，其中包括张家港市高新技术创业服务中心、昆山启迪科技园、苏州市沧浪区科技创业园、苏州工投科技创业园、苏州市创新科技创业园、苏州市吴中科技创业园、苏州科技创业园、苏州独墅湖高等教育区、苏州市高新技术创业服务中心、博济科技创业园。在大学生科技创业孵化服务上，根据大学生创业的特点和园区的特点，有些园区聘请优秀企业家作为大学生创业导师，有些为入孵的大学生创业项目提供更多的优惠政策。此外，苏州各地陆续出台了一系列帮助大学生创业孵化的政策和措施。

（一）建立驻高校就业创业指导站，为大学生创业导航

为了降低大学生对创业的盲目性，苏州市人力资源和社会保障局下属的苏州市劳动就业管理服务中心在部分高校建立驻校就业创业指导站，为学生提供包括创业模拟实训、创业后续服务、创业专家团队培育等一系列服务，使大学与地方信息贯通。驻高校就业创业指导站一般为学生提供为时8天的培训，通过考核后，市人力资源和社会保障局将给他们颁发《苏州市创业培训合格证》。此外，苏州还正在筹建苏州市公共大学生创业实训基地（创业苗圃），吸纳大学生创业者及创业团队入驻。

高校就业创业指导站把优秀创业项目推介到学校，为那些有意创业的学生提供一个实现梦想的"泵站"，而一些好的创业团队也可以入驻苏州市大学生公共创业基地。如果大学生毕业后选择在苏州创业，凭《苏州市创业培训合格证》可以享受小额贷款、一次性创业补贴、国家税收补贴等优惠政策。截至2011年底，苏州已建、在建各类高校就业创业指导站20多所，培训大学生2 000多人次。

（二）科技创业园与高校合作，为大学生创业孵化提供更多有利条件

2010年，苏州节能环保创业园和苏州科技学院签订共建协议，建立苏州市首个研究生（大学生）创业孵化基地，并推出首年免房租、物业、水电和免费工商注册、创业辅导、公共平台实验等服务的优惠政策。该创业孵化基地的服务对象是高等院校在读或毕业未超过三年的大学生、研究生及回国留学生，要求入孵的企业具备一定的科技含量，大学生本人应是企业的专职人员，承担主要职责。

据介绍，该创业孵化基地将组织和帮助入驻的大学生企业申报国家火炬计划、科技攻关计划、新产品试制计划等各类产业发展计划和基金，取得政府资助；协助高新技术企业、产品和各类项目的申报和专利申请；协助落实企业所享受的各项优惠扶持政策；提供专业的投资融资服务等；构筑共享实验室、中试基地等技术平台，建立创业导师服务团队，提供创业咨询指导和项目评估论证服务，帮助创业团队提高经营管理能力，为创业团队开拓市场提供支持等。而苏州科技学院在其中发挥学院科技与人才的优势，综合各种资源，致力于环保科技成果的研发、最新环保政策的研究，并积极向苏州环保创业园推荐优秀的研究生创业团队。通过双方的努力，培育并储备一批优秀节能环保专业人才，加快推动高校科研成果的产业化。

（三）建立高校主导的大学生创业孵化基地

苏州工业职业技术学院大学生创业孵化基地是由学校主导，与政府合作建设，依靠学校行政拨款和企业赞助经费运作，实行校企合作的一种大学生创业孵化模式。

学校一方面通过向社会招商，引进了一部分校外创业企业，保证基地的运营；另一方面，根据学院专业特点、师资特色和资源优势等实际情况，设立了一些校内创业项目，

保证基地为大学生创业服务的功能。校内的创业项目均由创业孵化基地统一指导管理，由学生自愿组织创业团队成立公司，通过在全院竞标的方式，本着"统一指导，分项管理，自主经营，自负盈亏"的原则，选择合适的创业团队进行项目运营。学校先后已成功建立多个创业团队，在科技、传媒、贸易、营销等多个领域成功运营。

苏州工业职业技术学院根据自身的特点，在大学生创业孵化基地后期规划建立4个项目中心：①创意设计中心，承接各类产品或服务的设计、策划、制作等；②原厂委托制造（Original Equipment Manufacturer，OEM）加工中心，依托学院现有设备和技术，承接产品设计、加工制造等；③设备维护中心，与加工企业合作，为其提供机器设备维护维修；④产品代理中心，代理苏州地区市场所需要的各类产品。

高校根据自身特点主导建立的大学生创业孵化基地，具有明确的目的和固有优势，对大学生创业有着深远的意义。

第二节 中山模式

一、中山市大学生创业孵化基地发展现状

中山市大学生创业孵化基地（中山市创业孵化基地服务中心）在中山市人力资源和社会保障局的支持指导下，由中山职业技术学院牵头组建并负责全面管理，中山市内各高校共同参与，其目的是引导和资助高校毕业生、适龄创业青年携带项目与团队到基地创业并带动就业。该基地是广东省首批省级创业带动就业孵化基地。

中山市大学生创业孵化基地建筑面积12 000平方米，设有创业办公区、创业培训区、综合服务区、创业项目展销区、物流仓储区和服务中心办公区六大功能区。创业办公区按产业类型划分出8个区段，开设重点孵化电子商务、软件外包及开发、动漫游艺与数字媒体设计制作、网络工程和系统集成、工业设计与模具开发、通信数码技术、现代物流、文化创意设计、企业管理战略设计与实施等项目，可容纳200余家创业团队。

中山市大学生创业孵化基地由中山市创业孵化基地服务中心负责日常管理运营与后勤保障服务。基地服务中心本着"以人为本、扶持创业、促进就业"的宗旨，为初始创业者提供项目策划、创业培训、开业指导、战略设计、经营决策、专家咨询、市场营销、社会中介、证照办理等一站式服务，同时积极协助创业团队落实各项优惠政策。

二、中山市大学生创业孵化基地的发展特点

中山市大学生创业孵化基地不仅全面落实了中山市有关大学生、留学生及普通青年创业优惠政策，还出色地完成了从项目策划到开业指导、证照办理、财税代理、法律顾问、创业培训、融资贷款、知识产权、经营决策、专家咨询、资质认证、市场营销、后续援助等综合服务平台的建设。

（一）为大学生提供多维创业咨询指导服务

经中山市人力资源和社会保障局、创业孵化基地与企业中介机构的共同协商，按照创业咨询服务协议的要求开展指导。目前，中山市创业基地建立起了多种创业咨询指导方式，实行多维化创业指导服务，具体包括：一是单个指导，团队成员若在创业中遇到问题，协议约定的中介机构创业导师进行个别针对性指导，指导方式可以是面谈、电话、QQ 和邮件等；二是集体指导，协议约定的中介机构创业导师对疑难问题进行集体会诊，频率大约两个星期一次；三是授课指导，针对大学生创业者中比较集中、带有普遍性的问题，协议约定的中介机构创业导师进行不定期授课指导；四是陪伴指导，协议约定的中介机构创业导师每星期若干次巡访、跟踪团队的创业过程，进行全程指导。

此外，创业导师根据个人的创业经历或管理风格，引导激励着创业团队保持恒定的创业激情。如开展创业团队"读书月活动""创业导师陪伴实战周活动""创业导师轮换一帮一活动"等，引导团队建立终身学习的理念，激发团队克服创业困难的勇气和决心。

（二）为大学生创办企业开拓一站式服务平台

创业涉及企业管理的方方面面，如创业项目的选择、创业项目的评估、创业资金的筹集、创业企业的管理、组织机构的设计、创业人员的组成、组织制度的建立、企业战略的制订、企业营销、财务管理和人力资源等。为了满足创业企业的上述各方面的创业咨询服务需求，市人力资源和社会保障局、市创业孵化基地引入了覆盖上述方面内容的各类企业社会中介服务机构，构建了"创业管理全覆盖"的创业咨询单位联盟，具体涉及了企业管理咨询公司、会计师事务所、税务师事务所、律师事务所和知识产权代理机构等服务单位。

根据创业流程涉及选择项目、开办企业、管理企业和企业退出等，按照上述创业的一般流程，根据各类创业咨询指导单位协议指导教师的专业特长，中山市人力资源和社会保障局、中山市创业孵化基地合理分配创业咨询指导任务，确保创业各流程各环节配备有针对性的专业指导教师，构建出"创业流程全覆盖"的创业咨询指导体系。如企业管理咨询公司主要负责管理企业开办、经营和退出环节的指导，会计师事务所主要负责企业建账记账、财务管理、编制财务报表环节的指导，税务事务所主要负责财税咨询、纳税筹划、税务代理环节的指导，律师事务所主要负责法律顾问、风险规避、诉讼代理环节的指导等工作。

（三）为大学生创业团队提供个性化服务

中山市创业孵化基地注意到创业团队需求差异，对各入孵的创业团队进行专题调研，动态观察每个团队的创业动向及进程。专题调研内容涉及企业现状、孵化基地管理现状、政府部门创业服务现状、创业基地管理的建议、目前创业遇到的困难和问题等多方面，调研结果为后期创业指导提供针对性服务，同时为孵化基地管理和政府主管部门提供参考意见。

创业孵化基地的企业管理咨询公司、会计师事务所、税务师事务所、律师事务所等"智囊团"联盟有计划地开展涉及企业战略规划、经营管理、财务会计、融资贷款、纳税筹划、市场营销、经济合同等方面的专题调研活动，让创业团队掌握更多的经济资讯及动态，提高创业应急能力及市场判断力。随着整个系统化服务体系的日趋成熟，中山市创业基地已经构建起国内领先水平的服务平台体系，为入孵团队提供强有力的创业支撑。

（四）多措施促进大学生创业管理规范化

创业孵化基地"一站式"综合服务平台开展的服务范围十分广泛，涉及资产评估、工商税务、法律咨询、资本运作、项目管理、采购管理、财务管理、品牌策划、人力资源、市场营销、政策咨询等多个方面。为了让综合服务平台高效运作，基地制定了重点构建创业辅导、人才培育、融资担保、信息网络、法律维权、行业协会、技术创新、管理咨询、市场开拓等9大服务体系的咨询指导，营造创业辅导、人才培育、企业孵化、科技研发、财务管理等一条龙服务的创业发展软环境。其服务重点在于引导创业团队实行规范化企业管理，引导团队建立公司日常管理制度、财务管理制度、薪酬分配制度、内部控制制度和业务员管理制度等，从制度层面规范公司运营，以利于公司长远发展。

建立各种基础台账制度，信息发布制度和目标考核制度是基地夯实公司基础管理的重要步骤。根据各入孵团队的进展情况，基地将引导团队建立公司年终工作总结和年度工作计划制度，使团队成员明确本年度工作重点，并将工作目标细化到各个部门及具体人员，作为全体部门及工作人员的年度工作行动指南；根据企业中介机构咨询单位的创业导师人员数量和创业导师的专业领域，合理分配每个创业导师指导的企业数量。笔者了解到，目前基地内所有创业团队均建立了规范的内部管理制度，并能够在中介机构创业导师的指导下有效实施。

三、中山市大学生创业孵化基地的发展方向

中山市作为全国首批沿海开放城市，民营经济发达，近1/3的家庭从事私企或当个体老板，已初步建立全民创业的氛围。2005年，中山市就提出建设"适宜创业，适宜居住"的城市口号；2008年，中山市大力推进全民创业，将建设"适宜创业、适宜创新、适宜居住"全面协调可持续发展的新型城市作为中山市未来城市发展的新目标。2010年发布的《中山市创建国家级创业型城市工作方案》提出：到2011年，建成1个国家级创业孵化基地、1个省级全民创业园区和省级高校毕业生创业孵化基地，各镇区均建立1个市级创业孵化基地。中山市创建国家级创业型城市工作为中山市大学生创业孵化基地赋予了新的内涵。

（一）建设面向创业教育的创业孵化基地

为有效开展创业教育，满足大学生创业实践的需要，中山市内各高校普遍都建立起以大学生创业园为主要形式的创业孵化基地。但由于目前中山市不具备高水平的科研型大学，其大学生创业园的技术创业活动的水平并不高，其目的更多在于启发学生创业热情，建立校园创业氛围，提高学生创业践行能力，为学生自主创业奠定基础。这些创业基地更注重的是教育功能，而非创业孵化功能。如其中典型的代表——中山职业技术学院的

大学生创业园，主要是学校创业课程教学实训基地，同时也是学生创业实践基地，帮助学生将创业理想转化为行动，使学生能够在开办自己的实体公司中增强专业实践能力和创业、创新能力，在全真的市场环境中由学生自主经营、自负盈亏，充分培养学生市场竞争意识，发挥创业主体作用，在创业实战中进一步提高和完善自我，具备一定的孵化功能。另外，电子科技大学中山学院组建的龙腾创业孵化基地也属于这一类的代表。

（二）建设面向扶持就业的创业孵化基地

中国共产党第十七次全国代表大会提出的加快推进以改善民生为重点的社会建设的六大任务之一，就是实施扩大就业的发展战略，促进以创业带动就业。发展面向扶持就业的创业孵化基地主要用于扶持青年和大学毕业生等弱势群体就业创业的需要，讲求社会效益，不以经济效益为目标。这类创业孵化基地比较典型的有中山市人力资源与社会保障局举办，并通过政府购买服务的方式，由中山职业技术学院牵头组建的中山市大学生创业孵化基地。它以扶持大学生创业就业为核心目标，以公益性、示范性、专业性为主要特征，搭建集政策理论研究、创业指导培训和综合服务为一体的创业孵化平台。面向扶持就业的创业孵化基地还有由中山市人力资源与社会保障局、教育局、共青团市委主办的青年创业集市，旨在激发广大毕业生及社会青年的创业热情，营造创业促进就业、就业推进创业的社会氛围。

（三）建设面向产业发展的创业孵化基地

面向发展产业的创业孵化基地将很好地满足区域产业上下游产品、服务创业活动的需要，通过有效的平台，为创业活动创造优越的环境条件，有利于推进区域产业技术升级和产业结构调整。中山市以"专业镇"经济为依托，由行业龙头企业主导建设的专业孵化器紧贴集群产业，项目科技含量高、带动能力强，具有很好的成长性，成为中山市创业孵化基地的典型特色和核心支柱。比较典型的代表有中山市古镇灯饰创业孵化中心。古镇灯饰创业孵化中心由中山市古镇镇政府立项引导，琪朗灯饰厂有限公司主导，开创了"政企合作"的新模式。政府的宏观统筹和企业先进的技术、管理相结合，把规划、创业和发展融合在一起，使之成为配套完善、实力雄厚的灯饰创业中心。另外，中山市政府还委托相关镇（区）统一规划和管理的留学生创业园也属于这一类型。

中山市围绕"创业型"城市发展规划，加大创业孵化基地建设力度，从创业教育、扶持就业、发展产业三个方面统筹区域内各级各类创业孵化基地的规划布局，基本形成了覆盖城乡、全方位、多层次的创业孵化体系。

第三节　青岛模式

一、青岛大学生创业孵化基地发展现状

青岛市大学生创业比例从 2008 年 0.3% 提升至 2013 年 5%，达到全国同类城市最高

水平，这与青岛拥有全国一流的大学生创业孵化、创业就业综合服务平台密不可分。

近年来，青岛市人力资源和社会保障局多渠道拓宽毕业生就业创业领域，大力实施大学生创业引领计划，在全市创建多类型、有特色的大学生创业孵化基地，目前已建成1个大学生创业孵化中心、49个高校毕业生创业孵化基地，构建起"一中心、多基地"的大学生创业孵化格局。

2010年，青岛市大中专毕业生就业指导中心采用整体租赁商务写字楼的形式，建立青岛市大学生创业孵化中心。创业孵化中心的主要功能是为入驻企业提供创业场所，为大学生提供创业培训、创业指导、项目推介、融资支持、网络信息等创业就业服务，协助落实各项优惠扶持政策，鼓励和扶持大学生自主创业，实现创业带动就业的倍增效应。中心分综合服务区域，提供政策咨询、小额担保贷款、培训、网络支持及物业餐饮等服务；企业孵化区域，规划了350余个房间作为入驻企业的办公场所。中心为大学生创业提供"五个一"服务。

"一条龙"创业孵化平台。为创业者提供创业政策咨询、创业培训、创业场地、小额贷款、项目推介、市场论证、专家指导、市场拓展、成果展示等创业服务。开辟专门场地吸引归国留学人员和高端人才创业企业入驻，并根据创业者不同历程提供全程化帮扶。

"一体化"创业实训平台。依托创业培训专业机构和创业指导专家志愿团，根据创业不同阶段的需要，为大学生创业者提供公司仿真、沙盘模拟、SIYB（创办并改善你的企业）等创业技能培训。

"一站式"就业办理平台。为大学生提供职业生涯规划、就业指导、人事代理、报到落户、海外学位学历认证、档案管理等就业服务。

"一网通"信息服务平台。建立大型网络平台，实现就业岗位对接、远程视频招聘、网络模拟等功能，为大学生和企业搭建创业就业信息化服务金桥。

"一家人"交流发展平台。成立青岛市创业者协会及高端人才创业沙龙，为大学生创业创新汇聚资源，提供交流服务，促进共同发展。

青岛市高校毕业生创业孵化基地是青岛市人力资源和社会保障局为鼓励和扶植大学生自主创业于2009年设立的公益性项目，是全市49个创业孵化基地中市一级规模较大的综合性创业孵化基地（表12-1）。

表 12-1　部分青岛市高校毕业生创业孵化基地建设情况

孵化基地名称	企业业态	优惠政策
青岛市高校毕业生创业孵化基地	科技类、创新类和其他有利于青岛市经济结构优化调整的相关类企业	（1）享受房租补贴（第一年享受全额房租补贴、第二年享受50%房租补贴、第三年享受30%房租补贴）； （2）申请小额贷款； （3）市、区两级财政与企业共同负担的见习工资。享受市北区政府制定的给予社会保险补贴和税收奖励等

孵化基地名称	企业业态	优惠政策
青岛市高校毕业生创业孵化基地青岛大学基地	科技类、现代服务类	（1）房租费用、水电费用免费； （2）学校每年设立10万元专项资金给予支持
青岛市高校毕业生创业孵化基地青岛科技大学基地	文化传播类、IT类、网络传播类	（1）设立"大学生创业专项基金"，用于项目扶持、基地建设、团队培养、活动开展等； （2）设立"大学生创业课题专项目录"，发挥学校科研优势，为大学生创业提供项目支持； （3）对创业学生实行弹性学籍管理，优惠开放校内资源，优先推免研究生； （4）加大奖励表彰力度，鼓励学生自主创业
青岛市高校毕业生创业孵化基地青岛理工大学基地	科技类、现代服务业	（1）学校提供免费的办公场所、家具、设备及通信、网络线路等设施； （2）提供总额达50万元的创业扶持基金，并配备创业导师团指导帮助
青岛市高校毕业生创业孵化基地（青岛）德州科技职业学院基地	机械加工类、汽车工程类、电子信息类	（1）房屋优惠，第一年免费入驻，第二年减免60%的房租，第三年减免30%的房租； （2）学校提供免费的办公场所、设备及网络线路等，同时派相关技术部门提供帮助与服务； （3）提供大学生创业资源服务体系，包括专家指导、创业指导、团队建设等； （4）入驻企业享受全市统一优惠的扶持政策

孵化基地占地 7 616 平方米，规划 86 个房间作为入驻企业的经营办公用房，还包括多功能厅、一站式服务区、餐厅等服务区域，每年大约可以培养 100 余名大学生创业者、吸纳 500 余名大学生就业见习。

孵化基地主要有三个方面的功能：一是以企业示范和专家指导培育孵化创业者；二是以企业带动创业就业，为应届高校毕业生提供就业和见习岗位，入驻企业须保证每年每 10 平方米安置 1 名毕业 5 年内的大学生就业见习；三是为入驻企业和自主创业的毕业 5 年内的大学生提供经营办公场所和配套服务，帮助他们落实优惠扶持政策等。

二、青岛大学生创业孵化模式

（一）构筑创业孵化"政府、企业、学研、金融、中介""五位一体"发展模式

1. 发挥政府聚集资源优势，构建大学生创业孵化平台

采取"政府引导、民办公助"的形式，兴建多类型、有特色的孵化基地，构建起"一中心、多基地"的大学生创业孵化格局。

2. 发挥企业产业连接作用，推进大学生创业孵化

采取多种有效形式，引导大学生创业者与企业对接，寻求发展商机。鼓励企业建立产业链接机制，拓展产业链、市场链、服务链，实现互惠互利、抱团发展。聚焦一批成长性好的创新型公司，实施重点培育扶持。对孵化成功企业，鼓励到高新区等产业园区发展壮大，培育出一批名牌企业和创新人才。

3. 发挥高校科学研究院所创新孵化优势，推进科研成果的产业转化

近年来，由青岛市政府和高校共同出资在驻青岛高校内建立了8个集科技研发、成果转化、培训指导、创业实践于一体的大学生创业孵化基地，形成了产学研结合的大学生创业孵化平台。

4. 发挥财政金融支持作用，为大学生创业提供各类资金扶持

青岛市采取小额担保贷款、基金、信贷、风投、参股等多种方式，解决大学生创业资金问题。市财政安排5亿元创业引导基金作为大学生创业扶持资金。青岛市科技创业服务中心与社会专业投资公司合作，设立了4 000万元的"大学生创业投资基金"和1亿元的"大学生创业股权投资基金"。

5. 发挥社会中介力量，为大学生创业提供全方位服务

鼓励社会专业化组织建立技术扩散、成果转化、科技评估、法律咨询等专业化服务中介机构，统筹网上技术市场、科技人才市场、国际经济交流等机构，组建专业化的创业中介服务体系，为大学生创业提供项目支持和科技服务。

（二）构筑创业孵化"场地＋商机＋培训＋导师＋人才""一条龙"服务模式

1. 创业场地服务

对于入驻孵化基地的大学生创业企业，实行房租补贴政策。政府主办的基地，由财政买单；对社会创办的基地，财政给予补贴。注重入驻企业动态管理，完善退出机制，对达不到经营场地使用要求的，及时进行调整。

2. 商机对接服务

在市大学生创业孵化中心，采取企业运作的模式建立了商务洽谈区，创建"商机PARTY"创业服务品牌，定期举办商机对接活动，包括主题活动、发行《商机PARTY》杂志等。

3. 创业培训服务

实行政府购买创业培训成果和免费创业培训制度，将创业培训补贴范围由失业人员扩大到大学生，补贴标准由每人一次性800元提高到2 000元。在市大学生创业孵化中心建立"四级创业培训体系"。

4. 导师指导服务

组建以中国工程院院士侯保荣为主任的创业指导专家委员会和创业专家志愿团，在驻青岛高校设立了创业指导分中心。成立了青岛市创业者协会和创业促进会，组织YBC（Youth Business China，中国青年创业国际计划）青岛办公室入驻大学生创业孵化中心，

在各区市和驻青岛高校均设立了 YBC 工作站。

5. 人才配置服务

投入 100 余万元建立全市大学生岗位网络配置平台，编制大学生人才开发目录，为创业企业提供人才网络配置、远程视频招聘、见习培训、人事代理、档案管理等一系列免费服务。

（三）构筑创业孵化"组织领导、考核评估、政策扶持、宣传引导、党建助推""一体化"保障模式

1. 建立组织领导机制

市政府将大学生创业就业工作列入市办实事，区市两级都成立高校毕业生就业工作领导小组，建立区市工作调度会议和驻青岛高校联席会议制度，形成以人力资源社会保障部门牵头，各领导小组成员单位和区市、驻青岛高校协调联动，社会力量广泛参与的大学生创业就业工作格局。

2. 建立常态化考核评估机制

自 2009 年以来连续三年出台做好大学生创业就业工作的指导性文件，与各区市政府签订目标责任书，将各级政府主要领导列为第一责任人，实行季度评估、半年督查、年终考核。建立全市大学生创业就业信息管理系统，对各项就业数据实行实名制统计，确保数据的真实性。

3. 建立普惠制政策扶持机制

青岛市把创业补贴、岗位开发补贴等多项资金补贴政策放宽到所有来青岛的毕业生，提高小额担保贷款额度达 30 万元。对来青岛创业的硕士以上毕业生给予每月博士 600 元、硕士 400 元的住房补贴，期限三年。青岛市计划在 5 年内建设 1 000 万平方米的人才公寓，对各地来青岛的大学生提供住房保障。

4. 建立广覆盖宣传引导机制

评选年度大学生创业先进单位和先进个人等创业典型，在电视、广播、网络各类媒体进行集中表彰奖励和宣传报道。青岛市先后成功举办青岛市创业大会、山东省高校毕业生就业暨促进创业现场推进会、"中国·青岛万人创业大会暨首届创业博览会"，集中介绍展示了青岛市的创业服务体系，对青岛市创业就业先进单位和个人进行了表彰宣传，营造创业就业浓厚氛围。

5. 建立创新性党建助推机制

积极探索党建助推大学生创业工作的新模式、新路子，建立青岛市大学生创业服务中心党委，完善各项学习制度、组织制度，集中开展"创业先锋"党建品牌创建活动，营造党建助推大学生创业就业浓厚氛围。

第四节　各地支持大学生创业政策比较分析

为支持大学生创业，国务院出台《国务院办公厅关于做好 2016 年全国普通高等学校毕业生就业工作的通知》，各级政府积极响应，出台了很多大学生创业优惠政策，涉及税费减免、创业补贴与资助、贷款优惠和金融扶持、兴建创业孵化基地、扶持大学生优秀创业项目、创业培训、创业指导等诸多方面。大学生创业孵化基地统一由各地政府的人力资源社会保障部门牵头组织认定，为大学生提供 1 年以上减免创业实训场地费和孵化服务。高校、政府、企业的强强联合，为各地产学研合作的开展提供了很好的基础，也产生了较好的经济、社会和教育文化效应。

在统一的政策背景下，各地政府根据本地经济发展特点与要求，积极引导高校毕业生依靠自身专业特点，开展创业实践，呈现出不同的发展方向。全国 31 个省、直辖市和自治区中（不包括台湾、香港和澳门），比较有特色的地区是北京、浙江。下面对此进行论述。

北京，是中国的政治文化中心，同时也是经济中心之一，其独特的资源优势，吸引了大批海归人员和留学生归国创立和发展中小型创新企业。较早的数据显示，在北京创业、工作的留学人员占全国的 1/4；而且，这个数目正以每年超过 20% 的速度递增。为此，北京市政府出台优惠和奖励政策，对符合北京经济发展要求的回国留学人员，提供入户指标、子女入学、购房等方面的北京市民待遇；并设立"北京市留学人员创业奖"和"归国留学人员创业专项资金"，奖励在首都经济建设中做出突出贡献的留学人员。在相关政策的鼓励和指引下，北京吸引了大批留学生入驻创业，现有北京留学人员海淀创业园、北京大学、清华大学、中关村科技园区丰台园等留学人员创业园及中关村国际孵化园等12 个留学生创业园区。与北京相同背景的上海等地，也采取相应的措施吸引留学生归国创业。

浙江，作为我国东部地区的电子商务大省、经济发达地区，当地政府努力打造电子商务、文化创意、软件设计、动漫游戏等现代服务产业的大学生创业品牌。他们通过放宽市场准入、完善金融扶持政策、鼓励支持网络创业、加大创业孵化力度等措施，提升大学生创业能力，支持高校毕业生自主创业。其中，浙江省政府出台了《关于促进普通高等学校毕业生就业创业的实施意见》，首次提出鼓励网络创业，将网络创业高校毕业生列为小额担保贷款、贴息和社会保险补贴政策扶持对象，为全国首创。另外，浙江省政府注重产学研结合的深入合作，通过引进世界 500 强企业进驻创业园区、成立院士科研成果转化基地、开展研究生到企业挂职实习和博士后对接企业等活动，在鼓励大学生创业的同时，也保持了当地开放型经济的良好发展势头。